全国本科院校机械类创新型应用人才培养规划教材

先进制造技术

主　编　朱　林　杨春杰
副主编　杨秀芝

内容简介

先进制造技术(ATM)是一门综合性、交叉性前沿学科和技术。它是在传统制造技术的基础上，利用计算机技术、网络技术、控制技术、传感技术及机、电、光一体化等技术发展的一个完整的技术群，是促进国家经济增长和增强国家经济实力的重要技术手段。

先进制造技术的内涵十分丰富，内容广泛，涉及制造业生产与技术、经营管理、设计、制造、市场等各个方面。本书系统地介绍了先进制造技术的理论体系和基本内容，全书共分6章，主要包括绪论、先进工程设计技术、先进制造工艺技术、加工域活动中的先进设备、现代生产管理技术、先进制造系统的物流技术。

本书可作为高等工科院校机械工程及自动化、机械设计制造及其自动化专业的教材，也可作为普通高等院校其他相关专业的教材或参考书，还可作为高等职业学校、高等专科学校、成人高等学校相关专业的参考书，也可供从事机械制造的工程技术人员参考。

图书在版编目(CIP)数据

先进制造技术/朱林，杨春杰主编. —北京：北京大学出版社，2013.4

(全国本科院校机械类创新型应用人才培养规划教材)

ISBN 978-7-301-22283-6

Ⅰ.①先… Ⅱ.①朱…②杨… Ⅲ.①机械制造工艺—高等学校—教材 Ⅳ.①TH16

中国版本图书馆CIP数据核字(2013)第047883号

书　　名：先进制造技术

著作责任者：朱　林　杨春杰　主编

策 划 编 辑：童君鑫　宋亚玲

责 任 编 辑：宋亚玲

标 准 书 号：ISBN 978-7-301-22283-6/TH·0339

出 版 发 行：北京大学出版社

地　　址：北京市海淀区成府路205号　100871

网　　址：http://www.pup.cn　新浪官方微博：@北京大学出版社

电 子 信 箱：pup_6@163.com

电　　话：邮购部62752015　发行部62750672　编辑部62750667　出版部62754962

印 刷 者：北京鑫海金澳胶印有限公司

经 销 者：新华书店

787毫米×1092毫米　16开本　15印张　342千字

2013年4月第1版　2013年4月第1次印刷

定　　价：30.00元

前　言

制造业是国民经济的支柱产业，制造技术是制造业的技术支撑，是制造业持续发展的根本动力。在当今激烈的国际市场竞争中，制造业要求得生存与发展，必须熟练掌握和科学运用最先进的制造技术。

作为机械类和近机类等专业的主干课程之一，先进制造技术是制造技术和信息技术及其他现代高技术相结合而产生的一个完整的技术群，其内涵十分丰富，体现出集成性、动态性、数字化、可持续性等特征。本书力求将先进制造技术的主要方面及核心问题展示给读者。

本书共分 6 章。第 1 章概括介绍了先进制造技术的发展背景、内涵、特征和发展趋势。第 2 章介绍了先进工程设计技术，包括计算机辅助设计、计算机辅助工程分析、计算机辅助工艺过程设计、面向“X”的设计，产品虚拟设计技术、并行设计、反求工程、绿色产品设计技术等。第 3 章介绍了先进制造工艺技术，包括高速加工技术、超精密加工技术、特种加工技术、微纳米加工技术、快速成形制造技术等。第 4 章介绍了加工域活动中的先进设备，如高速切削机床、并联运动机床等。第 5 章介绍了现代生产管理技术，包括工程数据库管理和产品数据管理、物料需求计划、企业资源计划、精益生产计划、最优生产技术、计算机辅助生产作业管理和生产调度、管理信息系统等。第 6 章介绍了先进制造系统的物流技术，包括现代物流在企业内部物料管理中的应用、先进制造系统的物流技术、装配工艺自动化、人机协同物流系统、自动检测及在线控制技术等。

本书朱林、杨春杰为主编，杨秀芝为副主编。编写分工为：第 1～2 章由朱林编写，第 3～4 章由杨春杰编写，第 5～6 章由杨秀芝编写，刘永斌和周明召也参与了本书部分内容的编写工作。全书由朱林统稿。

由于编者水平有限，加之编写时间仓促，书中不妥之处在所难免，敬请广大读者批评指正。

编　者

2013 年 1 月

目　录

第1章 绪论

教学目标

★ 了解先进制造技术产生的背景及发展过程；
★ 掌握先进制造技术定义及其主要技术特征；
★ 了解先进制造技术的学习方法。

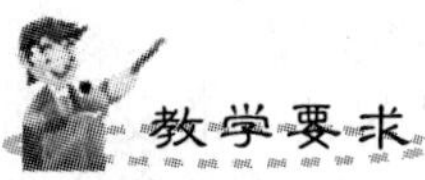

教学要求

知识要点	能力要求	相关知识
先进制造技术产生的背景	了解传统制造技术及其国内外发展现状	传统制造技术的定义、特点及局限性
先进制造技术	掌握先进制造技术的定义及技术特点	先进制造技术涵盖的技术内容
先进制造技术的学习方法	了解学习先进制造技术的方法	先进制造技术的学习要点及基础

导入案例

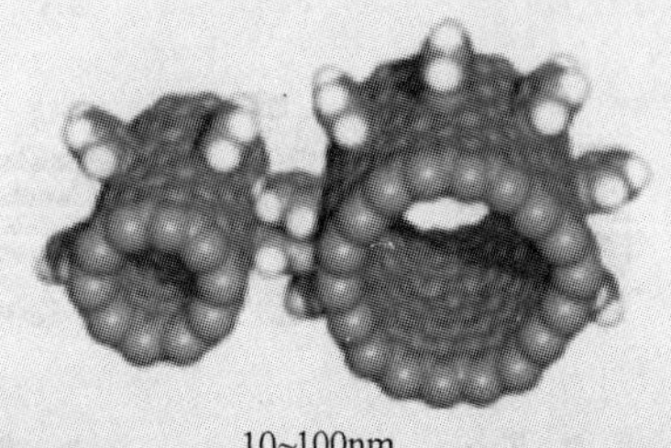

图 1　利用生物技术制造的分子齿轮

先进制造技术是随着计算机、信息、新材料、能源、系统管理等现代科学技术的发展和与传统制造技术的充分融合而产生的。先进制造技术的迅猛发展和广泛应用，实现了优质、高效、低耗、灵活和清洁的产品制造，体现了产品的集成化、动态化、数字化和可持续性等特征，使企业获得了理想的经济效益，推动了产品制造业的发展。图 1 是利用生物制造技术制造的分子齿轮。

1.1　先进制造技术产生的背景

1.1.1　社会经济发展的背景

全球社会经济发展的历史经验证明，一个国家的实力大小及其繁荣程度，主要取决于其制造业所能提供的产品与劳务的竞争力。大量的研究表明，我国与工业化国家的技术差距主要是来自于制造技术方面。

制造业是国家经济的支柱产业，随着计算机、信息、微电子和自动化等技术的发展和应用，尽管制造业对人的劳动需求在逐步减少，但实际情况表明：在现代和未来的制造业中，人的决策和技术等劳动是任何技术所无法替代的，只是人的劳动由大众劳动逐步向精英劳动转化而已。十几年来，工业化国家一直在不遗余力地发展先进制造技术，提高制造工业的发展水平，其目的就是在激烈的全球经济竞争中占有一席之地。

在市场经济体制下，制造业是参与市场竞争的主体。制造技术是支撑制造业完成产品生产、提高生产效率、降低成本、减少消耗、满足环保要求和保证质量的必要手段，是使原材料在受控状态下增加信息转变为产品的技术的总称。市场竞争促使了制造业的变革和制造技术的发展，因而制造技术是产生先进制造技术的源泉。先进制造技术和资源、金融投资、高品质劳动力一起创造了新的企业和新的就业机会，而市场需求和制造业的发展又不断地对制造技术、制造工程与科学提出新的要求。因而，市场需求、制造业、制造技术、制造工程与科学是相互关联的整体，互相补充，相互促进。

在人类历史的发展长河中，正是制造技术促进了社会经济一次又一次的变革和发展。在石器时代，人类为了生存，以石料为工具，采集和利用自然资源；到青铜器、铁器时代，人们开始使用金属工具，在以农业为主的自然经济中，人们以手工作坊模式进行组织生产；18 世纪中叶的工业革命，促进了现代工业化生产的出现；19 世纪电气技术的发展和 20 世纪初内燃机的发明，引发了制造业的革命；两次世界大战，特别是第二次世界大战期间，大批量制造技术和生产管理有了很大的发展；第二次世界大战后的 60 多年来，随着计算机、微电子、信息和自动化技术的迅猛发展，在制造业中先后出现了数控(NC)、计算机数控(CNC)、直接数控(DNC)、柔性制造单元(FMC)、柔性制造系统(FMS)、计算机辅助设计/制造(CAD/CAM)、计算机集成制造(CIM)、及时生产(JHT)、制造资源规则(MRP)、精益生产(LP)和敏捷制造(AM)等多项先进制造技术与制造模式。

如今，世界经济发展呈现出竞争全球化的趋势，市场需求波动大，资源价格上涨，顾客需求朝小批量、多样化方向发展，消费者的行为更加具有选择性，产品的性能和质量至关重要。因而，为了提高产品和企业的竞争力，缩短生产周期，对市场需求做出快速响应成为企业生存与发展的关键因素。对于一个国家来说，虽然规模生产技术仍是重要的、必需的，但市场需求的变化，也促使其在研究开发先进的生产制造技术的同时，应着重研究开发多品种、大批量、一次制造成功的先进制造技术。

由此可以看出，当代先进制造技术的发展是与深刻的国际经济竞争背景密不可分的。为了提高国际竞争力、促进国家经济繁荣和提高综合国力，各国政府都从规划、资助、协调、管理等方面介入，大力发展先进制造技术。

1.1.2 当代科学技术发展的背景

现代制造技术的形成，大致可追溯到20世纪初，汽车工业的发展和机械工业大批量生产方式的改变，产生了一系列有待解决的制造技术问题。就在这一时期，内燃机的发明，使汽车开始进入欧美家庭，引发了制造业的又一次革命。自动生产线的出现和泰勒科学管理理论的产生，标志着制造业进入了大批量生产(Mass Production)的时代。以汽车工业为代表的大批量自动化生产方式使生产率获得极大的提高，从而使制造业有了更迅速的发展，并开始在国民经济中占据主导地位。

第二次世界大战后，通信技术的发展、电子计算机和集成电路的出现，以及运筹学、现代控制论、系统工程等软科学的产生和发展，使制造业产生了一次新的飞跃。传统的自动化生产方式只有在大批量生产条件下才能实现，而数控机床的出现则使中小批量生产自动化成为可能。科学技术的高速发展、市场的全球化和需求的多样化，促进了生产力的极大提高和生产方式的重大变革。推动这一变化的因素是多方面的，既有生产发展的需求，又有高新技术的渗透、衍生和应用。其中最主要的因素有以下几点。

(1) 微电子工业、航空航天工业、汽车工业和机床工业等的发展要求，促进了先进制造工艺的发展，如精密与超精密加工技术、特种加工技术、纯形工艺、材料改性和微米、纳米加工技术等新工艺。

(2) 计算机、信息、自动化和新材料等高新技术的迅速发展，使得制造技术日新月异，制造工业与创造科学取得了前所未有的成就。设计方法、加工工艺、加工装备、测量监控、质量保证和企业经营管理等领域和高新技术的融合，产生了一批新的制造技术和制造模式，CAD、NC、柔性制造技术和计算机集成制造系统(Computer Integrated Manufacturing System，CIMS)已得到广泛应用。

(3) 加工装备走向机电一体化、一机多能、一次夹紧加工、少无定位加工、粗精加工一体化、加工检测集成和人机一体化；出现了以铣代车机床、拉削车床、点式磨床、机器人化机床、虚拟轴机床、高速模块化机床等大量新型加工机床设备。为了保证产品的一次研制成功率，产品质量保证朝着动态、实时、在线方向发展，ISO 9000认证得到了企业的采纳和应用。

纵观制造技术的发展，加工方法的进步里程为：机械加工→物理与电物理加工→化学与电化学加工→生物或仿生加工，符合从简单到复杂、从粗糙到精细的发展方向。

机械制造技术的主要类别见表1-1。

表1-1 机械制造技术主要类别

制造类别	工艺方法	工艺方法简介
增量制造(也称增材制造、生长型制造、分层制造、快速原型制造)	1. 立体光刻(SLA)	1. 使用激光照射光敏树脂而固化
	2. 分层实体制造(LOM)	2. 使用激光或刀片切割有黏性的层片而黏结成形
	3. 选择性激光烧结(SLS)	3. 使用激光熔化粉末状的金属或其他物质
	4. 熔融沉积成形(FDM)	4. 将热塑料通过喷嘴挤出而后固化成形
	5. 其他工艺方法	
减量制造(也称减材制造，传统的金属或材料切除法)	1. 车削 2. 钻削 3. 铣削 4. 磨削 5. 电火花加工(EDM) 6. 电化学加工(ECM)	在加工过程中，采用材料去除技术，如切削加工等，逐渐切除毛坯上的多余材料，获得具有一定形状、尺寸、性能的零件，是目前最主要的加工方法
等量制造(也称变形过程)	1. 轧制	1. 如铝钉轧制成厨房用铝箔
	2. 板材成形	2. 如板材切割弯曲而成肥皂盒
	3. 挤压	3. 不同横截面的材料通过模具挤压成形
	4. 锻造	4. 热锻、冷锻均是在模腔中塑性成形
相变过程	1. 铸造	1. 熔化的金属注入铸型中而凝固成形
	2. 注塑成形	2. 将热液塑料注射到模腔而成形
结构变化过程	1. 镀层	1. 用化学、物理方法在基体表面上镀一层其他材料，改变性能
	2. 表面合金化 3. 感受残余应力	2、3. 使表面合金化或喷丸处理
固化连接过程	1. 粉末合金	1. 金属粉末在模具中成形并烧结成形
	2. 复合材料	2. 不同碳纤维板的层叠是复合材料的典型应用
	3. 焊接	3. 通过局部熔化而将相邻板材连接
生物制造(或仿生加工)	1. 原子操作技术 2. 克隆制造	21世纪生物技术、生命科学、材料科学不断融入先进制造技术，这将引起一场新的制造革命，如人体脏器的制造等

结合表1-1，制造技术的发展特点可以归纳成以下几个方面。

1. 从传统加工到特种加工

19世纪实现了制造机械化，形成了一整套传统加工技术，即机械加工技术。随着机械寿命和材料强度的提高，难切削材料越来越多，零件形状越来越复杂，尺寸越来越小型化，加工自动化要求越来越高，致使传统加工技术难以满足现代产品的发展要求，促使人们寻找新的制造技术。20世纪30～80年代，随着制造技术与电力技术和电子技术的结合，一系列发明相继问世，出现了许多被统称为特种加工(非传统加工)的方法，其中包括物理和化学加工、电物理和电化学加工。

2. 从减材加工到增材加工

减材加工(Material Removal Manufacturing，MRM)是从有余量的原材料或零件毛坯上逐渐去除多余材料，获得所需形状、尺寸和性能零件的工艺方法。在传统机械加工技术中，减材加工主要借助机械力来去除原材料或毛坯的多余部分，即用高硬度的刀具切削原材料或毛坯使之成为零件，如车、钻、铣、刨、磨、攻螺纹等加工方法。特种加工技术中的减材加工方法有：电火花加工(EDM)、电解加工、激光加工、超声加工、电子束加工、化学加工、等离子加工等。

自21世纪以来，可持续发展策略成为了基本生产策略。减材加工所造成的资源浪费与环境污染已不符合可持续发展的要求，一种被称为增材加工(Material Additive Manufacturing，MAM)的方法就应运而生了，它是制造技术、能源技术、材料技术、微电子技术和信息技术的综合集成技术。增材加工是用类似生长的方法逐渐增加材料，直到形成形状、尺寸与性能符合要求的零部件。其制造原理是用2D平面层逐渐堆叠成3D实体，因而资源得到了充分利用，符合自然界物质的生长规律，是制造理念的重大突破，具有强大的生命力。目前应用在产品制造领域的增量加工法有几百种，随着纳米技术的发展，增材加工将以崭新的面貌迅猛发展。

3. 从制造死物到制造活物

自古以来，制造业一直制造死物，无法制造活物。自地球上有生命以来，生物界一直繁衍活物，不会繁衍死物。在制造业日趋信息化和生命科学走向工程化的今天，如果把制造工程、生命科学、计算机技术、信息技术、材料工程各领域的最新成果集成起来，那么制造业不仅能制造出无生命的复杂机器，而且还有可能利用基因工程的成就，制造出有生命、可供移植的器官和可供利用的仿生部件；还有可能按生物生长、发育机制，在其内基因的控制下，通过细胞并行分裂进行自生长成形加工，形成人类所需要的任何产品，如人和动物的骨骼、器官、肢体，以及生物材料结构的机械零件等。可以设想，如果人们能将DNA中控制形状、尺寸、结构与材质的基因分离出来，加以破译，并采用先进的“原子操作技术”进行组装或修改基因，就可以利用生物机能进行基因复制、生物去除或生物生长等。

4. 从他成形到自成形

所谓他成形，就是在外界强制作用下的成形。这种强制作用包括：金属切削过程中的刀具对工件的强制切削加工(主要是机械力)成形，热熔金属或塑料在模具中的强制成形，在热和机械力共同作用下的模锻，轮廓控制下的生长(增材制造)等。目前工业界广泛使用的制造技术几乎都是他成形技术。

随着生物制造的发展，诞生出一种按生物生长、发育机制，在其内由基因控制的，通过细胞并行分裂而进行自成形的制造新方法，这种方法被称为自组织成形或自生长成形法，可以对非常精巧、复杂的结构进行加工和制造。

1.2 先进制造技术的定义

制造业是一个国家经济发展的支柱，是国民经济收入的重要来源。无论是工业发达的国家，还是新兴工业国家，制造业在国民经济中都一直处于十分重要的地位。制造技术则是制造业的技术支柱，是一个国家科技水平的综合体现。随着市场变化和技术竞争的加剧，许多工业国家迅速调整其技术政策，把提高产业竞争力和增强综合国力作为科技政策的核心。

先进制造技术这一概念是美国于20世纪80年代末期提出的。其根本原因是由于美国竞争力不断减弱，贸易逆差剧增，许多美国原来占绝对优势的产品，都在竞争中输给了日本。为此，政府和企业界投入巨资，组织大量专家进行研究和分析，得出的结论是："振兴美国经济的出路在于振兴美国的制造业"，"经济竞争归根到底是制造技术和制造能力的竞争"。因而，美国政府为此采取一系列措施：1988年投资进行大规模的"21世纪制造业战略的研究"；克林顿总统也于1993年2月发表专题报告，提出"要促进先进制造技术的发展"；成立国家级、地区级、大学、企业等各种层次的先进制造技术协调、推广、应用研究中心。这些措施已收到良好的效果，例如，美国汽车制造水平大幅度提高，产量重新超过日本。美国政府还总结并提出了一系列先进制造技术的新理论，如并行工程、精益生产、敏捷制造等。

先进制造技术的提出已有许多年了，各国学者对其也做了很多研究，这里举出几种有关先进制造技术的基本概念。

(1) 先进制造技术是制造业不断吸取机械、电子、信息、材料、能源以及现代管理等方面的成果，并将其综合应用于产品设计、制造、检测、管理、售后服务等生产制造的全过程，以实现优质、高效、低耗、清洁、灵活生产，实现理想经济技术效果的制造技术总称。

(2) 先进制造技术是以提高综合经济效益为目的，以人为主体，以计算机技术为支柱，综合应用信息、材料、能源、环保等高新技术及现代系统管理技术，研究并改进传统制造过程及其产品整个寿命周期的所有适用技术的总称。

(3) 先进制造技术＝传统制造技术的发展＋信息技术＋现代管理技术。

综合以上情况，我们认为：在"先进制造"词条中，"制造"已不只是指传统概念中的"加工制作"，而是具有更广泛内容的概念，它是指产品形成过程中的一系列相关操作和活动的集合，包括从市场调研、设计概念的形成、工程制图、工艺和技术准备、加工制作、装配、质量检验、生产管理到销售服务等一系列生产活动环节。因此，先进制造技术应定义为：在制造系统的一系列生产活动环节中，传统制造技术有机地融合并有效应用计算机、信息、新材料、能源、系统管理等现代科学技术，实现优质、高效、低耗、灵活和清洁地制造出满足市场需求的产品，并取得理想经济效益的工程技术的总和。其主要特征主要体现在以下4个方面。

(1) 集成性特征。

先进制造技术是集机械、电子、信息、材料和管理技术为一体的新型学科，是多学科渗透、交叉、融合的产物；它使制造技术成为一项能驾驭生产过程中的物质流、信息流和能量流的系统工程，成为“市场一产品设计一制造一市场”的大系统。

(2) 动态性特征。

先进制造技术包括加工域活动、物流域活动和信息域活动；每一域活动的先进技术都在不断地发展、进步，进而促进了先进制造技术的动态变化，如数控加工、生长型制造的出现，使得先进制造技术产生了突破性进展。

(3) 数字化特征。

先进制造技术的制造原理是使制造过程离散化或数字化；计算机辅助技术是实现上述过程的重要工具；它首先将传统制造过程中的许多定性描述转化成数字化定量描述，并以此建立不同层面的系统数字化模型，最后进行相应的数值模拟计算；因而数字化特性也体现出柔性化、集成化和智能化的特征。

(4) 可持续性特征。

先进制造技术应符合可持续发展策略，能实现资源的充分利用，洁净生产，能耗少、附加值高的制造模式。

需要指出的是，由于先进制造技术包括加工域活动、物流域活动和信息域活动3个方面，因而上述活动中的任一域的先进技术或多域综合的先进技术均可称为先进制造技术。例如，干式切削技术隶属加工域活动中的先进技术；快换刀夹是物流域活动中的先进技术；多传感器信息融合监视加工过程归结于信息域活动中的先进技术，但上述技术均可称为先进制造技术。

1.3 先进制造技术的内涵与范畴

由先进制造技术的定义可知，先进制造技术包含了产品生命周期的全过程和所有的相关技术如图1.1所示。它涉及产品设计、工艺设计、制造方法、系统自动化、生产管理等多个领域，并需要综合应用机械技术、自动控制技术、计算机技术、信息科学、管理科学，乃至社会科学等方面的知识，对传统的机械制造技术进行充实、改造、发展和创新。

先进制造技术的范畴大致可归纳如下。

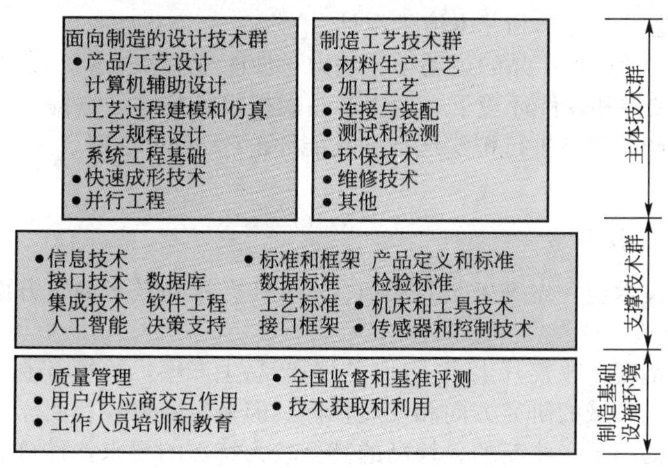

图1.1 先进制造技术构成体系

1. 现代设计技术

产品设计的合理与否，直接影响产品在市场上的竞争力和生命力。因此，依据先进制造技术的思想，在现代制造业中，产品设计不仅要满足用户对产品的功能需求，还要考虑经济、资源、环境等社会条件因素对产品设计的约束。这样，在产品设计时，应借助一切可以利用的现代科技技术及成果来制定设计方案，在多学科、多专业相互渗透和综合的基础上有所创新，快速地设计出有一定特色、性能优良、便于制作、易于维修、符合环境要求、能满足用户需求的质高价廉的产品。

现代设计技术包括现代设计方法和设计自动化技术两个方面。

1) 现代设计方法

现代设计方法的主要内容如下。

(1) 基于多专业人员协同工作的并行设计方法。

(2) 基于推陈出新的反求工程。

(3) 基于方便下游制造环节的，DFX 方法，即“Design for X”设计方法。这里的“X”是指除产品设计以外的其他一系列与产品相关的环节，如面向制造的设计(DFM)、面向装配的设计(DFA)、面向维修的设计(DFR)等。

(4) 基于提高产品质量稳定性的健壮设计方法，健壮设计又称稳健设计或鲁棒设计(Robust Design)。

(5) 基于节约能源，减少废弃物和无公害的绿色产品设计(Green Design)。

(6) 基于产品原型拟实评估的虚拟设计技术。

2) 设计自动化技术

现代设计方法及其自动化技术的发展，实质上就是 CAD 的发展和应用过程。最初是采用计算机绘图实现产品工程图自动绘制，即所谓在设计工作中“甩掉图板”，这是应用 CAD 技术最普遍的状态。但是，应用计算机代替人工绘图是设计自动化技术的初级阶段，计算机的功能远没有发挥和利用。现代计算机可以辅助设计人员实现更为高级的自动化设计工作。

(1) 开发功能强大、使用方便、兼容性较强的产品设计 CAD 应用软件，实现专门产品的自动设计与变型产品的快速设计工作。

(2) 产品轮廓造型、色彩和艺术渲染设计。

(3) 复杂的工程计算和产品的运动学、动力学性能分析和模拟、动画仿真。

(4) 在多媒体硬件和软件环境下，运用产品虚拟设计技术，在提高产品性能和可靠性设计的前提下，对产品原型进行拟实运行和性能评价(无需对原型产品进行试制)，以减少新产品开发的风险。

2. 先进制造工艺技术

先进制造工艺技术包含先进工艺方法和自动化工艺准备技术两个方面。

1) 先进工艺方法

提高产品加工精度，改善其生产质量；提高产品生产率，缩短其制造周期；降低成本始终是机械制造工艺领域的研究方向和发展目标。但是，随着现代科学技术的发展，人们对机械产品的性能提出了一些新的、较高的甚至较为特殊的要求，而许多新材料的发现和利用，使传统的制造工艺方法和技术无法满足上述产品的加工要求，致使许多产品能设计出来，却制造不出来，或者制造不好。此外，现代制造工艺技术还需要考虑资源和环境问题，要求尽量节约材料和自然资源，减少工业废弃物，避免和减轻环境污染，实现“洁净生产”，提高被加工件的机械物理性能和零部件的再利用，以延长它们的使用寿命，等等。因此，本书着重介绍当前较有前途的和正在发展的工艺技术，例如，可持续制造技术、生长型制造技术、高速和超高速切削加工技术、少/无切削制造技术、特种加工技术、快速原型制造技术、微细加工技术、生物制造技术等。

2）自动化工艺准备技术

在先进制造技术中，计算机辅助制造(Computer Aided Manufacturing，CAM)包含了较为丰富的技术内容。从广义的角度理解，CAM是指计算机参与完成了从毛坯到产品制造完成过程中的所有活动，包括工艺准备、计划编制、物流控制、生产控制和质量控制等。其中，工艺准备包括计算机辅助工艺过程设计(Computer Aided Process Planning，CAPP)、计算机辅助工装设计与制造、计算机辅助数控程序编制、材料定额编制、工时定额编制等。在工艺准备技术中，CAPP是最主要的核心环节，它不仅可以将技术人员从重复而繁琐的工艺文件编写工作中解放出来，使他们有更多的时间用于工艺方法的研究和创新工作，而且CAPP产生的结果和数据可以同工装设计、数控编程建立联系，成为生产管理的依据，因而是计算机集成制造系统中不可缺少的环节。

3. 虚拟制造技术

虚拟制造(Virtual Manufacturing，VM)技术又称拟实制造技术，是利用计算机硬件和软件构建的虚拟生产环境对产品加工过程进行模拟，以找出其在实际生产过程中可能出现的问题和薄弱环节，在生产实施前进行必要的修改和调整，达到优化制造过程，减少开发风险和降低产品制造成本的目的。

4. 制造系统综合自动化技术

制造系统的综合自动化技术是先进制造技术的重要组成部分。由于多品种、小批量生产方式已成为现代制造业的主流和发展趋势，企业要想占领市场，参与竞争，就必须要求制造系统既具有高度的生产率，又具有充分的灵活性(柔性)和可重构性。因此在先进的制造系统中，必然要采用数控机床、机器人和自动化的物流技术。但是，人在制造系统中的作用仍应充分重视，不要盲目追求系统的全盘自动化。事实上，当前还没有任何计算机和设备能完全取代人的智慧和技能。实践证明，人的技能和决策思维同自动化设备的结合是最好的、最有效的组合形式。因此，发展人机结合的综合自动化制造系统应是最合理的选择。

先进的综合自动化制造系统通常包括以下内容。

(1) 分布式数控系统(Distributed Numerical Control System，DNCS)是在计算机数控机床技术的发展基础上，由直接数控(群控)系统演变而来的。与直接数控系统相比，它的优点在于：具有更好的开放性，能与更高层次的控制或管理系统连接，构成集成制造系统。

(2) 柔性制造系统(Flexible Manufacturing System，FMS)是一种适用于小批量、由多台单机组成的，由计算机控制和管理的加工系统。其优点在于：柔性大、无人化(或少人化)。FMS可以使劳动生产率大幅度提高，并大大降低劳动强度和改善劳动条件。

(3) 计算机集成制造系统是指具有把生产工厂的全部功能(包括生产管理、产品开发制造等)实现计算机高度的综合管理，低成本、高质量要求的适应性生产系统。在这个系统中能实现信息的迅速、及时、准确的传递和共享，保证生产中信息数据的一致性和可靠性。其主要特征是信息流自动化和机器的智能化；核心是一个公用的数据库，其作用是对信息资源进行存储与管理，并与3个计算机系统CAD/CAM，CAP/CAC，FA进行通信。

(4) 智能制造系统(Intelligent Manufacturing System，IMS)是指将人工智能技术融合进各制造环节的制造系统。它具有部分人类专家的自辨别、自适应、自学习、自处理能力，但是迄今为止没有任何智能技术能够达到人类的思维能力。因此，当前更多的是建立人机结合的IMS。

5. 现代生产经营和管理技术

制造企业要适应现代化的市场机制，需要实现管理现代化，必须首先在企业内部建立一个管理信息系统(Management Information System，MIS)。通常企业的MIS由四大分系统组成：经营管理系统、生产管理系统、财务管理系统和人事管理系统，其中起核心作用的是生产管理系统，如图1.2所示。近几十年来，随着愈演愈烈的市场竞争和经营全球化的迅速发展，现代管理技术的发展也很活跃，尤其是在生产和经营管理方面，已出现了下列一些新的管理思想和管理模式。

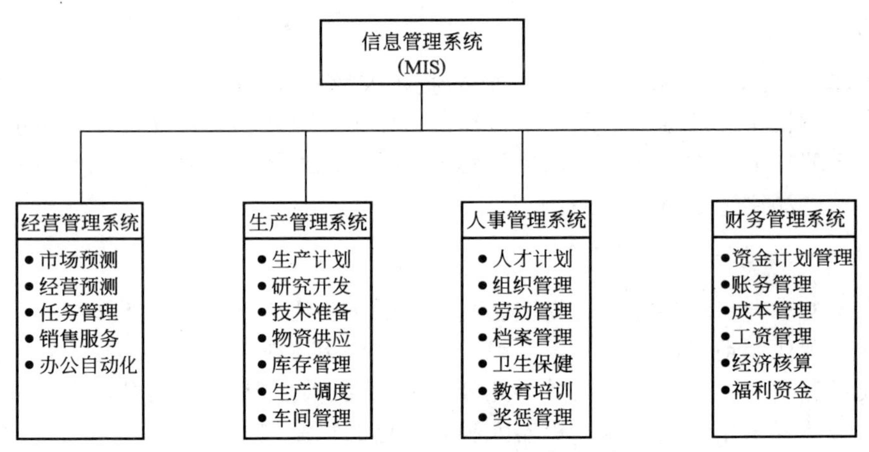

图1.2 企业管理信息系统

(1) 以物料管理和库存管理为基础，依据市场需求、产品特点，逐渐拓宽发展而成的物料需求计划(Material Requirements Planning，MRP)和制造资源计划(Manufacturing Resource Planning，MRP)。

(2) 减少库存量，特别是减少在制品库存量的准时生产技术。

(3) 面向市场，充分发挥生产企业的主观能动性，以最小成本获取最大产出为目标的精益生产的管理模式。

(4) 加快新产品开发过程，缩短开发周期，以“一次性开发成功”为目标的并行工程(Concurrent Engineering，CE)。

(5) 根据市场需求，用重新组合的方式，开发新产品、改进其制造过程，充分利用信息网络平台，广泛寻找合作伙伴，建立动态联盟式的虚拟企业，达到能迅速占领市场向用户提供产品的敏捷制造策略。

(6) 在先进科学技术的支持下，节约自然资源和能源，实行洁净生产，减少废弃物和有毒和有害物的排放，维持社会良好的生态环境，建立可持续生产(Sustainable Production，SP)的制造模式。

(7) 在前述各种管理技术的基础上，建立全球化制造系统(Globalized Manufacturing System，GMS)。

1.4 先进制造技术的特点和发展趋势

1.4.1 先进制造技术的特点

在分析先进制造技术产生背景的基础上，我们给出了先进制造技术的定义，考察了先进制造技术的内涵和体系结构，因而总结出先进制造技术的主要特征如下。

(1) 综合性技术。先进制造技术不是指一项具体的产品制造技术，它是利用系统工程思想和方法，将各种与制造相关的技术集合成一个整体，并贯穿到产品从市场分析、设计、加工制造、生产管理、市场营销、维修服务直至报废处理、回收再生的全过程技术。它特别强调在人主体作用的前提下，将计算机技术、信息技术和现代管理技术综合应用到产品制造过程中，即强调人、技术、管理的有机结合。

(2) 动态发展性技术。由于先进制造技术的实现规模、实现程度、实现方法及侧重点要结合企业的具体生产情况，与企业的周边环境相适应，因此它没有一个固定的模式，而是动态发展的。它强调要不断地吸收和利用各种高新技术成果，并将其应用到制造系统的各个部分和产品制造活动的整个过程，使其趋于完善。

(3) 面向工业应用的技术。先进制造技术有明显的需求导向特征：坚持以顾客为核心，强调系统集成和整体优化，提倡合理竞争与相互信任；不单纯以追求高新技术为目的，重在全面提高企业的竞争力，促进国家经济持续增长，加强国家综合实力。

(4) 面向全球竞争的技术。随着信息技术的快速发展，出现了市场竞争全球化的趋势。为了赢得国际市场，提高企业综合效益(包括经济效益、社会效益和环境生态效益)及对市场的快速反应能力成为必然。先进制造技术是达到这一目标的重要手段。

(5) 面向21世纪的技术。先进制造技术在保留了传统制造技术中有效要素的基础上，吸收并充分利用了一切高新技术，使产品制造技术出现了质的飞跃。它强调环保技术，突出能源效益，重视产品的回收和再利用，符合可持续发展的战略。

1.4.2 先进制造技术的发展趋势

进入21世纪，为了适应市场竞争全球化、市场需求多样化的特点，制造技术充分吸收和利用了一切高新技术，正朝着精密化、柔性化、集成化、网络化、全球化、虚拟化、智能化和清洁化的方向发展。

1. 制造自动化技术向纵深方向发展

制造自动化技术是制造企业提高生产率、降低生产成本、保证产品质量的重要手段。回顾20世纪，制造自动化技术经历了刚性自动化、可编程自动化和综合自动化三个发展阶段。这三种自动化方式的比较见表1-2。

表1-2 三种制造自动化方式的比较

比较类型	刚性自动化	可编程自动化	综合自动化
实现目标	保证加工质量，减轻工人劳动强度，降低生产成本	保证加工质量，降低生产成本，减轻工人劳动强度，缩短产品制造周期	保证加工质量，降低生产成本，缩短产品制造周期，改善设计与管理工作效率和质量，提高对市场的响应能力
控制对象	物流	物流	物流、信息流
特点	通过机、电、液、气等硬件控制方式实现，刚性较大	以硬件为基础，软件为支持，通过程序改变实现变化，柔性较大	不仅针对具体操作和工人的体力劳动，而且涉及脑力劳动以及设计、经营管理等各方面
关键技术	继电器控制技术、经典控制论	数控技术、计算机控制、GT、现代控制论	系统工程、信息技术、计算机技术、管理技术
典型系统与装备	自动机床、组合机床、机械手、自动生产线	NC机床、加工中心、工业机器人、DNC	FMS、CAD/CAM系统、CIMS
应用范围	大批量生产	多品种、中小批量生产	各种生产类型

制造自动化技术经过三个阶段的发展，到了综合自动化阶段，其范围大大扩展了，内涵更加丰富了，所涉及的领域也更加广泛了。随着信息技术的高速发展，以及信息技术不断向制造技术的注入和融合，制造自动化技术向着纵深方向发展：

(1) 集成化。集成是综合自动化的一个重要特征，符合系统工程的思想。集成化的发展淡化了制造企业各部门之间及制造活动各阶段之间的界限，并最终向一体化的目标迈进。CAD/CAPP/CAM系统的出现，使设计、制造不再是截然分开的两个阶段；FMC、FMS的发展，使加工过程、检测过程、控制过程、物流过程融为一体；而计算机集成制造的核心更是通过信息集成，使一个个自动化孤岛有机地联系在一起，以发挥更大的效益；并行工程则强调产品及其相关过程设计的集成，这实际上是在一个更深层次上的集成。制造自动化为集成化提供了有利条件，而集成化是制造自动化深入发展的必然结果。

(2) 柔性化。制造自动化系统从刚性自动化发展到可编程自动化，再发展到综合自动化，系统的柔性越来越大。进一步的发展要求能够快速实现制造系统的重组(包括企业内部制造设备与工具系统的重组，以及企业之间的重组)。模块化技术是提高制造自动化系统柔性的重要策略和方法。硬件和软件的模块化设计，不仅可以有效地降低生产成本，而且可以大大提高自动化系统的柔性。模块化产品设计可以有效改善设计工作的柔性，从而可以显著缩短新产品研制与开发周期。模块化制造系统可以极大提高制造系统的柔性，并可根据需要迅速实现制造系统的重组。

(3) 网络化。通信与交通的迅速发展大大加速了市场全球化的进程，而计算机网络的问世和发展则为制造全球化奠定了基础。计算机集成制造系统以Internet和Intranet为基础，采用局域网的方式，实现了企业内部的信息传输与信息集成，使异地制造成为可能。

(4) 虚拟化。虚拟制造是以系统建模技术和计算机仿真技术为基础，集现代制造工艺、计算机图形学、信息技术、并行工程、人工智能、多媒体技术等多学科知识形成的综合系统技术。虚拟制造通过建立系统模型，将现实制造环境及制造过程映射到计算机及相关技术所支持的虚拟环境中，在虚拟环境中模拟现实制造环境及制造过程的一切活动及产品制造全过程，从而完成对产品设计、制造过程及制造系统的预测和评价。虚拟制造技术可以缩短产品的设计与制造周期，提高产品设计成功率，降低产品开发成本，提高系统快速响应市场变化的能力。

(5) 智能化。智能制造系统要求在整个制造过程中，采用集成的柔性方式，以在多品种、中小批量生产条件下，实现“完善生产”。智能制造系统的特点是具有极强的适应性和友好性(即软特性)：对于制造过程，要求实现柔性化和模块化；对于人，强调安全性和友好性；对于环境，要做到无污染、省能源、资源回收和再利用：对于社会，则提倡合理的协作与竞争。其主要思想是综合多学科知识，采用各种先进技术和方法(如人工智能、材料科学、控制理论、计算机技术、人类科学、信息科学、管理科学等)，解决和处理制造系统中的各种问题。

2. 传统制造技术不断改进，新型制造技术迅速发展

传统制造技术的改进与新型制造技术的发展突出体现在产品设计和零件制造两个方面。

1) 产品设计

传统产品设计方法的改进主要是CAD和CAE技术的全面应用。CAD可以协助设计者完成产品设计中全部或大部分事务性的工作(如设计计算、查阅手册、绘图、编写设计文件等)，从而可以极大地提高产品设计效率。CAE可以协助设计者完成以往产品设计中难以准确实现的产品功能性分析，因而可以极大地提高产品设计质量。目前，CAD和CAE两项技术有了进一步完善和提高，重点体现在产品建模理论、创新设计、快速设计(包括快速原型制造)、数值仿真、设计数据管理技术等。

随着计算机辅助技术的迅速发展，在制造技术领域，近年来出现了许多新的设计方法和理念，如并行设计(Concurrent Design)、面向“X”的设计(Design for X，DFX)、健壮设计(Robust Design)、优化设计(Optimal Design)、反求工程技术(Reverse Engineering)等，并已得到实际应用。因此，现代设计思想和方法的提出与发展，将会对传统产品设计方法产生更深刻的变革。

2) 零件制造

传统的零件制造方法是毛坯成形和机械加工，这种方法仍是目前乃至今后相当长时间内零件的主要制造方法。

毛坯成形技术主要包括铸造、压力加工、连接和粉末冶金等技术，它的改进主要集中在提高成形精度上。近年来出现的近净成形(Near Net Shape Process)技术和净成形(Net Shape Process)技术已经大大提高了毛坯的尺寸精度，并逐渐向最终的零件形状尺寸精度逼近。零件机械加工技术的改进主要体现在强力切削/磨削与高速切削/磨削技术的发展和应用上。超高速加工技术主要包括：超高速切削与磨削机理；超高速主轴单元与进给单元制造技术；超高速加工用刀具制造技术；超高速加工在线自动检测与控制技术等。高速切削与超高速切削技术的发展一方面可以实现“以切代磨”，极大地提高生产效率，另一方面还可以获得较高加工精度，实现难加工材料的切削加工。目前，铝合金超高速切削的切

削速度已超过2000m/min，结构钢已超过1200m/min。

特种加工方法是新型零件制造、加工的方法。这种加工方法将电、磁、声、光等物理量及化学能量或其组合直接作用在工件被加工的部位上，从而使材料被去除、累加、变形或改变性能等。与传统的机械加工方法相比，其优点主要体现在：在加工过程中没有显著的切削力作用，因而对刀具和工件的强度、硬度和刚度均没有严格要求；一般不会产生加工硬化现象，发热少，或发热仅局限于工件表层加工部位很小的区域内，所以，工件热变形小，加工应力也小，工件的加工性较好，易于获得好的加工质量等。特种加工方法主要应用在一些特殊场合的加工，如难加工材料的加工，复杂型面、薄壁、小孔、窄缝等特殊工件的加工。

3）精密制造技术将在制造技术中占有突出的位置

精密制造技术包括精密与超精密加工、微细与超微细加工及微型机械等。精密与超精密加工技术是指在一定的发展时期，加工精度和表面质量达到较高与最高程度的加工工艺。精密加工与超精密加工技术是一个国家制造业水平的重要标志，它不仅为其他高新技术产业提供精密装备，同时其本身也是高新技术的一个重要生长点，因而各工业发达国家均投入巨大资金发展该项技术。目前超精密加工的尺寸精度已经达到0.01μm，表面粗糙度 Ra 达到0.008μm，纳米级加工技术已经实现。该技术未来进一步发展的趋势是：向更高精度、更高效率方向发展；向大型化、微型化方向发展；向加工检测一体化方向发展；机床向多功能模块化方向发展；超精密加工机理与应用的研究向更广泛、更深入的方向发展。

微细加工通常指1mm以下微小尺寸零件的加工，超微细加工通常指1μm以下超微细尺寸零件的加工。该技术起源于半导体制造工艺，原来是指加工尺度约在微米级范围的加工方式。广义上的微细加工，其方式十分丰富，几乎涉及各种现代特种加工、高能束加工等方式。目前微细与超微细加工的精度已达到纳米级(0.1～100nm)。在达到纳米层次后，绝非几何上的“相似缩小”，而是出现一系列新的现象和规律；量子效应、波动特性、微观涨落等不可忽略，甚至成为主导因素。在这种情况下，必须从机械、电子、材料、物理、化学、生物、医学等多方面进行综合研究，其主要研究内容包括：纳米级精度和表面形貌测量及表面层物理、化学性能检测，纳米级加工，纳米材料，纳米级传感与控制技术，微型与超微型机械等。

4）绿色制造将成为21世纪制造业的重要特征

在经历了几百年工业发展之后，人类逐渐认识到工业文明所带来的负面影响—人类赖以生存的地球遭到了严重的破坏，人类的生存环境面临着越来越严重的威胁。如果再不采取有效措施，后果将不堪设想。绿色制造因此应运而生。

绿色制造技术是指在保证产品的功能、质量、成本的前提下，综合考虑环境影响和资源效率的一种现代制造模式。其基本目的是克服传统设计的不足，使所制造的产品满足绿色产品的要求，它涉及产品整个生命周期，是从摇篮到再现的整个过程。其基本思想是从根本上防止污染，节约资源和能源；预先设法防止产品及工艺对环境产生的副作用。其基本方法是采用可持续发展思想，制造时着眼于产品生命周期全过程，而不着眼于某一阶段、某一部门。

当前，环境问题已经成为世界各国关注的热点，不少国家的政府部门已推出了以保护环境为主题的“绿色计划”，并列入世界议事日程。绿色制造作为新世纪制造技术的重要特征，必将得到迅速发展。

5）信息技术、管理技术与工艺技术紧密结合，先进生产模式不断完善和发展

先进制造技术的思想和结构体系提出以后，信息技术、现代管理技术与制造工艺技术结合得更加紧密，出现了一系列新的制造哲理和生产模式，如CIMS、CE、LP、AM、IMS等。这些先进生产模式随着科学技术的发展，在新的竞争条件下，必将不断完善和发展。

先进生产模式的实现与现代管理技术密切相关，从管理角度出发，主要体现了以下几个基本转变。

（1）组织形式从按功能划分部门的固定形式向动态的、自治的多功能小组形式转变。

（2）管理结构从金字塔式的多层次结构向扁平式网络结构转变。

（3）工作方式从传统的顺序方式向并行方式转变。

（4）管理工作重点从以技术为中心向以人为中心转变。

（5）竞争策略从单一追求生产率指标向生产率与快速响应市场能力并重转变。

（6）企业间关系从单纯竞争关系向竞争与合作关系转变。

1.5 先进制造技术课程的性质和学习方法

1.5.1 课程的性质

随着国内外市场竞争加剧、科学技术的迅速发展，产品更新换代的速度也不断加快。人们对产品多样化的需求增加，进而要求机械制造业向多品种、小批量的生产方式发展，为此必须对传统的制造技术进行改造，使所制造的产品能够满足功能适用、质量好、价格低、交货期短、服务优良等要求。实现上述目标，采用先进制造技术是关键。先进制造技术是一门综合性、交叉性的前沿学科和技术，已不是一般单指加工过程的工艺方法，而是包含了从产品设计、加工制造到产品销售、用户服务等整个产品生命周期全过程的所有相关技术，涉及设计、工艺、加工自动化、管理及特种加工等多个领域的先进技术。它不仅需要应用数学、力学基础科学，还需要应用系统科学、控制技术、计算机技术、信息科学、管理科学以至社会科学等。它是关系到将科技成果转化为现实生产力，提高综合国力的关键技术。因此，先进制造技术是机械设计制造自动化专业的一门专业课，又是一门应用技术学科。

1.5.2 本课程的学习方法

由于先进制造技术具有很强的理论性和实践性，因此，学好这门功课，首先要求学生具有必要的基础理论，需要学好高等工程数学、力学、机械设计、机械原理、测试技术、机械制造工艺学、电工电子学、控制工程、计算机技术及管理学等学科；其次要搞好实践性环节，如金工实习、机械制图测绘、工艺课程设计等，需要深入现场调查研究，了解新工艺、新技术和新的管理方法。

在具备以上基础理论，学好本课程的基本知识、基本理论和基本技能的同时，需要特别指出的是，计算机技术是先进制造技术的支撑技术，因此，要重视上机实习和操作，以

加深理解本课程的内容。

习　题

1. 先进制造技术发展的关键影响因素有哪些？
2. 简述先进制造技术的发展历程。
3. 先进制造技术的定义、特征及主要技术特点是什么？

第2章 先进工程设计技术

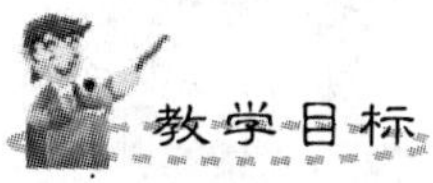

★了解工程设计技术定义及其发展过程；

★ 掌握CAD的定义及技术特征；

★ 掌握实体建模的几何造型方法；

★ 掌握工程分析方法；

★ 了解有限元分析技术、计算机辅助工艺技术、虚拟设计技术、DFX、并行设计技术、反求设计技术及绿色设计技术的定义及特征。

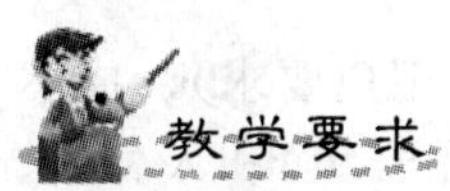

知识要点	能力要求	相关知识
工程设计技术	了解工程设计技术及其国内外发展现状	工程设计技术的定义及特点
CAD技术	掌握计算机辅助设计技术定义及技术特征	计算机辅助设计技术涵盖的内容
工程分析方法	掌握工程分析方法定义、发展及技术特点	工程分析方法的特征及技术特点
有限元分析技术、计算机辅助工艺技术、虚拟设计技术、DFX、并行设计技术、反求设计技术和绿色设计技术	了解有限元分析技术、计算机辅助工艺技术、虚拟设计技术、DFX、并行设计技术、反求设计技术和绿色设计技术的定义及特点	有限元分析技术、计算机辅助工艺技术、虚拟设计技术、DFX、并行设计技术、反求设计技术和绿色设计技术的定义及特点

导入案例

产品设计是制造业的灵魂。新产品在市场上的竞争能力与其新知识的含量直接相关。随着先进制造技术的发展，工程设计的范畴不断扩大，从单纯的产品设计扩展到产品规划和工艺设计；工程设计的组织方式也从传统的顺序方式逐渐过渡到并行设计方式。这一方面拓宽了设计理论与方法，扩展了设计思维和设计范畴；另一方面增强了设计手段的精确化、计算机化、自动化与虚拟化，因而极大地提高了产品的使用寿命。图 1是某零件的虚拟加工过程示意图。

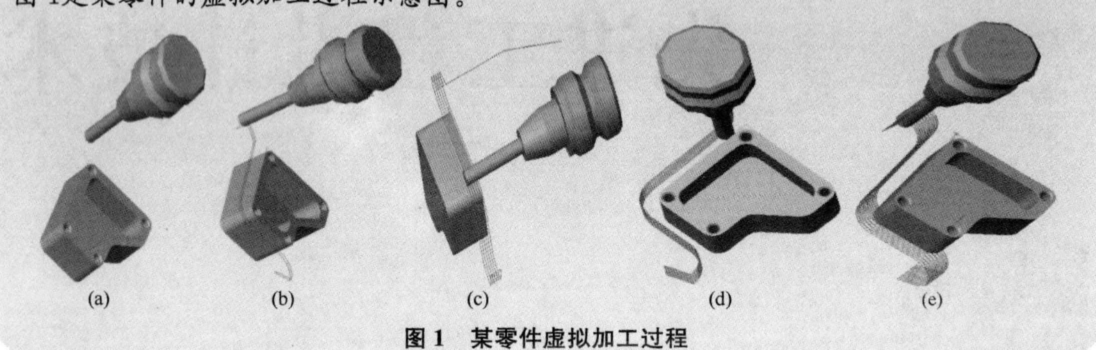

(a) (b) (c) (d) (e)

图 1　某零件虚拟加工过程

2.1 概　　述

2.1.1 工程设计的概念

产品设计是制造业的灵魂。因为产品的结构、性能、质量(全面满足用户要求)、成本(全成本)、交货时间(含新产品开发时间)、可制造性、可维修性(含产品升级)和人、机、环境关系等，原则上都是在产品的设计阶段确定的。

所谓设计，就是将来自市场的顾客需求，经过设计人员创造性的设计、规划和决策后，最终形成可以应用于制造的各种信息。工程设计包括产品规划、方案设计、总体设计、施工设计、工艺设计等内容，其结果对产品的功能、性能、质量、价格，甚至交货期有着极其重要的影响。

现代产品的设计是基于知识的设计，有别于过去的基于经验的设计。设计是否成功，取决于其中现代知识的含量。因此，新产品在市场上的竞争能力与其新知识的含量直接相关。目前，现代设计领域中的主要理论和方法有计算机辅助设计、人机工程、设计方法学、系统分析法、并行工程、工业造型、技术预测法、反求工程设计、智能工程、优化设计、信息分析法、工程遗传算法、可靠性设计、相似性设计、创造性设计、模糊评价与决策、三次设计、有限元法、模块化设计、人工神经元计算方法、价值工程、动态设计、摩擦学设计、防腐设计、可维护性设计和稳健设计等。

2.1.2 现代工程设计的特征

随着计算机技术的发展，工程设计的范畴不断扩大，从单纯的产品设计扩展到产品规划和工艺设计。工程设计的组织方式也从传统的顺序方式逐渐过渡到并行设计方式。工程设计的手段正在由传统的手工设计向现代化的计算机辅助设计过渡，如图 2.1 所示。归纳起来，现代工程设计具有如下特征。

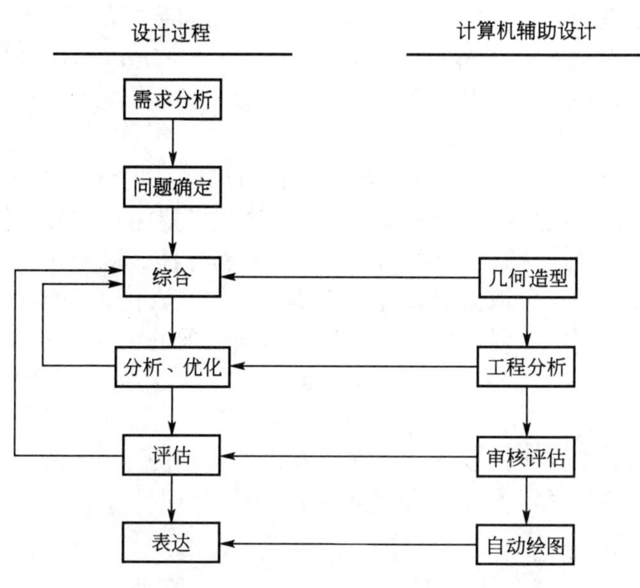

图 2.1 计算机在设计过程中的应用

1. 设计理论与方法的延伸、思维的变化及设计范畴的扩展

现代设计技术是传统的设计理论与方法的继承、延伸与扩展。这不仅体现在设计原理、方法、思维、哲理等方面的创新，还体现在设计范畴的不断扩大。设计理论方法延伸及思维变化主要体现在：静态的设计原理向动态设计模型的延伸；经验的、类比的设计方法向精确的、优化的方法延伸；确定的设计模型向随机的模糊的设计模型延伸；单维模式向多维思维模式延伸等。设计范畴扩大主要体现在：设计内容与边界扩展到产品规划、制造过程的工艺、检验、试验、包装、运输直至营销、市场策划、产品运行、维护使用到报废回收全过程全生命周期的各个环节。先进制造技术中的面向制造的设计、面向装配的设计及 DFX、并行设计、虚拟设计、绿色设计、模糊设计、维修性设计、健壮设计等，便是工程设计范畴扩大的集中体现。

2. 多种设计技术、理论与方法的交叉与综合

计算机技术与信息科学对机械产品的渗透、改造与应用，使产品的结构、功能产生很大的变化，现代机械产品正朝着机电一体化，物质、能量、信息一体化，集成化，模块化方向发展。

3. 设计手段的精确化、计算机化、自动化与虚拟化

1）精确化

现代设计技术可以采用概率设计(可靠性设计)描述载荷应力、环境条件等随机因素的分布规律，通过有限元法、动态分析、疲劳设计、防断裂设计、健壮设计、耐环境设计等分析工具和建模手段，准确模拟系统的真实情况，得到比较符合实际情况的真实解，提高

了设计的精确化程度。

2）计算机化

计算机在设计中的应用已经从计算机辅助分析计算和辅助绘图，发展到优化设计、并行设计、三维特征建模、设计过程管理、面向制造与面向装配的设计制造一体化，形成了CAD、计算机辅助工艺规程(Computer Aided Process Planning，CAPP)、计算机辅助制造的集成化、网络化，并逐步向设计智能化、模拟仿真和虚拟设计方面发展。

3）设计自动化

设计自动化的实现主要依托CAD技术的发展与成熟，设计方法的日益完善，自动建模技术及一批功能强大、高层次的商品化CAD软件，如智能CAD、模糊逻辑、神经网络用于CAD、优化问题及几何特征建模、尺寸公差自动标注、高效率的有限元分析程序等的支撑。同时，设计自动化也取决于设计与制造过程的集成化、一体化技术的发展与成熟及多媒体技术的广泛应用，如面向制造的设计、面向装配的设计、概念设计、并行设计及虚拟设计等。

4）设计手段虚拟化

现代设计技术以虚拟现实的系统软件在计算机上实现仿真和模拟现实的三维建模，从而实现设计可视化，快速显示设计内容，灵活而方便地修改设计。

4. 设计并行化和智能化

现代设计技术中的并行设计、优化设计及智能化设计(如智能CAD、专家系统等)均是现代设计技术中的重要设计技术，是设计开发新产品过程中不可缺少的方法和技术手段。

5. 面向产品寿命周期化

随着科学技术的发展和社会需求的日益增长，产品的类型、规格及性能迅速发生变化，产品的寿命周期越来越短。为了满足市场和用户对产品质量的要求，对产品的寿命周期全过程进行可信性设计非常必要。可信性设计主要包括可靠性设计、安全性设计、防断裂设计、疲劳设计、防腐蚀性设计、减摩和耐磨损设计、动态分析与设计、健壮设计、耐环境设计、维修性设计和维修保障设计、人机工程设计等。

6. 多种设计实验技术

在产品的设计过程中，人们根据不同产品的特点和需要，通过物理模型试验、动态试验、可靠性试验、产品环保性能试验与控制等，获取相应的产品参数和数据，为评定设计方案的优劣和几种方案的比较提供一定的依据，也为开发新产品提供有益的基础数据。

2.2 计算机辅助设计技术

2.2.1 概述

1. 计算机辅助设计的含义

在设计活动中，计算机辅助设计(CAD)技术是指利用计算机作为工具，帮助工程师进行设计的一切适用技术的总和。

CAD是一种人和计算机相结合、各尽所长的设计方法。在设计过程中，人是设计主体，需要进行创造性思维，拟定工作原理，构思设计方案等；计算机为辅助工具，主要协助人来完成设计中大部分事务性的工作，如计算、绘图、查找数据资料、生成技术文件等。因此，一个好的计算机辅助设计系统具有既能充分发挥人的创造性作用，又能充分利用计算机的高速分析计算和大量存储数据的能力。

CAD作为一门学科始于20世纪60年代初期。美国I. Sutherland首先提出了用光笔在计算机屏幕上选取、定位图形要素的Sketch. pad系统，以及在计算机中区分轮廓线、中心线、尺寸线、剖面线的分层表示方法。之后，美国通用汽车公司和洛克希德飞机公司等先后在IBM大型计算机上开发出适用于机械设计的CAD软件。但由于受到计算机技术的限制，CAD技术的发展较为缓慢，进入20世纪80年代以来，随着计算机技术的突飞猛进，尤其是微型机、工作站的发展和普及，以及功能强大的外围设备，如大型图形显示器、绘图仪、激光打印机的问世，极大地推动了CAD技术的发展，CAD技术进入了实用化阶段。

在工业化国家如美国、日本和欧洲，CAD已广泛应用于设计与制造的各个领域，如飞机、汽车、机械、模具、建筑、集成电路等。CAD系统的销售额每年以30%～40%的速度递增，各种CAD软件的功能越来越完善，越来越强大。我国于20世纪70年代末开始大力推广CAD应用技术，已经取得了可喜的成绩，CAD技术在我国的应用方兴未艾。

2. CAD系统的硬件与软件

一个完整的CAD系统由硬件和软件两部分组成。

1) CAD系统的硬件

CAD系统的硬件通常由计算机、外围设备和网络组成。计算型计算机机分为大型计算机、中小型计算机、工程工作站和微型计算机四类，目前应用较多的是工程工作站和微型计算机。外围设备包括键盘、鼠标、数字化仪、扫描仪等输入设备，以及图形显示器、打印机、绘图机、复印机等输出设备。网络系统由调制解调器(Modem)、中继器、路由器(或网关)、网线等组成。计算机与外围设备以不同结构方式(如总线结构、星形结构、环形结构、树形结构等)连接到网络上，以实现资源共享。

先进的CAD系统均建立在网络基础上，传统的以个人孤立进行设计的方式将逐渐被淘汰，而基于网络的分布式协同设计方式正在成为现代设计的主流。

2) CAD系统的软件

为了充分发挥CAD系统硬件的功能，必须有功能强大的软件作为支持。随着CAD系统

功能的不断增强，CAD软件所起的作用越来越大，软件成本在整个CAD系统成本中所占比例也越来越大。先进的CAD系统软件价格通常远远高出硬件的价格。

CAD系统软件可分为以下三类。

(1) 系统软件。系统软件作为其他软件的平台，直接配合系统硬件工作。系统软件通常包括计算机操作系统、窗口系统、网络系统及语言编译系统等。

(2) 支撑软件。支撑软件是指在CAD系统中，支撑用户进行CAD工作的通用性功能

软件。

CAD 支撑软件通常包括图形软件、数据库系统软件、常用算法软件等。

(3) 应用软件。应用软件通常是为某一类用户或某一工程领域专门开发的软件。典型机械 CAD 系统的应用软件如机械零件设计软件、模具 CAD 软件等。

2.2.2 CAD 技术的工作过程及优点

CAD 的工作过程，即人机结合的交互式设计过程，就是充分利用计算机高速的计算功能，巨大的存储能力和丰富、灵活的图形、文字处理功能，并结合人的知识、经验、逻辑思维能力，形成一种人机各尽所长、紧密配合的系统，以提高设计的质量和效率，如图 2.2所示。

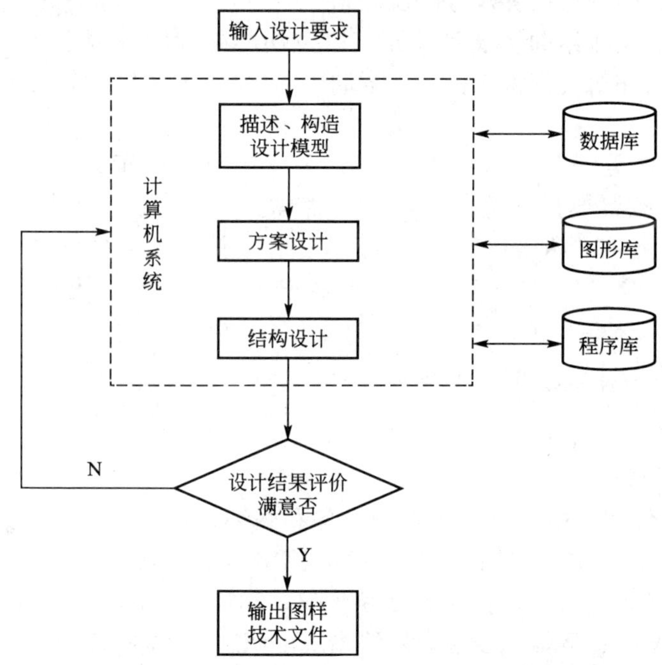

图 2.2 CAD 工作过程

CAD 技术是研究利用计算机及其外围设备帮助人们进行产品设计的技术，但一个实用的 CAD 系统不但包括具体的设计流程和方法，而且能反映当代先进的设计方法和进程，并且能充分利用和发挥计算机优势的计算机辅助设计系统。因此，研究 CAD 技术，除掌握计算机的专业知识之外，应当首先熟悉现代设计方法的一般规律，了解产品的设计过程。

1. 设计过程分析

根据设计方法学的观点，设计过程可以划分为若干个设计阶段，各设计阶段又可划分为若干个设计步骤。这些阶段和步骤的划分意味着设计从抽象到具体，从定性到定量，从全局到局部，从系统的上层结构到下层结构。产品的设计过程概括描述如图 2.3 所示。

(1) 任务规划。进行市场及社会需求、产品现状和发展趋势、企业发展目标和现有能力等方面的调查分析，并据此进行可行性论证，制定出具有明确而详细的量化指标的设计任务书。

开始
需求分析
可行性论证
制定设计任务书
任务规划阶段
构造设计模型
功能划分
确定设计方案
审查评价满意否
N
Y
方案设计阶段
结构草图设计
分析、计算、优化
审查评价满意否
N
Y
绘制技术图样、撰写技术文件
结构设计阶段
试制加工
审查评价满意否
N
Y
试制加工阶段
性能试验
用户使用
鉴定通过
N
Y
试验使用阶段
设计定型
结束

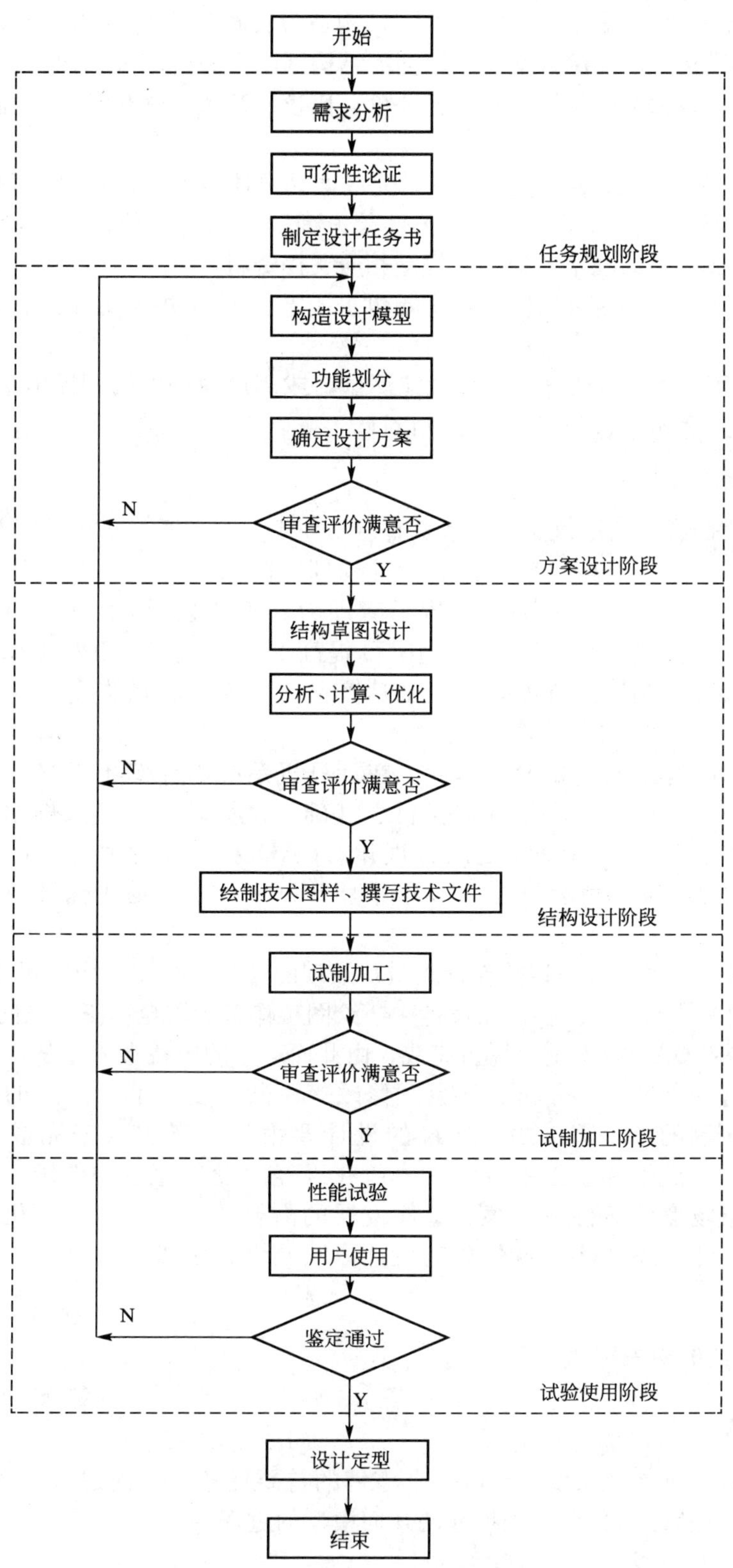

图 2.3 产品的设计过程

(2) 方案设计。根据设计任务书的要求，构造设计模型并将总体功能划分为分功能，构思多种可行的满足分功能的方案，并用功能结构网图和原理图表达出来。根据技术、经济指标对已建立的各种功能结构方案进行评价、比较、筛选、优化，从中确定出最满意的方案。

(3) 结构设计。根据制定的设计方案，完成产品总体设计、部件设计和零件设计，按比例绘出结构草图；进行力学、加工工艺性等方面的分析与优化，修改设计中的薄弱环节；将结果绘制成完整的技术图样，并提交相应文档资料。

(4) 试制加工。对上述设计结果进行初步工艺设计，并加工制造，试制出样机或样品。

(5) 试验使用。对样机或样品进行性能测试，或用户现场试用，提出鉴定意见、性能评价，反馈给设计人员，进行必要的改进设计。

2. CAD技术的优点

与传统的机械设计相比，CAD技术具有一系列优点，主要表现在以下方面。

(1) CAD可以显著提高效率，缩短设计周期，降低设计成本。设计计算和图样绘制的自动化大大缩短了设计时间，节省了劳动力。资料显示，采用CAD技术的设计方法与传统的设计方法相比，其设计效率可提高3～5倍。CAD和CAM的一体化可进一步缩短从设计到制造的周期，从而加速产品更新换代，增强企业对市场的快速响应能力。

(2) CAD可以有效地提高设计质量。在计算机系统内存储了许多与设计相关的综合性技术和知识，可以为产品设计提供科学基础。计算机与人交互作用，有利于发挥人、机各自的特长，使产品设计更加合理化。CAD系统采用优化设计方法，可以实现产品结构和参数的标准化和优化。由于采用数据库技术，易于保证数据的一致性和完整性。

(3) CAD技术的实施，可以将设计人员从烦琐的计算和绘图工作中解放出来，使其能够从事更富有创造性的工作。在产品设计中，绘图工作量约占全部工作量的60%，这一工作大部分可以采用CAD技术由计算机完成，由此而产生的效益十分显著。

产品设计是一个设计、分析、评价、修改等不断反复、不断深入的创造性劳动过程，是新产品研制的第一道工序。传统的设计要由设计者本身来完成各个阶段的工作，多采用类比、定性和手工的方法，停留在以经验设计为主的低级、低效阶段。这在目前激烈的市场竞争条件下，很难适应发展的需要，因而，将计算机技术引入设计领域，采取科学化、系统化、现代化的设计方法及设计手段是客观发展的需要，也是客观发展的必然结果。

2.2.3 CAD系统的相关技术

1. 几何造型技术

使用CAD/CAM系统来设计制造一个零件的首要任务是几何造型。几何造型就是在计算机内产生一个表示零件形状和尺寸的几何模型的过程。

1) 几何模型的类型

在CAD/CAM系统中，目前通常使用的几何模型有线框模型、表面模型和实体模型三种。

(1) 线框模型。线框模型是CAD/CAM技术发展过程中最早应用的三维模型。这种模型通过一系列空间直线、圆弧和点来描述产品的轮廓外形。图2.4所示的是利用线框建模方法构建的微尺度燃烧器三维实体结构。这种数据模型实际上就是首先给出了各个端点的坐标，然后通过两个端点的坐标，唯一确定每一条棱边；因而规定了形体中每条棱边与端点之间的关系。

采用线框模型法构建形体几何模型的优点在于：数据存储量小、容易处理，对硬件要求不高，易于掌握。这种模型曾广泛应用于工厂或车间布局、三视图生成、运动机构的模拟和有限元网络的自动生成等方面。但由于线框模型没有面和体的概念，因此无法区分物体的内部和外部，难以采用连接许多简单几何对象的方式来构造复杂的结构，同时，采用线框模型法无法产生剖面图、消除隐藏线及求解两个形体间的交线，在工程实际应用中也无法进行物性计算和编制数控加工指令。

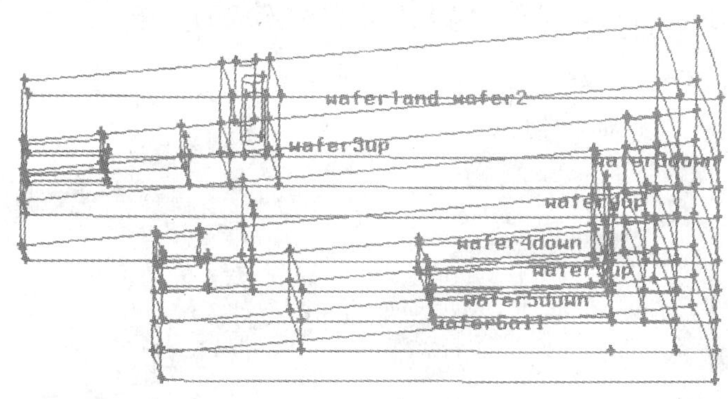

图2.4 线框模型

(2) 表面模型。表面模型是用有向棱边的集合来定义形体表面，进而由面的集合来定义形体的一种描述方法。

表面模型的数据结构是在线框模型的基础上，增加了有关面的信息和棱边的连接方向等内容，因而与形体表面有关的许多问题都可以进行处理，如求解两个形体间的交线、消除隐藏线等。但该模型的缺点在于：构建的各个面的信息都单独存储，未记录面与面之间的邻接拓扑关系，因而无法清晰识别由边界面所包围的形状是实心体还是空洞，无法生成形体的剖面图，以及进行物性计算。

(3) 实体模型。与表面模型不同，实体模型规定了形体表面完整的拓扑关系，可以在计算机内部对几何物体进行唯一的、无冲突的和完整的描述，因而能够真实而唯一的表达客观世界的三维实体，如图2.5所示。它既能消除隐藏线，产生有明暗效应的立体图像，

图2.5 实体模型

又能进行物性计算，进行装配体或运动系统的空间干涉检查，进行有限元分析的前后处理，以及用于进行多于五轴的数控编程等作业。

线框模型、表面模型及实体模型，这三种模型各有特点，其复杂程度分别由低到高地发展，它们在计算机内所占的存储容量分别为 1∶10∶100。为了克服单一模型的局限性，在实用化的几何造型系统中常综合使用线框、表面和实体这三种不同的模型。

2）常用的几何造型方法

几何造型是CAD/CAM系统的核心技术，也是实现计算机辅助设计的基本手段。常用的几何造型方法有扫描变换法（Sweep）、结构几何体素构造（CSG）、边界表示法（B-rep）、分割表示法（D-rep）和特征造型（Feature Modeling）等。下面概要地阐述前三种方法。

（1）扫描变换法。扫描变换法是将一个二维形体沿空间给定轨迹扫描运动而成三维形体的方法，通常有平移扫描法和旋转扫描法，如图 2.6 所示。图 2.6(a)是利用旋转扫描变换法形成的实体；图 2.6(b)是采用平移扫描变换法形成的实体。

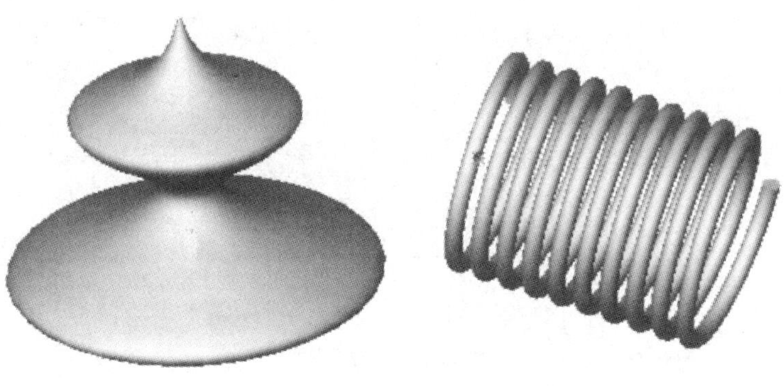

(a) 旋转扫描变换法　　(b) 平移扫描变换法

图 2.6　扫描变换法

（2）结构几何体素构造法。这种方法是由许多具有一定形状的基本体素通过并、差、交集合运算来构造几何实体的一种方法。如图 2.7 所示的几何体分别通过并、差运算生成的形体。常用的基本体素有长方体、圆柱体、球、环、圆锥及四面体等。

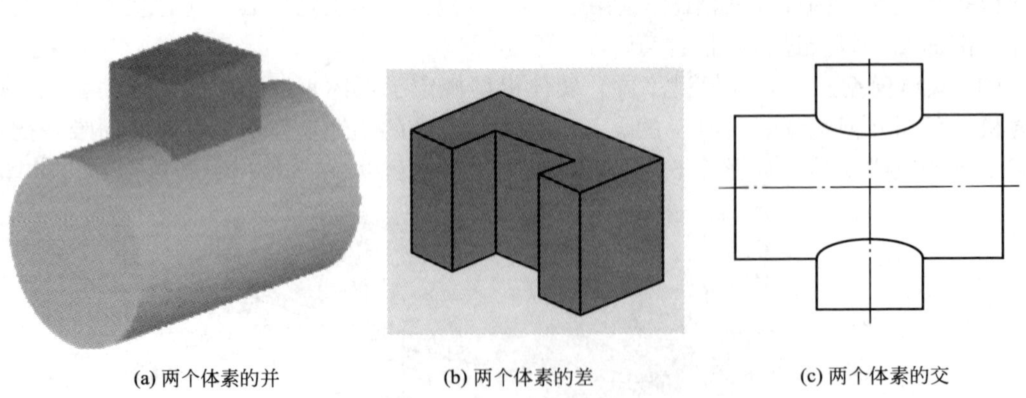

(a) 两个体素的并　　(b) 两个体素的差　　(c) 两个体素的交

图 2.7　几何体的集合运算

(3) 边界表示法。边界表示法是以物体的边界为基础，通过完整和显式的边界描述来定义和描述几何形体的方法。其基本原理是：由有限条周边围成了封闭的区域(即面)，再由有限个界面构成一个物体。边界表示法比结构几何体素构造法复杂，但是它能清楚地表示出形体的面、边、点及其相互间的关系，因而实用性较强。在CAD/CAM中真实感图形的生成、数控加工轨迹的计算多需要用边界表示模型进行造型。

2. 设计资料的数据处理技术

在设计过程中，必须翻阅手册、查阅文献资料，以及检索有关的曲线和表格，以获得设计所需要的各种参数。这是十分费时、单调又容易出错的工作。计算机具有较强的存储与检索功能，因而可以将设计所需要的表格、曲线以程序或文件的方式预先存入计算机，设计时可灵活、方便地调用，这就涉及设计资料的数据处理技术。常用的数据处理方法有数表的程序化、数表的公式化及线图的程序化等方法。

1) 数表的程序化

工程上的数表通常有两类，一类是常数数表，如各类材料的力学性能、零件的结构尺寸等，该数表的主要缺点是：表内的数据彼此之间没有明显的关系。另一类为列表函数，这类数表的数据能够反映工程中某些复杂问题参数间的关系，但难以用理论公式准确表示，大都通过实验观察或是采用简化公式计算或再根据经验加以修正，因而它是一组离散数据，可表示为

$$y_i = F(x_i) \qquad i=1, 2, 3, \cdots, n \tag{2-1}$$

上述的数表可以方便地用计算机算法语言中的数组表示，通过程序赋值语句进行程序化处理，以便被各种计算处理模块调用，这种方法仅适用于数据较少的数表，且仅供专用程序使用，共享性很低。对于大量的数表一般需要进行结构化处理，将其建立数据文件或数据库，这样做的结果可以实现数据和程序的分离，能为多个程序服务，增强数据的安全性，同时提高了系统的可维护性。

2) 数表的公式化

对于数据间有某种联系或函数关系的列表函数应尽量进行数表公式化处理，以减少数据的存储，节约存储空间和节省数据检索时间。数表的公式化处理的方法常有函数插值法和曲线拟合法。

函数插值法的基本思想是首先设法构造某个简单函数 $y=P(x)$，然后以此作为列表函数 $F(x)$的近似表达式代替原来的数表。函数插值有线性插值和拉格朗日插值，线性插值为两点插值，插值公式简单，但精度较低；拉格朗日插值为三点以上的插值，精度较高，然而高阶的插值公式计算较为复杂，需要编写相应的计算程序加以求解。

一般列表函数的数据是通过实验所得，不可避免地带有实验误差，个别数据的误差可能还很大。采用函数插值法进行数表公式化处理，必须严格地通过各个插值点，如图2.8中曲线1，2所示，因而插值后的曲线必然保留了原有的误差，这是插值公式的主要缺点之一。工程上常用数据曲线拟合方法，拟合的曲线不要求严格通过所有节点，而是尽量反映数据的变化趋势，如图2.8中曲线3所示。

目前工程中最常用的拟合方法为最小二乘法；其基本思想是：通过曲线拟合，得到一

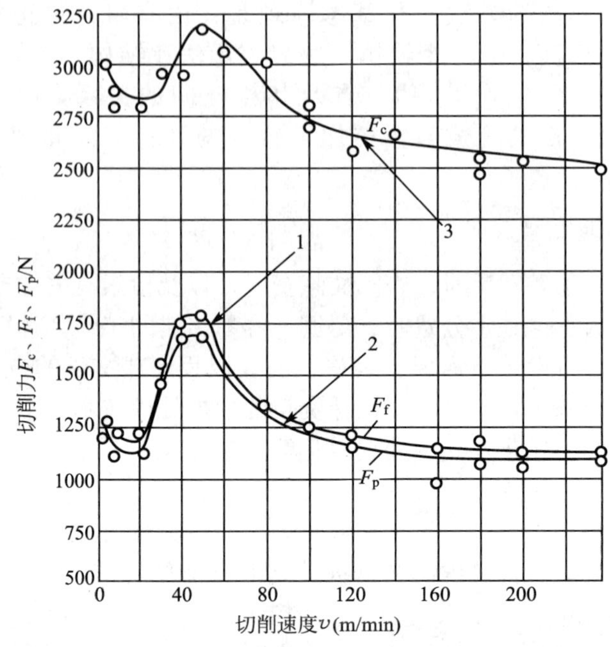

图 2.8　曲线的拟合

个表示各数据函数关系的数学表达式，然后利用计算机编程进行处理，因而使用起来较为方便；最小二乘法的处理步骤如下。

(1) 在坐标纸上标出实验数据点，并根据点的趋势绘出大致的图线。

(2) 根据图线的走势确定近似的函数类型。

(3) 由最小二乘法原理确定函数中的待定系数。

3) 线图的程序化

线图能直观地表示出参数间的函数关系，但线图不能直接存储在计算机内，因而必须将设计手册中的线图进行程序化处理。

现有设计手册中的线图可以分为两种类型，一类是本来存在某种解析公式，只是为了设计查取数据方便而制成了各种线图。对于这类线图，CAD 作业可直接应用原有的解析公式。另一类不存在解析公式，而由实验数据绘制，对于这种线图则必须首先将之数表化，然后按数表的程序化和公式化再次进行处理。

为了把曲线转变成数表，可在曲线上选取一系列节点，然后将节点的坐标值记录下来构成数表。节点的选取要考虑曲线的形状和实际使用的要求，一般在函数值变化剧烈的区域缩小节点区间，反之可适当加大节点区间。原则上一条曲线可形成一个一维数表，对于曲线簇，可将各个一维数表合并成结构清晰的二维或多维数表。

3. 工程分析技术

1) 工程分析的主要内容

为了分析评价设计的方案和模型，获得改善模型的信息和依据，需要对所设计的产品进行分析计算。基于CAD平台进行工程分析的目的是借助计算机强大的分析计算功能，改进产品性能，提高设计水平和质量，解决常规设计中许多无法解决的复杂问题。这种分析计算，可以针对某个零件或一组零件和部件，甚至整个产品。在CAD作业中，分析计算的内容很多，一般可归纳为以下三个方面。

(1) 力学分析计算。产品在使用过程中，一般都要承受一定载荷，要传递力和转矩，实现某些运动。对产品进行力学计算主要包括对零件乃至整机进行强度、刚度、磨损、振动、发热及热变形等分析计算。目前这类问题的数学模型、分析手段已日趋完善和成熟，有些已编制成通用或专用的计算机程序，供设计者选用。

(2) 对设计方案的分析评价。从专业设计理论和设计方法学角度出发，对设计方案的技术指标进行综合的分析评价，如系统分析和设计、优化设计、可靠性设计、模拟仿真及采用人工智能和专家系统对设计方案进行分析评价等。

(3) 几何形体特征的分析计算。从产品的几何特征着手，研究其特殊曲线、曲面和形体的造型，分析其机构运动和干涉检验状况。

2) 基本分析方法

目前在工程分析计算领域的方法大体上可以分为解析法和数值法两大类：

(1) 解析法。解析法是应用数学分析工具，求解含少量未知数的简单数学模型，获取机械相关性能参数的计算方法，如通用机械零件的常规设计计算。这种方法的缺点是对较复杂的问题往往很难求解。

(2) 数值法。数值法又可分为两大类：第一类是在解析法的基础上进行近似值计算，如对连续体力学问题建立基本微分方程，然后对基本微分方程进行近似的数值求解。这类方法包括迭代法、数值积分法、有限差分法等，主要用于方程求根、函数插值、微分方程求解、曲线拟合及时间序列分析等。第二类是在力学模型基础上，将连续体简化为由有限个单元组成的离散化模型，然后对离散化模型求出数值解答。这类方法的代表是有限元法和边界元法。有限元法已有较长的发展历史，开始时用于飞机设计，近20年来有限元法发展迅速，已推广到造船、机械、电动机、建筑等工业部门，广泛用于空气动力学分析、结构力学分析等。边界元法是一种近10年来发展起来的新的结构力学分析方法，是基于边界积分方程的一种边界解法，可以减少输入数据的工作量，降低对计算机容量的要求，因而可以节省计算时间。

4. 图形处理技术

图形是产品设计与制造过程中表达信息的重要方式。因此，图形处理是CAD/CAM的重要基础和主要的组成部分，其主要内容包括图形信息的输入、图形变换、图形剪取、图形消隐和工程图的生成输出等。

1) 图形信息的输入

CAD/CAM作业中涉及大量的图形信息和非图形信息的输入工作。图形的输入方法和手段决定了图形输入的效率和精度，同时也决定了图形信息的可集成性。传统的方法是在绘图软件支持下，采用数字化仪等工具将图样逐笔逐画地输入，这种方法输入效率较低。近年来推出的应用光学图形扫描仪和矢量化软件组成的图形自动录入系统，大大提高了图形的输入速度。这种方法虽然能够满足图样的计算机管理和以交互方式完成某些产品的变形设计，但由于输入的图形信息不足以构成产品的设计模型，因而无法提供下一步 CAPP 和 CAM 作业所需要的信息。用于 CAD/CAM 集成的图形信息的输入往往通过实体造型和特征造型的方式进行，以此可建立满足 CAD/CAM 作业所需要的产品设计模型。

2）图形变换技术

图形变换是用来改变显示屏上的图形显示方式及重新构造数据库里的图形，它包括图形的比例放缩、平移变换及旋转、剖切、投影与透视等变换形式。对于平面图形的处理，仅需要在二维空间内变换，而对于实体模型则需要在三维空间进行变换运算。在所流行的图形软件中，一般都采用了窗口技术，用窗口对局部的图形加以放大，以便审查和修改。然而，在开窗后还需要用窗口裁剪技术去除相当一部分不必要的信息，以便提高图形处理速度。

3）剖面域处理技术

剖视与剖面是机械样图的常用表达方式，因而剖面域处理也是机械 CAD 作业中的一个组成部分。目前常用的图形软件一般都具有剖面线自动绘制功能。自动绘制剖面线往往需要采用剖面轮廓自动识别技术和剖面线自动绘制技术，即当用户在剖面域内任意给出一点时，计算机将首先根据所给点的信息，自动查找剖面域轮廓，然后按照一定的算法自动绘制剖面线。

4）隐藏线、隐藏面消隐技术

消隐问题是计算机图形学中的一个很重要的问题。目前已经研究出许多算法，按照处理对象的不同，可将消隐算法分为隐藏线消隐和隐藏面消隐两大类。

隐藏线的消隐具有代表性的是 Roberts 算法，该算法最主要的特点是：具有较强的几何直观性。其计算过程主要有以下三个步骤。

（1）逐一消去各个物体中被其自身遮蔽的面和棱。

（2）对这些物体剩下的每一条棱，通过和其他物体作比较，判定是否还有被遮蔽的部分，进而消去这些部分。

（3）如果物体之间发生相互贯穿的情况，那么还应当找出所有的贯穿点，并在输出图形中添上由于贯穿而造成的各条附加棱边。

此外，Roberts 算法还采用深度检测和边界检测等方法来提高计算速度，缩减计算工作量，实用性较强。

隐藏面的消隐也有多种实用的计算方法，如画家算法、Z 缓冲区算法、扫描线算法、区域采样算法等。

5）装配图的生成技术

由于机械产品结构的多样性和复杂性，因此，装配图的信息量很大，装配图的生成是 CAD 作业中的又一技术难点。装配图的生成通常有以下几种方法。

（1）由许多子图块拼画成装配图装配图可以分解成许多结构元素，将这些结构元素做成子图块存放在图形库中，以供画装配图时调用。采用子图块拼画装配图可以采用交互式方法，也可采用编程方法进行。然而，此法所画出来的装配图与其所组成的各个零件没有相关联系，没有相互的信息沟通。

（2）由零件的图形信息生成装配图这种方法首先从零件数据库或数据文件中读取绘制装配图的尺寸数据，然后根据这些尺寸和定位点绘制相关的零件图，再经过裁剪等处理生成装配图，如图 2.9 所示。由零件图形信息生成装配图的方法适合绘制系列化产品的装配图，因为系列化产品中的通用零件多，零件尺寸虽有变化，但形状大同小异，且形状变化有规律可循。但这种方法不能用于绘制全新产品的装配图。

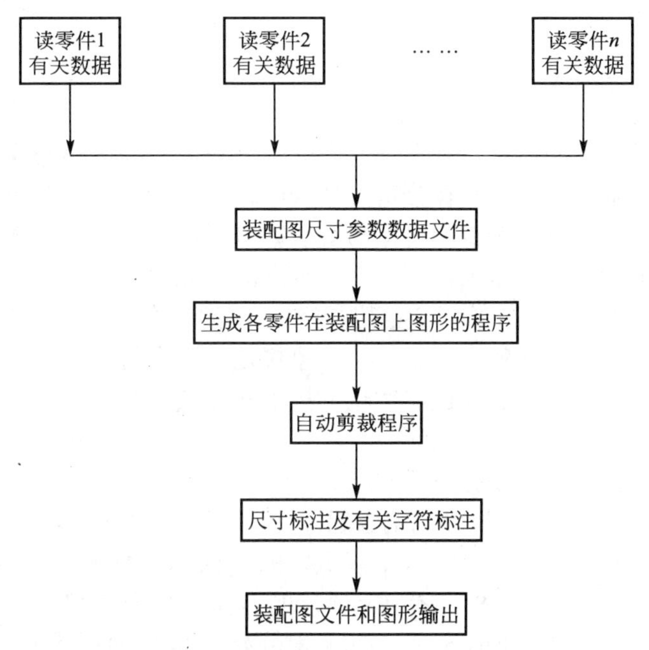

图 2.9　零件图生成装配图过程示意图

(3) 由产品或部件的三维模型经剖切和变换生成二维装配图和三维装配图，如图 2.10 所示。

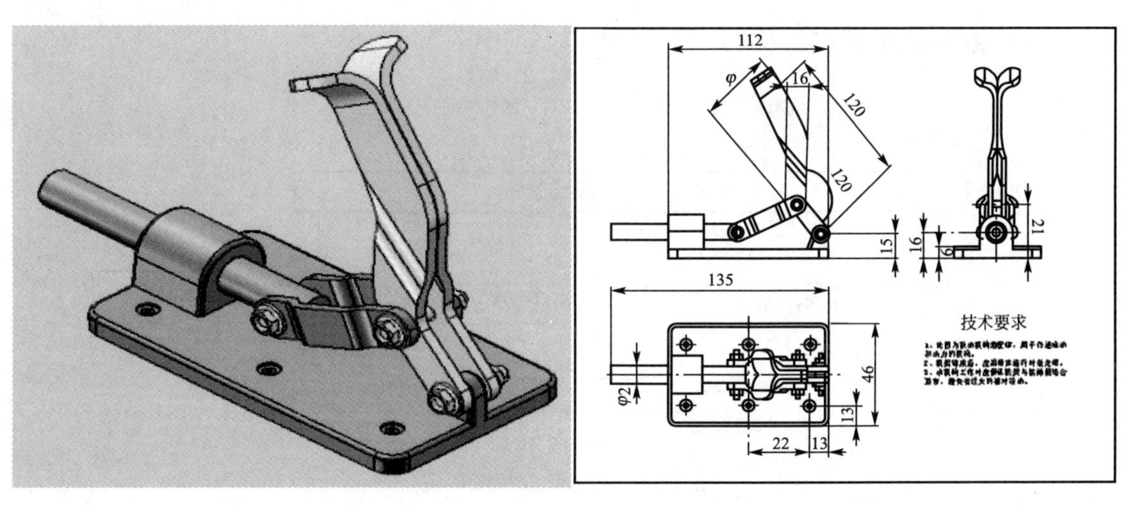

(a) 三维实体图　　(b) 三维装配图

图 2.10　三维实体模型转换

(4) 用装配图、零件图一体化设计方法，由零件图的二维视图或三维模型组合绘制装配图当零件结构变化，则装配图也随之而变化。

2.3 计算机辅助工程技术

2.3.1 概述

以往分析机械设备性能大都建立在理论力学、材料力学、弹性力学、断裂力学、流体力学及工程热力学等基础上，由于在分析和计算中存在大量的简化和近似，因而所得到的结果精度不高。为了保证设备运行的可靠与安全，多采用加大安全系数的方法，其结果使机械产品结构尺寸加大，成本增加，还常常导致产品性能的降低。

有限元方法(FEM)的出现，使上述问题得到很好的解决。有限元方法是处理复杂工程问题的一种数值计算方法，其解决问题的基本思想是：首先将一个形状复杂的连续体分解为有限个形状简单的单元；然后通过离散化，把求解连续体应力、应变、温度等问题转换为求解有限个单元的问题。目前有限元方法已广泛应用于结构分析、应力应变分析、热传导分析、流体运动分析、电磁场分析等领域。

计算机辅助工程(CAE)分析常与有限元分析联系在一起，但严格来讲，计算机辅助工程分析并不等于有限元分析，如计算物体的表面积、体积、质量、质心、转动惯量等，就不必要进行有限元分析。有关 CAE 的含义目前还没有统一的界定，但一般认为：凡是利用计算机系统辅助人来进行工程分析与仿真的技术均属于 CAE 的范畴。有限元分析方法是 CAE 最重要的组成部分，本节只对应力、应变的有限元分析方法进行简要介绍。

2.3.2 有限元方法的工作原理

利用有限元方法进行应力、应变分析的过程如图 2.11 所示。

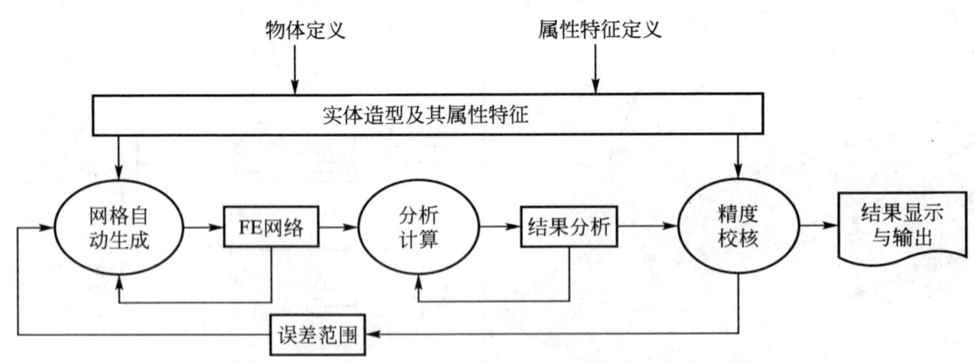

图 2.11 有限元分析流程图

1. 初始条件确定

通常用户在对某结构进行有限元分析之前，需要在实体造型系统中定义所要分析的结构，并确定被分析结构的边界条件、载荷、和材料特性等属性特征参数。

2. 离散化

离散化是指将由无限个质点构成的连续体转换为有限个元素集合体的过程。常用来进行离散化的平面元素有三角形、矩形、四边形等；常用的立体元素多为六面体，包括有规则直边六面体、不规则直边六面体、曲线边六面体等。结构离散化时，选用何种形状元素及元素的大小，取决于被分析结构的几何形状、边界条件、精度要求及描述该结构所必需的独立空间坐标数目。

如图 2.12 所示，为某零部件离散化元素集合体的图形。规定这些元素之间仅在节点处连接，元素间的力只通过节点传递，因此载荷只加在节点上。如果划分网格时，外载荷不作用在节点上，则需通过静力学等效原理进行移置，或重新离散化，生成新的网格。

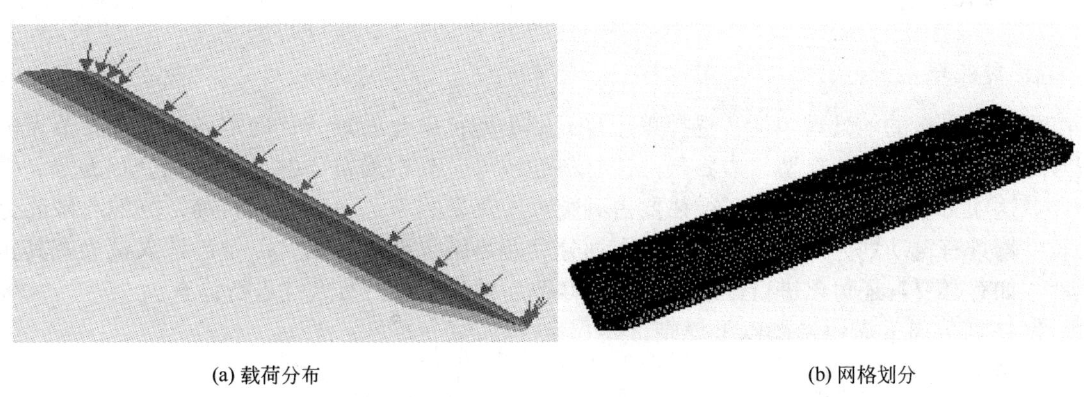

(a) 载荷分布　　(b) 网格划分

图 2.12　某零件网格划分

3. 单元分析

将连续体离散成微小的单元后，在每个小单元范围内，就可以用简单的位移函数来描述单元内各点的位移，并可进一步求出单元体内应力和应变的分布情况。在用有限元方法求解问题时，一般都是用事先编好的程序，在计算机上进行计算。但是，由于单元的划分，即结构离散化的网格通常是人工完成，所以单元划分的好坏，与计算结果的精确度及计算的机时多少有很大的关系。因此，通常划分单元一般应满足以下几点要求。

(1) 工程要求的计算精度。

(2) 计算机的速度及容量。

(3) 符合所使用的程序功能。

(4) 节省上机费用。

4. 整体综合

整体综合是对各个单元组成的整体进行分析。它的目的是要建立起一个线性方程组(即整体刚度方程)，来揭示节点外载荷与节点位移的关系，从而用来求解节点位移。整体综合依据以下两个原则。

(1) 所有相邻单元在公共节点上位移相同。

(2) 每个节点上节点力与节点载荷保持平衡。

建立整体刚度方程的工作主要有以下两项内容：

(1) 由各单元刚度矩阵集成整体结构的总刚度矩阵。

(2) 将作用于单元节点的载荷矩阵集成总的载荷矩阵，其中节点载荷包括作用在节点上的载荷和等效到节点上的载荷。

5. 约束条件引入与方程求解

在未引入约束条件之前，结构整体刚度矩阵是奇异的，其相应方程的解也是不唯一的。为了求得唯一解，必须根据结构与外界支承的关系引入边界条件，消除刚度矩阵的奇异性。求得方程唯一解后，将求出的节点位移代入各单元物理方程，即可求得各单元应力。

2.3.3 有限元方法中的前后处理

1. 前处理

有限元分析的前处理包括：选择采用单元的类型；单元的划分；确定各单元及其节点的编号与坐标；确定载荷类型、边界条件、材料性质等。其中最重要的是网格划分和编号。据统计，这项工作在人工条件下，往往要占到整个工作量的70%～80%。目前，好的有限元分析软件均具有自动划分网格的功能，且在划分后能将结果显示出来，以供设计人员检查其正确性。如有必要，还可以进行修改，并能对修改后网格划分的有效性进行检查。

网格划分通常需要遵循以下原则。

1) 拓扑正确性原则

结构离散后的任意两单元，如拓扑关系正确，该两单元的交为空，或为单元节点，或为单元边，或为单元面。

2) 几何保形原则

结构离散化后所有单元的集合为原结构的近似。

3) 特性一致性原则

一个单元内物理特性和几何特性必须相同。

4) 单元形状优良原则

为保证计算精度，通常对网格几何形状有一定的要求，如网格各边长度比例不能太悬殊，各边夹角应大于35°和小于135°等。三角形最优的形状是等边三角形，四边形最优的形状是正方形。

5) 密度可控原则

网格划分的密度是个重要的问题，一般网格划分的越密，其计算精度也越高，但网格密度与计算精度并不成比例关系。网格密度增加到一定程度后，再继续增加，计算精度变化不大，因此存在一个最佳网格密度的问题。好的有限元软件的前处理程序应能帮助设计人员确定较优的网格密度，并能根据实际情况进行调整。特别是对于结构应力集中的局部，能够自动进行网格加密是十分重要的。

2. 后处理

在利用有限元分析求出节点位移、应力或温度之后，由于节点数目非常多，靠人来处理这些数据不仅工作量巨大，而且容易出错，也不直观。因此，需要有后处理程序来自动处理这些分析结果，并根据不同需要将分析结果以不同方式显示出来。例如，以图形的方式显示在载荷作用下零件的变形，以及零件各部分的应力、应变或温度的分布状况。图 2.13是某加工条件下麻花钻上的温度、热应力、静载荷分布状况。

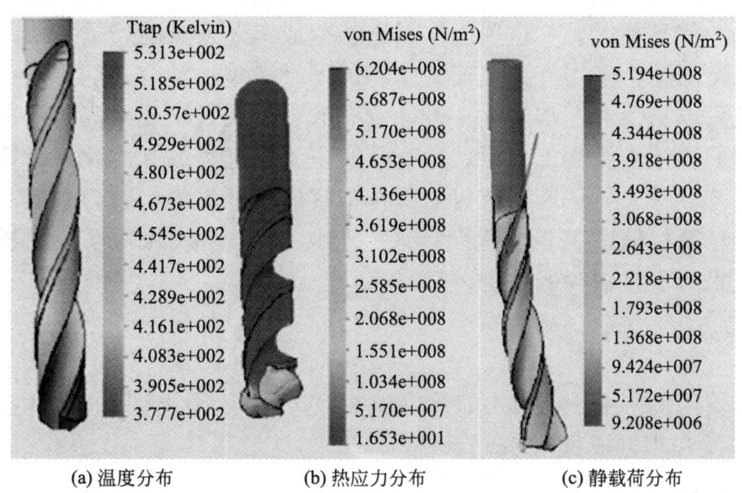

(a) 温度分布　(b) 热应力分布　(c) 静载荷分布

图 2.13　麻花钻的应力分布

2.4　计算机辅助工艺过程设计技术

2.4.1　概述

计算机辅助工艺过程设计(Computer Aided Process Planning，CAPP)是指用计算机辅助人来编制零件的机械加工工艺规程。

传统上，工艺过程设计(或工艺规程编制)基本上依靠工艺设计人员的个人经验，采用手工方法完成。人工编制工艺方法存在以下问题。

1. 设计效率低，周期长，成本高

据美国的一项调查表明，在中小批量生产中，工艺过程设计所花费的费用约占零件生产总成本的 8%。我国某军工单位的一份报告显示，编制一个中等复杂程度零件的工艺规程大约需要 1 个月/人。

2. 设计规程较多，不利于管理

由于工艺过程设计完全凭个人经验进行，因而其设计结果一般各不相同。据辛辛那提机床公司的一份统计资料表明，该厂 425 种直齿轮，有 377 种不同的工艺规程。

3. 设计质量参差不齐

工艺规程编制的好坏完全取决于工艺设计人员的个人经验和水平，难于实现优化设计。特别是对于一些技术力量薄弱的企业，工艺规程设计的质量很难保证，这无疑将严重影响工艺水平的提高。

4. 工艺人员老化和短缺

工艺人员老化和短缺是全球机械制造业面临的共同问题通常工艺人员需要有较丰富的设计经验。一个合格的工艺人员至少要有 15 年以上的现场工作经验，而这样的人目前已严重老化，年轻一代又不大喜欢这项工作，这就造成工艺人员的严重短缺。

为了解决上述问题，采用计算机辅助工艺过程设计是一种有效的方法。计算机辅助工艺过程设计不仅可以从根本上解决人工设计效率低、周期长、成本高的问题，而且可以提高工艺过程设计的质量，优化工艺设计过程和实现工艺过程的标准化。计算机辅助工艺过程设计可以使工艺设计人员从繁琐重复的工作中解放出来，集中精力去提高产品质量和工艺水平。此外，计算机辅助工艺过程设计还是连接 CAD 和 CAM 系统的桥梁，是发展计算机集成制造技术所不可缺少的关键环节。

2.4.2　CAPP 系统工作原理

目前，实际使用的 CAPP 系统的工作原理可划分为 3 种类型，即派生式 CAPP 系统、创成式 CAPP 系统和半创成式 CAPP 系统。

1. 派生式 CAPP 系统

派生式(又称变异式或样件法)CAPP 系统，以成组技术为基础，通过应用成组技术，将工艺相似的零件汇集成零件组，然后使用综合零件法或综合路线法，为每一个零件组制定适合本企业的成组工艺规程，即零件组的标准工艺规程。这些标准工艺规程以一定的形式存储在计算机的数据库中。当需要设计一个零件的工艺规程时，计算机根据输入的零件成组编码(也可以根据输入的零件有关信息，由计算机自动进行成组编码)，查找零件所属的零件组(零件组通常以码域矩阵的形式存储在计算机内)，检索并调出相应零件组的标准工艺规程。在此基础上，根据每个零件的结构和工艺特征，对标准工艺规程进行删改、编辑，便可得到该零件的工艺规程。

对标准工艺规程删改和编辑的工作可通过人机交互的方式完成，也可以依照事先存入计算机的编辑修改规则，根据输入零件的有关信息自动实现。图 2.14(a)、(b)分别表示了派生式 CAPP 系统建立和工作的两个阶段，即准备阶段和使用阶段。

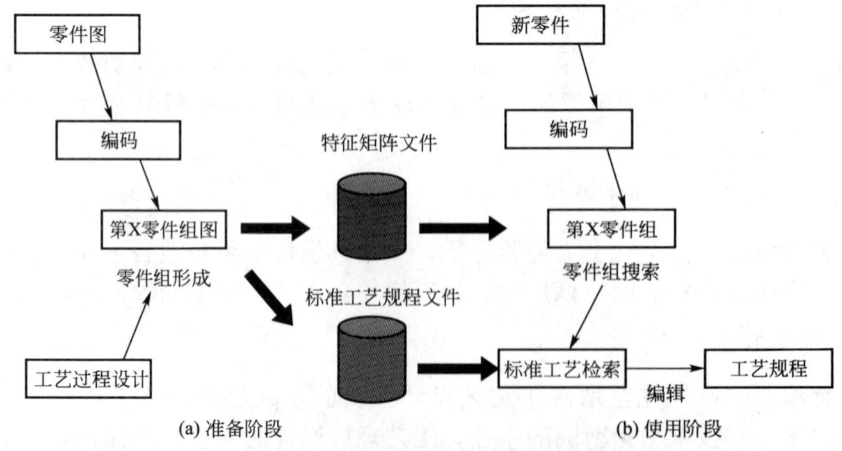

图 2.14　派生式 CAPP 系统建立和工作的两个阶段

派生式CAPP系统程序设计简单，易于实现，特别适用于回转类零件的工艺规程设计，目前仍是回转类零件计算机辅助工艺规程设计的一种有效方式。但由于派生式CAPP系统常以企业现有工艺规程为基础，因而具有较浓厚的企业色彩，有较大的局限性。

2. 创成式CAPP系统

创成式CAPP系统与派生式CAPP系统不同，它不是依靠对已有的标准工艺规程进行编辑和修改来生成新的工艺规程，而是根据输入的零件信息，按存储在计算机内的工艺决策算法和逻辑推理方法，从无到有地生成零件的工艺规程。

以普渡大学开发的APPAS(Automated Process Planning and Selection)系统为例，该系统是一个基于创成方法的实验性CAPP系统，主要用于非回转类零件表面加工方法的自动生成。其原始依据是每一种加工方法均对应于一定的工作范围。例如，采用麻花钻钻孔的工作范围如下。

最大钻孔直径 $D_{max}=50.8$mm，最小钻孔直径 $D_{min}=1.5875$mm；

孔径上偏差 ES=$(0.1778\sqrt{D}+0.0762)$mm，孔径下偏差 EI=$0.1778\sqrt{D}$mm；

孔的位置精度=±0.2032mm，孔的表面粗糙度 $Ra=200\mu$m，孔的长径比 $L/D<12$。

将每一种加工方法所对应的工作范围以文件或数据库的形式存储在计算机内，并建立一定的逻辑关系，通过运行相应的程序，使加工表面要求与加工方法对应的工作范围相匹配，即可确定所需要的加工方法。如图2.15所示的是以孔加工为例，利用APPAS系统的工艺决策程序框图。

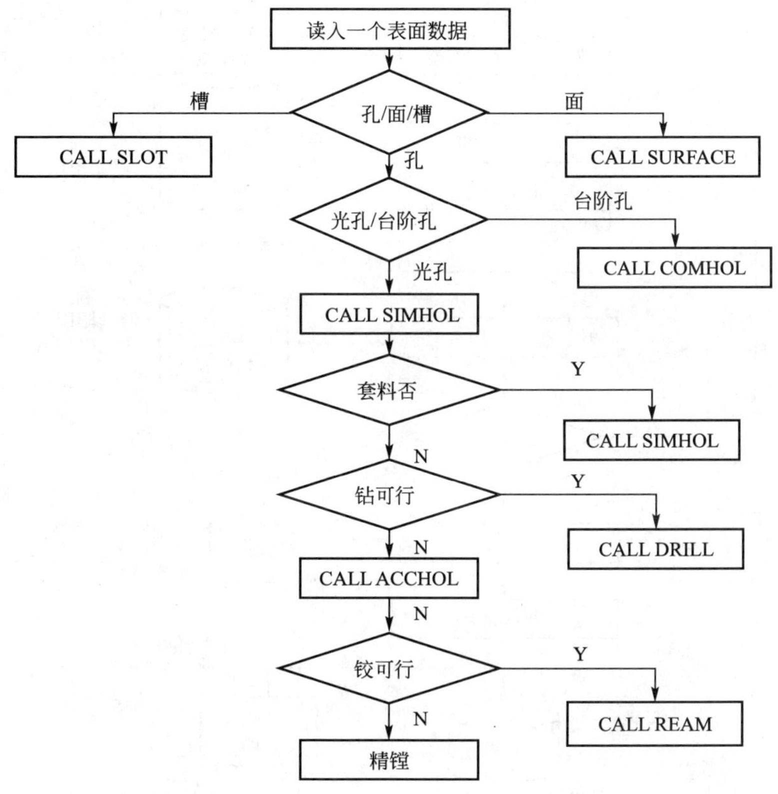

图2.15　APPAS系统工艺决策程序框图

创成式 CAPP 系统一般不需要人工干预，自动化程度较高，而且决策更科学，更具有普遍性。但由于目前工艺过程设计经验的成分居多，理论还不完善，完全使用创成方法进行工艺过程设计还有一定的困难。

3. 半创成式 CAPP 系统

派生式 CAPP 系统以企业现行工艺和个人经验为基础，难以保证设计结果最优，且局限性较大；完全的创成式 CAPP 系统目前还不成熟。因此，将上述两种方法结合起来，互相取长补短，是一种可取的方案，这就是半创成式(或综合式)CAPP 系统。在半创成式 CAPP 系统中，通常对于可以采用创成的部分尽量采用创成方法；对于难以实现创成的部分，则采用派生方法或交互方法。

图 2.16 显示的是日本神户大学开发的半创成式 CAPP 系统的工作原理。该系统在工艺过程设计的很多环节上采用了创成原理，例如，根据毛坯和零件尺寸自动确定加工余量，并根据加工余量和一定的规则划分加工阶段；根据动态制约条件(例如，工件有面和孔的加工，通常先加工面再加工孔；工件淬火后只能进行磨削加工等)对已安排的加工顺序进行检查和必要的修正；选择机床时提供一定的策略(例如，若零件加工孔数多于 20，

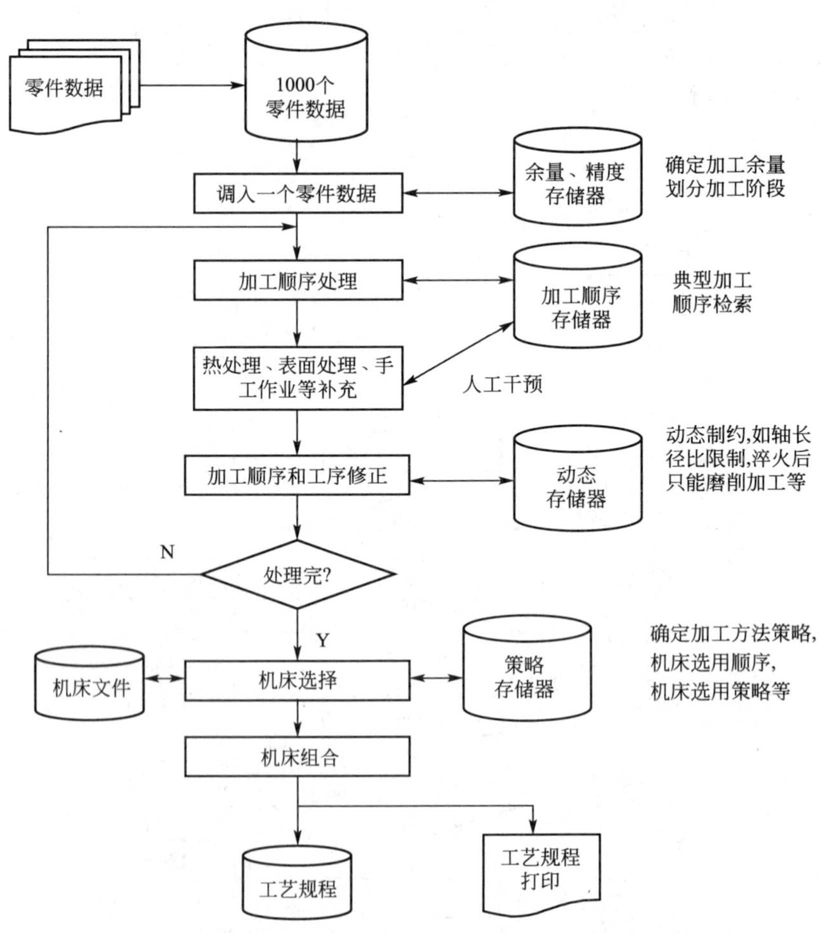

图 2.16　日本神户大学开发的半创成式 CAPP 系统框图

则应优先选用加工中心)等。在难于创成的情况下，如加工顺序的确定、热处理和手工作业的补充等，采用派生的方式或人机交互的方式实现。半创成式CAPP系统汇集了派生式系统和创成式系统的优点，因而得到广泛的应用。

2.4.3 CAPP的关键技术

1. 零件的信息输入

目前，对于常用的CAPP系统，主要有3种零件信息输入方式。

1) 成组编码法

成组编码法是以零件的成组编码作为零件的输入信息。目前的成组编码可以较充分地反映零件的结构、材料和工艺3个方面的总体特征，但不能详尽地描述零件的每一个加工面特征，因而输入信息较粗糙，也不完整。一般成组编码法多用于只需制定简单工艺路线的场合，且通常只适用于派生式CAPP系统的信息输入。

2) 形面描述法

形面描述法的基本思路是如下。

(1) 任何一个零件加工表面均可以看作是由一些基本形面(如平面、圆柱面、圆锥面、螺纹面等)构成。

(2) 各形面的组合有一定规律可循，如回转体零件可以按照形面在零件上的位置顺序加以描述，计算机可根据输入的形面数据构成完整的零件模型；

(3) 每个形面均可用一组特征参数来进行详尽描述；

(4) 各种形面均与一定的加工方法相对应。

形面描述法通常采用菜单形式和交互方法输入零件信息，操作方便，且可完整地描述零件的几何工艺信息，是目前CAPP系统使用最多的一种信息输入方法。形面描述法的缺点是输入工作量大，占用时间较长。

3) 从CAD系统直接获取零件信息这是CAPP系统零件信息输入最理想的方法。但由于目前使用的CAD系统多数以实体造型为基础，故由CAD系统所设计的零件缺少工艺信息。为此常需要采用特征识别的方法补充输入工艺信息，这无疑又增加了零件信息输入的工作量。解决这一问题的根本方法是发展基于特征造型的CAD系统。

2. 工艺决策

创成式CAPP系统的核心是构造适当的工艺决策算法。这可以借用一定形式的软件设计工具来实现，常用的有决策树和决策表。

1) 决策树

决策树由节点和分支构成。节点有根节点、终节点和中间节点之分。根节点表示决策行为的出发点；终节点列出应采取的行动，它没有后继节点；中间节点则都具有一个前驱节点和一个以上的后继节点，中间节点表示一次测试或判断，由中间节点处可引出新的分支。分支连接两个节点，分支的上方给出向某一种状态转换的可能性或条件(确定性条件)。若条件满足，则继续沿分支前进；如条件不满足，则回到出发节点，并转向另一分支。图2.17给出了确定表面加工方法决策树(部分)的示例。

采用决策树进行决策的特点是直观，易于理解．便于编程；缺点是难于扩展和修改。

图 2.17　加工方法选择决策树示例图

2）决策表

决策表是表达各种事物间逻辑关系的一种表格。例如，图 2.17 所示的决策树可以用表 2-1 所示的决策表示例表达。在决策表中用粗线将表划分为 4 个区域。上面两个区域表示条件，其中左上区是条件说明，即列举出各种可能的条件；右上区为满足条件的各种组合(每一列代表一种组合)，用 T 表示满足所在行的条件。下面两个区表示决策行动，左下区是决策说明，即列举出各种可能的决策行动；右下区为各列区对应的决策行动，用×表示将采取所在行的决策行动。决策表右部每列均可视为一条决策规则，决策表条件之间是“与”的关系，决策行动之间也是“与”的关系。

表 2-1　加工方法选择决策表示例

槽	T						
螺孔		T					
孔			T	T	T	T	T
位置度公差≤0.05mm			T				
0.05mm<位置度公差≤0.25mm				T			
位置度公差>0.25mm					T	T	T
直径公差≤0.05mm					T		
0.05mm<直径公差≤0.25mm						T	
直径公差>0.25mm							T
粗镗			×	×	×	×	×
半精镗			×	×	×	×	×
精镗				×	×		
坐标镗			×				
铣		×					
钻孔和攻螺纹	×						

决策表可通过分解(分成若干子表)、合并(几个表合成一个表)、连接等方法来描述多层次联系的复杂决策逻辑。决策表的逻辑关系表达比决策树更清晰，格式更紧凑，且也便

于编程。决策表同样存在难于扩展和修改的弱点。

3. CAPP 专家系统

派生式 CAPP 系统利用成组技术原理和典型工艺过程进行工艺决策，经验性较强。创成式 CAPP 系统利用工艺决策算法(如决策树、决策表等）和逻辑推理方法进行工艺决策，比派生式前进了一步，但存在算法死板、结果唯一、系统不透明等缺点，且程序编制工作量大，修改困难。采用专家系统可以较好地解决上述问题。

1) 专家系统定义

专家系统是指在特定领域里具有与该领域人类专家相当智能水平的计算机知识处理系统。专家系统主要用来处理现实世界中提出的需由专家分析和判断的复杂问题。工艺过程设计就属于这类复杂问题。因此，在 CAPP 系统中，特别适合采用专家系统技术。

2) 专家系统的构成

专家系统由知识库、数据库和推理机 3 个基本部分组成，如图 2.18 所示。

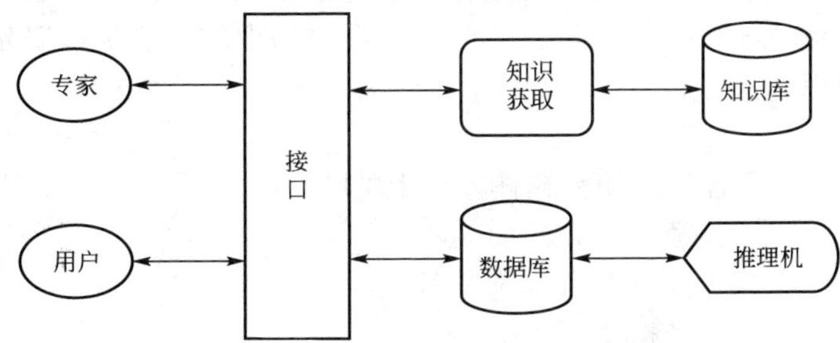

图 2.18　CAPP 专家系统组成图

(1) 知识库，用于存储专门领域知识。在 CAPP 专家系统中，知识库用来存储备种工艺知识。这些知识通常有 3 种类型：第一种类型的知识属于事实知识，如手册、资料等共有的知识；第二种类型的知识属于过程知识，如各种推理原则、规则、方法等；第三种知识是控制知识，主要指系统本身的控制策略。

(2) 数据库，用于存放事实，包括机床、夹具、刀具、量具、材料等生产资料数据及加工余量、切削参数等工艺数据，也包括由用户(或 CAD 接口)输入的零件信息和由推理得到的事实(中间结果和最终结果)。

(3) 推理机，包含了推理方式和控制策略，通过知识库的相关知识与数据库的信息匹配，由问题导出结论。

3) 知识的表达与获取

专家系统中常用的知识表达方法有谓词逻辑、语义网络、框架和产生式规则等。其中，产生式规则比较符合工艺过程设计中人的思维方式，而且简单、直观、易于理解和使用，也易于修改和扩展。因而在 CAPP 系统中应用非常广泛。

产生式规则的一般表达形式如下。

IF　　　　<条件 1>
AND　　　<条件 2>
OR　　　　<条件 3>
⋮
THEN　　　<结论 1>可信度 $a\%$

<结论 2>可信度 $b\%$

⋮　　　⋮

产生式规则中结论的可信度使专家系统能进行非确定性推理。产生式规则的缺点是格式较死板，在某些情况下需重复搜索而影响效率。

知识的获取通常由知识工程师来完成，也可由工艺人员会同软件工程师一同来完成。

4）推理机制

所谓推理是指依据一定的原则，从已知的事实和知识推出结论的过程。CAPP 专家系统的推理机制属于基于知识的推理，通常采用反向推理的控制策略。

反向推理又称目标驱动，其基本思想是：先确定一个目标，然后在知识库中找出能够导出该目标的规则集，若某条规则的前提条件与数据库事实相匹配，就执行该规则。该规则的前提条件成为新的子目标，再去寻找导出子目标的规则。依此继续搜索，直至初始状态。如果搜索中有多条规则可匹配，可采用规则优先级的方法，执行优先级高的规则。若执行某条规则，导出的子目标无法达到初始状态，则返回执行第二条规则，依此类推。例如，箱体零件上 7 级精度孔的加工路线即可采用反向推理的方法加以确定。在知识库中，预先存放的相关知识(规则)如下。

规则 1：

IF	加工表面为箱体零件上的孔
AND	孔径>20mm
AND	工件材料为非淬火钢
AND	孔径精度 IT＝7～8
THEN	加工工序为精镗

规则 2：

IF	加工工序为精镗
THEN	前序加工为半精镗

规则 3：

IF	加工工序为半精镗
THEN	前序加工为粗镗

规则 4：

IF	加工工序为粗镗
THEN	工件毛坯上有孔

按反向推理方法，由最终目标(7 级精度孔)与规则 1 匹配，导出最终加工方法为精镗；再由规则 2 导出前一工序为半精镗；直至达到初始状态(毛坯孔)为止。于是可以确定出加工路线为：粗镗—半精镗—精镗。

2.5　面向 X 的设计

2.5.1　概述

产品设计在产品寿命循环中占有极其重要的地位，它决定了产品制造成本的 70%～

80%。传统的设计过程只考虑如何满足产品的性能要求，而对制造方法、维修、回收等却考虑得很少。这样设计出来的产品可以满足产品的功能要求，但却不一定便于制造、维修、回收等。这样的产品不但制造成本高，返修率高，制造周期长，而且很难综合满足用户的要求，其结果必然造成产品的市场竞争力削弱，利润下降，甚至会使企业破产。为此，人们开始寻求新的设计理论和方法，于是出现了价值工程技术，但价值工程技术只是一种强调在设计完成后减少成本的技术。这种“既成事实”的现象对降低成本的效果很有限，因为先天不足的产品设计在后续过程中的“补偿”作用不可能太大。意识到这个问题后，人们强调在设计阶段就开始考虑产品寿命循环的各个阶段、各个方面的因素，开始采用“Team Work”的工作方式，由产品寿命循环各个方面的专家共同组成工作小组，采用并行工程的原理工作，力图设计出具有好造、好修、好用等特点的产品。

面向X的设计(DFX)最初是以面向制造的设计(DFM)和面向装配的设计(DFA)出现的，到目前已发展成DFX技术。DFM技术强调在设计过程中考虑加工因素，即可加工性和加工的方便性。DFA技术则强调在设计过程中考虑装配因素，即可装配性、装配的方便性和降低装配费用。DFX中的“X”则是将面向加工的设计和面向装配的设计进一步扩展到产品寿命循环的所有其他领域，并逐渐形成一个“技术族”。显然，DFX技术对提高产品的市场竞争力有较大的作用。

从表面上看，DFX技术属于并行工程的范畴，但实质上，DFX和并行设计却有着很大的区别，主要体现在以下两个方面。

(1) DFX强调在设计过程中考虑“X”因素，但不强调“X”的方面的专家与设计人员共同工作。“X”专家在设计过程中随时向设计人员提供咨询，这种咨询只是使设计人员在设计过程中考虑问题更全面些而已；而并行设计却强调各种过程和设计过程的并行进行，特别是生产准备过程和设计过程的并行进行，即在设计进行的同时进行工艺设计，根据工艺设计的结果随时反馈修改意见给设计者。产品设计结束，工艺设计也可以同时(或有一点滞后)完成。可以看出，DFX的重点是在“因素”上，而并行设计的重点是在“过程”上。

(2) DFX只强调单个的“X”因素，很难得到最佳化设计。并行工程强调各阶段的专家共同工作，可以随时将意见反馈给设计者。由于多方面的专家共同工作，多个过程同时进行，因而有助于设计者全面考虑问题，不片面强调某一因素，有利于得到整体最佳的效果。这是DFX技术所无法达到的。

DFX包括的内容很多，如DFM、DFA、面向维修的设计、面向回收的设计、面向质量的设计、面向成本的设计、面向包装运输的设计、面向均衡寿命的设计、面向操作的设计、面向环保的设计、面向可靠性的设计等。其中，DFM有时也包括面向装配的设计，因为装配本身就属于制造的一个环节。

2.5.2 DFM

当今市场竞争日益激烈，产品更新速度大大加快，产品的生命周期迅速缩短，这使得传统产品设计制造的概念、方法、手段和体系结构受到极大的挑战。这样，一方面迫切要求有一种崭新的产品设计方法以缩短新产品的研制周期，另一方面也要求由先进的生产系统(如FMS)来替代传统的生产系统。可以看到，虽然前面我们介绍的计算机辅助设计对产品的设计过程的各个活动给予极大的支持和帮助，有时甚至可以完全替代设计人员的工作，但是从根本上说，它的设计过程与传统的设计概念和方法没有本质的区别。这主要表现在产品的设计阶段没有从整个生产过程的角度出发，很少考虑所设计产品的成本、工艺性、装配性等产品从设计到成品的整个过程中可能产生的问题，只能在生产过程中发现并反馈给设计部门，进行反复的修改。这种落后的设计思想和方法与先进生产系统带来的高生产率的可能性形成尖锐的矛盾，因而要求有先进的设计思想和方法与之相适应。基于并行工程的设计正是在这种背景下产生的，它着眼于整个产品的生命周期，并对各个环节所要求的信息在设计阶段先行加以优化，从而提高生产率和质量，降低成本，获得全局最优的设计结果。并行工程所研究的领域非常广泛，其中 DFM 是基于并行工程设计的一个重要的方面，其出发点是整个的制造系统，追求整个生产制造过程的优化，它也是实现并行工程的基础。

产品的生产活动一般分为产品设计、材料选择、零部件加工、质量控制和装配成最后的产品等若干阶段，它们既分别又共同影响着产品的质量、成本及制造系统的生产率。设计是产品制造的开始，设计的费用在制造系统中所占的比例虽然不大，但是它对产品制造成本的影响却很大。影响产品制造质量、成本、生产率的因素大约 80%在设计阶段就决定了。面向制造的设计抓住了产品设计对产品及其总成本的影响，把产品设计放在整个制造系统中来考虑，并且以能很好地满足制造要求为目标，从而得到一个全局最优化的产品设计。

在 DFM 设计方法中要用到价值分析工程学，它是通过对所设计的产品进行价值分析，以便从中选出最优的设计方案。此外，在具体应用 DFM 时，还会用到许多支持技术加计算机技术、人工智能等。在应用 DFM 进行产品设计时不仅要优先考虑满足产品的功能要求，同时还要充分考虑产品的可加工性及制造的经济性。由此可见，加强设计阶段和制造阶段的信息交流和信息反馈，在面向制造的设计中是非常重要的。

面向制造的设计 DFM 理论上应该包括很多制造方面的内容，但这里我们只介绍可加工性和可装配性两个方面。在构思产品结构，进行产品设计过程中，就应考虑可装配性因素。在构建一个产品的结构后，还要进行可装配性分析，以便从装配的观点确定产品结构。需要注意的是，产品功能首先应得到满足，DFM 则应在详细设计阶段来考虑，使得设计的零件便于加工。当然，在详细设计阶段也有 DFA 问题。

DFM 要求在产品的设计阶段就应该充分考虑到其制造过程中将出现的问题，并通过优选的设计来避免。应当指出，DFM 的设计思想是贯穿于整个设计过程中，从产品的概念设计、部件设计到零件设计，如图 2.19 所示。在 DFM 设计理论的研究中，人们提出了两条适合于所有设计的公理。

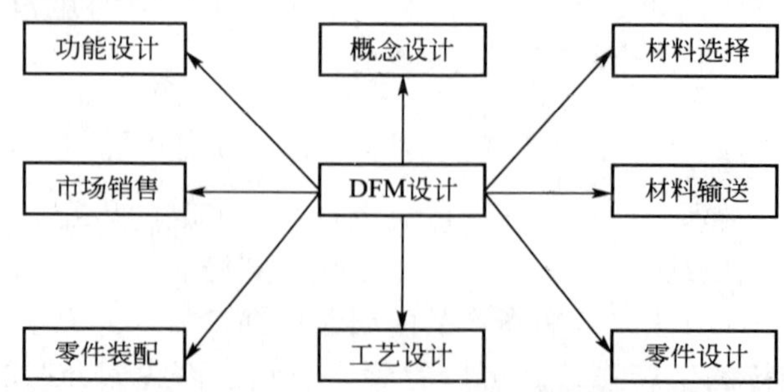

图 2.19　DFM 设计方法的应用环境

公理1：在设计中必须保持功能要求的独立性。

公理2：在设计中必须使信息量最少。

公理1表明过多的不必要的功能要求或不足的功能要求都是不好的设计。功能要求的独立性并不是要求每个零件只满足一个功能要求，而恰恰相反，如果一个零件能独立地满足所有必要的功能要求，那么它是最好的设计；公理2要求设计时的信息量最少，这样可以简化人们的设计工作，容易建立数学模型，同时，还可以减少设计中各因素的相互影响，这条公理也表明好的设计应该是最简单的结构满足所必需的功能要求。上述两条公理如果能很好地应用于设计活动中，就可使制造系统的生产率有很大的提高。

在应用DFM时，人们依据上述公理并结合具体生产实践，总结出了一系列具体的规则，尽管其中有些规则极为普通和容易理解，如耦合设计的解耦合，使构成产品的零件数量最少；使单个零件的功能尽量多；使装配方向最少；发展模块化的设计，使设计标准化；选择易于装配的紧固件，在装配中尽量减少调整，使设计的零件易于定位，等等。我们要用全局最优化的DFM设计理论来进行产品设计，给这些规则赋予了新的价值，在具体的实施过程中加以丰富和具体化，同时对其中的原则应用也应具体问题具体分析。下面是一些便于装配的设计规则。

1. 使用最少的零件

零件数目少意味着一切制造活动简化，好处是明显的：减少设计计算工作量，减少制图时间，简化生产控制、管理和规则，减少库存量，提高可靠性，减少采购量，减少资金占有率，减少厂房面积，减少加工设备和运输设备，减少装配时间，减少工人数量，容易维修等。需要注意的是，此规则在使用时要视具体情况而定，因为有时零件减少却使得形状变得复杂，难于加工和装配。

2. 模块化设计

在模块化设计中，各个模块都是经过仔细的设计分析的，结构成熟，装配也很方便，也容易保证装配质量。采用模块化设计还可以增加生产批量，降低制造成本，缩短交货周期，也为产品的回收利用创造了条件。标准件结构成熟，便于装配。同时，标准件比自制件便宜。也便于更换和维修。

3. 设计多功能、多用途零件

多功能、多用途零件将多个零件合成为一个零件，从而简化了装配工作量。例如，一个零件可以同时用作紧固件和密封件。

4. 减少装配方向

所有零件均应从一个方向装配，过多的装配方向浪费时间，增加附加运动和装配系统的复杂性。

5. 增加柔性结构，便于自动装配

刚性联轴节在装配时需要控制零件之间的同轴度，难加工、难装配。若采用柔性联轴节则容易得多。此外，在轴端和孔端采用大倒角也便于自动装配。

6. 减少装配工作面

尽量使装配集中在一个装配面上进行，可大大减少装配工作量。

7. 使装配方向与重力同向

一般应采取自上而下的装配方向，其他装配方向都会使装配复杂化。

8. 在外部进行装配

在外部进行装配，其优越性是显而易见的，因为在零件内部装配时，装配动作总会受到空间和可视性的限制。

9. 减少紧固件数目

紧固件的数量多会大大增加装配时间和费用，同时也不便于自动装配。

2.5.3 计算机辅助 DFM

DFM 实际上是一个不断优化的过程，在设计的各个阶段都要进行分析和判断，并建立起各阶段的评价指标，从而确定一个最优的设计方案。随着制造技术的发展，设计的要求不断提高，所需建立的数学模型更加复杂，需要进行优化的因素也越来越多，若仍用人工进行，常常需要花费很多的时间，且效果因人而异。所以基于知识的计算机专家系统是进行 DFM 设计的很好的工具。

DFM 包括两项内容：建立规则和方案评估。这两项工作均可借助计算机来完成。计算机辅助 DFM 主要利用专家系统技术，将有关设计规则存入知识库，向设计人员提供咨询，帮助设计人员选择正确的机构和结构，然后采用一套评估方案来评估结构的可制造性和机构的可装配性。计算机辅助 DFM 系统也可以产生不同的设计方案，进行产品的重新设计，以确定最佳的结构和机构。

计算机辅助 DFM 设计系统贯穿了从概念设计、部件设计到零件设计的整个设计过程。虽然目前计算机辅助 DFM 设计系统还远不能完全代替设计人员的工作，但是它已经起到了激发设计人员的灵感和创造性的作用。它也是我们今后进行设计方法和计算机辅助设计技术研究的一个重要方面。

2.6 产品设计的虚拟技术

1992 年，在美国联邦政府各机构的要求下，美国国家研究院成立了虚拟现实(Virtual Reality，VR)研究和发展委员会。此后，VR 技术的研究和应用迅速发展。因此，机械制造领域中的“虚拟制造”(Virtual Manufacturing，VM)也就应运产生。VM 是指产品设计和制造的真实过程在“虚拟环境”中的映射，如图 2.20所示。

图 2.20 某传送系统虚拟运行环境

虚拟环境是指一种交互式的三维计算机生成的环境(Interactive Three - Dimensional Computer - Generated Environment)，在这个环境中，各种计算机的图形系统与各种显示器和接口设备连接起来，提供一个物体的有效沉浸环境，如提供汽车高速奔驰的道路、机器人操作的工作环境及相关设备等。

对于产品设计来说，就是将所设计产品的三维模型置于这种虚拟环境中，通过有限元分析、动力学功能模拟、动画仿真等技术的综合运用，对产品进行可视化的试验和审核，以确定产品设计的正确性、合理性和可制造性，或找出设计产品中存在的缺陷和问题。这种在计算机提供的可视化环境下审视产品的动力学、静力学和运动学性能及其工作过程的技术，称为“产品设计的虚拟技术”。图 2.21 是某驱动机构手柄的动力学性能仿真计算图。虚拟技术实质上是 CAD、动力学性能模拟、过程动画仿真等技术的综合应用技术。它是当前 CAD 技术应用的最高阶段。

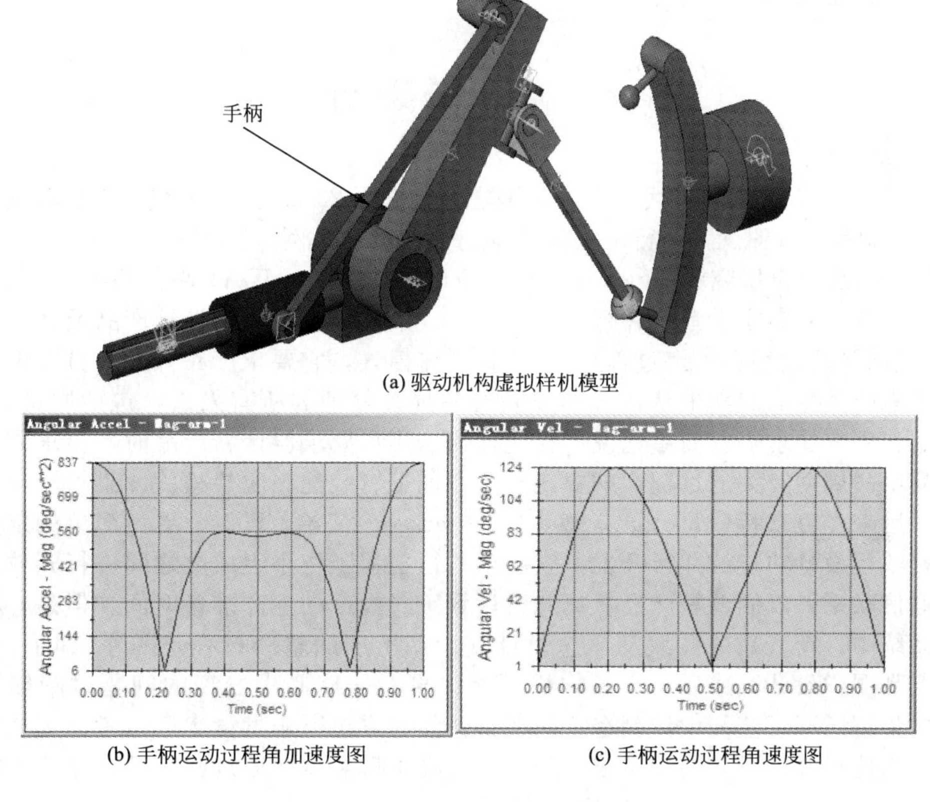

(a) 驱动机构虚拟样机模型

(b) 手柄运动过程角加速度图　　(c) 手柄运动过程角速度图

图 2.21　某驱动机构动力学性能模拟

在传统的产品设计开发过程中，即使是采用 CAD 系统设计的产品，也必须通过样机的试制和试验，才能确定设计是否正确、产品性能和功能是否达到设计要求、设计中是否存在缺陷和问题；对于特殊要求的产品，必要时还需要进行原型机的破坏试验。这是一种设计、试制、修改、再试制、直至成功的反复过程。这不仅会造成人力、财力、物力的大量浪费，而且会因产品开发过程长而失去市场机遇。

产品设计的虚拟技术，是对产品传统开发过程的重大突破。它可以在不需要试制原型机的条件下，在产品设计阶段验证设计的正确性和可制造性，因而提高了设计的成功率，减少不必要的返工浪费。但必须指出的是，产品的虚拟设计过程需要可靠的实验数据或生产实践中已验证过的数据为依据，特别是在动、静特性的数值模拟和仿真方面，没有平时积累的试验和现场记录的数据并输入到虚拟样机模型中去，是不可能得到真正的分析结果的，即使屏幕显示的场面很漂亮、动作很逼真，也是毫无用处的。当然，在虚拟环境中演示的产品还只是一个模型而不是真实的产品，它与通过制造得到的真实产品还是有差别的。因此，最终的结果，还要把产品做出来后才知道，但虚拟设计技术能达到产品一次设计的成功率，则是毋庸置疑的。例如，美国摩托罗拉公司自 1994 年使用虚拟产品开发技术以来，该技术已为该公司节约了数百万美元的培训费用；波音飞机公司在研制波音 777 的过程中，通过使用虚拟设计技术，使研制周期从过去的 8 年时间缩短到 5 年，为该公司创造了巨大的财富；John Deere 公司采用虚拟设计技术评比反铲装载机的 3 个技术方案，最终否定了其中的两个方案，节约了大量研制经费。

2.7 并行设计

在采用 CAD 系统提高现代化设计水平之外，进入 20 世纪 80 年代后，也涌现出许多新的设计思想和设计概念，并行工程(CE)设计方法就是一例。

在美国国防分析研究所(Institute for Defense Analysis，IDA) 举行的第一届 CE 专题研讨会上，与会的专家学者将并行工程定义为：集成地、并行地设计产品及其相关的各种过程(包括制造过程和支持过程)的系统化工作模式，它要求产品开发人员在设计一开始，就考虑产品生命周期中从概念形成到产品报废处理的所有因素，包括质量、成本、进度计划和用户要求等。简单地说，就是在根据用户要求设计新产品时，要求同步地涉及与产品生命周期有关的过程，即要充分考虑加工、装配、质量检验、维护、成本等所有因素。后来麦克奈特(Mcknight)和杰克逊(Jackson)又给 CE 一个更为简单的定义：并行工程是项目设计功能的并行开发，它要求并行工程工作小组成员之间进行开放的和交互式的通信联系，以便缩短产品从概念设计到正式投产的生产准备时间。但是，在传统的制造系统中，新产品的开发从概念设计到产品出厂的整个过程是顺序(即串行)进行的。在产品图样设计完成后、必须样机试制；再根据试制中发现的问题对图样进行修改，同时整理试制工艺和设计制造工艺装备；然后再进行小批量生产，考核工艺规程和工装的正确性，并进行必要的修改。产品只有在小批量试制通过验证后，才能正式批量投产。

上述这种串行工程方式，对批量较大的和市场寿命较长的产品来说，是一种行之有效的方法，但是由于许多不合理或错误的设计只有经过试制过程才能发现，而且有时某些问题甚至是无法修改的，修改设计就意味着部分或全部报废，进而造成了不必要的人力和物力浪费，其缺点是显而易见的。因此，对于面向订单的单件、小批量生产企业，这种串行式工作就完全不合适了。图 2.22(a)、(b) 为产品设计和技术阶段串行工程与并行工程基本概念的示意图。在串行工程中前馈信息随着过程传递，反馈信息总是滞后于过程的，因而返工浪费很难避免。而并行工程中的前馈信息在过程传递之前，就可预发布至各后继工作环节，反馈信息能在过程传送之前送至前序环节，因而能及时修改设计错误，避免浪费。

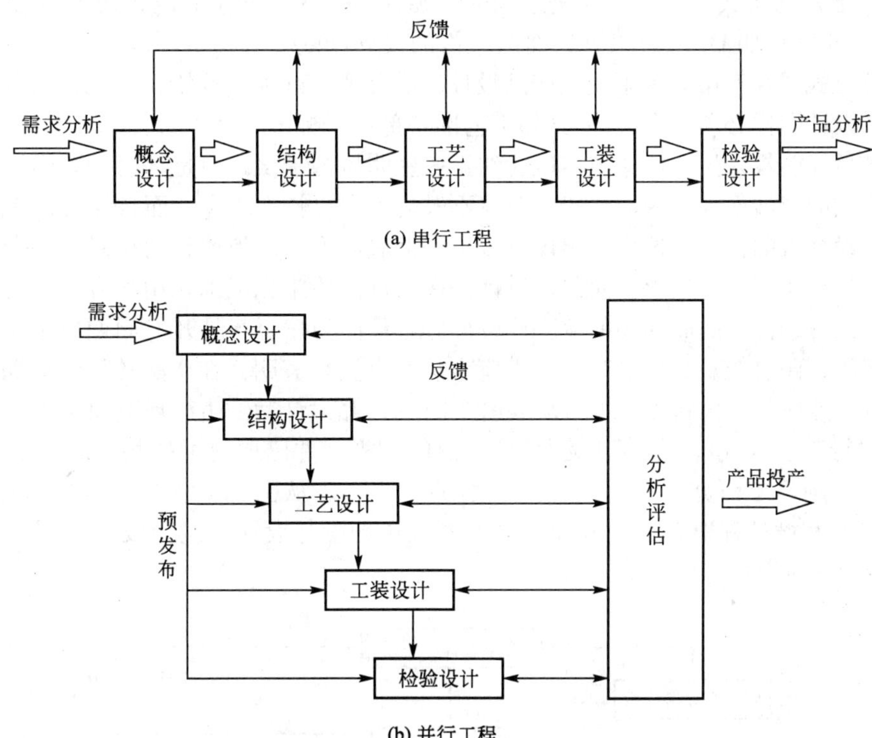

图 2.22 串行工程与并行工程的基本概念

并行工程在产品研制过程中，采用团队工作（Team Work）方式，将各类专业人员在产品设计开始时，就组织在一起协同工作。初期采用的是集体办公模式，当企业的计算机信息网络建立起来后，通过将各功能部门计算机系统的联网和相应的管理控制软件，使团队成员能在异地共享信息和协同工作，实现在更大范围内的并行工程模式，如图 2.23 所示。

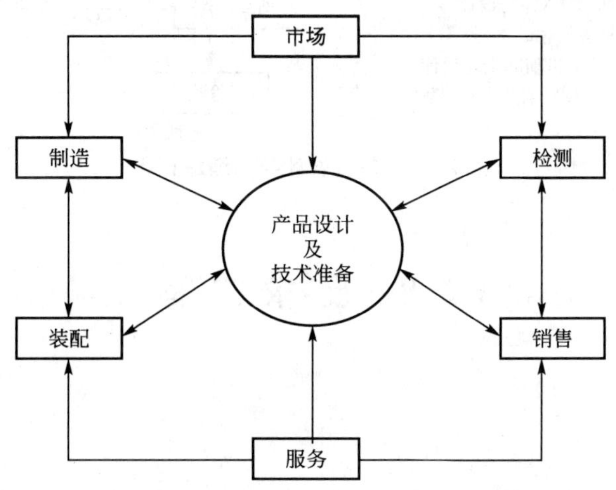

图 2.23 应用于企业中的并行工程模式

在并行工程的实践过程中，促进了面向下游工序“X”操作的设计思想的发展和各种DFX软件的开发，如DFM、DFA、面向维修的设计(DFR)等。

在传统方式的生产中，为了提高产品设计的成功率，减少设计错误，也曾采取过一些组织措施，如设计图样必须经有关部门(如工艺准备部门、标准化室、有关制造车间等)的技术负责人会签后才能投入生产，这虽然也能纠正一些明显的错误，但是，由于图样已经全部绘制完成，修改的牵涉面大，因而一般可改可不改的地方也就不改了，而且修改过大的地方又可能会遭到设计者的拒绝，这样会出现修改不易彻底，不易达到理想的结果，且会签者也不像团队人员具有相应的责任感。而并行设计是在设计阶段未完成前，由各方人员协商一致后才正式绘制工程图样，因而问题的解决比较彻底，从而为缩短产品开发周期奠定了基础，不仅节省了费用，而且能及时提供产品的供应市场。有资料表明：在产品的生命周期中，错误发现得越晚，造成的损失将以 10^n 的系数递增(n 为产品设计后的生产环节顺序号)。

现在并行工程在我国制造业中已得到广泛的重视，并已取得了一些应用成果。图 2.24 是我国某重大项目中研究的并行设计与制造的流程图。从图 2.24 中可以看出，通过设计信息的预发布和循环评审，各类专业人员均能及早地参与设计与发现设计错误，因而可以将设计隐患尽早消除。

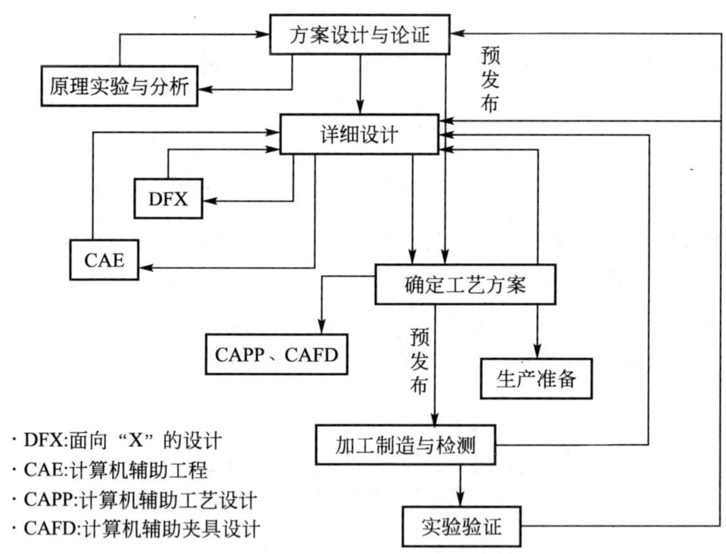

图 2.24 并行设计与制造流程图

2.8 反求工程

2.8.1 概述

1. *反求工程的出现与发展*

20 世纪 60 年代，日本为了恢复和振兴经济，提出科技立国和大力发展制造业的方针：

“一代引进，二代国产化，三代改进出口，四代占领国际市场”，并对机床、汽车、电子、光学设备和家电等行业的发展给予优惠政策。日本政府和企业普遍认为对别国先进产品和先进技术的引进、消化、吸收和挖潜，是自身发展的一条捷径。这种观点很快被事实所验证，由此引发出了反求设计(Inverse Design)或反求工程(Inverse Engineering)。

实际上，任何产品问世，包括创新、改进和仿制的，都蕴含着对已有科学、技术的继承、借鉴和应用。从这个意义上讲，反求思维在工程中的应用源远流长，而明确提出“反求工程”这个术语并作为一门学问和实用技术进行系统研究则是近30年的事情。其中，计算机技术和CAD技术对这项技术的发展和实际应用起到了巨大的推动作用。

反求工程发展至今，已成为世界各国在发展经济中不可缺少的手段和重要策略之一。据统计，各国70%以上的技术源于国外，逆向工程作为掌握、改进和发展技术的一种手段，可使产品研制周期缩短40%以上，从而极大地提高了生产率。反求工程的实际应用为许多企业的发展带来了生机，进而为创新设计和各种新产品的开发奠定了良好基础。

1) 反求工程的含义

反求工程以设计方法学为指导，以现代设计理论、方法、技术为基础，运用各种专业人员的工程设计经验、知识和创新思维，对已有产品进行解剖、深化和再创造。因此可以说，反求设计是对已有设计的再设计，其中，再创造是反求设计的灵魂。

(1) 正设计与反设计。人们通常所指的设计，一般指正设计，它是一个从无到有的产品设计过程。设计人员首先根据市场需求，提出目标和技术要求，进行功能设计，创造新方案，经过一系列的设计活动变为产品。因此，正设计的过程其实就是由未知到已知、由想象到现实的过程，如图2.25所示。

图2.25 正设计过程示意图

反设计是从已知事物的有关信息(包括硬件、软件、照片、广告、情报等) 去寻求这些信息的科学性、技术性、先进性、经济性、合理性和改进的可能性等，要回溯这些信息的科学依据，即充分消化和吸收，进而在此基础上进行改进、挖潜和再创造。如图2.26所示，为反设计过程示意图。

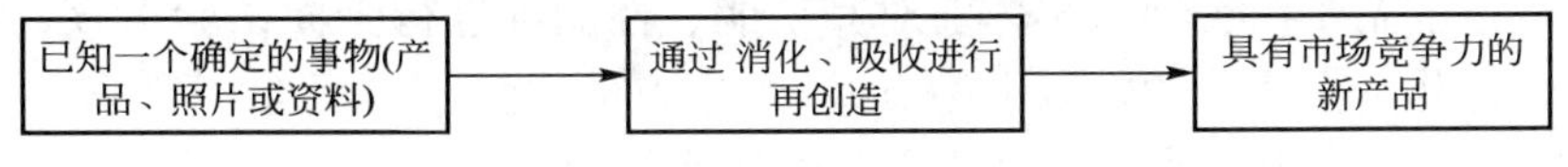

图2.26 反设计过程示意图

如果说正设计的关键要解答“怎么做?”即设计任务提出后，怎样实现和达到预定目标，那么反求设计关键要解答“为什么要这样做?”即已有确定目标后，去探索和掌握这个目标的设计者是如何一步一步实现的，要摸清设计者的意图和所采用的关键技术，以及相应的设计理论与方法。从这个意义上说，正设计是主动的创造，反求设计是先被动后主动的创造。

(2) 仿制与反求工程。反求工程与仿制不同，简单、低级的模仿，其产品质量和生命周期不会有竞争力，并且是一种侵权行为，要受产权保护法的制裁。

2.8.2 反求对象类别

从工程技术角度讲，反求对象可概括为：实物反求、软件反求和影像反求3类。

1. 实物反求

实物反求以产品实物为依据，对产品的设计原理、结构、材料、精度、制造工艺、包装、使用等进行分析研究和再创造，最终研制出与原型产品相近或更佳的新产品。实物反求对象可以是整个产品，也可以是部件、组件或零件。反求内容则包括功能反求，性能反求，以及方案、结构、材质、精度、使用规范等众多方面的反求。

实物反求有两项基本工作，即反求分析与反求设计。其一般过程如图2.27所示。在实物反求中，试验、测绘与反求设计是重要工作，需要精心设计和仔细进行。

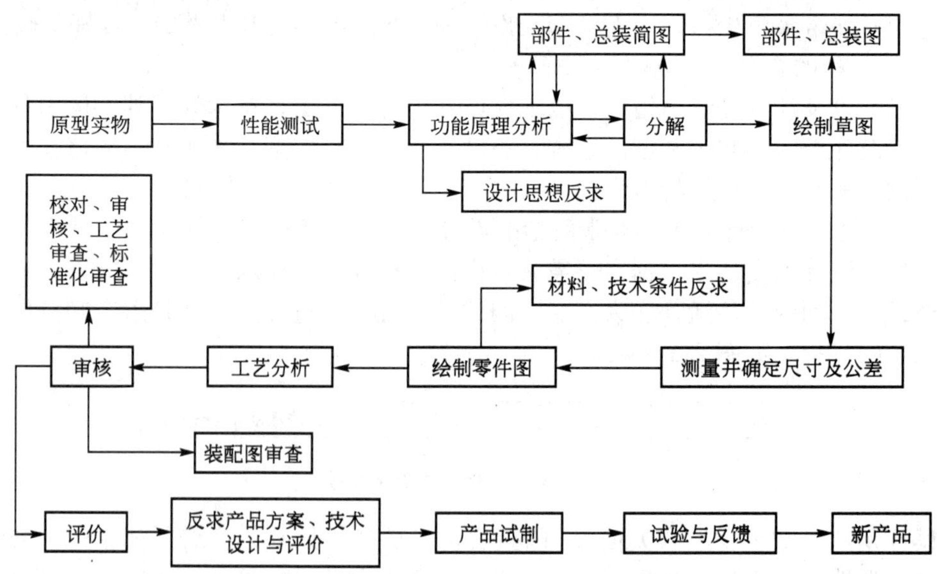

图2.27 实物反求设计过程

1）试验方案和试验方法

实物反求，首先要在实物未解体前对其功能、性能等进行全面试验考核，测试其各项功能和性能。为此，应充分考虑以下各点。

(1) 根据样本、使用说明书，摸清有哪些功能指标。

(2) 根据试验要求，制定试验条件和试验规范，并选择合适的试验台及相应测试仪器仪表。

(3) 对试验结果数据进行科学处理。

(4) 如试验中出现故障，进行详细记录和深入分析，为排除故障或改进设计提供依据。

2）测绘

测绘中应注意以下问题：

(1) 尺寸、精度。一般产品出厂前要经磨合试验和性能试验。试验后零件的尺寸、形状、表面状态等会有变化，要反求其原始状态(装配前的状态)。

(2) 无损检测。对样机的零件测绘一般不允许有损伤，因此应尽量使用无损检测方法，如用激光技术、材料转移的光谱技术、三维全息照相显示技术等。

(3) 曲线和曲面拟合。对于具有复杂曲面的实物，一般需利用三维测量和CAD技术进行反求。其测量过程主要解决的问题是零件原型的数字化。目前，通常采用三坐标测量机(CMM)或激光扫描等测量装置来获取零件原型表面点的三维坐标值。

3) 反求设计

反求设计指测绘后对关键问题的分析和反设计问题。测绘完以后要将被测对象变成完整图样或模型，还需要根据对零件工作特性的分析(必要时需通过实验测试)进行各种标注和提出技术要求。对于特殊形状的曲线(如高次方凸轮轮廓、各种过渡曲线等)应通过优化设计反求其科学依据。对于箱体等结构复杂件应采用有限元法去反求其强度和刚度等。

反求设计中重建具有复杂曲面零件原型的CAD模型是一件困难的工作。首先，需要从测量数据中提取零件原型的几何特征，即按测量数据的几何属性对其进行分割，采用几何特征匹配与识别的方法来获取零件原型所具有的设计和加工特征；然后，将分割后的三维数据在CAD系统中进行表面模型拟合，并通过各表面的求交与拼接获取零件原型表面的CAD模型。目前商品化CAD软件中，已有一些用于反求工程的应用模块(如Pro/Engineering、Unigraph、Cimatron等)，将测量数据按其规定的格式输入后，即可自动生成各种曲面。

对于重建的CAD模型还需进行检验与修正，即根据获得的CAD模型重新加工出样品，以检验重建的CAD模型是否满足精度或其他试验性能指标。对不满足要求者，重复以上过程，直至达到零件的设计要求。

2. 软件反求

产品样本、技术文件、设计书、使用说明书、图样、有关规范和标准、管理规范和质量保证手册等均称为技术软件。以技术软件为主要研究对象的反求工程称为软件反求。软件反求的目标是通过对已有技术软件的分析和研究，提高对相关产品的设计和制造能力。其基本组成部分有产品规划反求、原理方案反求和结构方案反求等，如图2.28所示。

软件反求的一般设计步骤如下。

(1) 分析需求，明确反求设计的目的。

(2) 对反求对象进行功能分析与结构分析。

(3) 调研国内外同类产品，从中吸取有益成分。

(4) 分析并验证产品性能参数。

(5) 撰写反求设计论证书。

3. 影像反求

既无实物，又无技术软件，而仅有产品相片、图片、广告介绍、参观印象和影视画面等，要从中去构思、想象来反求，称为影像反求。影像反求难度最大，其本身就是创新过程。目前还未形成成熟的技术，一般要利用透视变换和透视投影来形成不同的透视图，从外形、尺寸、比例和专业知识去琢磨其功能和性能，进而分析其内部可能的结构。

影像反求的主要内容包括方案分析和结构分析。其中方案分析的重点是技术分析和经济分析，而结构分析的主要任务是确定产品结构组成及结构材料，如图2.29所示。

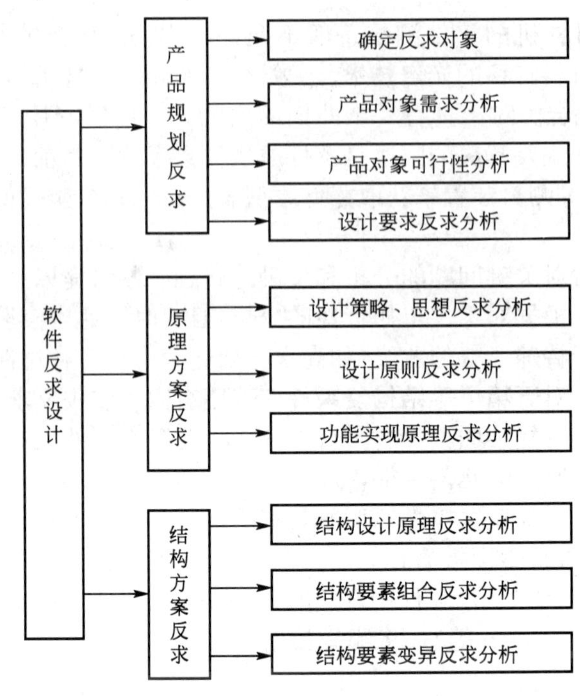

图 2.28　软件反求基本内容

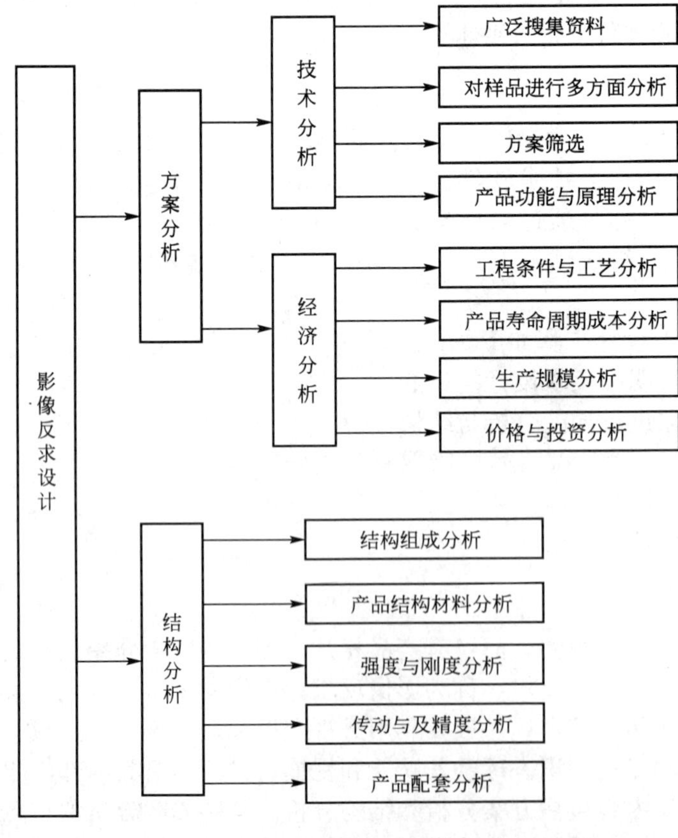

图 2.29　影响反求基本内容

影像反求的基本步骤如下。

(1) 广泛搜集参考资料。

(2) 对参考资料进行多方面的分析、研究。

(3) 产品方案设计。

(4) 方案评价。

(5) 反求技术设计。

2.8.3 反求工程的关键技术

1. 反求工程中的测量技术

反求工程中的测量方法可分成两大类：接触式与非接触式。

1) 接触式测量方法

(1) 坐标测量机法。坐标测量机是一种大型精密的三坐标测量仪器，可以对具有复杂形状工件的空间尺寸进行测量。坐标测量机一般采用触发式接触测量头，一次采样只能获取一个点的三维坐标值。坐标测量机主要优点是测量精度高，适应性强。但一般接触式测头测量效率低，而且对一些软质表面无法进行测量。

(2) 层析法。层析法是近年来发展的一种反求工程技术。它是将研究的零件原型填充后，采用逐层铣削和逐层光扫描相结合的方法来获取零件原型不同位置截面的内外轮廓数据，并将其组合起来获得零件的三维数据。层析法的优点在于可对任意形状、任意结构零件的内外轮廓进行测量，但测量方式是破坏性的。

2) 非接触式测量方法

根据测量原理的不同，非接触式测量有光学测量、超声波测量、电磁测量等。

(1) 激光扫描法。

这种测量方法根据光学三角形测量原理，以激光作为光源，将其投射到被测物体表面，并采用光电敏感元件在另一位置接收激光的反射能量，根据光点或光条在物体上成像的偏移，利用被测物体基平面、像点、像距等之间的关系计算出物体的深度信息。

(2) 莫尔条纹法。

这种测量方法将光栅条纹投射到被测物体表面，光栅条纹受物体表面形状的调制，其条纹间的相位关系会发生变化，利用数字图像处理的方法解析出光栅条纹图像的相位变化量来获取被测物体表面的三维信息。

(3) CT 断层扫描图像法。

这种测量方法对被测物体进行断层截面扫描，以 X 射线的衰减系数为依据，经处理后重建断层截面图像，再根据不同位置的断层图像建立物体的三维信息。该方法可以对被测物体内部的结构和形状进行无损测量，但造价高，测量系统的空间分辨率低，获取数据时间较长，设备体积较大。美国 LLNL 实验室研制的高分辨率 ICT 系统测量精度为 0.01mm。

(4) 立体视觉测量方法。

立体视觉测量是根据同一个三维空间点在不同空间位置的两个(或多个)摄像机拍摄的图像中的视差，以及摄像机之间位置的空间几何关系来获取该点的三维坐标值。立体视觉测量方法可以对处于两个(或多个)摄像机共同视野内的目标特征点进行测量，而无须伺服机构等扫描装置。立体视觉测量面临的最大困难是空间特征点在多幅数字图像中提取与匹配的精度和准确性等问题。近年来，出现了将具有空间编码特征的结构光投射到被测物体表面产生测量特征的方法，有效地解决了测量特征提取和匹配的问题，但在测量精度与测量点的数量上仍需改进。

2. 产品建模技术

当零件原型数字化后形成一系列的空间离散点，生成原型的CAD模型就是要在这些离散点的基础上，应用计算机辅助几何设计的有关技术，构造零件原型的CAD模型。对于含有自由曲面的复杂型面，用一张曲面来拟合所有的数据点往往是不可行的。一般，首先按照原型所具有的特征，将测量数据点分割成不同的区域，各个区域分别拟合出不同的曲面，然后应用曲面求交或曲面间过渡的方法将不同的曲面连接起来构成一个整体。

1）测量数据的分割

物体表面测量数据的分割方法一般分为两类：一类是基于边界分割法；一类是基于区域分割法。

（1）基于边界的分割法。首先估计出测量点的法向矢量或曲率，然后将法向矢量或曲率的突变处判定为边界的位置，并通过边界跟踪等处理方法形成封闭的边界，各边界所围区域即为最终的分割结果。由于在分割过程中只用到边界局部数据，以及存在微分运算，因此这种方法易受到测量噪声的影响。该方法对型面缓变的曲面不适用。

（2）基于区域的分割法。基于区域的分割法将具有相似几何特征的空间点划为同一区域，由于这种方法分割依据具有明确的几何意义，目前应用较多。

根据分割过程的不同，区域分割法分为从下至上及从上至下两种。

① 从下至上的区域分割法。这种方法以若干个简单表面片作为种子区域，根据表面片的微分几何性质来判断其周围的数据点是否属于该表面片，将与之有相似几何性质的点划入该种子区域，并更新与种子区域对应的表面片的类型。当在该表面片周围没有几何性质一致的数据点的时候，种子区域停止生长。这种分割方法的优点在于分割结果的可靠性高，分割结束后各个区域之间的关系也随之确定。

应用该方法应注意的问题是：种子区域的选择与分布将影响到分割计算的效果与效率；在区域生长过程中，区域的类型可能发生变化，因此要求能判断出与当时区域对应的表面类型；采用何种依据来判断测量点是否属于一个区域将产生不同的分割结果。

② 从上至下的区域分割法。这种方法首先假设所有的数据点属于同一个表面区域，然后根据提出的性能指标进行统计分析，若假设检验成立，则分割结束；否则，将数据点集进行划分，并对各个子集重新作假设检验，如此划分直至各个区域满足性能指标为止。

应用该方法应注意的问题是：子区域划分方法的选择，如采用四叉树等分割方式，有时会产生过分割的结果，此时需做一反向的融合过程，生成区域分割数最少且满足性能要求的分割结果；若将区域表面拟合的精度作为依据，则在每次分割后，测量数据点需重新参数化，致使整个过程计算量很大。

2）表面片拟合技术

表面片的拟合需根据实际情况，选取适当的曲面拟合方法和拟合曲面方程形式。

（1）曲面拟合方法。曲面拟合可以分为插值和逼近两种方式。插值方法拟合曲面需要通过所有数据点，适合于测量设备精度高，数据点坐标比较精确的场合；逼近方法拟合的曲面不一定通过所有的数据点，适用于测量数据较多，测量数据含噪声较高的情况。

(2) 拟合曲面方程形式。拟合曲面可以用隐形方程的形式表示，也可以用参数方程的形式表示。

采用隐形方程表示的曲面一般是无界的，需要人为限定其范围。其优点是对于拟合曲面的离散数据点的分布形式没有提出要求，进行求交运算时比较方便；缺点是不能用统一的方程表示所有类型的曲面。

由一定的基函数和控制点定义的参数曲面(线)，如贝齐尔曲面(线)、B样条曲面(线)等，目前作为形状数学描述的标准形式广泛应用于对曲面(线)的表达中。但参数化曲面(线)一般要求拟合区域的形状是较为规整的四边形，对于分割获得的任意 N 边形区域需做进一步插值划分处理以获得若干较为规整的四边形。此外，参数化曲面(线)要求区域内数据点大体上呈矩形网格状的分布形式。因此，对于区域内散乱分布的数据点，通常需采用局部插值的方法来计算出规则的网格数据。

2.9 绿色产品设计技术

2.9.1 概述

高度发展的工业生产给人类社会带来了高度的物质文明，同样也给人类的生存环境造成了很大的破坏。日用消费品的大量增加，产品生命周期的日益缩短，产生了大量失去使用价值的废弃物，给社会公益工程造成了很大的经济压力和负担。环境问题的严重性已迫使各国政府和工业部门制定出严格的环境保护法规，执行环境保护计划。

作为国民经济的支柱的制造业，对各国的经济繁荣做出了巨大的贡献，但是它每年约生产55亿吨的无害废弃物和7亿吨有害废弃物。在欧洲，每年约有80万吨旧的电视机、计算机设备、收音机和测量仪器、300万吨废旧汽车被丢进国家垃圾场。在美国，由家庭和工业企业产生的城市固体废物达到每人每天2千克左右，美国各州的垃圾场已有70%失去功效，因此，人类呼吁“绿色制造”、“洁净生产”，而其中最根本的是制造“绿色产品”(Green Product)，鼓励面向环境的绿色产品设计(GPD)和研究。

2.9.2 绿色设计技术的概念及特征

绿色产品是在使用和处置过程中能减轻环境负担的产品。因此，绿色产品设计技术可定义为：面向不损害产品质量、功能及其制作过程的、能与环境相容的设计。它是减轻环境污染或减少原材料、自然资源使用的技术和工艺或产品的总称。

绿色设计的目的是克服传统设计的不足，使所设计的产品满足绿色产品的要求。它涉及产品的整个生命周期，是从摇篮到再现的整个过程。其基本思想是：从根本上防止污染，节约资源和能源；预先设法防止产品及工艺对环境产生的副作用。绿色产品设计的方法是基于可持续发展的思想，采用并行的闭环设计过程，设计时着眼于产品生命周期的全过程，而不是着眼于某一阶段、某一部门。其主要设计内容包括如下几个方面。

(1) 绿色材料及其选择。

(2) 产品可回收性设计。

(3) 产品可拆卸性设计。

(4) 绿色包装。

(5) 绿色产品的成本分析。

(6) 绿色产品设计数据库。

表 2-2 所列为绿色产品的特点及其设计措施。

表 2-2　绿色产品的特点及其设计措施

	绿色产品特点			
	节约资源		减少污染	
	面向节能的设计	面向回收和重新利用的设计	面向洁净环境减少废物排放的设计	面向减少废弃物的设计
设计措施	·减少产品的能源消耗，如节电产品 ·减少生产中使用的能量 ·用代用品取代燃油消耗 ·提高燃油的燃烧效率 ·减轻运动体的重量，减少摩擦损耗，提高能源的转换效率	·避免使用复合材料 ·使用可循环利用的材料 ·延长使用寿命 ·可整修和重新使用的设计 ·使用耐用材料 面向可分解的设计 ·能分离和易拆卸的设计 ·降低产品结构的复杂性 ·简化零件的相接界面，减少紧固件 ·模块化能重用化设计	·废物能燃尽的设计 ·避免材料污染 ·减少生产释放、减少泄露 ·避免使用有害、有毒物质 ·使用水基技术 ·废物可处置的设计 ·避免使用消耗臭氧的化学品	·减少废物源 ·减少产品尺寸 ·规定使用轻重量材料 ·优化毛坯设计，减少切屑 ·简化包装 ·使用自解自灭材料 ·采用可局部更换或翻新的设计 面向降噪减振的设计 ·减少传动副 ·减少摩擦副 ·隔音隔热设计

虽然绿色产品设计技术已得到人们的普遍重视，但成熟的技术和成果还见之甚少，仍需要投入大量的人力、物力进行新领域的研究。现在已有人提出了许多关于绿色产品设计与制造的新概念，如环境意识设计与制造（Environmentally Conscious Design and Manufacturing），面向环境的设计（Design for Environment，DEF）等。相信在不久的将来，绿色产品的设计和制造将会得到很快的发展。

习　题

1. 什么是工程设计？现代工程设计的主要特征是什么？

2. 什么是计算机辅助技术？其工作过程及特点分别是什么？

3. 试举例说明线框模型、表面模型和实体模型的异同点。

4. 常用于实体建模的几何造型方法有哪些？它们的特点分别是什么？

5. 常用的工程分析方法有哪些？

6. 有限元分析方法的主要思想是什么？什么是计算机工程分析技术？其主要区别是什么？

7. 传统编制工艺方法的缺点是什么？什么是计算机辅助工艺过程设计？其主要优点有哪些？

8. DFX包括哪些内容？它和并行设计最大的区别是什么？

9. 面向制造的设计技术的主要思想是什么？什么是计算机辅助DFM？其主要内容是什么？

10. 什么是产品的虚拟设计技术？

11. 什么是并行设计？与传统设计思想相比，其主要优点是什么？

12. 什么是反求工程？什么是正设计和反设计？

13. 什么是绿色设计技术？

第3章 先进制造工艺技术

★ 了解先进制造工艺技术体系与主要内容；

★ 了解高速加工(HSM/HSC)技术、超精密加工技术、特种加工技术的特点和应用；

★ 了解微细加工和纳米技术、快速成型制造技术的原理、应用及发展前景；

★ 通过实例分析了解先进技术手段在日常生活及现代机械产品中的实际应用。

知识要点	能力要求	相关知识
高速加工(HSM/HSC)技术	了解超高速加工的机理、优越性及实现的条件和范围	超高速切削、磨削的优越性
超精密加工技术	了解超精密加工技术所涉及的技术领域、方法及环境控制和发展趋势	超精密切削、磨削技术及超精密加工的测控技术及环境控制等
特种加工技术	了解各种特种加工的特点和应用	电火花加工、激光加工、电子束和离子束加工、水喷射加工技术、超声加工的相关知识
微细加工和纳米技术	了解微细加工和纳米技术的加工机理、加工工艺和应用	常用微细加工工艺和纳米加工技术
快速成型制造技术	了解快速成形技术的特点、工艺方法和应用	光固化成型法、分层实体制造法、选择性激光烧结法和熔融沉积制造法，以及与快速成型技术相关的技术

导入案例

超高速加工技术是指采用超硬材料刀具、磨具和能可靠地实现高速运动的高精度、高自动化、高柔性的制造设备，以极大地提高切削速度来达到材料切除率的先进制造加工技术。

几种典型零件的超高速加工如图1所示。

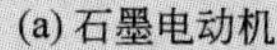
(a) 石墨电动机

(b) 气轮机叶片

(c) 薄壁铜电动机

图1 典型零件的超高速加工

3.1 先进制造工艺技术体系与主要内容

机械制造工艺技术是将原材料转化成具有一定几何形状、一定材料性能和精度要求的可用零件的方法和过程。随着机械制造的发展和科学技术的进步，机械制造工艺的内涵和面貌正在不断地发生变化。近年来机械制造工艺技术体系的发展和主要内容表现在以下几个方面。

1. 常规工艺的不断优化及传统加工工艺的改造和革新

常规工艺优化的方向是实现高效化、精密化、强韧化，以形成优质、高效、低耗、少(无)污染的先进实用工艺为主要目标，同时实现工艺设备、辅助工艺、检测控制系统的成套工艺服务。传统加工工艺在改造和革新方面有很大的潜力，如超高速加工技术方面、切削、磨削、超硬材料刀具、模具的出现都对加工理论的发展具有重要的意义。

2. 超精密工程

超精密工程包括精密加工、超精密加工技术和细微加工技术等。

当前，以纳米技术为代表的超精密加工技术和以微细加工为手段的微型机械技术的研究和开发已经在精密机械、材料科学、微电子技术、计算机技术、光学、化学、生物和生命技术及生态农业等方面产生了新飞突破。

3. 特种加工

特种加工亦称“非传统加工”或“现代加工方法”，泛指用电能、热能、光能、电化学能、化学能、声能及特殊机械能等能量达到去除或增加材料的加工方法，从而实现材料被去除、变形、改变性能或被镀覆等。特种加工本身又包括分离(去除)加工、附着加工和变形加工，即加工的概念不仅包含工件的形状、尺寸产生变化，还包括工件表面层材料的化学成分、组成结构等的变化。特种加工的对象是难加工材料，如金刚石、陶瓷等超硬材料的加工，其加工精度可达到分子级加工单位或原子级加工单位，所以它又常常是精密加工和超精密加工的重要手段。当前最值得注意的是激光加工、电子束加工、离子束加工等。特种加工与传统加工相结合加工有较大的发展前途。

3.2 高速加工(HSM/HSC)技术

3.2.1 超高速加工技术的机理

超高速加工技术是指采用超硬材料刀具、磨具和能可靠地实现高速运动的高精度、高自动化、高柔性的制造设备，以极大地提高切削速度来达到材料切除率的先进制造加工技术。高速切削的核心是速度与精度，由于刀具材料、工件材料和加工工艺的多样性，对高速切削不可能用一个确定的速度指标来定义。对于铣刀等回转刀具，通常以刀具或主轴的转速作为衡量标准，根据不同的刀具直径，现阶段一般把转速 10000r/min 以上视为高速切削。如图 3.1 所示，切削温度随切削速度的增大而提高，但当切削速度增大到某一数值之后，切削温度反而降低。对每种工件材料，存在一个速度范围，如图 3.1 中 B 区所示，在这个范围内，由于切削温度太高，任何刀具都无法承受，切削加工不可能进行，这个范围称之为“死谷”。通常情况下，高速切削时，主轴转速要比普通切削时高 5～10 倍。

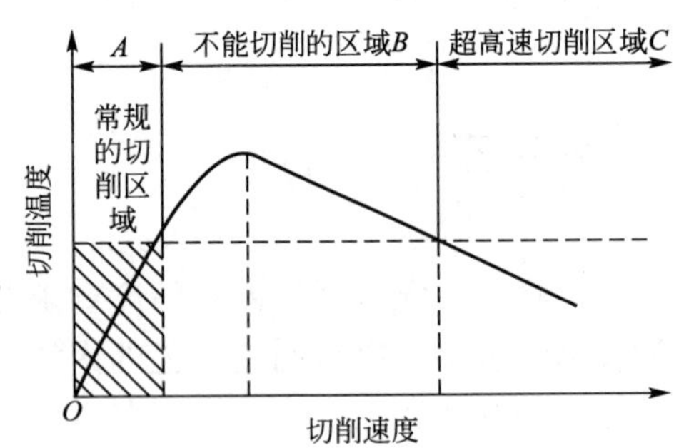

图 3.1 超高速切削概念示意图

超高速加工是指被加工金属材料在切除过程中的剪切滑移速度达到或超过某一阈值，使得切削力、温度、磨损明显优于传统切削速度。

3.2.2 超高速加工技术的优越性

1. *在超高速切削方面*

超高速切削加工技术与常规切削加工相比在提高生产率、降低生产成本、减少热变形和切削力，以及实现高精度、高质量、零件加工等方面具有明显优势。

1）加工效率提高

超高速切削加工比常规加工的切削速度提高了 5～10 倍，这样，单位时间材料切除率可提高 3～6 倍。因而零件加工时间通常可缩减到原来的 1/3，从而提高了加工效率和设备利用率，缩短生产周期。

2）切削力小

和常规切削加工相比，高速切削加工切削力可降低 30%，这对加工刚性较差的零件来说可减少加工变形、提高零件加工精度。同时，采用超高速切削，单位功率材料切除率可提高 40%，有利于延长刀具使用寿命。通常刀具寿命可提高 70%。

3）热变形小

高速切削加工过程极为迅速，95%以上的切削热来不及传给工件，而被切削迅速带走，零件不会由于温度升高导致弯曲变形。因而，超高速切削特别适合于加工容易发生热弯变形的零件。

4）加工精度高，加工质量好

由于超高速切削加工的切削力和切削热影响小，使刀具和工件的变形小，工件表面的残余应力小，保持了尺寸的精确性。同时，由于切削被飞快地切离工件，可以使工件达到较好的表面质量。

5）加工过程稳定

超高速旋转刀具切削加工时的激振频率高，已远远超出“机床—工件—刀具”系统的固有频率范围，不会造成工艺系统振动，使加工过程平稳，有利于提高加工精度和表面质量。

6）可加工硬度高

高速切削可加工硬度高达HRC45～65的淬硬钢铁件，因此对淬硬后的模具等复杂零件，可直接铣成，省去后续的传统放电加工或磨削加工。

7）良好的技术经济效益

采用超高速切削加工将能取得较好的技术经济效益。例如，缩短加工时间，提高生产率；可加工刚性差的零件；零件加工精度高，表面质量好；可提高刀具寿命和机床利用率；可节省换刀辅助时间和刀具刃磨费用，等等。

2. 在超速磨削加工方面

超高速磨削的试验研究预示，采用磨削速1000m/s的超高速磨削会获得非凡的效益。迄今实验室最高磨削速度为400m/s，更多的则是250m/s以下的超高速磨削研究和实用技术开发。尽管受到现有设备的限制，但是，可以明确超高速磨削与以往的磨削技术相比具有如下突出的优越性。

1）可以大幅度提高磨削效率

试验表面在磨削力不变的情况下，以200m/s的超高速磨削的金属切除率可比以80m/s的速度磨削时提高150%，而以340m/s超高速磨削可比以180m/s的速度磨削时金属切除率提高200%，尤其是采用超高速快进给的高效深磨技术，金属切除率极高，工件可由毛坯一次最终加工成形，磨削时间反为粗加工时间的5%～20%。

2）磨削力小，零件加工精度高

当磨削效率相同时，磨削速度200m/s时的磨削力仅为磨削速度80m/s时的50%。但在相同的单颗粒切深条件下，磨削速度对磨削力影响极小。

3）可以获得低面粗糙度

其他条件相同时，33m/s、100m/s和200m/s速度下磨削表面粗糙度依次为$Ra2.0\mu m$、$Ra1.4\mu m$、$Ra1.1\mu m$。最高速度由20m/s提高至1000m/s时，表面粗糙度将降低至原来的1/4。

4）可以大幅度延长砂轮寿命

超高速磨削有助于实现磨削加工的自动化。在磨削力不变的条件，以200m/s的速度磨削时，砂轮寿命比可以80m/s的速度磨削时提高1倍，而在磨削效率不变的条件下，砂轮寿命可提高 7 倍。

5）可以改善加工表面完整性

超高速磨削可以越过容易产生磨削烧伤的区域，在大磨削用量下磨削时反而不产生磨削烧伤。

3.2.3 超高速加工技术实现的条件和范围

(1) 超高速加工技术适应于超高速运转的超高速主轴单元。电主轴结构紧凑、惯性小、可避免振动与噪声，是高速主轴单元的理想结构。

(2) 超高速加工技术适应于超高速加工的超高速加工进给单元。超高速加工技术要求进给系统能达到很高的速度，大的加减速度及高的定位精度。

(3) 超高速加工技术要求用高压电流喷射冷却系统，避免产生机床、刀具和工件的热变形。

(4) 超高速加工技术要求有静刚度、动刚度、热刚度特性都很好的机床支撑件，如用聚合物混凝土、“人造花岗石”制成的超高速机床的床身。

(5) 超高速加工技术适用于超高速加工的刀具系统。

由于不同的工件材料，不同的加工方式有着不同的切削速度范围，因而很难就超速加工的切削速度范围给定一个确切的数值。目前，对于各种不同加工工艺和不同加工材料，超高速加工的切削速度范围分别见表 3－1 和表 3－2。

表 3－1 不同加工工艺的切削速度范围

加工工艺	切削速度范围(r/min)
车削	700～7000
铣削	300～6000
钻削	200～1100
拉削	30～75
磨削	5000～10000

表 3－2 各种材料切削速度范围

加工材料	切削速度范围(r/min)
铝合金	2000～7500
铜合金	900～5000
钢	600～3000
铸铁	800～3000
耐热合金	7500

3.3 超精密加工技术

精密、超精密加工技术是 20 世纪 60 年代发展和完善起来的，现已成为当代高技术产品的关键制造技术。近 20 年来，精密、超精密加工不仅进入到国民经济的各个领域，而且正从单件小批量生产方式走向规模生产。可以预见，随着新产品的不断涌现，精密、超精密加工的应用范围将进一步扩大。当前，精密加工是指加工精度为 1～0.1m，表面粗糙度为 0.2～0.01m 的加工技术；而超精密加工则是指加工精度高于 0.1m、表面粗糙度小于 0.025m，以及所用机床定位精度的分辨率和重复性高于 0.01m 的加工技术。超精密技术在现代制造领域中占有极为重要的地位。它不仅是制造尖端设备、现代武器、机电产品和光电元件的关键技术，而且也是取得国际竞争优势的重要技术之一。

美国是超精密加工技术研究与开发起步最早的国家。60年代初，为了发展航空航天技术、计算技术、激光技术和自动控制技术等尖端技术，美国组织了一批工人在实验室进行超精密加工技术的研究。经过30余年的发展，这类公司、实验室已有不下数十家，是美国精密加工技术的典型单位。日本虽起步较晚，但利用其机械和电子工业的成果，大量引进国外先进技术并重视应用研究，已成为当今世界上超精密技术发展最快的国家。例如，金刚石刀具切削刃钝圆半径的大小是金刚石刀具超精密切削的一个关键技术参数，日本声称已达到2nm，而我国尚处于亚微米水平，相差一个数量级；又如，金刚石微粉砂轮超精密磨削在日本已用于生产，使制造水平有了大幅度提高，突出地解决了超精密磨削磨料加工效率低的问题。在日本，超精密机床的厂商有二三十家，其中，比较闻名的有东芝机械有限公司、日本理研计器株式会社、江黑制作所等，其超精密加工的技术水平在国际上领先，可以与美国相抗衡，预计到2013年将会突破亚微米级加工而进入纳米级加工。在这一领域，发展较快的国家还有英国、德国、荷兰等。

精密和超精密加工是先进制造技术的基础和关键，作为制造技术的主战场，作为真实产品的实际制造，必然要靠精密加工和超精密加工技术、例如，计算机工业的发展不仅要在软件上，还要在硬件上，即在集成电路芯片上有很强的能力。应该说，当前，我国集成电路的制造水平约束了计算机工业的发展。美国制造工程研究者提出的汽车制造业的“两毫米工程”使汽车质量赶上欧、日水平，其中的举措都是实实在在的制造技术。

实现零件超精密加工的途径主要有两条：一是用高精密加工机床加工高精度零件；二是用误差补偿技术来提高零件的加工精度。但是，随着加工技术的不断进步，今天的精密加工可能就是明天的一般加工。

3.3.1 超精密加工技术所涉及的技术领域

1. 加工技术

加工技术主要有超精密车削、超精密砂轮磨削、超精密研磨与抛光等。

2. 材料技术

材料技术如超精密加工刀具材料、刀具磨具制备及刃磨技术。

3. 加工设备

加工设备主要有超精密切削机床、各种研磨机等，这些加工设备有高精度、高刚度、高自动化的要求。

4. 工作环境

超精加工必须在超稳定的加工环境条件下进行，必须具备各种物理效应恒定的工作环境，如恒温室，净化间，防振和隔振地基等。

3.3.2 超精密加工技术的方法

根据超精加工的机理和特点，一般可将超精密加工分为以下几类。

1. 超精密切削加工

超精密切削加工主要采用优质的天然金刚石刀具作为加工工具，所以超精密切削也称金刚石切削(Single Point Diamond Turning，SPDT)。如金刚石刀具超精密切削、微孔钻削等。主要加工对象是要求高表面质量和高形状精度的有色金属或非金属零件，如加工激光或红外用的平面或非球面反射镜、磁盘、VIR辊轴、有色金属阀芯和多面棱镜等。

金刚石精度切削原理和常规的切削加工不同，金刚石精密切削的屑片厚度小于1μm，因此切削主要不是在金属材料晶体界进行，而往往在晶粒内进行。此时要顺利进行切削，刀具上承受的切削力一定要超过晶体内强大的原子结合力。由于金刚石材料硬度极高，质地致密，而且单晶金刚石刀具切削刃钝圆半径可磨到0.005μm，在400倍显微镜下观察，其切削刃没有缺口现象，而刀刃的直线度可达到0.1～0.01μm，迄今没有任何材料可以磨到如此锋利程度。因此单晶金刚石成为当前最理想的超精密切削加工的刀具材料。

超精密车削可达到Ra0.05μm的粗糙度和0.1μm的非球面形状精度。如图3.2所示，为美国Lawrence Livemore实验室和美国空军合作研制出的大型光学金刚石超精密车床。该车床是为镜面加工大直径光学镜头而开发的，采用双立柱立式车床结构，六角刀盘驱动，多重光路激光干涉测长进给反馈，分辨率为0.7nm，定位误差为0.0025μm；为了减少热变形影响，采用低热膨胀材料组合技术，恒温液体冷却，液体温度控制在(20±0.0005)℃。

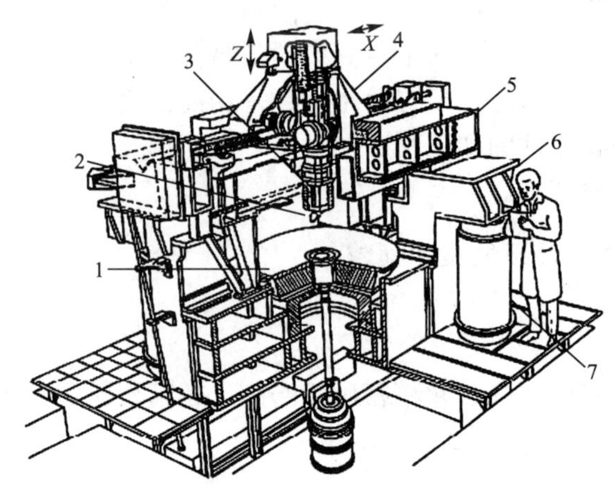

图3.2 美国光学超精密车床

1—主轴；2—高速刀具伺服结构；3—刀具轴；4—X轴拖板；
5—上部机架；6—主机架；7—气动支承

金刚石具有很高的高温强度和硬度，而且材质细密，经过精细研磨，切削刃可磨得极为锋利，表面粗糙度值很小，因此，是最佳的切削刀具材料，可进行镜面切削。用金刚石刀具进行精密切削，主要用来加工无氧铜、铝合金、黄铜、非电解镍等有色金属和某些非金属材料。

金刚石精密切削用于加工陀螺仪、天文望远镜的反射镜、激光切割机床中的反射镜等，也可以加工计算机磁盘、激光打印机的多面镜、录像机的磁头、复印机的硒鼓。

2. 超精密砂轮磨削

超精密磨削技术是在一般精密磨削的基础上发展起来的。超精密磨削不仅要提供镜面级的表面粗糙度，还要保证获得精确的几何形状和尺寸。为此，除了要考虑各种工艺因素外，还必须有高精度、高刚度及高阻尼特征的基准部件消除各种动态误差的影响，并采取高精度检测手段和补偿手段。

超硬磨料砂轮目前主要指金刚石砂轮和立方氮化硼砂轮，超精密磨削的加工对象主要是玻璃、陶瓷等硬脆材料，作为纳米级磨削加工，要求机床具有高精度及高刚度，脆性材料可进行可延性磨削。此外，砂轮的修整技术也相当关键，尽管磨削比研磨更能有效地去除物质，但在磨削玻璃或陶瓷时很难获得镜面，主要是由于砂轮粒度太细时，砂轮表面容易被切屑堵塞。日本理化学研究所学者大森整博士发明的电解在线修整(ELID)铸铁纤维结合剂(CIFB)砂轮技术可以很好地解决这个问题。磨削时尺寸精度和几何精度主要靠精密磨床保证，可达亚微米级精度。在某些超精密磨床上可磨出十纳米精度的工件。在精密磨床上使用细粒度磨粒砂轮可磨削出 $Ra0.1 \sim 0.05\mu m$ 的表面。使用金属结合剂砂轮的在线电解修整砂轮的镜面磨削技术可得到 $Ra0.01 \sim 0.002\mu m$ 的镜面。

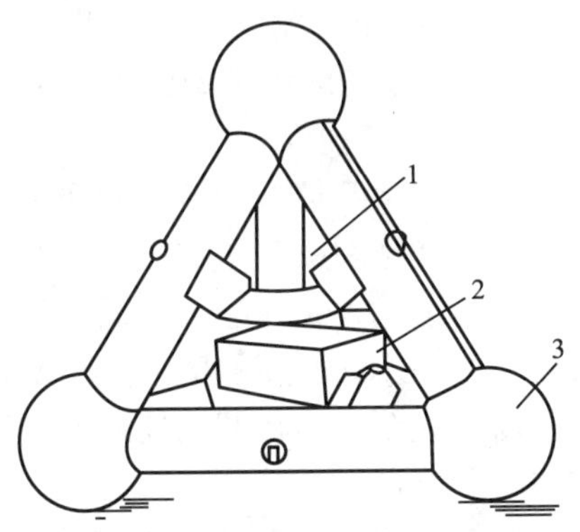

图 3.3 英国四面体主轴超精密磨床

1—主轴；2—工作台；3—支持球

英国国立物理实验室(National Physic Laboratory，NPL)开发的由四面体结构构成的一个四面体框架，如图 3.3 所示，每个圆柱承受压力，静刚度可达 10N/nm，加工精度可达 1nm 以上。

超硬磨料砂轮磨削的共同特点如下。

(1) 可用来加工各种高硬度，高脆性金属和非金属难加工材料。

(2) 磨削能力强，耐磨性好易于控制加工尺寸及实现加工自动化。

(3) 磨削力小，磨削温度低，加工表面质量好。

(4) 磨削效率高。

(5) 加工综合成本低。

近年来发展起来的金刚石微粉砂轮超精密磨削已趋近成熟，将在生产中推广应用。金刚石精密和超精密磨削已经成为陶瓷、玻璃、半导体等高硬脆材料的主要加工手段。

3. *超精密砂带磨削*

砂带磨削是一种高效磨削方法，能得到高的加工精度和表面质量，具有广泛的应用范围，可补充或部分代替砂轮磨削。

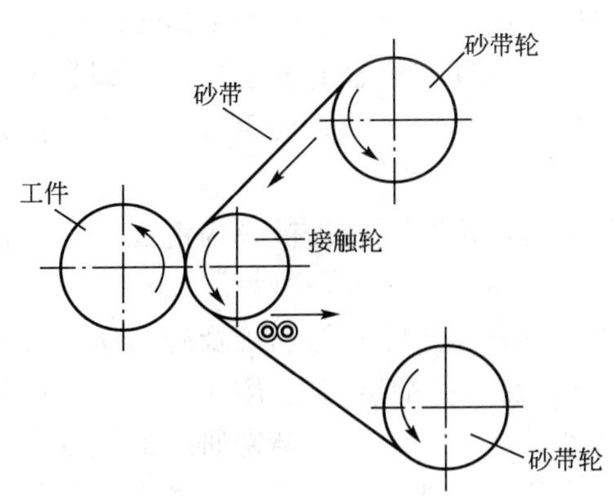

图 3.4 开式砂带磨削

1)砂带磨削方式及原理

在超精密磨削加工中，通常采用开式砂带磨削，如图 3.4 所示。

砂带磨削是采用卷砂带，由电动机经减速机构通过卷带轮带动砂带做缓慢的移动，砂带绕过接触轮外圆以一定的工作压力与工件被压表面接触，工件回转或移动(加工平面)，砂带头架做纵向及横向进给，从而对工件进行磨削。由于砂带在磨削过程中的连续缓慢移动，切削区域不断出现新砂粒，旧砂粒不断退出，因此磨削工作状态稳定，磨削质量和效果好，多用于精密和超精密磨削中。

2）砂带磨削特点及其应用范围

(1) 砂带本身有弹性，接触轮外圆有橡胶弹性层，因此砂带与工件是柔性接触，磨粒载荷小而均匀，具有减振作用，故又称为“弹性”磨削。

(2) 用静电植砂法制作砂带，磨粒有方向性，尖端向上同时磨粒的切削刃间隔长，摩擦热少，切屑不易堵，有较好的切削性，有效地减少了工件变形和表面烧伤。

(3) 强力砂带磨削的效率可与铣削相比，砂带不需要修整，磨削比较高。

(4) 砂带比砂轮简单，无烧结、修整等工艺问题，易批量生产，价格便宜。

(5) 可生产各种类型的砂带磨床，用于加工外圆、内圆平面和成形等表面。

3）电泳磨削

基于超微磨粒电泳效应的磨削技术(即电泳磨削技术)也是一种新的超精密及纳米级磨削技术，其磨削机理是利用超细磨粒的电泳特性，在加工过程中使磨粒在电场力作用下向磨具表面运动，并在磨具表面沉积形成一种超细磨粒吸附层，利用磨粒吸附层对加工件进行磨削加工，同时新的磨粒又不断补充，如图 3.5 所示。由于磨粒层表面凹陷处局部电流大，新磨粒更容易在凹陷处局部电流新磨粒更容易在凹陷处沉积，从而使磨粒层表面趋于均匀，保持良好的等高性，同时，磨具每旋转一周，磨粒层表面都有大量新磨粒补充，使微刃始终保持锋利尖锐。通过对电场强度、液体及磨粒特性等影响因素加以控制，就可使磨粒层在加工过程中呈现两种不同的状态：一种是在加工过程中使磨粒的脱落量与吸附量保持动态平衡，这样就可以稳定吸附层的厚度，得到一个表面不断自我修整而尺寸不变的超细砂轮；另一种状态是在加工过程中，使磨粒的吸附量超过脱落量，那么磨粒层厚度就会不断增加，这样就可以在机床无切深进给条件下实现磨削深度的不断增加，即所谓的自进给电泳磨削。

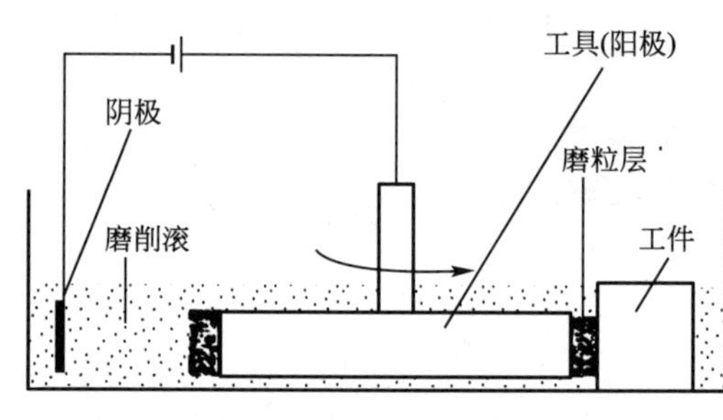

图 3.5　电泳磨削原理

4. 超精密研磨与抛光

精密研磨和抛光技术意指：使用超细粒度的自由磨料，在研具的作用和带动下加工表面，产生压痕和微裂纹，依次去除表面的微细突出处，加工出 $Ra0.01\sim0.02\mu m$ 的镜面。

超精密加工以精密元件为加工对象。超精密加工必须具有稳定的加工环境，即必须在恒温、超净、防振等条件下进行。另外，精密测量是超精密加工的必要手段，否则无法判断加工精度。

当磨削后的工件表面反射光的能力达到一定程度时，该磨削过程被称为镜面磨削。镜面磨削的工件材料有脆性材料、金属材料。

超精密研磨包括机械研磨、化学机械研磨、浮动研磨、弹性发射加工及磁力研磨等加工方法。超精密研磨加工出的球面度可达 $0.025\mu m$，表面粗糙度可达 $Ra0.003\mu m$。利用弹性发射加工可加工出无变质层的镜面，表面粗糙度可达 0.5nm。超精密研磨的关键条件是几乎无振动的研磨运动、精密的温度控制、洁净的环境及细小而均匀的研磨剂，此外高精度检测方法也必不可少。超精密研磨主要用于加工表面质量与高平面度的集成电路芯片和光学平面及蓝宝石窗口等。

近年来，在研磨和抛光方法上出现了许多新方法，如油石研磨、磁性研磨、电解研磨、软质粒子抛光、磁流体抛光、超精研抛等。现仅以磁性研磨和软质粒子抛光为例阐述其原理和应用范围。

1）磁性研磨

如图 3.6 所示，工件放在两磁极之间，工件和磁极之间放入含铁的刚玉等磁性磨料，在直流磁极的作用下，磁性磨料沿磁力线方向整齐排列，如同刷子一般对被加工表面施加压力，并保持加工间隙。研磨时，工件一面旋转，一面沿轴线方向振动，使磁性磨料与被加工表面之间产生相对运动。这种方法可以研磨轴类零件内外圆表面，也可以用来去毛刺。

2）软质磨粒抛光

软质磨粒抛光的特点是可以用较软的磨粒，甚至比工件材料还软的磨粒来抛光。它不产生机械损伤，大大减少一般抛光中所产生的微裂纹、磨粒嵌入、洼坑、麻点、附着物、污染等，获得极好的表面质量。

典型的软质磨粒机械抛光是弹性发射加工。它是一种无接触的抛光方法，是利用流水加速微小磨粒，使磨粒与工件被加工表面产生很大的相对运动，并以很大的动能撞击工件表面的原子晶格，使表层不平处的原子晶格受到很大的剪切力，致使这些原子被移去。其原理如图 3.7 所示，抛光液的入射角要尽量小以增加剪切力，抛光球为聚氨酯球，抛光时抛光器与工件不接触。

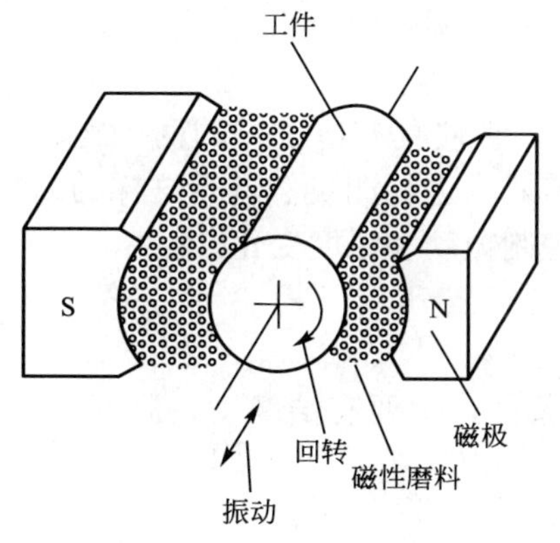

图 3.6 磁性研磨原理

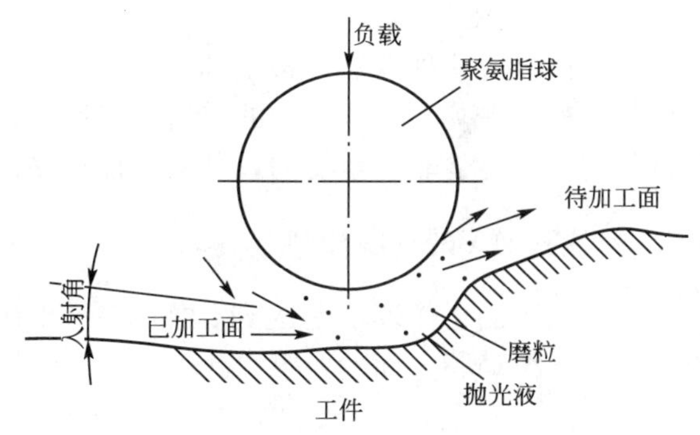

图 3.7 弹性发射加工原理

5. 超精密加工的测控技术

精密测量同加工一样重要，超精密加工对测量期望更高。通常来讲，测量精度应高于加工精度一个数量级。对于高精度的尺寸、几何形状及位置尺寸等，可采用分辨率为 0.001～0.01μm 的电感测微仪和激光干涉仪等来检测；主轴回转精度可用电容来测量；导轨直线度可用自准直仪、激光干涉仪来测量；表面形貌及表面粗糙度可用表面轮廓仪、隧道显微镜来测量；表面层的应力、变质层、微裂纹等缺陷可用 X 光衍射法、激光干涉法等来测量。

误差预防、误差补偿、误差预报是超精密加工中提高加工精度的重要举措。误差预防

是通过提高工艺系统精度、保证工作环境的条件等来减少误差源；误差补偿是通过修正措施来抵消或消除误差；而误差预报是根据误差出现的发展趋势，测出预测值，采取相应的补救措施，真正做到无滞后的实时补偿，具有主动性。

超精密加工控制采用数控系统，控制精度要求很高，但其控制模型难以精确建立，一般应用误差补偿闭环控制、插补等技术以提高控制精度。运动精度和定位精度的提高依赖于检测、控制分辨率的提高，但是，能够用10nm数量级的精度等级来评价机床运动精度的计量技术还没有通用化。传感器的检测精度(分辨率和重复性等)的提高是提高检测精度的关键问题。

1）光栅式刻度尺

光栅式刻度尺是通过移动两块刻度尺的位置，使之产生黑白条纹，再用光电二极管检测明暗条纹数而进行测量的。将所得的一个明暗周期的1/4信号组合，还能进行细分。

为了提高光栅的分辨率，最好是缩小刻线尺条纹的间距。但间距过小，则会引起光衍射现象，因而分辨率是有限的(约为0.1μm)。衍射光栅利用光的多次衍射现象，可以覆盖几十毫米的范围，使分辨率提高到0.01μm。但是，当使整个测量范围的累计误差达到与分辨率相等时，再提高就困难了。另外，由于计数器的性能关系，高速移动刻度尺会造成计数跟不上的难题。

2）激光干涉仪

激光干涉仪是利用激光作光源来进行测量的，其特点是：分辨率高，测量范围大，是以光波波长为基准来测量光程差的。使用不同波长的两束激光的光外差方法，可以高灵敏度地检测位移，得到纳米级的分辨率；但是激光干涉仪在操作上有一定的难度，对环境有严格要求，需补偿光的折射率，操作者需要有对光学元件的调整经验。

3）隧道效应(STM)

利用隧道效应这种方法可以获得0.1nm的分辨率，它使具有电位差的两个物体接近而不接触，利用在其间隙中流动的隧道电流产生的隧道效应进行测量。进行这样的超精密测量，其测量环境是非常重要的，即必须能高精度地控制振动和温度变化。

3.3.3 超精密加工的环境控制

超精密加工的工作环境是达到其加工质量的必要条件，主要有洁净度、温度、湿度、气流和压力，振动等方面的要求。

1. 洁净度

超精密加工应在高洁净度室内进行，没有高洁净度环境是不能研磨出低粗糙度表面的，所以要达到低的表面粗糙度的加工，就要注意灰尘的影响，灰尘的混入会使镜面划伤和使工件精度受到损害。在超精密研磨中，研磨剂的颗粒可小至10nm(埃)，而灰尘的微粒竟比研磨剂的颗粒大数十倍甚至数百倍。通常要求洁净度为100级(即每立方英尺的空气内含大于0.5μm的灰尘粒不超过100个)以上的洁净室。

2. 温度

在要求纳米加工的超精密环境中，温度是基本的环境因素。严格的温度控制需掌握各机器设备的发热量。环境温度可根据不同加工要求控制在(20±0.06)℃之间。

可采用专门恒温室(间)的整体恒温和恒温罩的局部恒温来达到恒温。为了节约能源，根据季节的温差，可将标准室温在夏季定为23℃、在冬季定为17℃。

3. 湿度

湿度与加工内容有关，一般在RH40％以下时由于静电的影响，加工精度易受影响；而在RH50％以上时，又担心生锈。因此，多把湿度RH40％～50％定为要求的环境。

湿度的容许范围与温度的容许范围有关联，±5％的湿度控制范围适应于±1℃的温度控制范围。

4. 气流和压力

为得到很高的洁净度，采用使室内的气流以均匀的速度向同一个方向流动的方式，让洁净的空气直接流过作业区域，用洁净的空气冲洗灰尘。为保持超精密加工环境的洁净度和温、湿度，需要使室内的压力比外部高，即室内正压。为保持室内正压，空气的输入量比输出量大。因此，必须正确地掌握从作业空间排出的气量，以保持室内外稳定的压差。

5. 振动

在超精密加工中，机床振动已由本身解决，而外界振动对超精密加工的精度和粗糙度影响甚大。采用带防振沟的隔振地基和把机床放在地下室，都是一种有效的隔振措施。但是，频率较低的振动不能有效隔离。用隔振动气垫隔振具有灵活性和能隔离低频率振动的效果，隔振气垫能有效隔离高于2Hz的低频振动。为了避免在运动过程中机床底座的倾斜，隔振气垫应具有自动调平装置。

3.3.4 超精密加工的发展趋势

1. 向更高精度、更高效率和大型化方向发展

在激光核聚变、同步加速器放射光技术、半导体超微细加工技术和大型天文望远镜的研究开发方面，大型光学镜是必不可少的。大型光学元件将要求其形状精度选到纳米级。目前，要求超精密加工的工件在逐年大型化，而且对加工精度的要求也在逐步提高。为满足这种需要，超精密加工机床及其有关技术也在不断提高。目前日本和美国正在加紧研究纳米级的超精密加工机床。美国研制的大型超精密加工机床能加工出直径24m、重量900kg、形状精度达0.01m的大型反射镜。随着超精密加工质量的稳定和要求超精密加工的零件数量的剧增，国外超精密加工机床正向高效率方向发展。首先通过提高机床转速和刀具进给速度来缩短切削时间。国外超精密切削速度均采用高速，有的已达到10m/s。为了缩短切削时间，日本正在试验一次走刀就完成粗、精加工；为了实现自动运转，还采用自进刀装置。其次是缩短主轴的起动时间，由于主轴必须在几秒钟内高速运转，又要在几秒内停止，所以现在的机床多采用电机直接带动电主轴运转。过去为避免电动机的振动传到工件上，床身和电动机是分开安装的。

2. 采用计算机补偿技术提高加工精度

近年来，国外在机床上广泛采用计算机进行先行性的前端控制，以实现超精密加工。这种方法是利用计算机预先测定加工精度下降的参数并通过计算机进行处理，预测出加工误差，并及时进行补偿，从而可得到高于机床本身结构所能达到的加工精度。用计算机补偿进行超精密加工这一趋势日益引起重视。因为单靠提高基准元件的精度来提高超精密加

工机床的精度是有限的，有时虽能实现但经济上不合算，而且周期长，有时甚至是不可能的。例如，一些超精密加工机床的导轨平直度要求达到<0.025m/m，单靠提高基准导轨的精度无法达到，而采用以激光作基准的计算机补偿方法则可达到上述精度。误差补偿技术的发展关键在于开发和应用灵敏、精确和稳定可靠的超精密传感器和执行机构。只有提高传感器和执行机构的分辨率、位移精度、重复精度和误差补偿技术，才能在更高精度的加工中得到应用。超精密加工机床的设计原则可以归结为：采用运动误差最小的元件和能满足加工形状要求的最简单结构，并在分析机床误差的基础上设计机床时，考虑采用误差补偿技术。使机床在精度上有一定的柔性，这是一个发展方向。

3. 加工、测量一体化

在超精密加工中，精密测量也是个关键。测量仪器的精度一般都要求比被测零件高一个数量级，所以加工和测量通常是独立进行的。但随着机械加工技术水平的提高，机床本身的精度也大大提高。在这种情况下，配有适当的仪器或采取一定的措施后，机床可以作为计量装置。例如，以气体静压轴承为圆度基准的一些超精密加工机床，其回转精度可达0.02m，用加工机床的轴系作为基准来测量工件是完全可行的，而且通过计算机补偿可把轴系的回转误差消除。目前，国外非常重视把加工和测量结合起来，积极发展了边加工边测量和在监控测量条件下进行高精度加工的方法。这种把加工技术、测量技术和控制技术有机地结合为一体的加工系统是超精密加工机床的典型。这样，机床既是加工机，又是测量机，实现了加工计量一体化。

4. 发展模块化超精密机床

如何充分利用现有超精密加工技术，使之发挥更广泛、更有效的作用是一个不容忽视的重要问题。当加工对象改变时，机床结构应能就地(使用现场)根据需要很容易地进行结合和分离，以组成新的机床。采用模块式结构可使机床具有更大的柔性和更高的利用率。模块有两个特定的功能和标准的接口。在生产技术系统中，模块是以其自身的独立功能作为子系统而存在的。当各模块之间相互连接时，需要有一个连接界面或接口，此时就存在标准化问题，因此，标准化是模块化方法中的一种手段。模块存在于技术系统中既可以是硬件(如设备、部件、器件等)，也可以是软件(程序、方法、逻辑等)。模块的多功能可以保证生产技术系统按生产和市场的不同要求，不断进行变更。从这种意义上说，生产技术的模块化，是柔性生产的一个重要前提。当今世界上的市场竞争和科技进步，使工业产品的市场寿命期越来越短。对多变的国内外市场的适应性已成为当今生产技术发展和改造的战略目标。模块化技术方法使这种适应性得以实现和发展，因而近几年受到工业部门和生产技术研究部门的高度重视。利用不同的超精密加工元部件作为模块，组成各种形式的超精密机床是降低成本、缩短制造周期的有效方法。采用空气轴承组件、气浮导轨组件、进给装置、花岗岩底座、隔振气垫等8种模块可组成自动磁盘、活塞、舞动筒、红外抛物面反射镜、多棱镜、高精度轴承、蓝宝石切割、研磨等10种超精密加工设备。这是推广应用超精密加工技术的一个有效手段，用户可根据需要获得所需的机床。

5. 新材料

在超精密加工领域，机床的精度在很大程度上还取决于材料的性能，故我们一直在探索使用热膨胀系数趋于零值的材料，如陶瓷(它抗热冲击能力强、热变形小、硬度高、耐磨性好，重量比钢铁轻，连续工作可保持周围环境温度不变，是制作静压主轴、轴承的理想材料)导向热膨胀系数趋于零的环氧树脂、石墨复合材料（即有天然花岗岩的高稳定性和高阻尼等优点的人造花岗岩）等。

综上所述，精密超精密加工技术已成为目前高科技技术领域的基础。随着先进制造技术的迅猛发展，市场对精度的要求也越来越高，常规工艺已越来越不能满足高精度制造的要求。因此，我们需要不断地探讨适合于未来制造业精密加工的新原理、新方法、新材料等技术，以适应不断发展的现代制造工业的需要。

3.4 特种加工

特种加工是将电、磁、声、光、化学等能量或其组合施加到工件的被加工部位上，从而实现材料被去除、变形、改变性能等的非传统加工方法。其主要特点如下。

(1) 特种加工不是主要靠机械能，有些加工方法，如激光加工、电火花加工、电化学加工等是利用热能、电能和化学能等，如表3-3所示。

(2) 特种加工属非接触加工，不一定需要工具，有的虽使用工具，但与工件不接触，因此，工件不承受大的作用力，工具硬度可低于工件硬度。

(3) 特种加工属微细加工，工件表面质量高。有些特种加工，如超声、电化学、水喷射等，加工余量都是微细进行，故不仅可以加工尺寸微小的孔，还能获得高精度、极小表面粗糙度的加工表面。

(4) 不存在加工中的机械应变力，可获得较小的表面粗糙度。

(5) 特种加工对简化加工工艺、变革新产品的设计及零件结构工艺性等有积极的影响。

表3-3 常用特种加工方法分类表

特种加工方法		能量形式	作用原理	英文缩写
电火花加工	成形加工	电能、热能	熔化、气化	EDM
	线切割加工	电能、热能	熔化、气化	WEDM
电化学加工	电解加工	电化学能	阳极溶解	ECM
	电解磨削	电化学机械能	阳极溶解磨削	EGM
	电铸、电镀	电化学能	阴极沉积	EFM EPM
激光加工	切割、打孔	光能、热能	熔化、气化	LBM
	表面改性	光能、热能	熔化、相变	LBT
电子束加工	切割、打孔	电能、热能	熔化、气化	EBM
离子束加工	刻蚀、镀膜	电能、动能	原子撞击	IBM
超声加工	切割、打孔	声能、机械能	磨料高频撞击	USM

3.4.1 电火花加工

1. 电火花加工的原理与特点

1) 电火花加工的原理

电火花加工是在如图 3.8 所示的加工系统中进行的。加工时，脉冲电源的一极接工具电极，另一极接工件电极。两极均浸入具有一定绝缘的液体介质中。工具电极由自动进给调节装置控制，以保证工具与工件在正常加工时维持一很小的放电间隙(0.01～0.05mm)。当脉冲电压加到两极之间，便将当时条件下极间最近点的液体介质击穿，形成放电。结束之后，经过很短的间隔时间，第二脉冲又在另一极间最近点击穿放电。

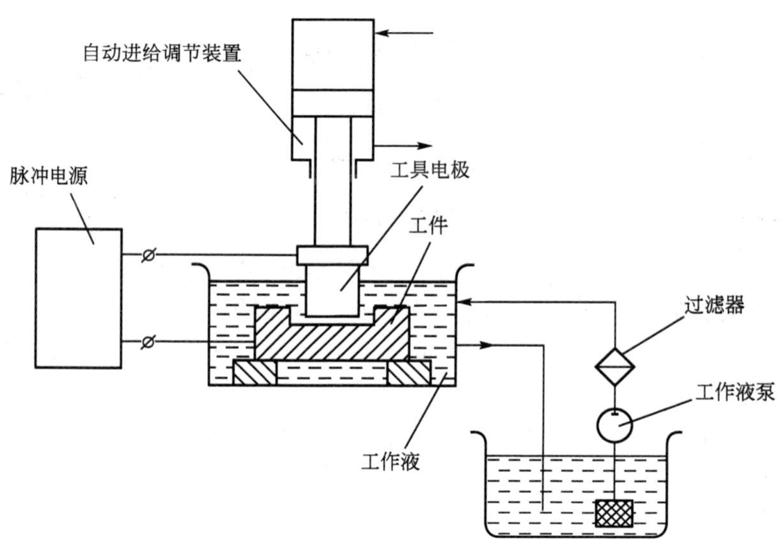

图 3.8 电火花加工原理图

如此周而复始高频地循环下去，工具电极不断地向工件进给，它的形状最终就复制在工件上，形成所需要的加工表面。与此同时，总能量的一小部分也释放到工具电极上，从而造成工具损耗。

2) 电火花加工的特点

(1) 可以加工任何高强度、高硬度、高脆性及高纯度的导电材料。如不锈钢、钛合金、人造聚晶金刚石等。

(2) 加工时无明显的机械力，故适用于低刚度和微细结构的加工。可以使用简单的工具电极加工出复杂形状的零件。

(3) 脉冲参数可根据需要进行调节，因而可以在同一台机床上进行粗加工、半精加工和精加工。

(4) 在一般情况下生产效率低于切削加工。

(5) 放电过程有部分能量消耗在工具电极上，从而导致电极损耗，影响成形精度。

2. 电火花加工的应用范围

按工艺过程中工具与工件相对运动特点用途不同，电火花加工可分为：电火花成形加工、电火花线切割加工、电火花磨削加工、电火花表面强化等。

(1) 电火花成形加工。电火花成形加工是通过工具电极相对进给运动，将工件电极的形状和尺寸复制在工件上，从而加工出所需要的零件。它包括电火花型腔加工和穿孔加工两种。

① 电火花型腔加工主要用于加工各类热锻模、压铸模、塑料模和胶木模的型腔。这类型腔多为盲孔，是内形复杂、各种深浅不同、加工较为困难的工件。

② 电火花穿孔加工主要用于型孔、曲线孔和小孔的加工。

(2) 电火花线切割加工。电火花线切割加工是利用移动的细金属丝工具电极，按预定的轨迹进行脉冲放电切割。按线电极移动的速度大小可分为高速走丝电火花线切割和低速丝线切割。高速走丝时，线电极是直径为 $\phi0.02 \sim 0.3$ 的高强度钼丝；低速走丝时多采用铜丝，其工作原理如图 3.9 所示。在工作时，脉冲电源的一极接工件，另一极接缠绕金属丝的储丝筒。如果切割图示的内封闭结构，钼丝先穿过工件上预加工的小孔，再由储丝筒带动经导轮做正、反的往复移动。

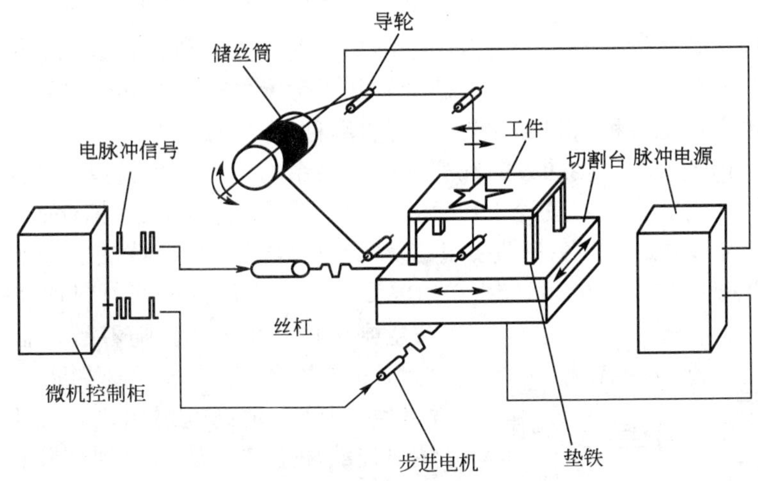

图 3.9 微机数控电火花线切割原理

(3) 电火花磨削加工。采用类似工具磨床的方式，即可实现电火花磨削加工。DK 6825 数控旋转电火花加工机床就是利用数控和伺服技术、专用脉冲电源及旋转工具电极来解决各种超导电材料的磨削加工问题的，如图 3.10 所示。该机床装有大直径高纯石墨电极的主轴，该主轴可以实现无级调速和沿立柱的上下调整，工作台由步进电动机通过滚珠丝杆驱动，可以横向或纵向往复运动。

此外，电火花加工还可以进行表面强化，以及特定条件下实现对非金属材料的加工。

3.4.2 激光加工

1. 激光加工原理

激光加工是一种利用光能进行加工的方法。

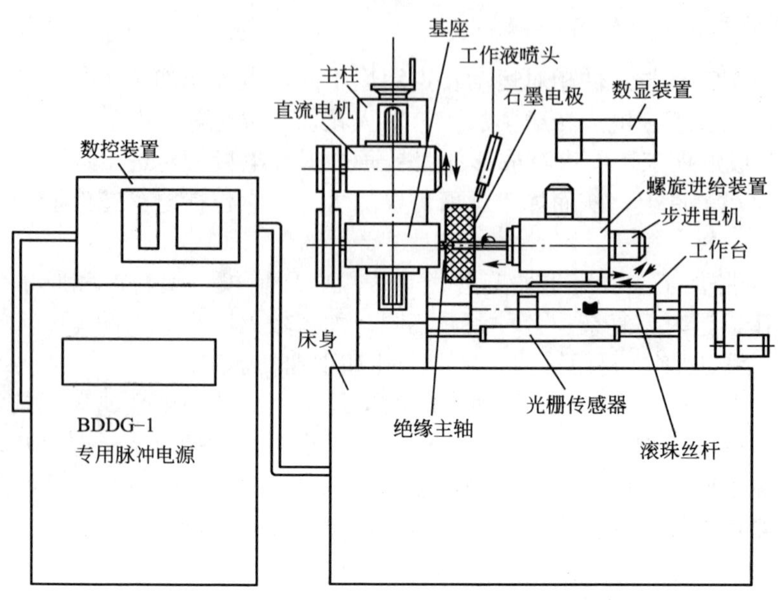

图 3.10　DK 6825 数控旋转电火花加工机床

激光是一种受激光辐射产生的能量密度高、方向性强、单色性好的相干光。激光加工是利用光能经透镜聚焦聚成直径为几十微米到几千微米的极小光斑，从而获得极高的能量密度，靠光热效应加工各种材料的一种新工艺(简称 LBM)。

激光是一束相同频率、相同方向和严格位相关系的高强度平行单色光。由于光束的发散角通常不超过 0.1°，因此在理论上可聚焦到直径为光波波长尺寸相近的焦点上，当激光照射到工件表面，光能被工件吸收并迅速转化为热能，焦点处的能量密度可达 108～1010W/cm^2，光斑区域的温度可达到 1×10^4℃以上，从而使任何材料均在瞬时($<10^{-3}$s)被急剧熔化乃至汽化。随着激光能量的不断吸收，材料凹坑内的金属蒸气迅速膨胀，压力突然增大，熔融物爆炸式地高速射出来，在工件内形成方向性很强的冲击波，从而达到切除材料的目的。因此，激光加工是在光热效应下产生的高温熔融和冲击的综合作用过程。

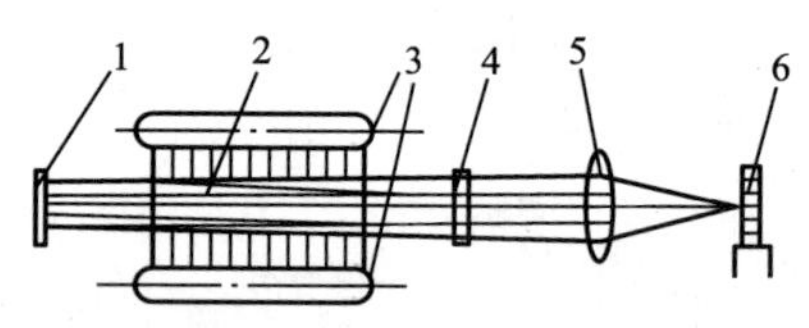

图 3.11　固体激光加工原理示意图

1—全反射镜；2—激光工作物质；3—光泵；4—部分反射镜；5—透镜；6—工件

常用的激光器按激活介质的种类可分为固体激光器和气体激光器。图 3.11 为固体激光器结构示意图。

2. 激光加工特点

(1) 激光加工属高能束流加工，功率密度可达 10^8～10^{80} W/cm^2，因功率密度是所有加工方法中最高的，所以不受材料限制，几乎可加工任何金属与非金属材料。

(2) 激光加工属非接触加工，无明显机械力，也无工具损耗，工件不变形，加工速度快，热影响区小，可达高精度加工，易实现自动化。

(3) 激光加工可通过惰性气体、空气或透明介质对工件进行加工，如可通过玻璃对隔离室内的工件进行加工或对真空管内的工件进行焊接。

(4) 激光加工速度快，效率高，热影响区小，能源消耗少，无加工污染，在节能、环保等方面有较大优势。

(5) 激光可聚焦形成微米级光斑，输出功率大小可调节，常用于精密细微加工。

3. 激光加工的应用范围

1) 激光表面热处理

当激光的功率密度约为 $10^3 \sim 10^5 W/cm^2$ 时，可实现对铸铁中碳钢甚至低碳钢等材料进行光面淬火。激光热处理工艺简单，生产率高，对环境无污染，硬度比常温淬火高约15%～20%，耗能少，工件变形小，适合精密局部表面硬化及内孔或形状复杂零件表面的局部硬化处理。

2) 激光焊接

激光束焊接是以聚集的激光束作为能源的特种熔化焊接方法。当激光的功率密度为 $10^5 \sim 10^7 W/cm^2$，照射时间约为1/100s时，即可进行激光焊接。激光器将电能转化为光能，激光波长均一，方向一致，强度非常高。经聚焦后，激光束的能量更为集中，将焦点调节到焊件结合处，光能迅速转换成热能，使金属瞬间熔化，冷却凝固后成为焊缝。

3) 激光切割

激光切割是激光加工中应用最广泛的技术，利用激光聚焦以后的高功率密度，约为 $10^5 \sim 10^7 W/cm^2$，连续照射工件，光束与工件相对移动，使材料形成切缝。

4) 激光打孔

激光打孔的功率密度一般为 $10^7 \sim 10^8 W/cm^2$，用于特殊材料或特殊工件上的孔加工，如仪表中的宝石轴承、陶瓷、玻璃、金刚石拉丝模等非金属材料和硬质合金、不锈钢等金属材料的细微孔的加工。孔的尺寸公差等级可达IT7，表面粗糙度 Ra 值可达0.16～0.08μm。激光打孔的效率非常高，打孔时间可缩短至传统切削加工的百分之一以下，生产率大大提高。

3.4.3 电子束和离子束加工

1. 电子束加工的原理、特点及应用范围

电子束加工(EBM)和离子束加工(IBM)是近年来得到高速发展的新兴特种加工。这两种加工主要用于精细加工领域，尤其是微电子领域。它是利用能量密度极高的高速电子细束，在高真空腔体中冲击工件，使材料熔化、蒸发、汽化，从而达到加工目的。

1) 电子束加工的原理

电子束加工是在真空条件下，利用电子枪中产生的电子经加速、聚焦后能量密度为 $10^6 \sim 10^9 W/cm^2$ 的极细束流高速冲击到工件表面上极小的部位，并在几分之一微秒时间内，其能量大部分转换为热能，使工件被冲击部位的材料达到几千摄氏度，致使材料局部熔化或蒸发，从而达到去除材料的目的，如图3.12所示。

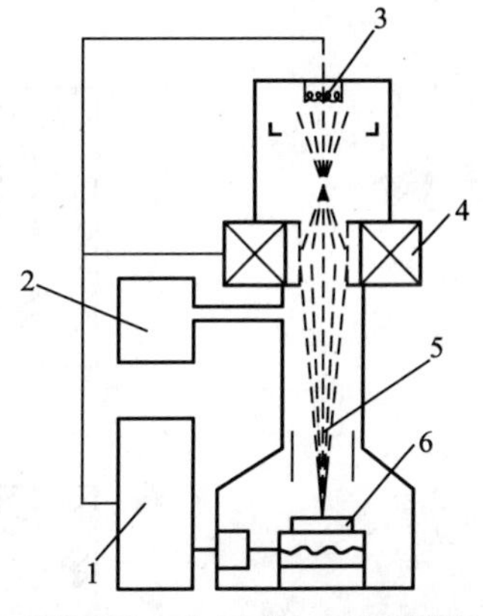

图3.12 电子束加工原理图

1—电源及控制系统；2—抽真空系统；3—电子枪系统；4—聚焦系统；5—电子束；6—工件

2）电子束加工的特点

(1) 电子束可实现极其微细的聚焦，可实现亚微米和纳米级的精密微细加工。

(2) 电子束加工主要靠瞬时热效应，工件不接受机械力作用，因而不产生宏观应力和变形。

(3) 加工材料的范围广，对高强度、高硬度的材料，以及导体、半导体和非导体材料均可加工。

(4) 电子束的能量密度高，如果配合自动控制加工过程，加工效率非常高。

(5) 环境污染少，适合加工纯度要求很高的半导体材料及易氧化的金属材料。

3）电子束加工的应用范围

(1) 高速打孔。高速打孔适用于加工不锈钢宝石、陶瓷、玻璃等各种材料上的小孔、深孔，最小加工直径可达 0.003mm，最大深径比可达 10。像机翼吸附屏的孔、喷气发动机套上的冷却孔，此类孔数量巨大(高达数百万)，且孔径微小，密度连续分布而孔径也有变化，非常适合电子束打孔；塑料和人造革上要打许多微孔，令其像真皮一样具有透气性，也适合用电子束打孔。

(2) 加工弯孔和曲面。如图 3.13 所示，借助于偏转器磁场的变化，可以控制电子束在工件内部的偏转方向，从而加工出弯曲的孔。电子束可对各种材料进行切割，切口宽度仅有 3～6μm。利用电子束再配合工件的相对运动，可加工所需要的曲面。如图 3.14 所示，为电子束加工的喷丝头异形孔。

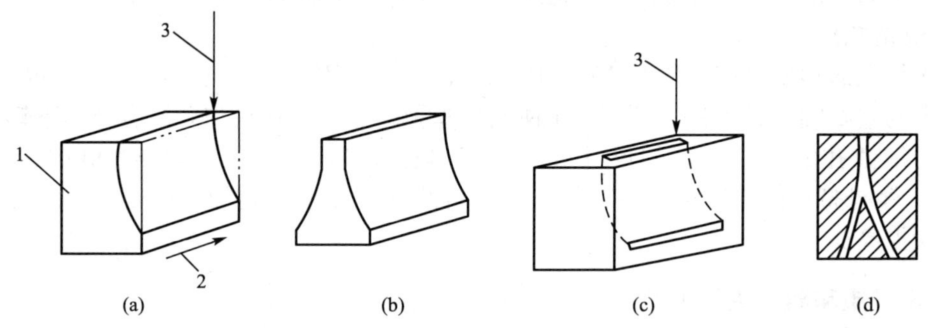

图 3.13　电子束加工曲面、弯孔

1—工件；2—工件运动方向；3—电子束

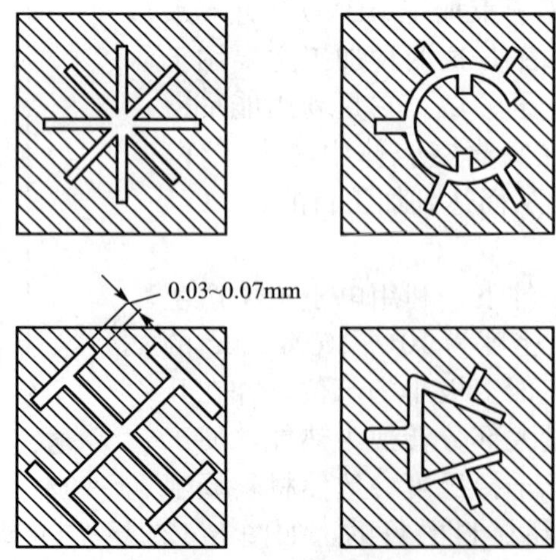

图 3.14　电子束加工的喷丝头异形孔

(3) 电子束刻蚀。利用电子束的化学效应可以进行刻蚀。用功率密度相当低的电子束照射工件表面，几乎不会引起表面温升，入射的电子与高分子材料的分子相碰撞时，会使其分子链断开或重新聚合，从而引起高分子材料的化学性质和分子量发生改变。利用这种效应，可以进行电子束曝光。曝光主要分两种：一种为电子束扫描型电子束曝光，即将聚焦在 1μm 以内的电子束在大约 0.5～5mm 的范围内扫描，可以曝光出任意图形。另一种为缩小投影型电子束曝光，即使电子束先通过掩膜板，再以 1/5～1/10 的比例缩小后投影到电子抗蚀剂上，进行大规模集成电路图形曝光。

电子束刻蚀是目前最好的高分辨率图形制作技术，在实验室条件下，最高能达到 2nm 的特征尺寸，在生产中，一般也可达到 0.5～1μm 的特征尺寸。

电子束加工要在真空条件下进行。在真空环境中，电子能高速运动，阴极不氧化，并可避免加工表面被蒸气氧化。因为需要在真空中进行，所以电子束刻蚀有一定的局限性。

2. 离子束加工的原理、特点及应用范围

1) 离子束加工的原理

离子束加工原理与电子束加工基本类似，也是在真空条件下，将离子源产生的离子束经过加速后撞击在工件表面上，引起材料变形，破坏分离。由于离子带正电荷，其质量是电子的千万倍，因此离子束加工主要靠高速离子束的微观机械撞击动能，因此，离子束撞击工件将引起变形、分离、破坏等机械作用，而不像电子束是通过热效应进行加工。图 3.15 所示为离子注入装置示意图。

离子束加工装置中的主要系统是离子源，图 3.16 是其中一种，称为考夫曼型离子源。

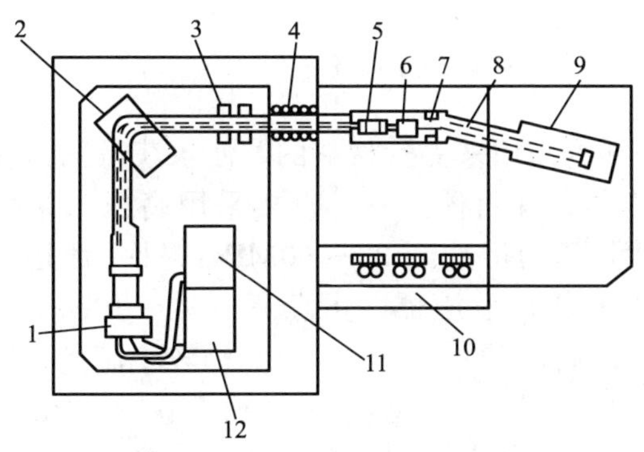

图 3.15 离子注入装置示意图

1—离子源；2—质量分析器；3—高压电极；4—加速管；5—聚焦电极；6—X 扫描电极；7—Y 扫描电极；8—中性束；9—式样室；10—晶片馈送器；11—气体源；12—离子源电源

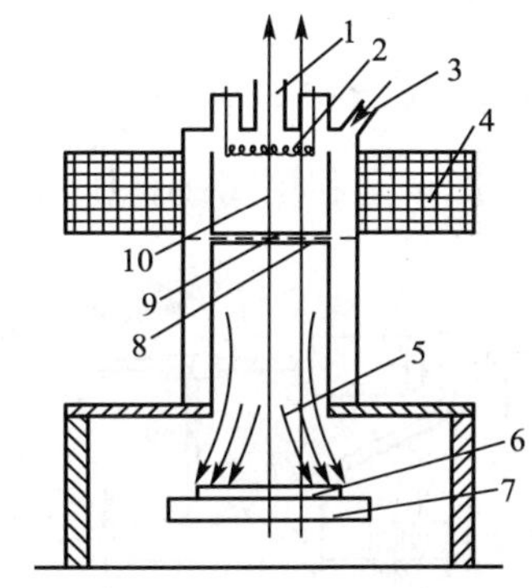

图 3.16 考夫曼型离子源

1—真空抽气口；2—灯丝；3—惰性气体注入口；4—电磁线圈；5—离子束流；6—工件；7—阴极；8—引出电极；9—阳极；10—电离室

2) 离子束加工的特点

(1) 离子束轰击工件时，其束流密度和能量可以精确控制。

(2) 离子束加工在真空中进行，污染少，特别适合加工高纯度的半导体材料及易氧化的金属材料。

(3) 离子束加工的宏观压力小，因此加工应力小，热变形小，加工表面质量高，适合于各种材料和低刚度零件的加工。

3）离子束加工的应用范围

离子束刻蚀是利用惰性气体元素或其他元素的离子在电场中加速成高速离子束流，以其动能进行各种微细加工的方法，其加工方法分为以下 4 种。

（1）去除加工。首先把氩、氪或氙等惰性气体充入低真空度的电离室中，用高频放电或直流放电使之等离子化（即正离子数与负离子数相等的混合体），在加速电极的作用下，离子从等离子体中呈束状被拉出来，从工件表面打出原子或分子来，这样可以直接完成工件加工面或图形的刻蚀。离子铣、离子抛光、离子减薄及离子溅射都采用这种原理。

（2）镀膜加工。把低能量的入射离子附着在工件表面上的微细加工称为离子附着加工。较典型的离子附着加工是离子镀膜加工。离子镀膜时，利用离子束冲击出来的原子或分子以极大的能量粘附在工件表面，因此镀覆强度高，镀层质量好。利用离子镀膜技术可以制成耐磨、耐蚀、耐热的表面强化膜，以及电子、半导体和集成电路用薄膜。

（3）注入加工。离子注入是将离子加速到数十至数百千电子伏特（keV）能量后，轰击工件表面，到达工件表面层的高速离子进入原子间隙或以置换原子的形式嵌入工件表层并保留在表层的过程。

（4）离子束写图。电子束曝光时，影响分辨率的主要因素是感光胶的灵敏度、二次电子的产生和衬底的反射电子。离子的质量远大于电子，在固体中散射小，在基片上产生的背散射作用弱，引起的邻近效应小，因此能制作线宽小于 0.1μm 的精密微细图形。

由于离子质量大，颗粒大，加入抗蚀剂后受到的阻力也大，故射程要短，因此离子能量被抗蚀剂充分吸收，使抗蚀剂的灵敏度增大。

3.4.4 水喷射加工技术

1. 水喷射加工的原理

水喷射加工是利用高速高压的液流对工件的冲击作用来去除材料的。使水获得压力能的方式有两种：一是直接采用高压水泵供水，压力可达到 35～60MPa；另一种是采用水泵和增压器，可获得 100～1000MPa 的超高压和 0.5～25L/min 的较小流量。用于切割水射流速度可达到 500～900m/s，图 3.17 为带有增压器的水射流切割系统原理图。经过滤的水经水泵后通过增压缸增压，蓄能器可使脉冲的液流平稳。水从 0.1～0.6mm 直径的人造宝石喷嘴喷出，高的压力和水流直接压射到工件的切割部位。当射流的压强超过材料的破坏强度时，便切割材料。

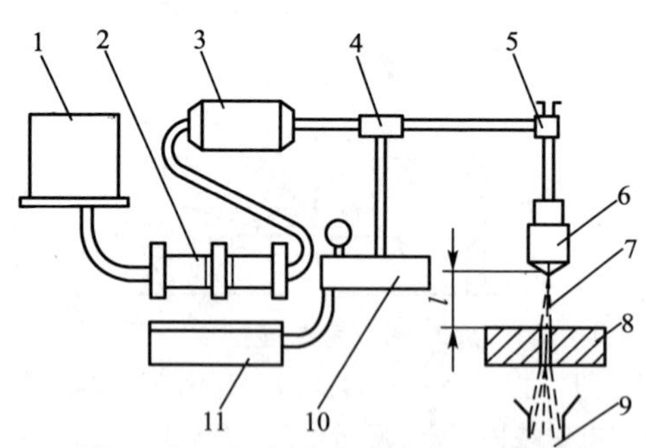

图 3.17 水喷射流系统液压原理图

1—水箱；2—水泵；3—蓄能器；4—控制器；5—阀；6—人造宝石喷嘴；7—射流；8—工件；9—排水器；10—液压机构；11—增压器

2. 水喷射加工的特点

（1）采用常温切割对材料不会造成结构变化或热变形。

（2）切割力强，可切割 180mm 厚的钢板。

(3) 切口质量较高，水喷射流切口的表面平整光滑无毛刺。
(4) 适宜复杂工件切割，便于实现自动控制。
(5) 切割中产生的“屑沫”混入液体中，工作环境清洁卫生。

3. 水喷射加工的应用范围

(1) 汽车制造与维修业采用水喷射加工各种非金属材料。
(2) 造船业用水喷射切割各种合金钢板，以及塑料、纸板等其他非金属材料。
(3) 航空航天工业用水喷射切割高级复合结构材料、钛合金、玻璃纤维增加塑料等。
(4) 铸造厂采用水喷射高效地对毛坯表层的型砂或氧化皮进行清理。

3.4.5 超声加工

1. 超声加工的基本原理和特点

1) 超声加工的基本原理

超声波是指频率超过 16000Hz 的声波。超声波加工(Ultrasonic Machining，USM)是利用工具端面做超声频振动，通过磨料悬浮液加工硬脆材料的一种加工方法。如图 3.18 所示。

2) 超声加工设备及其组成

(1) 超声波发生器。超声发生器也称超声频发生器，其作用是将工频(50Hz)交流电转变为有一定功率输出的超声频(15～60kHz)电振荡，并通过输出变压器与换能器相匹配，以提供工具端面往复振动和去除被加工材料的能量，如图 3.19 所示。超声波发生器必须与声学系统相匹配才能使系统处于最佳状态，获得高效率的输出功率。

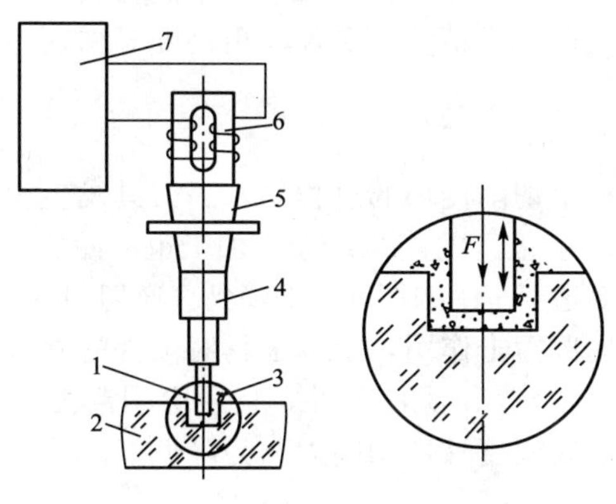

图 3.18　超声波加工原理图

1—工具；2—工件；3—磨料悬浮液；
4，5—变幅杆；6—换能器；
7—超声波发生器

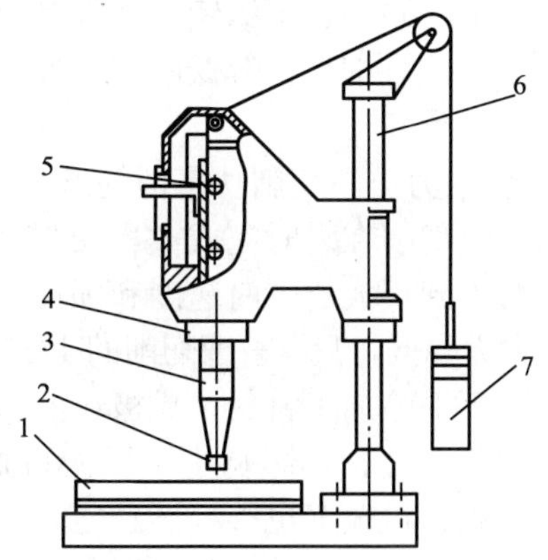

图 3.19　超声波发生器

1—工作台；2—上具；3—变幅杆；
4—换能器；5—导轨；
6—支架；7—平衡重锤

(2) 声学部件。声学部件的作用是把高频电能转变为机械能，使工具端面做高频率小振幅的振动以进行加工。声学部件由换能器、变幅杆及工具组成。

换能器的作用是将高频振荡转换成机械振动，目前实现这一目的可利用压电效应和磁致伸缩效应两种方法。超声振动系统如图 3.20 所示。

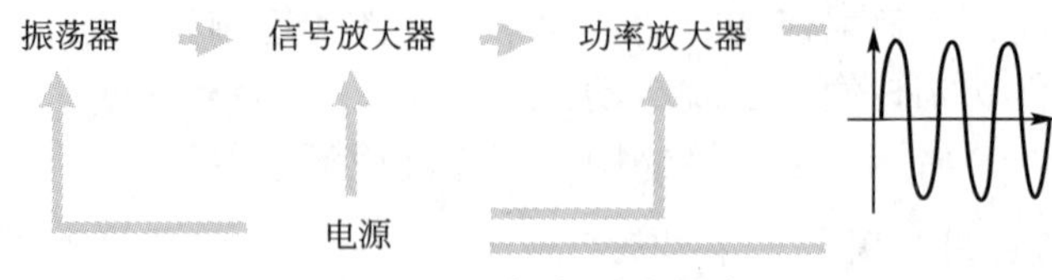

图 3.20 超声振动系统

(3) 机床本体。机床本体包括工作头、加压机构及工作进给机构、工作台及其位置调整机构，如图 3.21 所示。

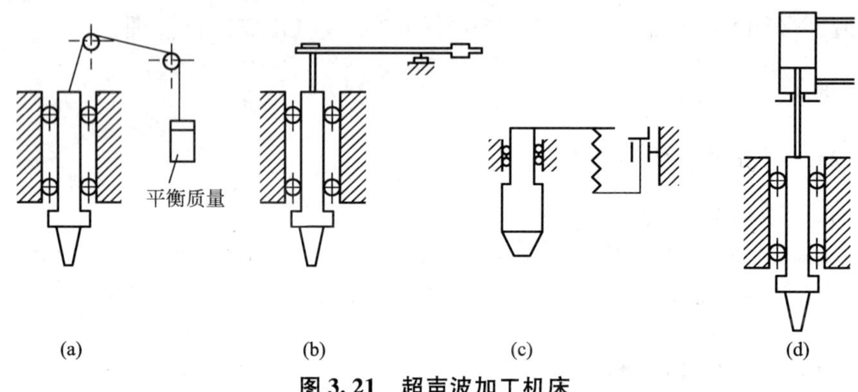

图 3.21 超声波加工机床

(4) 辅助系统。辅助系统包括磨料悬浮液循环系统、换能器冷却系统。

2. 超声波加工的特点

1) 加工范围广

可加工淬硬钢、不锈钢、钛及其合金等传统切削难加工的金属、非金属材料。适合深小孔、薄壁件、细长杆等低刚度零件的加工，也适合高精度、低表面粗糙度等精密零件的精密加工。

2) 切削力小、切削功率消耗低

超声波切削在瞬时完成微量切削过程，在一个切削循环的过程中，当刀具发生很小位移时，可得到很大的瞬时速度和加速度，局部产生很高的能量。超声加工也可使加工的摩擦系数大大降低，只有普通切削的 1/10 左右，使超声车削的切削力下降到普通切削的 1/3～1/10。由于去除加工材料是靠极小的磨粒瞬时局部撞击作用，所以工具对工件的宏观切削力小、切削应力、热影响小，因而可加工薄壁、窄缝和薄片工件，且不会引起变形及烧伤，工件表面粗糙度也很好。总之，超声波加工大幅度降低切削力，为降低切削热、延长刀具寿命和保证加工质量创造了条件。

3) 工件加工精度高、表面粗糙度低

大量的超声切削实验表明，超声切削可显著提高零件的尺寸精度和几何精度。超声切削被认为是进行圆度误差、圆柱度误差、平面度误差等近似为零的精密加工和超精密加工的好方法。超声加工没有切屑缠绕在工件上，不会损伤已加工表面，故其精度和表面粗糙度不会受影响。

总之，超声切削可获得较高的加工精度(尺寸精度可达 0.005～0.02mm)和较低的表面粗糙度($Ra0.05 \sim 0.2\mu m$)，被加工表面无残余应力、烧伤等现象，也适合加工薄壁、窄缝和低刚度零件。

4）超声加工的设备简单，节省能源

工件材料的去除主要靠磨料的作用，因此磨料的硬度应比被加工材料的硬度高，而工具的硬度可以低于工件材料。同时工具可用较软的材料做成较复杂的形状，故不需使工具和工件做比较复杂的相对运动，从而使超声加工机床的结构比较简单，只需一个方向轻压进给，操作、维修方便。同时超声切削的切削力和切削温度大幅度降低，使用小功率的电动机就足以带动工件进行回转，所以可以大大节省能源。

5）可解决普通加工难以解决的问题

超声加工可以胜任对于普通加工来说是复杂的、困难的甚至是无法解决的加工难题，如深小孔的加工、拉丝模及型腔模具研磨抛光、难加工材料的加工等。同时，超声加工还可以与其他多种加工方法结合应用，如超声振动切削、超声电火花加工和超声电解加工等，以提高加工速度及降低工具损耗，并获得更好的加工精度和表面质量。

3. *超声波加工的应用*

1）型孔、型腔加工

一般来说，孔加工工具的长度总是大于孔的直径，在切削力的作用下易产生变形，从而影响加工质量和加工效率。特别是对难加工材料的深孔钻削来说，会出现很多问题。例如，切削液很难进入切削区，造成切削温度高；刀刃磨损快，产生积屑瘤，使排屑困难，切削力增大等。其结果是加工效率、精度降低，表面粗糙度值增加，工具寿命短。采用超声加工则可有效解决上述问题。

2）超声切割加工

对于难以用传统加工方法切割的硬质材料如陶瓷、石英、宝石、硅等，可用超声波进行切割加工。超声切割加工具有切片薄、切口窄、精度高、生产效率高、经济性好等优点。

（1）超声波振动切削

振动切削是利用专门设置的振动装置，使刀具或工件产生某种有规律的可控振动进行切削的方法，如图3.22所示。

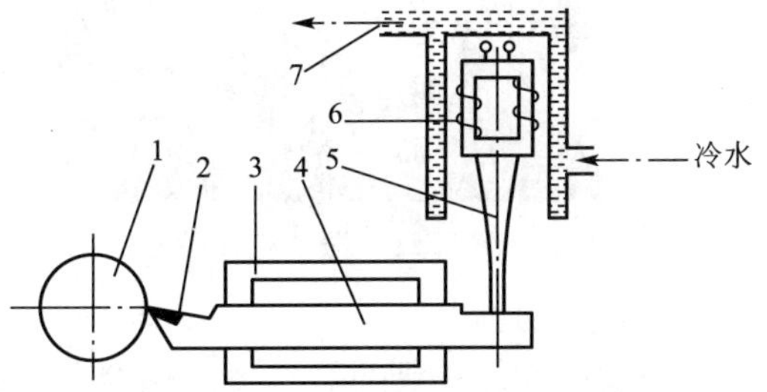

图3.22 振动切削系统组成图

1—工件；2—刀片；3—刀架；4—刀杆；5—变幅杆；6—换能器；7—循环冷却水

（2）超声波振动切削与传统切削相比，具有以下特点

① 切削力大大减小。刀屑间摩擦因数只有传统切削的1/10。

② 切削温度明显降低。刀屑间接触出现间歇，切削热更难以传到切削区，易于冷却，所以平均切削温度降到与室温差不多，切屑不变色，用手摸不会烫手。

③ 切削液的作用得到了充分发挥。超声波振动切削时会在切削液内产生“空化”作用，一方面使切削液均匀乳化，形成均匀一致的乳化液微粒；另一方面切削液微粒获得了很大能量更容易进入切削区，从而提高了切削液的效果。

④ 可控制切屑的形状和大小，改善排屑状况。

⑤ 提高加工精度和表面质量。

（3）超声波振动切削及深孔加工技术。超声波振动切削在外圆加工、平面加工、孔加工、螺纹和齿轮的加工、切槽与切断加工磨料磨削加工、塑性加工中都取得了比较理想的效果。另外，近年来超声波振动切削在难加工材料中的应用也越来越受到人们的重视。

振动钻削能顺利地解决传统的钻孔工艺在排屑冷却等方面存在的困难，尤其适用于深孔和比较精密的小深孔加工。图 3.23 为振动钻孔设备。

3）超声清洗

超声波使液体分子往复高频振动产生正负交变的冲击波，使被清洗物表面的污物遭到破坏，并从被清洗表面脱落下来。

超声清洗的原理是：清洗液在超声波作用下产生空化效应。空化效应产生的强烈冲击液直接作用到被清洗的部位，使污物遭到破坏，并从清洗表面脱落下来。

超声清洗主要用于几何形状复杂、清洗质量要求高而用其他方法清洗效果差的中小精密零件，特别是工件上的深小孔、微孔、弯孔等部位的精清洗。

4）超声波焊接

超声波焊接是指两焊件在压力作用下，利用超声波的高频振荡，使焊件接触表面产生强烈的摩擦作用，以清除表面氧化物并加热焊件而实现焊接的一种固态焊接方法。

图 3.24 是超声波焊接机，它可以焊接尼龙、塑料及表面易生成氧化膜的铝制品，还可以在陶瓷等非金属表面挂锡、挂银，从而改善这些材料的可焊性。

图 3.23　振动钻孔设备

图 3.24　超声波焊接机

5）复合加工

采用超声波加工硬质合金、耐热合金等硬质材料时加工速度低，工具损耗大，为了提高加工速度和降低工具损耗，采用超声波、电解加工或电火花加工相结合来加工喷油嘴、喷丝板上的孔或窄缝，这样可大大提高生产率和质量。如超声与电火花复合加工，电火花有效放电，脉冲利用率可提高到 50%以上，生产率可提高 2～20 倍。

3.5　微细加工和纳米技术

3.5.1　概述

随着微/纳米科学与技术(Micro/Nano Science and Technology)的发展，以本身形状尺寸微小或操作尺度极小为特征的微机械已成为人们在微观领域认识和改造客观世界的一种高新技术。

微细加工指对微小尺寸(几微米到几毫米)工件的材料去除方法，先进的微细加工可以包括在很小或很薄工件上所完成的各种超精密加工工序。小孔、微孔、微槽、微复杂表面需要进行大批量加工，有时甚至在单件工件厂要进行这类加工，在电子工业和计算机工业中尤为突出。如果使用传统的加工技术来加工这些微孔、微槽、微复杂表面时，通常遇到的问题是：刀具磨损率高，在刀具和工件的界面上产生的热量大进而改变了工件材料的特性，当三维形状需要加工时，麻烦就更大了。为了解决这些问题，有必要探讨微细加工技术。

微机械及其微细加工技术在工业、农业、医疗、军事等领域的应用日益广泛。现代的钟表、计量仪器、医疗器械、液压、气压元件、陀螺仪、光学仪器、家用电器等都在力求缩小体积、减轻重量、降低功耗、提高稳定性。特别是航空航天事业的发展和宇航工业的崛起，对许多设备提出了微型化的要求，因此出现了许多微小尺寸零件，如红宝石(微孔)轴承、微型齿轮、微型轴、微型非球透镜、金刚石压头、金刚石车刀、微型钻头等都需要用微细加工方法来制造。

计算机技术、微电子技术和航空航天等技术的发展，对电子设备微型化和集成化的要求越来越高。同时，各种电子设备已广泛在工业、农业、交通运输、国防及家庭等各个方面使用，其功能日益完善，结构日益复杂，要求体积小、质量轻、成本低、可靠性高，这只有通过微型化和集成化才能实现，其关键技术是微细加工。

大规模集成电路是电子设备微型化和集成化中的重要元件，微细加工技术的出现和发展与大规模集成电路有密切关系。超大规模集成电路中，最小线条宽度为0.1～25μm，微细加工的难度很大。

微小尺寸加工和一般尺寸加工是各具不同特色的，主要表现为以下几个方面。

1. *精度的表示方法*

一般尺寸加工时，精度是用其加工误差与加工尺寸的比值(即精度比率)来表示的，如现行的公差标准中，公差单位是计算标准公差的基本单位，它是基本尺寸的函数，基本尺寸越大，公差单位也越大。因此，属于同一公差等级的公差，对不同的基本尺寸，其数值就不同，但认为具有同等的精确程度，所以公差等级就是确定尺寸精确程度的等级。

在微细加工时，由于加工尺寸很小，精度概念就必须用尺寸的绝对值表示，即用去除的一块材料的大小来表示，从而引入加工单位尺寸(简称加工单位)的概念，加工单位就是去除的一块材料的大小。所以当微细加工0.01mm尺寸零件时，必须采用微米级微细加工(Micro-fabrication)；当微细加工微米尺寸零件时，必须采用亚微米级微细加工(Sub-micro-fabrication)；现今的超微细加工已采用纳米级加工(Nano-fabrication)。

2. *微观机理*

以切削加工为例，从工件的角度来看，一般尺寸加工和微细加工的最大差别是切屑大小不同。一般加工时，由于工件较大，允许的吃刀量就比较大。在微细加工时，被加工对象的强度和刚度都不允许有大的吃刀量，因此切削量很小。当吃刀量小于材料晶粒直径时，切削就得在晶粒内进行，这时晶粒就作为一个个不连续体来进行切削。一般金属材料是由微细的晶粒组成，晶粒直径为数微米到数百微米。而在一般切削时，吃刀量较大，可以忽视晶粒本身大小而作为一个连续体来看待。由此可见，一般加工与微细加工的微观机理是不同的。

3. 加工特征

一般加工时多以尺寸、形状、位置精度为加工特征，在精密加工和超精密加工时也是如此，所采用的加工方法偏重于能够形成工件的一定形状和尺寸。微细加工和超微细加工却以分离或结合原子、分子为加工对象，以电子束、离子束、激光束三束加工为基础，采用沉积、刻蚀、溅射、蒸镀等手段进行各种处理，这是因为它们各自所加工的对象不同而造成的。

3.5.2 微细加工技术分类

微细加工技术是由微电子技术、传统机械加工技术、非传统加工技术或特种加工技术衍生而成的，按其衍生源的不同，可将微细加工分为：由硅平面技术衍生的微细加工——微刻加工；由特种加工衍生的微细加工——微细特种加工；由切削加工衍生的微细加工。

1. 微蚀刻加工

微型机电系统技术衍生于微电子技术，由于这种历史原因，硅微细加工在微机械制造中占据主要地位。硅微细加工具有批量制作、预组装及容易与微电子电路集成的技术特点，适合于微型传感器的制作，但成形结构形状有限，不利于微制动器的制作。

2. 微细特种加工

可以进行微细加工的特种加工方法主要有电火花加工、电化学加工、超声加工、激光加工、离子束加工、电子束加工等。这些特种加工方法有的设备昂贵、对环境要求较高，有的加工速度偏低。对于加工三维实体结构的零件来说，单独使用特种加工方法并没有优势可言。

3. 微细切削加工

近年来，微细加工技术发展迅猛，高新技术层出不穷，本节只能列出几个实例，介绍微细加工的一般情况。可以用来进行微细加工的切削方法有微细车削、微细铣削、微细钻削、微细磨削、微冲压等。

3.5.3 常用微细加工工艺

1. 集成电路的工艺基础

1999 年以来，电子信息取代石油、钢铁等传统产业，成为全球第一大产业。发达国家经济增长的 65%与集成电路相关。2001 年世界集成电路市场份额，美国约占 40%，日本约占 25%，韩国约占 12%，中国仅占 2.1%。目前我国已有五六十条芯片生产线，到 2010 年，IC 领域上我国要占世界市场份额的 5%以上。上海市是我国 IC 芯片线最集中、生产技术水平最高、8 英寸(晶圆尺寸)线最多的城市。

现代高科技战争，很大程度上打的是“芯片战”。根据美国有关方面数据，军舰、战车、飞机、导弹和航天器中，所用 IC 占装备和武器成本的比重，分别达到 22%、24%、33%、45%和 66%。美国国防预算中的电子含量已占据半壁江山。可以说，作为信息产业基础的集成电路是 21 世纪国家生存与发展的物质与技术基础。

正因为如此，世界主要国家都十分重视集成电路产业的发展，纷纷制定面向21世纪的集成电路发展规划，整合国内科技资源，成立国际科技合作组织，抢占制高点，以掌握未来信息技术的核心主动权。

芯片工厂一直是高科技生产的圣地，图3.25为其无尘、超净的工作环境。

图3.25 芯片工厂

目前，内存、微处理器和ASIC芯片(专用集成电路，是指应特定用户要求和特定电子系统的需要而设计、制造的集成电路)是半导体产业中最常制造的3种IC芯片。

IC所用的材料主要是硅、锗和砷化镓等，90%以上IC都采用硅片。

集成电路制造过程共分4个阶段：单晶硅片制造→前半制程→硅片测试→后半制程。整个过程中要应用到微细加工和超精密加工等先进制造工艺和设备。

1) 单晶硅片制造

制造IC的硅片，不仅要求具有极高的平面度和极小的表面粗糙度，而且要求表面无变质层、无划伤。

单晶硅片的超精密加工(包括超精密磨削、研磨和抛光)工艺和设备在IC制造过程中具有重要作用，是IC制造的关键技术。主要分为以下几个步骤。

(1) 单晶生长。由于自然界中没有单质硅的存在，我们使用的硅是从二氧化硅中提纯而来。二氧化硅广泛存在于自然界中。在硅提纯的过程中，原材料硅将被熔化，并放进一个巨大的石英熔炉。这时向熔炉里放入一颗晶种，以便硅晶体围着这颗晶种生长，直到形成一个几近完美的单晶硅，称为硅锭。

(2) 切断。切断的目的是切除单晶硅棒的头部、尾部及超出客户规格的部分，将单晶硅棒分段成切片设备可以处理的长度。

(3) 磨外圆。单晶硅棒的外径表面并不平整且直径也比最终抛光晶片所规定的直径规格大，通过外径滚磨可以获得较为精确的直径。

(4) 切割晶圆。将硅锭切割成片状，称为晶圆，晶圆可用于CPU的制造。所谓的“切割晶圆”也就是用机器从单晶硅棒上切割下一片事先确定规格的硅晶片，并将其划分成多个细小的区域，每个区域都将成为一个CPU的内核(Die)。一般来说，晶圆切得越薄，相同量的硅材料能够制造的CPU成品就越多，如图3.26所示。

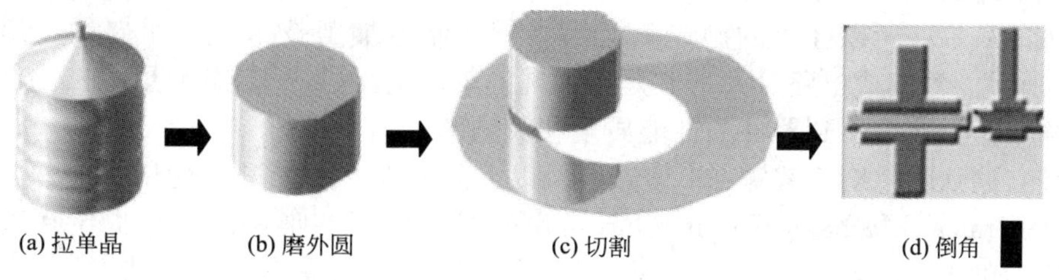

图3.26 切割晶圆示意图

随着半导体工业的飞速发展，为满足现代微处理器要求，同时集成电路芯片制造厂为获取更多的利润，一方面，可扩大芯片产量，降低单元制造成本，这要求硅片的直径不断增大；另一方面，可通过提高 IC 的集成度，使芯片尺寸相对缩小，一片晶圆就能产生更多的芯片。这两种方式均可使集成电路芯片制造厂获取更多的利润。作为基底材料的硅晶片的尺寸越来越大，已由原来的 200mm 向 300mm 转化，即由 8 英寸芯片向 12 英寸芯片转化，12 英寸芯片是全球最高端的芯片产品，被称为“芯片之王”，广泛应用于手机、计算机、数码相机等消费电子产品，目前全球只有 46 条生产线。世界第三大芯片制造商——中芯国际集成电路制造有限公司(简称“中芯国际”)2006 年在北京建成我国第一条 12 英寸芯片生产线；第二条在武汉，委托一中芯国际集成电路制造公司经营管理；第三条在大连，是 Intel 在大连投资 25 亿美元建立一个生产 300mm(12 英寸)晶圆的工厂(即 Inter68 号厂，是 Inter 在亚洲的第一个芯片生产厂)；而要缩小芯片尺寸，则要求硅片的刻线宽度越来越细(线宽是指芯片上的最基本功能单元——门电路的宽度，因为实际上门电路之间连线的宽度同门电路的宽度相同，线宽可以描述 IC 制造工艺水平。缩小线宽意味着晶体管可以做得更小、更密集，可以降低芯片功耗，系统更稳定，CPU 得以运行在更高的频率下)。

刻线宽度：1995 年为 0.35μm，1998 年为 0.25μm，然后是 0.18μm，接着是 0.13μm(中芯国际)。目前先进国家工艺水平已达 0.09μm 线宽(Intel 的 Pentium 4 芯片的线宽)，硅片表面粗糙度要求达到纳米和亚纳米级，芯片集成度达到每 $1cm^2$ 9000 万个晶体管等。而我国最高水平仅为 0.13μm，差距为 1 代。据美国半导体协会预测，2014 年半导体线宽将达 0.035μm，届时硅基芯片的微细加工技术将可能达到极限，微电子基础理论、材料和加工技术都可能发生革命性变化。

(5) 倒角：指将切割成的晶片锐利边修整成圆弧形，防止晶片边缘破裂及晶格缺陷产生。

(6) 研磨：指通过研磨除去切片和轮磨所造成的锯痕及表面损伤层(加工变质层)，有效改善单晶硅片的翘曲度、平坦度与平行度，达到一个抛光过程可以处理的规格。

硅片研磨加工质量直接影响到其抛光加工质量及抛光工序的整体效率，甚至影响到 IC 的性能。单晶硅属于硬脆材料，对其进行研磨，材料的破坏以微小破碎为主，要求研磨加工后的理想表面形态是由无数微小破碎痕迹构成的均匀无光泽表面。硅片研磨时，重要的是控制裂纹的大小和均匀程度。

(7) 腐蚀。硅片研磨后已具有较高的面型，但表面粗糙度达不到要求，而且晶圆表面有损伤层，需要通过腐蚀。通常采用化学腐蚀去除。

(8) 抛光。腐蚀去除的过程中腐蚀率难以控制，会影响面型精度，这时需抛光。

集成电路集成水平越来越高的这种发展趋势，使得硅片表面的微小缺陷便可导致整个器件报废的后果，所以硅片的抛光就成为半导体制造加工技术上最重要的一道工序，如图 3.27 所示。对集成电路(IC)特别是超大规模集成电路(ULSI)影响更大。因此，抛光硅片的表面质量直接关系到器件的性能质量和成品率。

目前普遍认为，对于线宽在 0.35μm 及以下的器件，必须进行全局平面化，而化学机械抛光(Chemical Mechanical Polishing，CMP)是作为目前唯一的可以提供在整个硅片上全面平坦化的工艺技术。

抛光的方式包括粗抛和精抛。粗抛的主要作用是去除损伤层；精抛的主要作用是改善

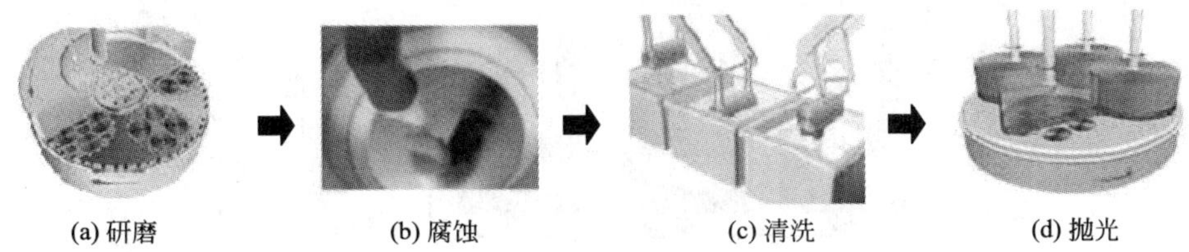

(a) 研磨　(b) 腐蚀　(c) 清洗　(d) 抛光

图 3.27　半导体制造加工的工序

晶片表面的微粗糙程度。

CMP，进行硅片的最终精抛光的加工方法。晶圆表面可获得极高平坦度、极小表面粗糙度值的晶片表面，表面无变质层、无划伤。

2) 前半制程

单晶硅片制造阶段完成后，接下来，要完成集成电路的制作。以 CPU 为例，其所需处理步骤可达数百道，而其所需加工机台先进且昂贵，动辄数千万一台。虽然详细的处理程序是与产品种类及所使用的技术有关，但是其通常是通过氧化、光刻、刻蚀及选择性扩散等基本处理步骤来完成晶圆上电路的加工与制作。

(1) 氧化。硅的氧化物——二氧化硅(SiO_2)与半导体硅的性能不同，它是良好的绝缘体。因此 SiO_2 膜在晶体管和集成电路中成为良好的防止短路的绝缘体和电容的绝缘介质(硅在常温下于空气中可以自然氧化，生长出 SiO_2 氧化层，但其层厚较薄，通常只有 2nm 左右。若要形成较厚的氧化膜，就需要在高温炉内进行，称为热氧化法)。

此外，SiO_2 膜还有以下两个特性：①化学性质稳定且耐高温，故能适应集成电路制作过程中多次反复的高温处理；②SiO_2 膜对硼(B)、磷(P)、砷(As)等杂质元素有极好的抗拒性，使它们的原子不能侵入基片。利用 SiO_2 膜的这一特性，用光刻(蚀)方法将 SiO_2 膜刻蚀成微小的几何图形，在杂质扩散时只有已被刻蚀去除 SiO_2 的反域(俗称“窗口”)才允许杂质扩散进入晶片内部，形成预定要求的一定几何形状的扩散区或 PN 结。SiO_2 的这些特性被用作选择扩散和制作各种几何形状图形 PN 结的工艺依据。

(2) 光刻。1958 年光刻技术在半导体器件制造中首次得到成功应用，研制成平面型晶体管，从而推动了集成电路的发明和飞速发展，如图 3.28 所示。数十年以来，集成技术不断微小型化，其中光刻技术发挥了重要的作用。光刻分辨率越小，线宽越细，即集成度越高。

① 工作母版制作。

a. 原图制作：按照芯片产品图档的技术要求，采用 CAD 等技术对芯片复杂电路结构图样进行图形设计。

在计算机完成的集成电路的电路图还只是一些图像或(和)数据，在将设计结果送到工艺线上实验时，还必须经过一个重要的中间环节：制版，即制作工作母版。即设计与工艺制造之间的接口是版图。

b. 母版制作：原图制作完成后，原图数据被传送给图形发生器(一种制版设备)，图形发生器根据数据，将设计的原图结果缩小并分层地转移到掩膜版上(掩膜版为涂有感光材料的优质玻璃板)，从而得到工作掩膜或工作母版，这个过程叫初缩。通常一个 CPU 芯片包含好几层电路，所以通常有十几块掩膜。

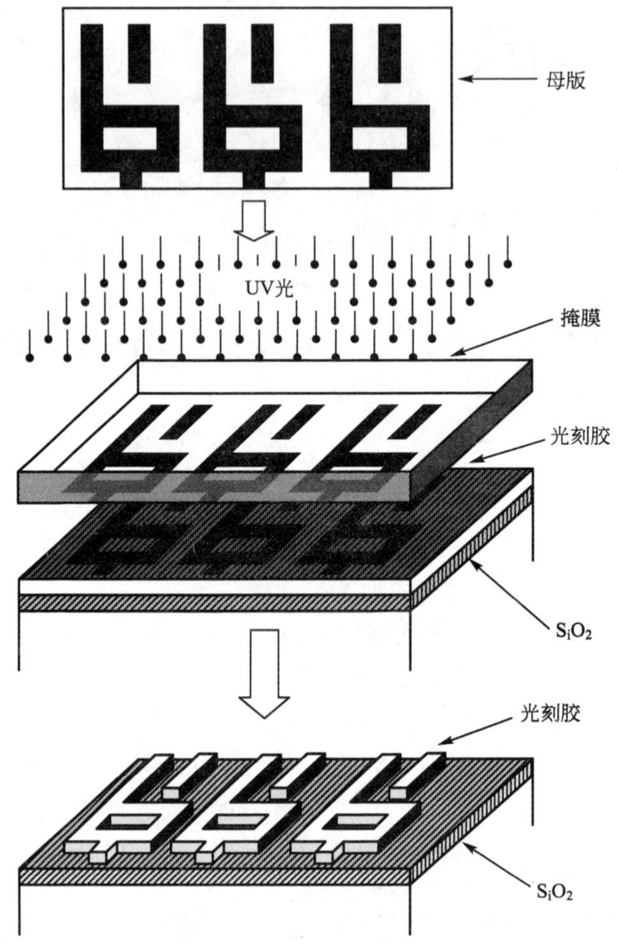

图 3.28 光学光刻工艺

在获得分层的初缩版后，再通过分步重复技术，在最终的掩膜版上产生具有一定行数和列数的重复图形阵列。这样，在将来制作的每一个硅片(Wafer)上将有若干个集成电路芯片。通过这样的制版过程，就产生了若干块的集成电路分层掩膜版。通常，一套掩膜版有十几块分层掩膜版。集成电路的加工过程的复杂程度和制作周期在很大程度上与掩膜版的多少有关。

② 光刻加工过程。所谓的光刻蚀就是使用电磁波频谱中的光束或电子、X 射线和离子等射线，将光致抗腐蚀剂(光刻胶)形成规定图形的微细加工方法。光刻蚀加工又称光刻加工或刻蚀加工，也称图形转移工艺，如图 3.29 所示。通常，光刻次数越多，就意味着工艺越复杂。另一方面，光刻所能加工的线条越细，意味着工艺线水平越高。光刻工艺是完成在整个硅片上进行开窗的工作。

a. 涂胶。把光致抗蚀剂(光刻胶)涂覆在氧化膜上的过程称为涂胶。光刻胶受到特定波长光线的作用后，导致其化学结构发生变化，使光刻胶在某种特定溶液中的溶解特性改变。

b. 曝光。在涂好光刻胶的硅片表面上覆盖掩膜版，即将掩膜置于光源与光刻胶之间，

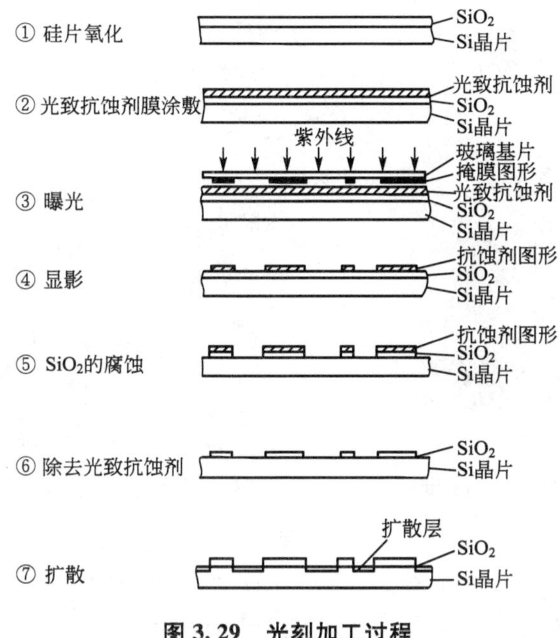

图 3.29 光刻加工过程

利用紫外光(或X射线、离子束、电子束等)透过掩膜对光刻胶进行选择性照射。在受到光照的地方，光刻胶发生光化学反应，从而改变了感光部分的胶的性质。曝光时准确的定位和严格控制曝光强度与时间是关键。

c. 显影与烘片。曝光后的光刻胶，其分子结构产生化学变化，在特定溶剂或水中的溶解度也不同，利用曝光区和非曝光区的这一差异，可在特定溶剂中把曝光图形呈现出来，这就是显影。显影后进行200～250℃的高温处理，以提高光致抗蚀剂的强度，称为烘片。

d. 刻蚀。利用化学或物理方法，将没有光致抗蚀剂部分的氧化膜去除，称为刻蚀。刻蚀的方法很多，有化学刻蚀、离子刻蚀、电解刻蚀等。

虽然光刻和刻蚀是两个不同的加工工艺，但因为这两个工艺只有连续进行，才能完成真正意义上的图形转移，在工艺线上，这两个工艺是放在同一工序，因此，有时也将这两个工艺步骤统称为光刻。

e. 剥膜与检查。用剥膜液去除光致抗蚀剂的处理称为剥膜。剥膜后洗净修整，进行外观线条尺寸、间隔尺寸、断面形状、物理性能和电学特性等检查。

f. 选择型扩散。将需要的杂质掺入特定的半导体区域中，以达到改变半导体电学性质，形成PN结、电阻等。

把开了窗口的基片置于惰性气体或真空中加热，并使之与合适的杂质接触，则去除了SiO_2膜的硅表面，允许杂质扩散进入。硅的扩散常用硼作为P型掺杂剂，砷和磷作为N型掺杂剂。

为加工新的一层电路，再次生长硅氧化物，然后沉积一层多晶硅，涂敷光刻胶、重复光刻、蚀刻过程，得到含多晶硅和硅氧化物的沟槽结构。重复多遍，形成一个3D的结构，这才是最终的CPU的核心。每几层中间都要填上金属层作为导体。Intel的Pentium 4处理器有7层，而AMD的Athlon64则达到了9层，如图3.30所示。

金属层采用真空镀膜的方法。将导电性良好的金属(如铝、金等)加热使之变成蒸气原子飞溅到硅片表面，沉积一薄层金属膜的技术称为真空镀膜，可解决集成电路布线或引线的问题。所以，在图形转移工艺过程中，一般要对硅片进行10多次光刻，其中包括对绝缘膜(SiO_2 膜、Si_3N_4)、半导体膜(单晶硅、多晶硅)和导体膜(Al，Al-Si，W膜)的光刻，才能形成最终的图形，如图3.31所示。

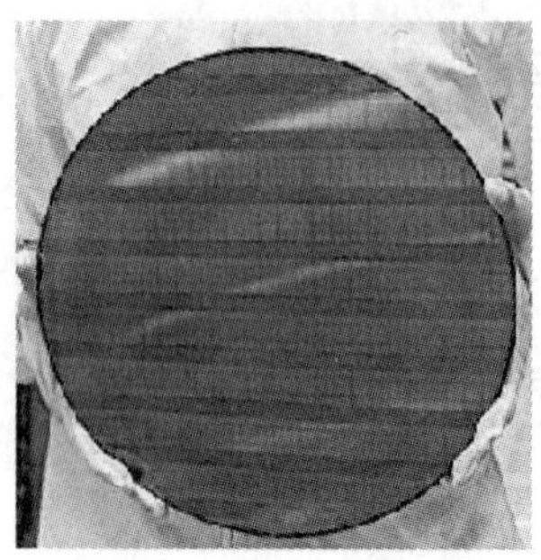
图3.30 AMD的Athlon64

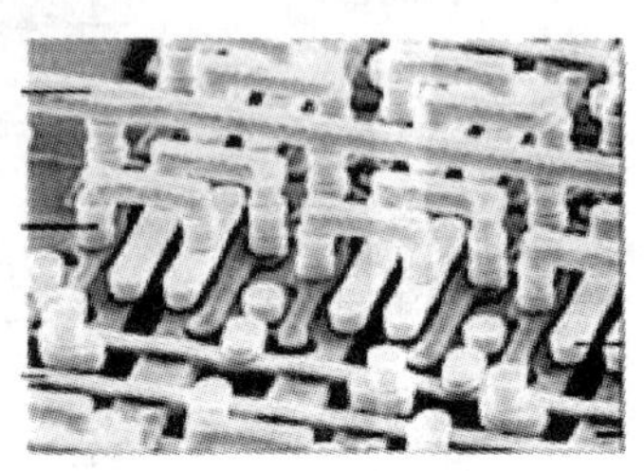
图3.31 用金属将不同层的晶体管相连

3) 硅片测试

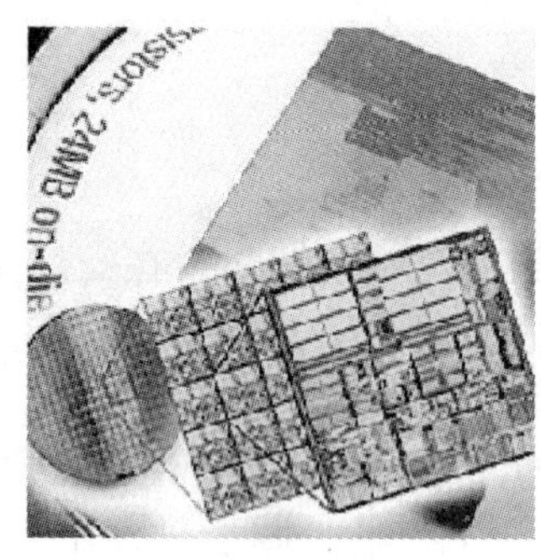

图3.32 用针测仪对每一个晶粒测试其电气特性

经过上道工序，硅片上形成一个一个的小格，即晶粒。一般情况下，同一片晶圆上加工同一规格、品种的产品。用针测仪对每一个晶粒测试其电气特性，将不合格的晶粒标上标记，如图3.32所示。

4) 后半制程：包括封装和芯片测试

将晶圆分开，分割成一个一个的晶粒。这时的CPU是一块块晶粒，它还不能直接被用户使用，必须将它封入一个陶瓷的或塑料的封壳中，如图3.33所示，这样它就可以很容易地装在一块电路板上了。封装结构各有不同，但越高级的CPU封装也越复杂，新的封装往往能带来芯片电气性能和稳定性的提升，并能间接地为主频的提升提供坚实可靠的基础。这样，芯片制作就完成了。

芯片加工的最后一道工序为测试，如图3.34所示。将封装后的芯片在各种环境下测试其电气特性，如消耗功率、运行速度等，根据其电气特性可划分为不同的等级。当然，最后要看一下整体良率，即通过最后测试的良好芯片(Good Chips)总数与用于生产的所有晶圆上的晶粒(Dies)总数的比值。

图3.33 封装

图3.34 测试

整体良率决定一座IC芯片生产工厂是赔钱还是赚钱。

至此，一块完整的芯片制作就完成了，即我们通常看到的黑色的或褐色的，四边或两边带有许多插脚或引线的矩形小块。

2. 薄膜成形技术

薄膜是指存在于衬底上的一层厚度一般为零点几个纳米到数十微米的薄层材料。薄膜是集成电路制造和微机械组件制造的重要基础。其主要作用为：完成所确定的功能或提供辅助功能。薄膜材料种类很多，根据不同使用目的可以是金属，半导体硅、锗，绝缘体玻璃，陶瓷等。从导电性考虑，可以是金属、半导体、绝缘体或超导体；从结构考虑，可以是单晶、多晶、非晶或超晶格材料；从化学组成来考虑．可以是单质、化合物或无机材料、有机材料等。

制备薄膜的方法很多，归纳起来分为如下几种。

(1) 气相方法制膜。包括化学气相沉积(CVD，如常压化学气相沉积、等离子化学气相沉积等)和物理气相沉积(PVD，如真空蒸发、溅射、离子镀膜等)。

(2) 液相方法制膜，包括化学镀、电镀等。

(3) 其他制膜方法，如喷涂、印刷等。

对各种制膜方法的要求：膜厚均匀、膜成分均匀、成膜速率高、重复性好、具有较高的附着力。

化学气相沉积是在容器中通以气相的、用以构成薄膜材料化学物质，使其在加热的基片表面进行高温化学反应，从而在基片上形成薄膜的技术。

物理气相沉积技术是在真空条件下，采用物理方法，将材料源——固体或液体表面气化成气态原子、分子或部分电离成离子，并通过低压气体(或等离子体)过程，在基体表面沉积具有某种特殊功能的薄膜的技术。

离子镀膜是将一定能量的离子束轰击某种材料制成的靶，离子将靶材粒子击出，使其镀覆到靶材附近的工件表面上。离子镀膜层的附着力强，镀层组织紧密，可镀各种金属、非金属、化合物、半导体。

3. 掺杂技术

掺杂是用人为的方法将某种或几种杂质，以一定方法渗入到半导体基片规定的区域内，并达到规定的数量和符合要求的分布，从而达到改变材料电学性质、制造PN结、互连线的目的。掺杂技术主要包括扩散和离子注入技术，下面主要介绍离子注入技术。

离子注入掺杂分为两个步骤：离子注入和退火再分布。离子注入是通过高能离子束轰击硅片表面，在掺杂窗口处，杂质离子被注入硅本体，在其他部位，杂质离子被硅表面的保护层屏蔽，完成选择掺杂的过程。掺杂深度由注入杂质离子的能量和质量决定，掺杂浓度由注入杂质离子的数目(剂量)决定。同时，由于高能粒子的撞击，导致硅结构的晶格发生损伤。为恢复晶格损伤，在离子注入后要进行退火处理。退火温度在450～950℃之间，掺杂浓度大则退火温度高，反之则低。在退火的同时，掺入的杂质同时向硅体内进行再分布，如果需要，还要进行后续的高温处理以获得所需的结深和分布。离子注入技术以其掺杂浓度控制精确、位置准确等优点，正在取代热扩散掺杂技术，成为VLSI工艺流程中掺杂的主要技术。

4. LIGA 法

LIGA 工艺是基于 X 射线光刻技术的三维微结构加工技术，在原理上 LIGA 技术与全息记录的大规模复制有点相仿。为了克服光刻法制作的零件厚度过薄的不足，20 世纪 90 年代，德国卡尔斯鲁厄原子核研究所提出了 LIGA 法(X 射线刻蚀电铸模法)，它是德语制版术、电铸成形、注塑三个词的缩写，即 X 光深度光刻、微电铸和微塑铸 3 种工艺的有机结合，可实现高深宽比的微结构制作。例如，利用 LIGA 工艺能制作出直径为 80μm、厚度为 140μm 的微齿轮，可用于微机械的动力传输。用 LIGA 技术制造的微加速器，可用于汽车安全气囊的控制系统。

LIGA 工艺包括下列 3 个主要工序。

把从同步加速器放射出的具有短波长和很高平行性的 X 射线作为曝光光源，可在最大厚度达 500μm 的光致抗蚀剂上生成曝光图形的三维实体，用曝光蚀刻的图形实体作电铸的模具，生成铸型。以生成的铸型作为注射成形的模具，即能加工出所需的微型零件：

涂覆光致抗蚀剂
经X射线掩膜
刻蚀出图形
电铸
铸型
注射成形

图 3.35　LIGA 工艺过程

LIGA 法的工艺过程如图 3.35 所示。

由于 X 射线的平行性很高，使微细图形的感光聚焦深度远比光刻法要深，一般可达 25 倍以上，因而蚀刻的图形厚度较大，制出的零件有较大的实用性，且 X 射线的波长极短，小于 1nm，可得到卓越的解像性能，使断面的粗糙度通常为 $Ra0.02 \sim 0.03\mu m$，最小能达 $Ra0.01\mu m$。此外，用此法除可制造树脂类零件外，也可在精密成形的树脂零件基础上再电铸得到金属或陶瓷材料的零件。例如，应用 LIGA 法制作镍材料的微型齿轮、微混合器、具有孔阵列的零件等，如图 3.36 所示；

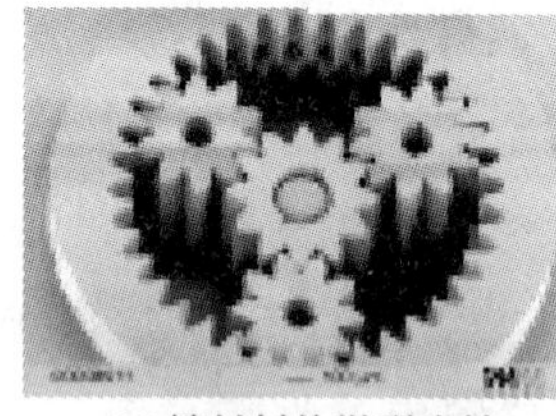
(a) 镍材料的微型齿轮

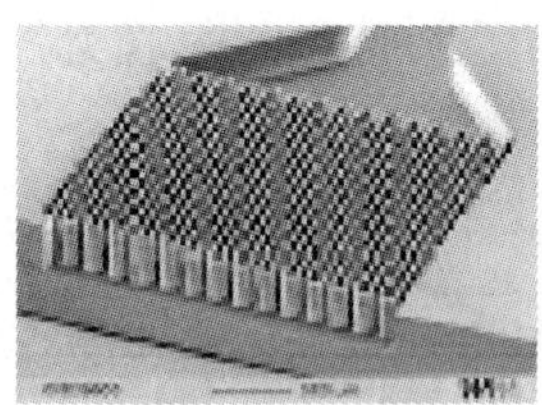
(b) 微混合器

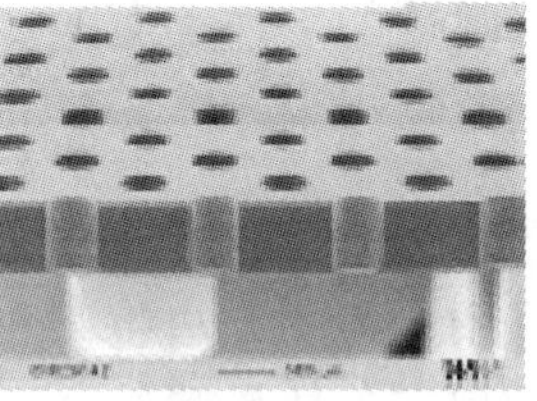
(c) 孔阵列

图 3.36　用 LIGA 工艺加工的零件

LIGA 技术自诞生以来就一直被认为是进行微三维立体构件加工的最有力的手段之一。目前，欧、美、日等国已开始运用 LIGA 技术进行批量生产微构件商品。

由于微小齿轮的结构相对简单，而且应用面极广，因此德、美等科学家在进行 LIGA 技术的基础研究时大多从微齿轮的制作开始。目前已可制作出能够相互啮合的渐开线齿形的齿轮。研究表明，LIGA 技术可以自由地进行二维设计，并且在设计时能够进行计算机优化，精确度可以达到亚微米级。

作为一种实用的微细加工手段，LIGA 工艺的一大突出特性就是可以完成大纵横比微结构的制作。如图 3.37 所示，是日本学者用 LIGA 技术完成的部分微结构制作。其中，

图 3.37(a)为 Ni 金属模具，它的高度为 200μm，线宽为 2μm，纵横比为 100；图 3.37(b)为厚度为 200μm 的微结构图片。

(a) Ni金属模具

(b) 厚度为200μm的微结构

图 3.37 LIGA 技术完成的微结构制作

微传感器和微制动器的性能很大程度上取决于其敏感器件的灵敏度，而敏感器件则大多为大纵横比的微悬臂结构，这正是 LIGA 技术的加工特长。图 3.38 是德国学者用 LIGA 技术制作的部分微传感器和微制动器结构。可以看出应用 LIGA 技术已经能够制作出结构相当复杂的微系统结构。

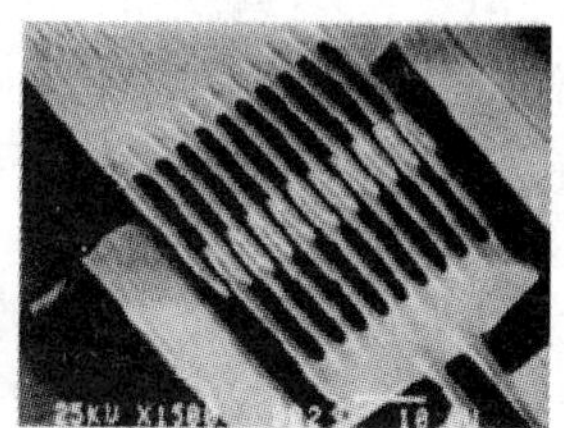

图 3.38 微传感器与微制动器结构

微细电火花加工技术在金属材料的微细加工中发挥了重要作用，但微细电极，尤其是微小成型电极的制备却相当困难，一直是制约该技术广泛应用的瓶颈问题。由于 LIGA 技术的批生产特性，可以用其制作复杂形状金属成形电极，从而大大拓宽微细电火花加工技术的加工能力和应用领域。将两种或两种以上的微细加工技术进行有效的集成，充分发挥各自的技术特点，将是未来微细加工技术发展的必然趋势之一。

5. *微细切削加工*

由传统切削加工方法衍生的微细切削加工，由于金属切除量极微，对微细切削加工的机床、工艺、刀具有特定的要求。

1) 微细切削加工工艺系统

(1) 微细加工机床的结构应满足下列功能。

① 为达到很小的单位去除率(UR)，需要各轴能实现足够小的微量移动，对于微细的机械加工和电加工工艺，微量移动应可小至几十个纳米，电加工的 UR 最小极限取决于脉冲放电的能量。

② 高灵敏的伺服进给系统，它要求低摩擦的传动系统和导轨支承系统，以及高精度跟踪性能的伺服系统。

③ 高平稳性的进给运动，尽量减少由于制造和装配误差引起的各轴运动误差。

④ 高的定位精度和重复定位精度。

⑤ 低热变形结构设计。

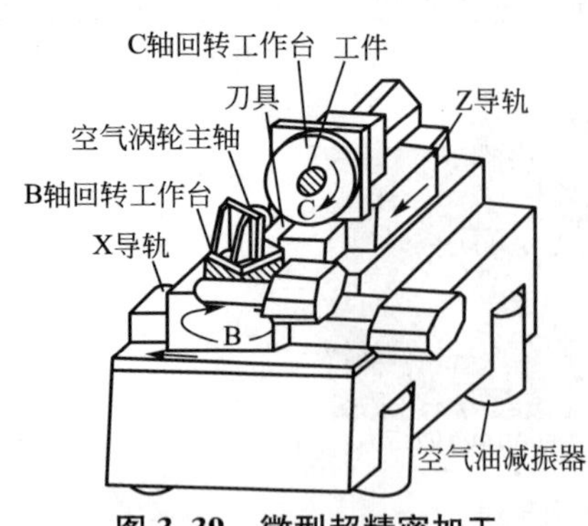

图 3.39 微型超精密加工机床结构示意图

⑥ 刀具的稳固夹持和高的重复夹持精度。

⑦ 高的主轴转速及极低的动态平衡量。

⑧ 稳固的床身构件并隔绝外界的振动干扰。

⑨ 具有刀具破损和微型钻头折断的敏感的监控系统。

图 3.39 为日本 FANUC 公司开发的能进行车、铣、磨和电火花加工的多功能微型超精密加工机床的结构示意图，该机床有 X、Z、C、B 四轴，在 B 轴回转工作台上增加 A 轴工作台后可实现五轴控制，数控系统的最小设定单位为 1nm。

该机床既有编码器半闭环控制，又有激光全息式直线移动的全闭环控制。反馈指令的大小直接影响到伺服跟踪误差，编码器与电动机直联具有每周 6400 万个脉冲的分辨率，每个脉冲相当于坐标轴移动 0.2nm。编码器反馈单位为 1/3nm，故跟踪误差在正负 1/3nm 以内。直线尺的分辨率为 1nm，跟踪误差约在正负 3nm 以内。为了消除电动机编码器和直线检测元件本身的误差对反馈的影响，该机床还应用高精度螺距误差补偿技术，开发了有 50 万点的高密度误差值自动设置的补偿方法。螺距误差补偿值用分辨率为 0.3nm 的激光干涉仪测出。

(2) 微细切削用刀具和工艺。

凸形(外)表面的微细切削大多采用单晶金刚石车刀或铣刀。刀尖半径约为 100μm。微细加工中的一个关键问题是刀具安装后的姿态及其与主轴轴线的同轴度是否与坐标系一致，否则很难保证微小的切除量。为此可在同一台机床上制作刀具后进行加工，使刀具的制作和微细加工采用同一工作条件，避免装夹的误差。

微细电加工工艺中，微型轴和异形截面杆的加工可采用线放电磨削法(WEDG)加工。它的独特的放电回路使放电能仅为一般电火花加工的 1/100。WEDG 加工微型轴时，电极丝沿着导丝器中的槽以 5～10mm/min 低速滑动，就能加工出圆柱形的轴。例如，导丝器通过数字控制做相应的运动，就能加工出各种截面形状的杆件。它是制造微细钻头的重要方法，可以稳定地制成直径为 10μm 的钻头，最小可达 6.5μm，而目前商业供应的微细钻头的最小直径为 50μm。

2) 微细车削加工

日本通产省工业技术院机械工程实验室(MEL)于 1996 年开发了世界上第一台微型化的机床——微型车床，长 32mm、宽 25mm、高 30.5mm，重量为 100g，主轴电动机额定功率为 1.5W，转速为 10000r/min。用该机床切削黄铜，沿进给方向的表面粗糙度值为 *Rz*1.μm。加工工件的圆度为 2.5μm，最小外圆直径为 60μm，切削试验中的功率消耗仅为普通车床的 1/500。

日本金泽大学研究了一套微细车削系统，由微细车床、控制单元、光学显微装置和监视器组成，机床长约 200mm。在该系统中，采用了一套光学显微装置来观察切削状态，还配备了专用的工件装卸装置。图 3.40 为微细车床的结构示意图。主轴用两个微型滚动轴承支承。主轴沿 Z 方向进给，刀架固定不动，车刀与工件的接触位置是固定的，以便于用光学显微装置观察。因为工件的直径很小，切割加工时让车削沿 $X-Y$ 方向移动的幅度不大，所以令刀架沿 $X-Y$ 移动。车刀的刀尖材料为金刚石。驱动主轴的微电动机通过弹性联轴器与主轴连接，机床的主要性能参数如下：主轴功率为 0.5W；转速为 3000～15000r/min，连续变速；径向跳动 1μm 以内；装夹工件直径为 0.3mm；X、Y、Z 轴的进给分辨为 4nm。用 0.3mm 的黄铜丝为毛坯，在这台机床上加工出了直径 10μm 的外圆柱面，还加工出了直径为 120μm、螺距为 12.5μm 的丝杠。该机床的明显不足是切削速度低，因此得不到满意的表面质量。表面粗糙度值为 Rz1μm 以下。

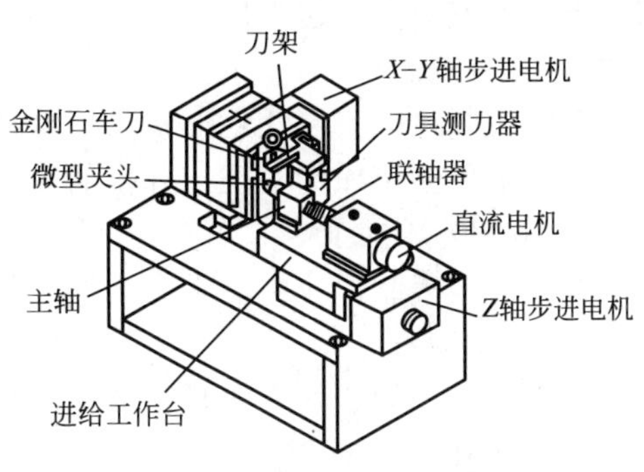

图 3.40 车床结构示意图

上述机床的开发成功，证实了利用切削加工技术也能加工微米尺度的零件。

由上可知，并非机床的尺寸越小，加工出的工件尺度就越小、精度就越高。微细车床的发展方向一方面是微型化和智能化；另一方面是提高系统的刚度和强度，以便于加工硬度比较大、强度比较高的材料。

3）微细钻削加工

微细钻削一般用来加工直径小于 0.5mm 的孔。钻削现已成为微细孔加工的最重要工艺之一，可用于电子、精密机械、仪器仪表等行业，近来备受关注。

在钟表制造业中，最早使用钻头加工小孔。随着工艺方法的不断改进，相继出现了各种特种加工方法，但至今，一般情况下仍采用机械钻削小孔的方法。近年来，多种形式的小孔钻床不断被研制出来，如手动操作的单轴精密钻床、数控多轴高速自动钻床、曲柄驱动群孔钻床及加工精密小孔的精密车床和铣床等。20 世纪 80 年代后，由于 NC 技术和 CAD/CAM 的发展，小孔加工技术向高自动化和无人化发展。目前机械钻削小孔的研究方向主要有：难加工材料的钻削机理研究，小孔钻削机床研制和小钻头的刃磨、制造工艺研究，超声振动钻削等新工艺的研究等。

用 WEDG 技术制作的微细钻头，如果从微细电火花机床上卸下来再装夹到微细钻床的主轴上，势必造成安装误差而产生偏心。这将影响钻头的正常工作甚至无法加工。因此，用这种钻头钻削时，必须在制作该钻头的微细电火花机床上进行。

4）微细铣削加工

MEL 开发的微细铣床，长 170mm，宽 170mm，高 102mm，主轴用功率为 36W 的无刷直流伺服电动机，转速约为 15600r/min，这台铣床能铣平面也能钻孔。

日本 FANUC 公司和电气通信大学合作研制的车床型超精密铣床，在世界上首例用切削方法实现了自由曲面的微细加工。这种超精密切削加工技术可使用切削刀具对包括金属在内的各种可切削材料进行微细加工，而且可利用 CAD/CAM 技术实现三维数控加工，生产率高，相对精度高。

例如，用该机床铣削的口语中叫做“能面”的微型脸谱；其加工数据由三坐标测量机从真实“能面”上采集，采用单刃单晶金刚石球形铣刀(R30μm)，在 18K 金材料上加工出的三维自由曲面，其直径为 1mm，表面高低差为 30μm，加工后的表面粗糙度值为 Rz0.058μm。这是光刻技术领域中的微细加工技术，是如半导体平面硅工艺及同步辐射 X 射线深度光刻、电镀工艺和铸塑工艺组成的 LIGA 工艺等技术所不及的。

目前，数控铣削技术几乎可以满足任意复杂曲面和超硬材料的加工要求。与某些特种加工方法如电火花、超声加工相比，切削加工具有更快的加工速度、更低的加工成本、更好的加工柔性和更高的加工精度。

微细铣削可以实现任意形状微三维结构的加工，生产率高，具有扩展功能。微细铣床的研究对于微型机械的实现与开发研究是很有价值的。

5）微细冲压加工

在仪器仪表制造业中，常常会遇到带有许多小孔的板件，板件上的小孔常采用冲孔的方法。

冲小孔技术的研究方向是：如何减小冲床的尺度、增大微小凸模的强度和刚度及微小凸模的导向和保护等。

MEL 开发的微冲压机床，长 111mm，宽 66mm，高 170mm，装有一个 100W 的交流伺服电动机，可产生 3kN 的压力。伺服电动机的旋转通过同步带传动和滚珠丝杠传动转换成直线运动。该冲压机床带有连续的冲压模，能实现冲裁和弯板。

日本东京大学生产技术研究所利用 WEDG 技术，制作微冲压加工的冲头和冲模，然后进行微细冲压加工，在 50μm 厚的聚酰胺塑料上冲出宽度为 40μm 的非圆截面微孔。

6. 便携式工厂

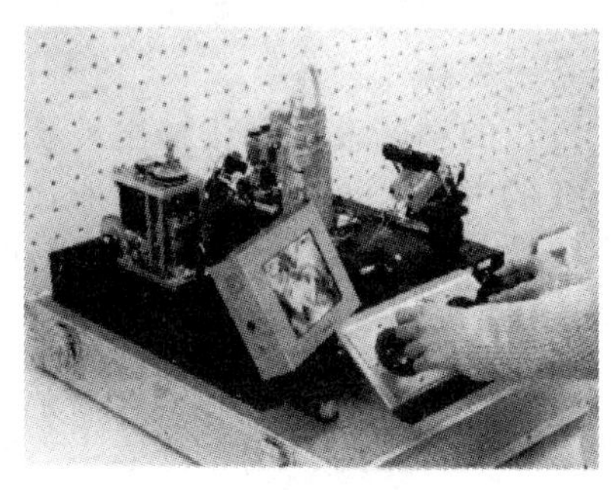

图 3.41 便携式微型桌面工厂

MEL 于 1990 年提出了微型工厂的概念，并在 1999 年设计制成了世界上第一套桌面微型工厂样机。它由车床、铣床、冲压机床、搬运机械手和装配用双指机械手组成，占地面积为 70cm×50cm，能进行加工和装配。为了演示和证明微型工厂的可携带性，MEI 于 2000 年设计制作了第二套微型工厂样机——便携式微型工厂，重量为 23kg，被放在长 625mm、宽 490mm、高 380mm、重 11kg 的箱子里。箱子底部装有小轮，可以像旅行箱一样拖着走，如图 3.41 所示。

虽然采用切削方法进行微细加工取得了进展，但是这些方法也存在着本身难以克服的缺点，例如，加工时都存在切削力，不能加工比刀具硬的材料；工件小，切削速度低，限制了表面质量的提高等。微细切削技术与其他加工技术相互融合，可以克服这些缺点，从而进一步提高微细加工的微细程度和扩大工艺范围。

3.5.4 纳米加工技术

纳米科技(Nano Science & Technology，NST)是一门在 0.1～100nm 的尺度空间内研究电子、原子和分子等的结构特性、运动规律和相互作用的崭新学科，它是现代物理(介观物理、量子力学、混沌物理)和先进技术(微电子、计算机、扫描隧道显微技术)相结合的产物，并由此派生出一系列的新兴学科。

“纳米”是英文 nano 的译名，是一种长度单位，原称毫微米，就是 10^{-9}m。纳米结构通常是指尺寸在 100nm 以下的微小结构。

从具体的物质说来，人们往往用细如发丝来形容纤细的东西，其实人的头发一般直径为 20～50μm，并不细。假设一根头发的直径为 0.05mm，把它径向平均剖成 5 万根，每根的厚度约为 1nm。单个细菌用肉眼看不出来，用显微镜测出直径为 5μm，也不算细。总而言之，1nm大体上相当于4个原子的直径。

NST产生的源头可以追溯到20世纪50年代，当时一位著名的物理学家(诺贝尔奖获得者)曾经提出：逐级缩小生产装置，直到最后由人类直接按照所需来排布原子，制造产品。这在当时还只是一个美好的梦想。1977年，麻省理工学院的德雷克斯勒认为，上述想法可以从模拟活细胞中生物分子的人工类似物——分子装置开始，并命名为纳米技术。

纳米科技是在20世纪80年代末90年代初逐步发展起来的前沿性、交叉性新兴学科领域。它不仅仅是将加工和测量精度从微米级提高到纳米级的问题，而且是人类对自然的认识和改造，从宏观领域进入到物理的微观领域，从微米层深入到分子、原子级的纳米层次。

1. 纳米技术

纳米技术包含下列4个主要方面。

1) 纳米材料

纳米材料是纳米科技发展的重要基础。纳米材料是指材料的几何尺寸达到纳米级尺度，并且具有特殊性能的材料。其主要类型为：纳米颗粒与粉体、纳米碳管和一维纳米材料、纳米薄膜、纳米块材。

当物质达到纳米尺度以后，大约是在0.1～100nm这个范围空间，物质的性能就会发生突变，出现特殊性能。这种由既不同于原来组成的原子、分子，又不同于宏观物质的特殊性能构成的材料，即为纳米材料。如果仅仅是尺度达到纳米，而没有特殊性能的材料，也不能叫纳米材料。

过去，人们只注意原子、分子或者宇宙空间，常常忽略这个中间领域，而这个领域实际上大量存在于自然界，只是以前没有认识到这个尺度范围的性能。第一个真正认识到它的性能的是日本科学家，他们在20世纪70年代用蒸发法制备超微离子，并通过研究它的性能发现：一个导电、导热的铜、银导体做成纳米尺度以后，它就失去原来的性质，表现出既不导电，也不导热。磁性材料也是如此，像铁钴合金，把它做成大约20～30nm大小，磁畴就变成单磁畴，它的磁性要比原来高1000倍。80年代中期，人们就正式把这类材料命名为纳米材料。

为什么磁畴变成单磁畴，磁性要比原来提高1000倍呢？这是因为，磁畴中的单个原子排列的并不是很规则，而单原子中间是一个原子核，外则是电子绕其旋转的电子，这是形成磁性的原因。但是，变成单磁畴后，单个原子排列的很规则，对外就显示了强大的磁性。这一特性主要用于制造微电动机。如果将技术发展到一定的时候，用于制造磁悬浮，可以制造出速度更快、更稳定、更节约能源的高速列车。

纳米技术不同于微米技术，后者是利用光刻及腐蚀等技术，从宏观尺度自上而下地进行材料的制造，集中表现在集成电路的生产等方面。而纳米技术则相反，其突出特点是基于自组装这种自下而上的方式制造纳米材料。当然，纳米材料的制造不完全依靠自组装，为了保证批量生产的效率，也会同时运用光刻技术。

将纳米级的SiO_2渗入到碳纤维的空隙间，这种在碳纤维的分子键基准上进行的调整，巩固和增强了碳纤维的稳定性和强度。因此，纳米球拍更强韧、更有弹性，提升了的击球感，如图3.42所示。

将微量的纳米抗菌材料添加到洗衣机的筒体内壁陶瓷涂层里，可以赋予洗衣机内壁表面杀菌防污的功能，阻止病菌的传播，有利于人体健康，如图 3.43 所示。

图 3.42 SHINNY 新款网球拍（纳米科技）

图 3.43 小鸭抗菌防污纳米洗衣机

对于纳米材料的研究包括两个方面：一是系统地研究纳米材料的性能、微结构和光谱学特征，通过和常规材料对比，找出纳米材料特殊的规律，建立描述和表征纳米材料的新概念和新理论；二是发展新型纳米材料。目前纳米材料应用的关键技术问题是在大规模制备的质量控制中，如何做到均匀化、分散化、稳定化。

2)纳米动力学

纳米动力学主要是微机械和微电动机，或总称为微型电动机械系统(MEMS)，用于有传动机械的微型传感器和执行器、光纤通信系统，特种电子设备、医疗和诊断仪器等用的是一种类似于集成电器设计和制造的新工艺。纳米动力学的特点是部件很小，刻蚀的深度往往要求数十至数百微米，而宽度误差很小。这种工艺还可用于制作三相电动机、超快速离心机或陀螺仪等。在研究方面，还要相应地检测准原子尺度的微变形和微摩擦等。虽然它们目前尚未真正进入纳米尺度，但有很大的潜在科学价值和经济价值。

理论上讲，可以使微电动机和检测技术达到纳米数量级。

3) 纳米生物学和纳米药物学

纳米生物学和纳米药物学，例如，在云母表面用纳米微粒度的胶体金固定 dna 的粒子，在 SiO_2 表面的叉指形电极做生物分子间互作用的试验、磷脂和脂肪酸双层平面生物膜、dna 的精细结构等。有了纳米技术，还可用自组装方法在细胞内放入零件或组件使之构成新的材料。新的药物，即使是微米粒子的细粉，也大约有半数不溶于水，但若粒子为纳米尺度(即超微粒子)，则可溶于水。

纳米生物学发展到一定技术时，可以用纳米材料制成具有识别能力的纳米生物细胞，并可以吸收癌细胞的生物医药，注入人体内，可以用于定向杀癌细胞。

4) 纳米电子学

包括基于量子效应的纳米电子器件、纳米结构的光/电性质、纳米电子材料的表征，以及原子操纵和原子组装等。当前电子技术的趋势要求器件和系统更小、更快、更冷。更小，是指器件和电路的尺寸更小。更快，是指响应速度要快。更冷，是指单个器件的功耗要小。纳米电子学的目标是将集成电路的几何结构进一步减小，超越目前发展中遇到的极限，使得功能密度和数据通过量达到新的水平。在纳米尺度下，现有的电子器件把电子视为粒子的前提不复存在，因而会出现种种新的现象，产生新的效应，如量子效应。利用量子效应而工作的电子器件称为量子器件，如共振隧道二极管、量子阱激光器和量子干涉部件等。与电子器件相比，量子器件具有高速(速度可提高 1000 倍)、低耗(能耗降低 1000 倍)、高效、高集成度、经济可靠等优点。为制造具有特定功能的纳米产品，其技术路线可分为“自上而下”和“自下而上”两种方式。“自上而下”是指通过微加工或固态技术，不断在尺寸上将人类创造的功能产品微型化；而“自下而上”是指以原子、分子为基本单元，根据人们的意愿进行设计和组装，从而构筑成具有特定功能的产品。这种技术路线将减少对原材料的需求，降低环境污染。科学家希望通过纳米生物学的研究，进一步掌握在纳米尺度上应用生物学原理制造生物分子器件的技术。目前，在纳米化工、生物传感器、生物分子计算机、纳米分子马达等方面，科学家都做了重要的尝试。

纳米技术的研究、开发可能在精密机械工程、材料科学、微电子技术、计算机技术、光学、化工、生物和生命技术及生态农业等方面产生新的突破。这种前景使工业先进国家对纳米技术给予了极大的重视，投入了大量人力、物力进行研究开发。

2. 纳米结构的检测与表征

为在纳米尺度上研究材料和器件的结构及性能，发现新现象，发展新方法，创造新技术，必须建立纳米尺度的检测与表征手段。这包括在纳米尺度上原位研究各种纳米结构的电、力、磁、光学特性，纳米空间的化学反应过程，物理传输过程，以及研究原子、分子的排列、组装与奇异物性的关系。

扫描探针显微镜(SPM)的出现，标志着人类在对微观尺度的探索方面进入到一个全新的领域。作为纳米科技重要研究手段的 SPM 也被形象地称为纳米科技的“眼”和“手”。所谓“眼”，是指可利用 SPM 直接观察原子、分子及纳米粒子的相互作用与特性。所谓“手”，是指 SPM 可用于移动原子、构造纳米结构，同时为科学家提供在纳米尺度下研究新现象、提出新理论的微小实验室。

同时，与纳米材料和结构制备过程相结合，以及与纳米器件性能检测相结合的多种新型纳米检测技术的研究和开发也受到广泛重视，例如，激光镊子技术可用于操纵单个生物大分子。

1) 表面效应

球形颗粒的表面积与直径的平方成正比，其体积与直径的立方成正比，故其比表面积(表面积/体积)与直径成反比。随着颗粒直径变小，比表面积将会显著增大，说明表面原子所占的百分数将会显著地增加。对直径大于 0.1μm 的颗粒表面效应可忽略不计，当尺寸小于 0.1μm 时，其表面原子百分数急剧增长，甚至 1g 超微颗粒表面积的总和可高达 100m^2，这时的表面效应将不容忽略。超微颗粒的表面与大块物体的表面是十分不同的，若用高倍率电子显微镜对金超微颗粒(直径为 $2\times10^{-3}\mu$m)进行电视摄像，实时观察，发现这些颗粒没有固定的形态，随着时间的变化会自动形成各种形状，它既不同于一般固体，又不同于液体，是一种准固体。在电子显微镜的电子束照射下，表面原子仿佛进入了“沸腾”状态，尺寸大于 10nm 后才看不到这种颗粒结构的不稳定性，这时，微颗粒具有稳定的结构状态。

2) 小尺寸效应

随着颗粒尺寸的量变，在一定条件下会引起颗粒性质的质变。由于颗粒尺寸变小所引起的宏观物理性质的变化称为小尺寸效应。对超微颗粒而言，尺寸变小，同时其比表面积亦显著增加，从而产生如下一系列新奇的性质。

(1) 特殊的光学性质。当黄金被细分到小于光波波长的尺寸时，即失去了原有的富贵光泽而呈黑色。事实上，所有的金属在超微颗粒状态下都呈现为黑色，尺寸越小，颜色越黑，银白色的铂(白金)变成铂黑，金属铬变成铬黑。由此可见，金属超微颗粒对光的反射率很低，通常可低于1%，大约几微米的厚度就能完全消光。利用这个特性可以作为高效率的光热、光电等转换材料，可以高效率地将太阳能转变为热能、电能。此外，这个特性又有可能应用于红外敏感元件、红外隐身技术等。

(2) 特殊的热学性质。固态物质在其形态为大尺寸时，其熔点是固定的，超细微化后却发现其熔点将显著降低，当颗粒小于10nm量级时尤为显著。例如，金的常规熔点为1064℃，当颗粒尺寸减小到10nm尺寸时，则降低27℃，2nm尺寸时的熔点仅为327℃左右；银的常规熔点为670℃，而超微银颗粒的熔点可低于100℃。因此，超细银粉制成的导电浆料可以进行低温烧结，此时元件的基片不必采用耐高温的陶瓷材料，甚至可用塑料。采用超细银粉浆料，可使膜厚均匀，覆盖面积大，既省料又具高质量。日本川崎制铁公司采用0.1～1μm的铜、镍超微颗粒制成导电浆料可代替钯与银等贵金属。超微颗粒熔点下降的性质对粉末冶金工业也具有一定的吸引力，例如，在钨颗粒中附加0.1%～0.5%重量比的超微镍颗粒后，可使烧结温度从3000℃降低到1200～1300℃，以致可在较低的温度下烧制成大功率半导体管的基片。

(3) 特殊的磁学性质。人们发现鸽子、海豚、蝴蝶、蜜蜂及生活在水中的趋磁细菌等生物体中存在超微的磁性颗粒，使这类生物在地磁场导航下能辨别方向，具有回归的本领。磁性超微颗粒实质上是一个生物磁罗盘，生活在水中的趋磁细菌依靠它游向营养丰富的水底。通过电子显微镜的研究表明，在趋磁细菌体内通常含有直径约为$2\times10^{-2}\mu$m的磁性氧化物颗粒。小尺寸的超微颗粒磁性与大块材料有显著的不同，大块的纯铁矫顽力约为80A/m，而当颗粒尺寸减小到$2\times10^{-2}\mu$m以下时，其矫顽力可增加1000倍，若进一步减小其尺寸，大约小于$6\times10^{-3}\mu$m时，其矫顽力反而降低到零，呈现出超顺磁性。利用磁性超微颗粒具有高矫顽力的特性，可做成高贮存密度的磁记录磁粉，大量应用于磁带、磁盘、磁卡及磁性钥匙等。利用超顺磁性，人们已将磁性超微颗粒制成用途广泛的磁性液体。

(4) 特殊的力学性质。陶瓷材料在通常情况下呈脆性，然而由纳米超微颗粒压制成的纳米陶瓷材料却具有良好的韧性。因为纳米材料具有大的界面，界面的原子排列是相当混乱的，原子在外力变形的条件下很容易迁移，因此表现出甚佳的韧性与一定的延展性，使陶瓷材料具有新奇的力学性质。美国学者报道氟化钙纳米材料在室温下可以大幅度弯曲而不断裂。研究表明，人的牙齿之所以具有很高的强度，是因为它是由磷酸钙等纳米材料构成的。呈纳米晶粒的金属要比传统的粗晶粒金属硬3～5倍。至于金属—陶瓷等复合纳米材料则可在更大的范围内改变材料的力学性质，其应用前景十分宽广。

(5) 宏观量子隧道效应。各种元素的原子具有特定的光谱线，例如，钠原子具有黄色的光谱线。原子模型与量子力学已用能级的概念进行了合理的解释，由无数的原子构成固体时，单独原子的能级就并合成能带，由于电子数目很多，能带中能级的间距很小，因此可以看做是连续的，从能带理论出发成功地解释了大块金属、半导体、绝缘体之间的联系与区别，对介于原子、分子与大块固体之间的超微颗粒而言，大块材料中连续的能带将分裂为分立的能级；能级间的间距随颗粒尺寸减小而增大。当热能、电场能或者磁场能比平均的能级间距还小时，就会呈现一系列与宏观物体截然不同的反常特性，称之为量子尺寸效应。因此，对超微颗粒在低温条件下必须考虑量子效应，原有宏观规律已不再成立。

电子既具有粒子性又具有波动性，因此存在隧道效应。近年来，人们发现一些宏观物理量，如微颗粒的磁化强度、量子相干器件中的磁通量等亦显示出隧道效应，称之为宏观的量子隧道效应。量子尺寸效应、宏观量子隧道效应将会是未来微电子、光电子器件的基础，或者它确立了现存微电子器件进一步微型化的极限，当微电子器件进一步微型化时必须要考虑上述的量子效应。例如，在制造半导体集成电路时，当电路的尺寸接近电子波长时，电子就通过隧道效应而溢出器件，使器件无法正常工作，经典电路的极限尺寸大概在0.25μm。目前研制的量子共振隧穿晶体管就是利用量子效应制成的新一代器件。

3）纳米级加工的物理实质

纳米级加工的物理实质和传统的切削磨削加工有很大不同，一些传统的切削磨削方法和规律已不能用在纳米级加工。

当微细加工的尺度从微米层次进入到分子、原子级的纳米尺度时，所面临的绝不是几何上的“相似缩小”问题，而是一系列新的现象和新的规律。此时，一些宏观的物理量，如弹性模量、密度、摩擦等需要重新定义，在工程上习以为常的欧几里得几何、牛顿力学、宏观热力学和电磁学等都已不能正常描述纳米级的工程现象和规律，而量子效应、物质的波动特性和微观涨落等现象成为不可忽略，甚至是起主导作用的因素。

(1) 欲得到纳米级的加工精度，则加工的单位必须在亚纳米级。由于原子间的距离一般为0.1～0.3nm，因此纳米级加工实际上已经接近了加工精度的极限。

(2) 各种物质是以共价键、金属键、离子键或分子结构的形式结合而形成的，因此要切断原子或分子间的结合，就必须具备切断原子间结合所需的能量，这就要求纳米加工方法必须具有相当高的能量密度，约为10^5～10^6J/cm^3。

传统的切削、磨削方法的能量密度较小，实际上是利用原子、分子或晶体间的缺陷而进行加工的，用这种方法直接切断原子间的结合是十分困难的。因此，直接利用光子、电子、离子等基本能子的加工，必然是纳米加工的主要方向和主要方法。但纳米级加工要求达到极高的加工精度，使用基本能子进行加工时，如何进行有效的控制以达到原子级的去除，是实现纳米级加工的关键。

纳米加工技术主要包括机械加工、化学腐蚀、能量束加工和复合加工等加工方法。然而由于这些方法本身的特点，如加工精度进一步提高受限、设备昂贵等，使纳米加工技术的进一步发展受到限制。不过，扫描探针显微镜（SPM）加工技术的出现，为纳米加工技术的发展注入了新的活力。

SPM是继1981年扫描隧道显微镜(STM)发明之后出现的一系列显微镜，包括原子力显微镜(AFM)、摩擦力显微镜(FFM)、静电力显微镜(EFM)，磁力显微镜(MFM)、激光力显微镜(LFM)和光子扫描隧道显微镜(PSTM)等。它们的用途主要是测量物体表面的微观三维形貌。随着研究的深入，人们通过控制探针与表面之间的物理或化学变化，在纳米级甚至原子分子级范围内可以改变物体表面的结构，从而将其从测量领域扩展到纳米加工领域，扩大了SPM的应用范围。目前，用于纳米加工的SPM主要是指STM和AFM两种显微镜，其原因是这两种显微镜可以很容易地控制针尖与表面的相互作用达到改变表面结构的目的。

3. 基于 SPM 的纳米加工技术

1）单原子操纵

利用 SPM 进行单原子操纵的基本原理是：当 SPM 的探针针尖对准试件表面的某个原子并非常接近到某一临界位置时，试件上的该原子将受到两个方面的力：一是探针针尖原子对该原子间的作用力；二是试件上其他原子对该原子间的结合力。如果接近程度越过这个临界位置，针尖原子和试件原子表面的电子云将重叠，两者之间的化学键和范德华力将起主导作用，这时表面原子将随针尖移动，实现试件表面原子搬迁移动；当探针针尖对准试件表面某原子时，在针尖和样品之间加上电偏压或脉冲电压，可使该原子成为离子而被电场蒸发，即可实现去除原子形成空位；同样，在有脉冲电压情况下，也可以从针尖上发射原子。在一定的脉冲电压作用下，SPM 针尖材料的原子可以迁移沉积到试件表面，形成纳米点。改变脉冲电压和脉冲次数，可以控制形成纳米点的尺寸，实现增添原子填补空位。因此，单原子操纵主要包括原子搬迁、增添原子和去除原子三种形式。SPM 是单原子操纵通常采用的方法。

图 3.44 表示通过单原子操纵，在 Cu(111)表面上成功地用 101 个铁原子写下了“原子”两个迄今为止最小的汉字。

1990 年，美国圣何塞 IBM 阿尔马登研究中心的科学家用 SPM 将镍表面吸附的氙原子逐一移动，最终以 35 个氙原子排成 IBM 三个字母。每个字母高 5nm，原子间的最短距离为 1nm。如图 3.45 所示。这一成果开创了人类单原子操纵研究的先河，表明人类不仅可以用 SPM 观察、测量试样表面上的原子、分子结构，而且可以根据人的意志随意加工制造出原子级的人工结构。将原子、分子进行重新组装、排列成一定的形状，是一种典型的“从下至上”构筑物质结构的最终极形式。

图 3.44 世界上最小的汉字

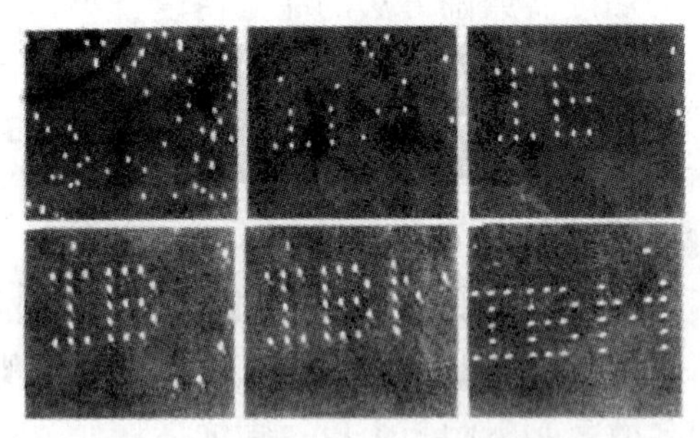

图 3.45 用 SPM 将 35 个氙原子组成 IBM 字母

2）阳极氧化法加工

阳极氧化法是 1989 年由美国国家标准与技术研究院(National institute of Standards and Technology，NIST)提出来的：它的基本原理是：通过针尖与样品之间发生的化学反应来形成纳米尺度氧化结构的一种加工方法；图 3.46 是采用 SPM 针尖对样品表面进行阳极氧化的原理图：在样品表面的氧化过程中，SPM 针尖是电化学阳极反应的阴极，样品表面为阳极(样品的偏压为正)，吸附在样品表面上的 H_2O(水分子)则充当了电化学反应中的电解液，提供氧化反应中所需的 OH^-。

这种方法早期采用 STM，但后来研究多采用 AFM。其原因是 AFM 在氧化过程中不受表面导电性局部变化的影响，以及对导体和非导体加工不受限制。该方法之所以能够获得成功，主要归功于这项技术自身的特点：方法本身采用氧化过程，简单易行，刻蚀出的结构性能稳定。这种方法可提供硬度足够高的掩膜，可以在低压范围内操作，避免高精度电子束曝光所共有的临近效应影响，且方法本身具有柔性。因此，这种方法被人们认为是支持未来纳米电子学发展的一项重要技术，得到了极大的重视，发展很迅速。目前它已经被应用到在半导体、聚合物、金属和薄的导电膜上进行纳米加工方面。采用这种技术，已经加工出了场效应管、单电子晶体管和单电子存储器等纳米级的功能器件。因此说阳极氧化法是目前最有可能应用在实际生产制造中的加工方法。

如图 3.47 所示，是中科院真空物理实验室用 SPM 在 P 型 Si(111)表面用阳极氧化法制成的 SiO_2 中科院院徽的微结构。

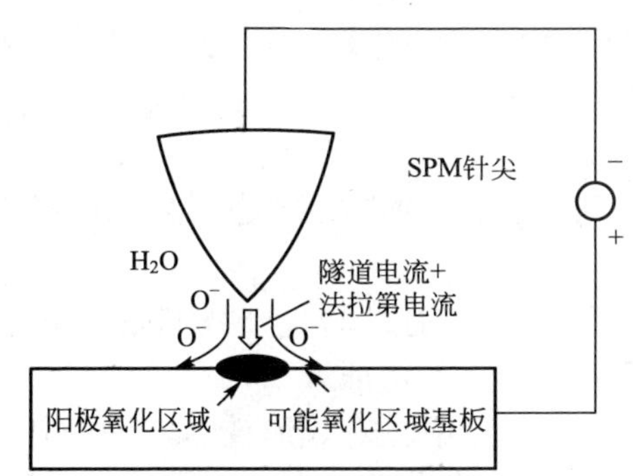

图 3.46 局部阳极氧化原理图

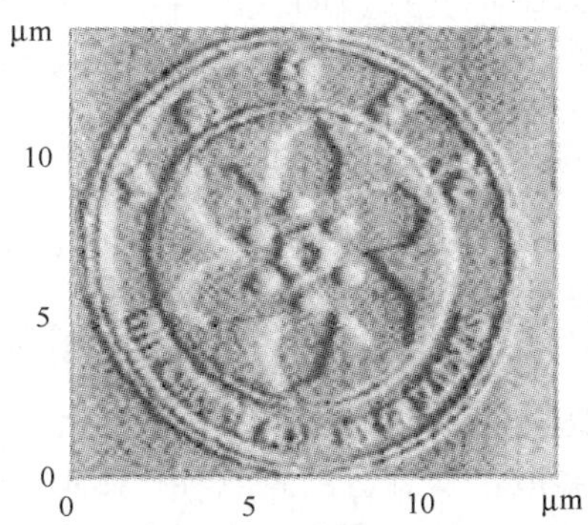

图 3.47 在硅表面用阳极氧化法制成的 SiO_2 中科院院徽

3）机械刻蚀加工

原子力显微镜是通过针尖与表面的原子间作用力进行测量的，因此在接触模式下通过增加针尖与表面之间的作用力会在接触区域产生局部结构变化，即通过针尖与样品表面的机械刻蚀的方法进行纳米级加工。目前，基于 AFM 机械去除方面的研究较多，其中大多数研究是采用弹性常数为 20～100N/m 的硅或者氮化硅测量针尖，在聚合物表面或金属膜表面进行机械刻蚀方式的直接材料去除，也有少数学者采用金刚石针尖在金属或金属膜上进行机械刻蚀。

我国学者们采用 AFM 在 Au－Pd 合金膜上通过机械刻蚀的方法加工出了北大的校徽、一首唐诗，以及圆等微小规则的二维图形。他们采用的方法是：通过计算机将所要刻蚀的图像进行编码，以脉冲信号输出，直接或间接控制 AFM 针尖的动作，并通过同步装置与 AFM 自身的扫描同步，从而加工出二维的复杂图形。

我国哈尔滨工业大学的学者们从事金刚石针尖机械刻蚀的研究工作，在单晶硅、单晶锗、铝合金表面进行刻蚀试验，分析了纳米尺度下的单点切削特性及材料去除机理，并分析了金刚石针尖的磨损，在金膜表面上刻出了“HIT”等规则图形，并通过进一步研究，采用三维工作台与 AFM 结合，在铜膜表面上加工出圆面、多边形面，阶梯等规则的复杂二维与准二维图形。此外作为这项技术的实际应用，他们还对激光打靶中的微小靶球(直径为 0.1～0.5mm)的锥形充气孔(5μm 左右)进行机械刻蚀加工，并取得了比较理想的结果，这种小孔的加工用其他的方法很难满足要求。

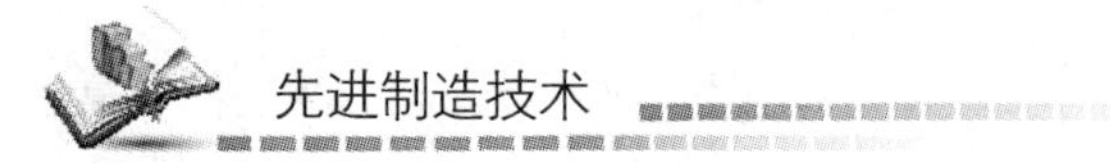

无论是采用普通针尖还是金刚石针尖进行机械刻蚀加工微纳米器件，要想大批量生产就必须与其他的加工方法结合，如能量束加工、LIGA 加工等。这也是这种方法真正走向实用的必由之路。

3.6 快速成形制造技术

3.6.1 快速成形技术的理解

快速成形技术又称快速原型制造(Rapid Prototyping Manufacturing，RPM)技术，诞生于 20 世纪 80 年代后期，是基于材料堆积法的一种高新制造技术，被认为是近 20 年来制造领域的一个重大成果。它集机械工程、CAD、逆向工程技术、分层制造技术、数控技术、材料科学、激光技术于一身，可以自动、直接、快速、精确地将设计思想转变为具有一定功能的原型或直接制造零件，从而为零件原型制作、新设计思想的校验等方面提供了一种高效低成本的实现手段。快速成形技术就是利用三维 CAD 的数据，通过快速成型机，将一层层的材料堆积成实体原型。

在快速成形技术的发展过程中，各个研究机构和人员均按照自己的理解赋予其不同的称谓，这些不同称谓即反映了快速成形技术不同方面的重要特征。

(1) 离散堆积制造：离散堆积制造是现代成形学理论中在对成形技术发展进行总结的基础上提出的，表明了模型信息处理过程的离散性，强调了成形物理过程的材料堆积性，体现了快速成形技术的基本成形原理，具有较强的概括性和适应性。

(2) 实体自由成形制造：实体自由成形制造(Solid Freeform Fabrication)表明快速成形技术无须专用的模腔或夹具，零件的形状和结构也相应不受任何约束。快速成形工艺是用逐层变化的截面来制造三维形体，在制造每一层片时都和前一层自动实现连接，不需要专用夹具或工具，使制造成本完全与批量无关，既增加了成形工艺的柔性，又节省了制造工装和专用工具的大量成本。

(3) 材料添加制造：材料添加制造(Material Increase Manufacturing)是将材料单元采用一定方式堆积、叠加成形，有别于车削等基于材料去除原理的传统加工工艺。

(4) 即时制造：即时制造(Instant Manufacturing)反映该类技术的快速响应性。由于无须针对特定零件制定工艺操作规程，也无须准备专用夹具和工具，快速成形技术制造一个零件的全过程远远短于传统工艺相应过程，使得快速成形技术尤其适合于新产品的开发，显示了其适合现代科技和社会发展的快速反应的特征和时代要求。

(5) 分层制造：分层制造(Layered Manufacturing)将复杂的三维加工分解成一系列二维层片的加工，着重强调层作为制造单元的特点，每层可采取更低维单元进行累加或高维单元进行加工得到。

(6) 直接 CAD 制造：直接 CAD 制造(Direct CAD Manufacturing)反映了快速成形是 CAD 模型直接驱动，实现了设计与制造一体化，计算机中的 CAD 模型通过接口软件直接驱动快速成形设备，接口软件完成 CAD 数据向设备数控指令的转化和成形过程的工艺规划，成形设备则像打印机一样“打印”零件，完成三维输出。

快速成形由于采用了离散/堆积的加工工艺，CAD 和 CAM 能够很顺利地结合在一起，快速成形的工艺规划主要作用是对成形过程进行优化以提高造型精度、速度和质量，所以快速成形可容易地实现设计制造一体化。

3.6.2 快速成形技术的特点

快速成形技术的特点主要包括以下几点。

(1) 制造原型所用的材料不限，各种金属和非金属材料均可使用。

(2) 原型的复制性、互换性高。

(3) 制造工艺与制造原型的几何形状无关，在加工复杂曲面时更显优越。

(4) 加工周期短，成本低，成本与产品复杂程度无关，一般制造费用降低50%，加工周期节约70%以上。

(5) 高度技术集成，可实现了设计制造一体化。

3.6.3 快速成形技术产生背景

(1) 随着全球市场一体化的形成，制造业的竞争越来越激烈，产品的开发速度日益成为主要矛盾。在这种情况下，自主快速产品开发(快速设计和快速工模具)的能力(周期和成本)成为制造业全球竞争的实力基础。

(2) 制造业为满足日益变化的用户需求，要求制造技术有较强的灵活性，能够以小批量甚至单件生产而不增加产品的成本。因此，产品的开发速度和制造技术的柔性就十分关键。

(3) 从技术发展角度看，计算机科学、CAD技术、材料科学、激光技术的发展和普及为新的制造技术的产生奠定了技术物质基础。

3.6.4 快速成形技术基本原理

快速成形技术是在计算机控制下，基于离散、堆积的原理采用不同方法堆积材料，最终完成零件的成形与制造的技术。从成形角度看，零件可视为“点”或“面”的叠加。从CAD电子模型中离散得到“点”或“面”的几何信息，再与成形工艺参数信息结合，控制材料有规律、精确地由点到面，由面到体地堆积零件。从制造角度看，它根据CAD造型生成零件三维几何信息，控制多维系统，通过激光束或其他方法将材料逐层堆积而形成原型或零件。

快速成形技术的本质是用材料堆积原理制造三维实体零件。它是将复杂的三维实体模型“切”成设定厚度的一系列片层，从而变为简单的二维图形，层层叠加而成，如图3.48所示。

图3.48 原型制作流程图

3.6.5 快速成形技术的类型

近十几年来，随着全球市场一体化的形成，制造业的竞争十分激烈。尤其是计算机技术的迅速普遍和CAD/CAM技术的广泛应用，使得快速成形P技术得到了异乎寻常的高速发展，表现出很强的生命力和广阔的应用前景。快速成形技术发展至今，以其技术的高集成性、高柔性、高速性而得到了迅速发展。目前，快速成形的工艺方法已有几十种之多，其中主要工艺有4种基本类型：光固化成形法、分层实体制造法、选择性激光烧结法和熔融沉积制造法。

1. 光固化成形

光固化成形(Stereo Lithography Apparatus，SLA)工艺也称光造型、光成形、激光印刷、光固化立体造型、立体光刻及立体印刷。

光固化(Stereo Lithography，SL)工艺由Charles Hull在1984年获美国专利，1988年美国3D System公司推出的商品化样机SLA－1，如图3.49所示，是世界上第一台快速原型技术成形机。

SL技术是基于液态光敏树脂的光聚合原理工作的。如图3.50所示，液槽中盛满液态光固化树脂，激光束在偏转镜作用下，能在液态表面上扫描，扫描的轨迹及光线的有无均由计算机控制，光点打到的地方，液体就固化。成形开始时，工作平台在液面下一个确定的深度，聚焦后的光斑在液面上按计算机的指令逐点扫描，即逐点固化。当一层扫描完成后，未被照射的地方仍是液态树脂。然后升降台带动平台下降一层高度，已成形的层面上又布满一层树脂，刮平器将黏度较大的树脂液面刮平，然后再进行下二层的扫描，新固化的一层牢固地粘在前一层上，如此重复直到整个零件制造完毕，便得到一个三维实体模型。

SL工艺方法是目前快速成形技术领域中研究最多的方法，也是技术上最为成熟的方法。这一方法的优点是成形精度高(能达到0.1mm)、成形零件表面质量好、原材料利用率接近100%，产品透明美观(如图3.51所示，为工艺品激光树脂原型)，可直接做力学实验，而且不产生环境污染，特别适合于制作含有复杂精细结构的零件。但这种方法也有自身的局限性，比如需要支撑、树脂收缩导致精度下降、光固化树脂价格昂贵，有一定的毒性等。

图3.49　SLA－1

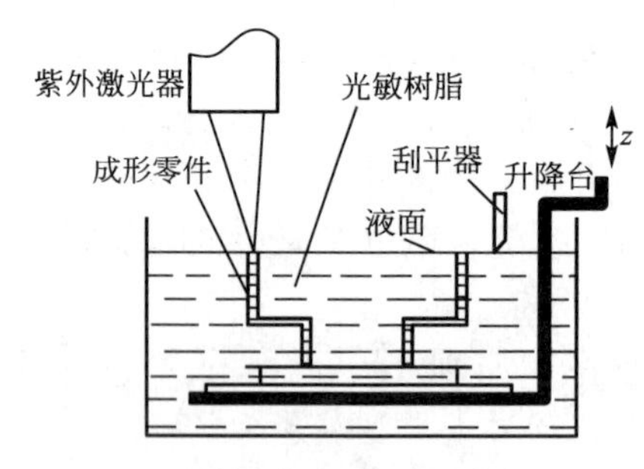

图3.50　SL工艺原理图

图3.51　工艺品激光树脂原型

2. 分层实体制造

分层实体制造(Laminated Object Manufacturing，LOM)工艺或称为叠层实体制造，其工艺原理是根据零件分层几何信息切割箔材和纸等，将所获得的层片粘结成三维实体。LOM工艺是由美国Helisys公司于1986年研制成功的。这种方法的代表是美国Helisys公司的LOM－1050和LOM－2030成形机，日本Kira公司的KSC－50成形机，如图3.52所示。

LOM工艺如图3.53所示，采用薄片材料，如纸、塑料薄膜等，片材表面事先涂覆上一层热熔胶。加工时，使热压辊、热压、片材与下面已成形的工件粘结；用 CO_2 激光器在刚粘结的新层上切割出零件截面轮廓和工件外框，并在截面轮廓与外框之间多余的区域内切割出上下对齐的网格；激光切割完成后，工作台带动已成形的工件下降，与带状片材(料带)分离。

图 3.52　LOM 成形机

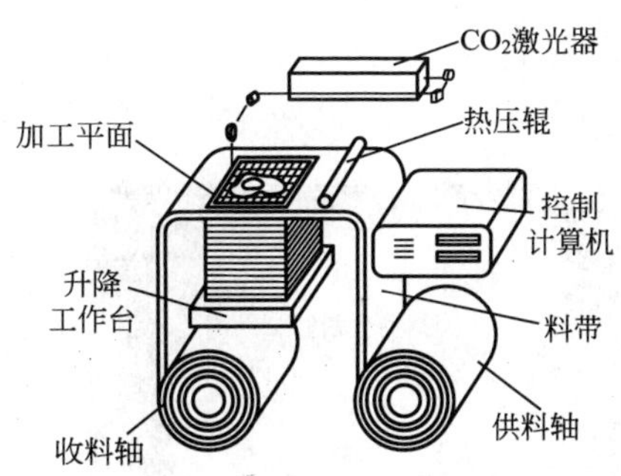

图 3.53　LOM 工艺

供料机构转动带动收料轴和供料轴，带动料带移动，使新层移到加工区域，工作台上升到加工平面，热压辊热压，工件的层数增加一层，高度增加一个料厚，再在新层上切割截面轮廓。如此反复直至零件的所有截面粘结、切割完，便得到分层制造的实体零件。

LOM 工艺的特点如下。

(1) 所制模样的整个二维横截面，只需沿其横截面的内、外周边轮廓线进行切割。故在短时间内(如几小时、几十小时)，就能制出形状复杂的零件模样。

(2) 成形件的机械性能较高，LOM 工艺的制模材料涂有热熔胶和特殊添加物，使其成形件硬如胶木，有较好的机械性能，表面光滑，能承受 100～200℃的高温，必要时可再对成形件进行机械加工。

(3) 成形件尺寸大，LOM 工艺是最适合制造大尺寸模样的快速成形工艺。目前已制出的最大成形件尺寸为 1200mm×750mm×550mm。如发动机、气缸体等中大型精密铸件。

(4) 工艺过程中不存在材料相变，因此不易引起翘曲变形，零件的精度较高，激光切割为 0.1mm，刀具切割为 0.15mm。

(5) 工件外框与截面轮廓之间的多余材料在加工中起到了支撑作用，所以 LOM 工艺无须加支撑，且材料广泛，成本低，用纸制原料还有利于环保。

(6) 力学性能差，只适合做外形检查。

(7) 前、后处理费时费力，且不能制造中空结构件。

3. 选择性激光烧结

选择性激光烧结(Selective Laser Sintering，SLS)工艺常采用的材料有金属、陶瓷、ABS (Acrylonitrile Butadiene Styrene) 塑料等材料的粉末作为成形材料。由美国得克萨斯大学奥斯汀分校于 1989 年研制成功，已被美国 DTM 公司商品化，推出 SLS Model125 成形机，如图 3.54 所示。

其工艺过程是：先在工作台上铺上一层有很好密实度和平整度的粉末，在计算机控制下用激光束在上面扫描出零件截面，有选择地进行烧结(零件的空心部分不烧结，仍为粉末材料)，被烧结部分便固化在一起构成零件的实心部分。一层完成后再进行下一层，新一层与其上一层被牢牢地烧结在一起。全部烧结完成后，去除多余的粉末，便得到烧结成的零件，工艺原理图如图 3.55 所示。

图 3.54 SLS Model125 成形机

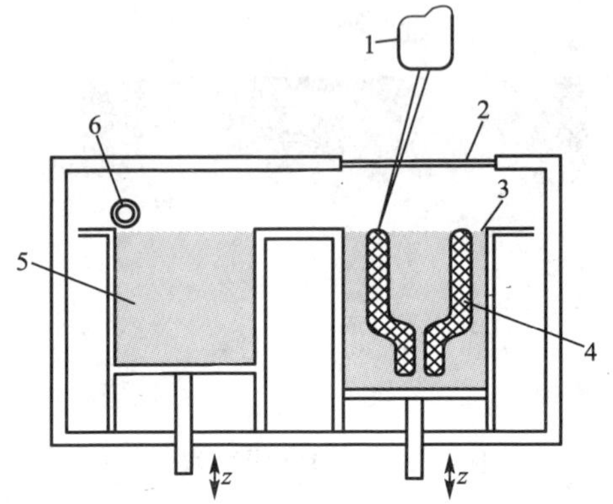

图 3.55 SLS 工艺原理图

1—激光器；2—铺粉滚筒；3—激光窗；4—加工平面；5—原料粉末；6—生成零件

SLS 的产品特点如下。

(1) 材料适应面广，不仅能制造塑料零件，还能制造陶瓷、蜡等材料的零件。特别是可以制造出能直接使用的金属零件。

(2) SLS 工艺不需加支撑，因为没有烧结的粉末起到了支撑的作用。

(3) 成形件结构疏松多孔，表面粗糙度较高；成形效率不高；得到的塑料、陶瓷或金属件远不如传统成形方法得到的同类材质工件，需进行渗铜等后处理，但在后处理中难于保证制件尺寸精度。

由于该类成形方法有着制造工艺简单、柔性度高、材料选择范围内广、材料价格便宜、成本低、材料利用率高、成形速度快等特点，针对以上特点 SLS 法主要应用于铸造业，并且可以用来直接制作快速模具。

用 SLS 工艺加工的产品如图 3.56 所示。

图 3.56 SLS 工艺产品

4. 熔融沉积制造

熔融沉积制造(Fused Deposition Manufacturing，FDM)工艺又称为熔丝沉积制造，其工艺过程如图 3.57 所示。它是以热塑性成形材料丝(热熔性材料 ABS、尼龙或蜡)为材料，材料丝通过加热器的挤压头熔化成液体，快速成形机的加热喷头由计算机控制，根据水平分层数据作 $x-y$ 平面运动。挤压头沿零件的每一截面的轮廓准确运动，使熔化的热塑材料丝通过喷嘴挤出，覆盖于已建造的零件之上，并在极短的时间内迅速凝固，与周围的材料凝结形成一个层面。每层的厚度根据喷头挤丝的直径大小确定。之后，挤压头沿轴向向上运动一微小距离进行下一层材料的建造。这样逐层由底到顶地堆积成一个实体模型或零件。

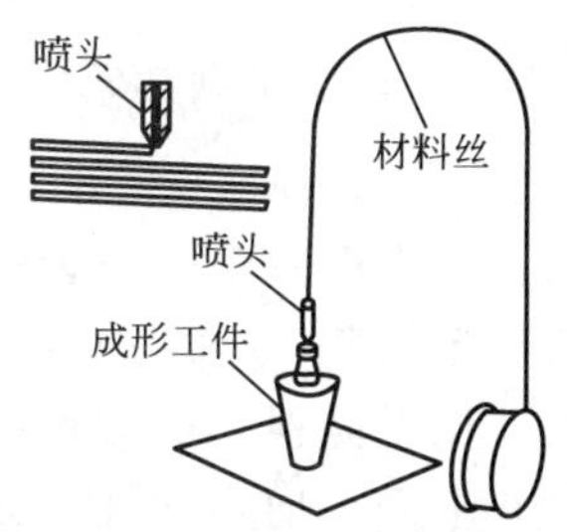

图 3.57　FDM 工艺原理图

FDM 工艺关键是保持熔融的成形材料刚好在凝固点之上，通常控制在比凝固点高 1℃左右。目前，最常用的熔丝线材主要是 ABS、人造橡胶、铸蜡和聚酯热塑性塑料等。1998 年澳大利亚开发出了一种新型的金属材料用于 FDM 工艺—塑料复合材料丝。

熔融沉积成形工艺于 1988 年研制成功，后由美国 Stratasys 公司推出商品化的 3D Modeler 1000 和 FDM1600 等规格的系列产品，如图 3.58 所示。

图 3.58　FDM 成形机系列

该工艺的特点是无须激光系统，设备简单，运行费用便宜，尺寸精度高，表面光洁度好。一般复杂程度原型仅需要几个小时即可成形，且无污染。FDM 工艺适用于薄壳体零件及微小零件，如电器外壳、手机外壳、玩具等，都是现代社会比较实用流行的用品，而且原型强度比较好，近似于实际零件，可以作为概念型直接验证设计。

该工艺不足之处是加工零件表面粗糙度比较大，有明显条纹，成形时间比较久，复杂零件需要加支撑结构，后处理工艺比较麻烦。

后处理包括设备降温、零件保温、去除支撑、表面处理等步骤。

1）设备降温

原型制作完毕后，如不继续造形，即可将系统关闭，为使系统充分冷却，至少于 10 分钟后再关闭散热按钮和总开关按钮。

2）零件保温

零件加工完毕，下降工作台，将原型留在成形室内，薄壁零件保温 15～20min，大型零件 20～30min，过早取出零件会出现应力变形。

3）去除支撑和表处理

用小铲子小心取出原型。去除支撑，避免破坏零件。用砂纸打磨台阶效应比较明显处。用小刀处理多余部分。用填补液处理台阶效应造成的缺陷。如需要可用少量丙酮溶液把原型表面上光。

5. 三维印刷工艺

三维印刷工艺(Three Dimension Printing，3DP)与SLS工艺类似，采用粉末材料成形，如陶瓷粉末，金属粉末。所不同的是材料粉末不是通过烧结连接起来的，而是通过喷头用粘结剂(如硅胶)将零件的截面“印刷”在材料粉末上面，如图3.59所示的三维印刷机。储粉筒材料被放置在快速成形过程的起始位置。在工作平台的里面是一个平整的金属盘，上面一层层微细的粉末由滚筒铺开，然后在制作过程中由打印头喷出粘结剂进行粘结。用粘结剂粘结的零件强度较低，还须后处理。先烧掉粘结剂，然后在高温下渗入金属，使零件致密化，提高强度。3DP工艺是由美国麻省理工学院E - manual Sachs等人研制的，已被美国的Soligen公司以DSPC(Direct Shell Production Casting)名义商品化，用以制造铸造用的陶瓷壳体和型芯。

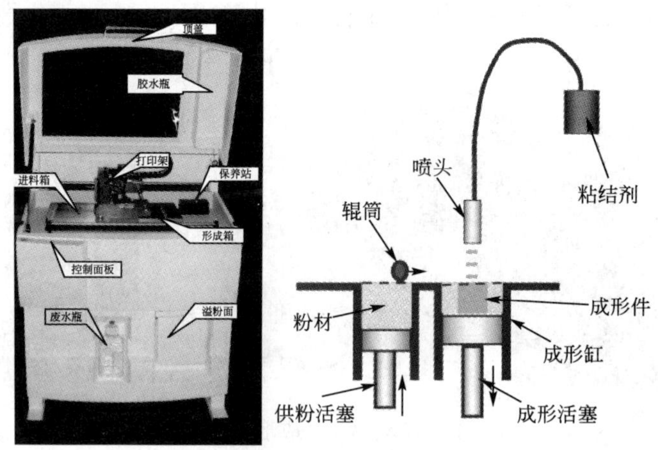

图3.59　三维印刷机及结构原理图

3DP工艺的速度快，适合制造复杂形状、复合材料或非均匀材料、小批量的零件，无污染，是绿色化的办公室设计。但零件精度差，表面粗糙度差，零件易变形甚至出现裂纹。

除了上述最为熟悉的技术外，还有许多技术也已经实用化，如光屏蔽工艺、直接壳法、直接烧结技术、全息干涉制造等。

6. 快速成形技术的应用

不断提高快速成形技术的应用水平是推动快速成形技术发展的重要方面。目前，快速成形技术已在工业造型、机械制造、航空航天、军事、建筑、影视、家电、轻工、医学、考古、文化艺术、雕刻、首饰等领域都得到了广泛应用。并且随着这一技术本身的发展，其应用领域将不断拓展。

快速成形技术的实际应用主要集中在以下几个方面。

1) 在新产品造型设计过程中的应用

快速成形技术为工业产品的设计开发人员建立了一种崭新的产品开发模式。运用快速成形技术能够快速、直接、精确地将设计思想转化为具有一定功能的实物模型(样件)，这不仅缩短了开发周期，而且降低了开发费用，也使企业在激烈的市场竞争中占有先机。

2）在机械制造领域的应用

由于快速成形技术自身的特点，使得其在机械制造领域内获得广泛的应用，多用于单件、小批量金属零件的制造。有些特殊复杂制件，由于只需单件生产，或少于50件的小批量，一般均可用快速成形技术直接进行成形，成本低，周期短。

3）快速模具制造

传统的模具生产时间长，成本高。将快速成形技术与传统的模具制造技术相结合，可以大大缩短模具制造的开发周期，提高生产率，这是解决模具设计与制造薄弱环节的有效途径。快速成形技术在模具制造方面的应用可分为直接制模和间接制模两种，直接制模是指采用快速成形技术直接堆积制造出模具；间接制模是先制出快速成型零件，再由零件复制得到所需要的模具。

4）在医学领域的应用

近几年来，人们对快速成形技术在医学领域的应用研究较多。根据CT扫描信息，应用熔融挤压快速成形的方法可以快速制造人体的骨骼(如颅骨、牙齿等)和软组织(如肾)等模型，可以进行手术模拟、人体骨关节的配置、颅骨修复，对外科手术有极大的应用价值。在康复工程上，采用熔融挤压制造的人体和肌体的结合部位能够做到最大程度的吻合，减轻了假肢使用者的痛苦。

5）在文化艺术领域的应用

在文化艺术领域，快速成形制造技术多用于艺术创作、文物复制、数字雕塑等。

6）在航空航天技术领域的应用

在航空航天领域中，空气动力学地面模拟实验(即风洞实验)是设计性能先进的天地往返系统(即航天飞机)所必不可少的重要环节。该实验中所用的模型形状复杂、精度要求高、又具有流线型特性，采用快速成形技术，根据CAD模型，由快速成形设备自动完成实体模型，能够很好地保证模型质量。

7）在家电行业的应用

目前，快速成形系统在国内的家电行业上得到了很大程度的普及与应用，使许多家电企业走在了国内前列。如广东的美的、华宝、科龙，江苏的春兰、小天鹅，青岛的海尔等，都先后采用快速成形系统来开发新产品，收到了很好的效果。快速成形技术的应用很广泛，可以相信，随着快速成形制造技术的不断成熟和完善，它将会在越来越多的领域得到推广和应用。

快速成形技术在各领域的产品展示如图3.60所示。

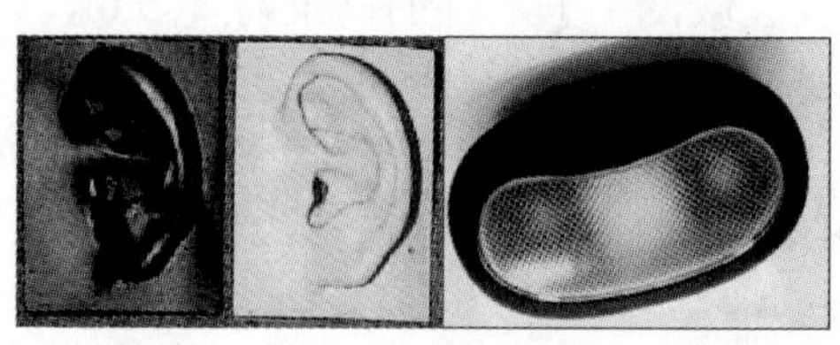

(a) 义耳轿车车灯

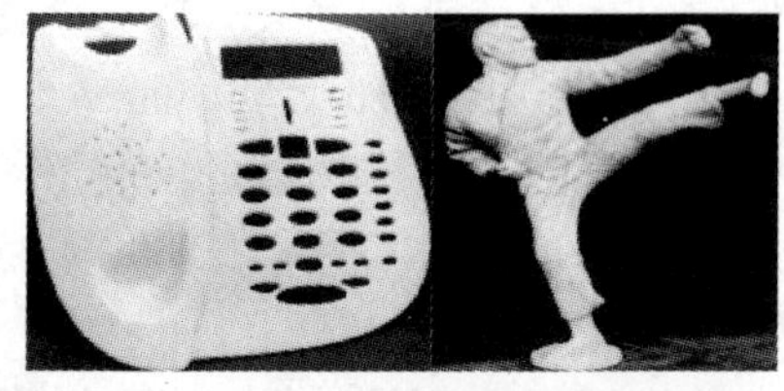

(b) 电话机外壳艺术品

图3.60 快速成形制件

7. 与快速成形制造相关的技术

RPM是多种技术的交叉结合，主要的相关技术有：CAD、反求工程、数控技术

(NC)、材料技术等。

1) CAD

CAD技术的发展是以它的硬件和软件技术的发展为标志的。从某种意义上讲，RPM技术是CAD硬件设备中输出外设的最新成员，而与之相关的是CAD中以产品模型(几何模型)发展为主线的软件技术的发展。

CAD技术中产品模型的发展过程经过了二维模型、三维线框模型、曲线模型、实体模型、产品模型、特征模型直至最新的生物模型。从二维向三维，从简单的几何元素(直线、圆弧)向复杂的几何元素(体、曲线、曲面)，从单一的几何信息向反映工艺信息在内的产品全信息，从静态设计向以参数化特征造型为基础的动态设计发展。

最早的CAD技术以二维绘图软件为主。它是传统设计手段——工程图样设计的延续，具有简单、实用，对传统的生产管理体制冲击较小的特点。直至今日，二维绘图系统仍是CAD领域中的重要部分，并且自身亦在不断发展。它对于普及和推广CAD技术，提高绘图质量和设计效率起着积极的促进作用。但是，二维产品模型有着根本的局限性，用二维的直线、圆弧来表示三维的物体，只能是视图、投影图的表示，不能建立物体真实模型。

随着60年代“计算机图形学”的出现，实体造型中诸如边界计算、曲面表示、布尔运算等关键技术的相继解决，能够较真实地表示三维物体的三维实体模型开始应用。许多具有三维实体造型功能的CAD系统陆续问世，给传统的生产方式，从设计到制造，乃至经营管理都带来了巨大的冲击。

利用三维实体产品模型，设计者在设计产品时，不需要将三维物体进行投影，想象各种角度的视图，用多个剖面表示内容结构，用多个视图解释投影的二义性，而可以直接在计算机上构造三维物体，并赋以质量、颜色等特性，并从任意角度观察物体。随着参数化特征造型技术的发展，设计人员还可以在零件上构造具有加工工艺特性的特征结构，修改原先设计的尺寸，使零件的形态按要求进行变化。新的设计手段大大方便了设计人员，一方面他们可以构造任意复杂的零件表面形状和内部结构，而无须考虑如何表达它们的二维投影；另一方面他们可以把头脑中的设计灵感直接映射到计算机构成的三维空间中，而无须经过二维平面手段作为媒介。

产品模型发展到实体模型，能较完整地表示一个三维物体，这为快速成形技术的产生准备了条件，同时也提出了需求。因为如果没有能表示三维物体的数据模型，而只是一些图样，想要用快速成形的原理制造出实体模型就需要手工计算出各个截面，编制每个截面的加工代码，计算劳动量太大，以致无法实现。假设一个零件的高度有50mm，每层厚度为0.1mm，共500层的加工量，而一个人每天计算10层，就需50天的编程时间，这根本谈不上是快速。因此三维物体的实体模型表示，是快速成形技术的一项重要的支撑技术，它的发展和成熟是RPM技术出现并实用的必要条件。

2) 反求工程与RPM

反求技术在根据测量数据、CT扫描数据、照片，在缺少零件工程图或其CAD模型的情况下，或直接测量实体来直接建立其CAD模型方面，有着举足轻重的地位。如果这一技术有了大的发展，则可以很容易地利用RPM技术来生产出汽车的壳体、珍贵的艺术品、庞大的物体、医学上内脏器官精确模型、实现对不完整物体的修复等。

反求作为RPM技术的前端数据处理技术，在国内只有清华大学进行的根据照片的反求，上海交大的利用BP（Back Propagation）神经网络重构反求技术中基于数字化点的曲面等为数不多的几种，但这些技术也都只是处于发展阶段。

反求技术在快速成形中的应用主要涉及以下3个方面。

(1) 利用反求技术生成STL文件，供快速成形系统的数据处理软件直接使用，产生NC代码。

(2) 利用反求技术生成层片文件——CLI文件，这种输出比较适用于对各种CT图像的反求，并且由于快速成形本身就是分层制造法，可用断层图像或矢量化的层片轮廓信息直接驱动RPM设备逐层叠加而成三维实体，这种方法也是目前学术界研究最活跃的领域之一。

(3) 利用反求技术来重构出实体模型，借助于CAD系统来转化成STL文件。

3) 数控技术

快速成形技术的另一个重要支撑技术是数控技术。

个人计算机（PC）系统上的丰富软件资源，是其他计算机系统所无法比拟的。其十分友好的人机界面，有着广泛的使用人群。因此，在PC上开发计算机数控CNC，以PC为平台发展CNC已经成为较普遍的共识。PC进入数控领域后，它的总线式、模块化、开放型的系统结构使得系统的开发变得比较容易，数控技术的应用范围迅速扩大。快速成形技术就是数控技术最新应用的领域之一。

快速成形技术要求将材料精确地堆积，并长时间保持较高的定位精度，防止错层。如果没有高可靠性、高精度的数控系统，快速成形技术是无法实现的。数控技术的应用，是快速成形技术能够产生并发展成熟必不可少的条件。

4) 材料技术与RPM

成形材料是RPM技术发展的关键环节。它影响原型的成形速度、精度和物理、化学性能，直接影响到原型的二次应用和用户对成形工艺设备的选择。

与RPM制造的4个目标(概念型、测试型、模具型、功能零件)相适应，对成形材料的要求也不同。

快速成形技术的特点要求有各种符合不同工艺条件的专用材料，不同材料的成形性能相差很大。因此，需要对相关材料进行较深入的研究。目前，广泛采用的快速成形材料有以下几种。

(1) 涂覆纸：采用国产热熔胶和高强度牛皮纸，其SSM原型呈榆木质感，分低温和高温两种型号、不同幅宽的多种纸材，已批量生产，适用于我国清华大学SSM-800、SSM-1600、M-RPMS-Ⅱ、M-RPMS-Ⅲ等机型，以及美国LOM系列机型，售价远低于美国同类产品。

(2) ABS丝：具有最佳黏度、分解点、熔点、抗氧化能力、柔韧性和收缩率等性能的丝材，呈盘状销售，适用于我国清华大学MEM-800、MEM-250-Ⅱ、M-RPMS-Ⅱ、M-RPMS-Ⅲ等机型，以及美国FDM系列机型，售价仅为美国同类产品的1/3～1/4。

(3) 尼龙丝：具有透明和不透明两种，后者特别适合于人体解剖学数据的原型制造，适用于我国清华大学MEM和美国FDM的各类机型。

(4) 蜡丝：具有合适的黏度、柔韧性、熔点、分解点等性能的丝材，适用于MEM和FDM的各类机型。

8. 快速成形技术的发展方向

从目前快速成形技术的研究和应用现状来看，快速成形技术的进一步研究和开发工作主要有以下几个方面。

(1) 开发性能好的快速成形材料，如成本低、易成形、变形小、强度高、耐久及无污染的成形材料。

(2) 提高快速成形系统的加工速度和开拓并行制造的工艺方法。

(3) 改善快速成形系统的可靠性，提高其生产率和制作大件能力，优化设备结构，尤其是提高成形件的精度、表面质量、力学和物理性能，为进一步进行模具加工和功能实验提供基础。

(4) 开发快速成形的高性能 RPM 软件。提高数据处理速度和精度，研究开发利用 CAD 原始数据直接切片的方法，减少由 STL 格式转换和切片处理过程所产生精度损失。

(5) 开发新的成形能源。

(6) 改进和创新快速成形方法和工艺。直接金属成形技术将会成为今后研究与应用的又一个热点。

(7) 进行快速成形技术与 CAD、CAE、RT、CAPP、CAM，以及高精度自动测量、逆向工程的集成研究。

(8) 提高网络化服务的研究力度，实现远程控制。

习　　题

1. 简述先进制造工艺的发展与特点。

2. 高速加工有何特点？目前主要应用于哪些行业？分析高速切削加工所需解决的关键技术。

3. 分析高速磨削对砂轮的要求。

4. 就目前技术条件下，普通加工、精密加工和超精密加工是如何划分的？

5. 分析先进制造技术与传统技术的比较，先进制造技术有何特点？

6. 分析 RPM 工作原理和作业过程，列举典型的 RPM 工艺方法。

7. 特种加工的定义，其与切削加工有何不同？

8. 激光加工系统有哪些组成部分？

9. 叙述微机械的基本特征，目前有哪些微细加工工艺方法？

10. 电子束加工、离子束加工和激光加工相比各自的适用范围如何？三者各有什么优缺点？

11. 举例说明纳米技术的应用。

第4章 加工域活动中的先进设备

★ 了解实现加工域活动的一些先进设备的加工原理、典型结构和控制方案；
★ 了解电主轴、直线电动机、高速刀具技术及并联机床的特点和应用。

知识要点	能力要求	相关知识
高速切削机床	了解高速切削机床的发展和关键技术	电主轴、直线电动机、高速刀具技术
并联运动机床	了解并联运动机床的结构原理和主要部件	并联机床的主轴部件、杆件及驱动、铰链等的结构和作用

导入案例

并联运动机床实例：КИМ－750型测量机

俄罗斯Lapic公司将Stewart平台并联机构用于TM－1000型精密加工中心和КИМ－750型3坐标测量机，КИМ－750型测量机的外观如图1所示。

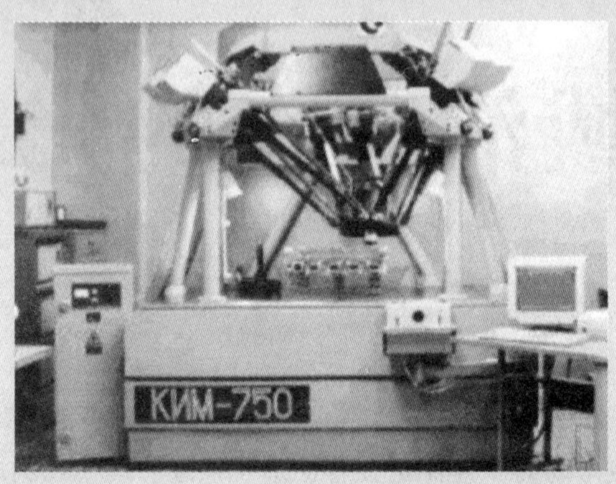

图1　КИМ－750型测量机

从图1中可见，上平台就是测量机的框架，6根伸缩杆是由伺服电动机驱动的滚珠丝杆，它们共同与装有测量头的下平台连接。在固定的上平台和运动的下平台之间安装有6根激光干涉测量尺，对伸缩杆的位移进行测量，并实时反馈，工作精度可达±0.001～0.002mm。工作空间为750mm×550mm×450mm。采用并联机构的测量机的特点是可以很方便地将测量头偏转一个角度，测量斜孔的直径。

4.1　概　　述

制造业是国民经济的基础，工艺与装备是制造业的基础。工业发达国家极为重视工艺与设备问题，将其视为与基础科学、国家安全、健康、社会福利一样重要。21世纪，设备制造应是中国与发达国家竞争的主要领域之一。

提高加工设备的生产率一直是设备制造厂家追求的目标。零件的加工时间由切削时间和加工辅助时间构成，可以从两方面提高生产率：一是减少切削时间，即提高切削速度；二是降低加工的辅助时间、例如，减少换刀、装卸零件、测量、空行程等需要的时间。

普通机床加工过程的辅助时间远大于零件切削时间，在过去几十年里人们将研究重点集中在减少加工过程的辅助时间方面。在数控机床出现以前，机械零件加工过程所花的时间，70%以上是辅助时间，用于零件的上下料、测量、换刀和调整机床等辅助动作。数控机床的发明和应用，为减少加工过程的辅助时间和提高生产率奠定了基础。加工中心、柔性制造单元和柔性制造系统的应用，解决了自动换刀、自动装卸工件等问题，在很大程度上提高于整个零件加工的自动化水平，大幅度地减少了辅助加工时间。

随着加工过程辅助时间的大幅度降低。切削时间在零件加工的总工时中所占的比例变得越来越大；要想进一步提高生产率，除了优化生产工艺外，只能从减少切削时间上下功夫，降低切屑工时就意味着要提高切削速度。高速切削机理的研究结果表明：当切削速度达到相当高的区域时，切削力下降。工件的温升较低，热变形较小，刀具的耐用度提高等。因此高速切削不仅大幅度提高了单位时间材料切除率，而且还会带来一系列的其他优良特性，例如，在高速切削状态下径向切屑力小、工件温升低。可以用高速加工方法来加工薄壁类零件、温度敏感的零件和难加工材料。

由于高速切削具有的优良品质，美国、德国、日本、法国，瑞士、英国等国都在高速切削方面做了很多研究工作，相继推出了自己的产品。目前，高速加工技术已在航空航天、汽车和摩托车、模具制造、轻工业与电子工业及其他制造业得到了越来越广泛的应用。

并联运动机床是近十年才发展起来的一种新型高速机床，其工作原理和结构与传统的以笛卡儿坐标为基础的串联运动机床有很大的不同。与传统机床相比，并联运动机床具有结构简单、刚度高、动态性能好、速度快、可重构等优点。由于它易于实现较复杂的空间运动，因而具有十分广阔的应用前景，目前并联运动机床已成为高速、高效、高柔性加工设备的一个新的发展方向。

本章重点介绍实现加工域活动的一些先进设备的加工原理、典型结构和控制方案。

4.2 高速切削机床

4.2.1 高速切削机床概述

1. 高速切削的发展

高速切削是近十年来迅速崛起的一项先进制造技术，是继数控技术之后又一场对机械制造行业影响深远的技术革命。1976年，美国的Vought公司研制了一台超高速铣床，最高转速达到了20000r/min。联邦德国Darmstadt工业大学生产工程与机床研究所(PTW)从1978年开始系统地进行高速切削机理研究，得到了国家研究技术部的鼎力支持。1984年该部拨款1160万马克，组织了以Darmstadt工业大学的PTW为首的、有41家公司参加的两项联合研究计划，全面而系统地研究了超高速切削机床、刀具、控制系统等相关的工艺技术，分别对各种工件材料(如钢、铸铁、特殊合金、铝合金、铝镁铸造合金、铜合金和纤维增强塑料等)的超高速切削性能进行了深入的研究与试验，取得了国际公认的高水平研究成果，并在德国工厂广泛应用，获得了良好的经济效益。自20世纪80年代中后期以来，商品化的高速切削机床不断出现，高速机床从单一的高速铣床发展成为高速车铣床、钻铣床乃至各种高速加工中心等，瑞士、英国、日本也相继推出了自己的高速机床。日本工业界善于吸取各国的研究成果并及时应用到新产品开发中去，尤其在超高速切削机床的研究和开发方面后来居上，现已跃居世界领先地位。1990年以来，以松浦、牧野、马扎克和新泻铁工等公司为代表的一批机床制造厂，陆续向市场推出不少超高速加工中心和数控铣床。日本厂商现已成为世界上超高速机床的主要提供者。日本日立精机的HG400Ⅲ型加工中心主轴最高转速达36000～40000r/min，工作台快速移动速度为36～40m/min。采用直线电动机的美国Ingersoll公司的HYMS00型高速加工中心进给移动速度为60m/min。目前高速加工中心和其他高速数控机床在发达国家已呈普及趋势，我国在20世纪80年代相继从德国、美国、法国、日本等国引进了多条较先进的轿车数控生产自动线。在引进技术设备的带动下，我国高速机床技术有了长足进步，目前的差距在于机床关键功能部件的研发上落后于市场需求，例如，转速20000r/min以上的大功率高刚度主轴、无刷环形扭矩电动机、直线电动机、快速响应数控系统等在实用上还处于空白。

表4-1列出了近年来国际市场出现的高速加工中心部分著名产品的性能参数。

表4-1 高速加工中心部分著名产品的性能参数

制造厂家(国别)	机床型号	主轴最高转速/(r/min)	最大进给速度/(m/min)	主轴驱动功率/kW	主轴轴承类型
Cincinnati-Milacron(美国)	HPMC加工中心	20000	30	11	陶瓷轴承
EX-cell-O(美国)	数控内圆磨床	45000	—	35	磁浮轴承
Kitamura(日本)	Sonicmill-7加工中心	20000	25	20.8	陶瓷轴承
马扎克(日本)	Super-400H加工中心	25000	15	18.5	陶瓷轴承
松浦(日本)	FX-5加工中心	30000	25	15	陶瓷轴承
牧野(日本)	A55-A128加工中心	40000	50	22	陶瓷轴承
新泻铁工(日本)	VZ40加工中心	50000	20	18	陶瓷轴承
新泻铁工(日本)	UHS10数控铣床	100000	15	22	陶瓷轴承
Forest-Linei(法国)	数控镗铣床	30000	20	25	磁浮轴承
Westwind(瑞士)	加工中心	55000	20	9.1	空气轴承

关于高速切削从主轴设计的观点，是以沿用多年的DN值(主轴轴承孔直径D与主轴最大转速N的乘积)来定义的。DN值达$(5\sim2000)\times10^5$mm·r/min时为高速切削。从刀具和主轴的动力学角度看，高速切削则取决于刀具振动的主模式频率，它在ANSI/ASME标准中用来进行切削性能测试时选择转速范围。

高速切削不仅仅要求有高的切削速度，而且还要求具有高的加速度和减速度。因为大多数零件在机床上加工时的工作行程都不长，一般在几毫米到几百毫米，只有在很短的时间内达到高速和在很短的时间内准确停止才有意义。因此在衡量机床的高速性能时还需要考察机床进给速度的加减速性能。

普通机床的进给速度一般为8～15m/min，快速空行程进给速度为15～24m/min，加、减速度一般为$0.1g\sim0.3g$(g为重力加速度)，目前高速切削机床的进给速度一般在30～90m/min以上，加减速度为$1g\sim8g$。随着科学技术的不断发展，高速加工采用的切削速度会越来越高。

2. 高速切削的优点

与常规切削相比，高速切削有以下优点。

1）提高生产率

随着切削速度的大幅度提高，单位时间内的材料切除率显著增加，机床快速空行程速度大幅度提高，有效地减少了加工时间和辅助时间，从而极大地提高了生产率。

2）提高加工精度

在切削速度达到一定值之后，切削力可降低30%以上，工件的加工变形减小；95%～98%的切削热来不及传给工件而被切屑飞速带走，工件可基本上保持在较低的温度，不会发生大的热变形；所以高速切削有利于提高加工精度，也特别适合于大型框架件、薄板件、薄壁槽形等易热变形零件的高精度加工。

3）能获得较好的表面质量

高速切削时，在保证相同生产效率时可采用较小的进给量，可减少加工表面的粗糙度。同时在高速切削状态下，机床的激振频率特别高，远远离开了“机床—刀具—工件”工艺系统的固有频率范围，工作平稳，振动小，所以能加工非常精密、光洁的零件。零件经高速车、铣加工后其表面质量常常可达到磨削的水平，留在工件表面上的应力也很小，故可省去常规铣削后的精加工工序。

4）可加工各种难加工材料

航空和动力部门大量采用的镍基合金和钛合金，这类材料强度大、硬度高、耐冲击、加工中容易硬化、切削温度高、刀具磨损严重。在普通加工中一般采用很低的切削速度，如采用高速切削，则其切削速度可提高到100～1000m/min，为常规切削的10倍左右，不但可大幅度提高生产率，而且有效地减少刀具磨损，提高零件加工的表面质量。

5）降低了加工成本

高速切削时单位时间的金属切削率高、能耗低、工件加工时间短，从而有效地提高了能源和设备利用率，降低生产成本。

目前，在钢的高速加工方面还存在一些困难，还没有开发出适合钢材高速加工的高熔点、高强度的新型刀具材料。在加工轻合金、不含铁金属和工程材料时，高速加工可用于零件加工的全过程(包括粗加工和精加工)。在加工铸铁、钢和难加工材料的时候，多用于零件的粗加工。

目前，高速切削主要应用于汽车工业、航空航天工业、模具工具制造、难加工材料和超精密微细切削加工领域。

3. 高速切削对机床的特殊要求

高速切削机床一般都是数控机床和精密机床，它比普通数控机床能够提供更高的切削速度和加速度，并能够满足高速加工要求的一系列较为特殊的要求。高速加工对机床提出的要求主要包括以下几点。

1）主轴转速高，输出功率大

高速切削不但要求机床主轴转速高，而且要求主轴能够传递足够大的功率和扭矩，以满足高速铣削、高速车削等高效、重切削工序的要求。高速切削机床主轴转速为常规机床的10倍左右，一般都大于10000r/min，有的高达60000～100000r/min。主电动机的功率为15～80kW。

2）进给速度高

为了保证工作的加工精度和表面质量，需要保持刀具每齿进给量不变。在主轴转速大幅度提高以后，进给速度也必须大幅度的提高，高速切削机床的进给速度也为常规机床的10倍左右，一般在60～100m/min以上。

3）主轴转速和进给速度的加速度高

由于零件加工的工作行程一般都不长，从几毫米到几十毫米，在进给速度变化过程中不能进行零件加工，所以不允许有太长的加速和减速过程。因此，在高速机床上，无论是主轴还是工作台，速度的提升或降低往往要求在瞬间完成，这就要求高速运动部件有极大的加速度。高速切削机床的主轴从启动到达到最高转速或从最高转速降到零要在1～2s内完成，工作台的加、减速度由常规的0.1g～0 2g提高到1g～8g(g为重力加速度)。

4）机床的静、动态特性好

高速切削时，机床各运动部件之间做速度很高的相对运动，运动副接合面之间将发生急剧的摩擦和发热，高的运动加速度也会对机床产生巨大的冲击，因此在机床设计时，必须在结构和传动上采取一些特殊措施，使高速机床的结构除具有足够的静刚度以外，还必须有很高的动刚度和热刚度。

5）机床的其他功能部件性能高

高速机床需要与之匹配的快速运动部件才能充分发挥高的效率，如快速刀具交换、快速工作台交换及快速排屑等装置，同时由于切削速度过高，需要采取一定的安全保护、检测措施等。

由此可见，沿袭了多年的普通机床的传动与结构已经不能满足高速切削的要求，适用于高速加工的高速切削机床必须进行全新的设计。

4. 高速切削机床的关键技术

高速机床是实现高速加工的前提和基本条件，高速切削机床技术是高速切削技术中最基本的关键技术。一般认为，高速切削机床的关键技术包括以下几个方面。

1）高速主轴单元

高速机床具有高速旋转的主轴系统，超高速主轴单元是超高速加工机床最关键的基础部件，主要包括动力源、主轴、轴承和机架4部分，其性能直接决定机床所能达到的切削速度、加工精度和应用范围。高速主轴单元的设计是实现高速加工最关键的技术之一，其部件的性能取决于主轴的设计方法、材料、结构、轴承、润滑冷却、动平衡、噪声等多项相关技术。高速主轴一般做成电主轴的结构形式，其关键技术包括高速主轴轴承、无外壳主轴电动机及其控制模块、润滑冷却系统、主轴刀柄接口和刀具夹紧方式及刀具动平衡等。

2）高速直线驱动进给单元

高速进给系统的进给速度是评价高速机床性能的重要指标之一，不仅对提高生产率有重要意义，而且也是维持高速切削中刀具正常工作的必要条件。对高速进给系统的要求不仅仅是能够达到高的运动速度，而且要求进给运动能在瞬时达到高速和瞬时准停等。高速进给系统包括了进给伺服驱动技术、滚动元件导向技术、高速测量与反馈控制技术和其他周边技术，如冷却、润滑、防尘、降低噪声及安全技术等。

3）高速切削刀具技术

高速切削刀具技术是实现高速加工的关键技术之一。生产实践和高速切削试验证明：阻碍切削速度提高的关键因素是切削刀具是否能承受越来越高的切削温度，高速切削的最关键技术之一就是高速切削所用的刀具。高速切削刀具与普通加工刀具无论从材料还是刀具结构都有很大不同。目前，在高速切削中使用的刀具通常选用热稳定性好的钛基硬质合金、聚晶金刚石(PCD)、压层硬质合金、聚晶立方氮化硼(CBN)、陶瓷等材料。在高速切削刀具研究中包括刀具材料、刀具几何角度的选择和刀具结构设计等方面的内容。

4) CNC 控制系统

高速加工技术是传统数控加工技术的新发展，从基本原理来说，它与传统数控加工没有本质区别。高速数控机床的目标是高速度地加工出高精度的零件，要求其 CNC 系统能够高速度处理程序段，能够迅速准确地处理和控制信息流以降低加工误差，并且还应有较大的程序存储量。CNC 控制系统的关键技术主要包括快速处理刀具轨迹、预先前馈控制、快速反应的伺服系统等。

5) 切屑处理和冷却系统

高速切削过程会在单位时间内产生大量的切屑，高速切削机床需要高效的切屑处理和清除装置。高压大流量的切削液不但可以冷却机床的加工区，而且也是一种行之有效的清理切屑的方法，但它会对环境造成严重的污染。并不是任何高速切削场合都可以使用切削液，如对抗热冲击性能差的刀具，切削液反而会降低刀具的使用寿命，这时可采用干切削，并用吹气或吸气的方法进行清理切屑的工作。刀具的高速冷却系统已和主轴及刀柄集成在一起。

6) 安全装置与实时监控系统

机床运动部件的高速运动、大量高速流出的切屑及高压喷洒的切削液等，都要求高速机床要有一个足够大的密封工作空间。刀具破损时的安全防护尤为重要。为了便于操作人对零件加工过程直接进行观察、操作和控制，机床本身要对加工情况、刀具的磨损状态等进行监控，实时地对加工过程在线监测，这样才能保证产品质量，提高加工效率，延长刀具使用寿命，确保人身和设备的安全。

7) 换刀装置

随着切削速度的提高，切削时间的不断缩短，换刀时间的缩短对于提高加工中心的生产率就显得更加重要，也成为高水平加工中心的一项重要指标。由于加工中心的自动换刀要求可靠准确，而且结构相对比较复杂，提高换刀速度技术难度较大。目前国外机床先进企业生产的高速加工中心为了适应高速加工，大都配备了快速换刀装置，采用了许多新技术、新方法。

8) 机床床体结构

由于切削速度大幅度提高，高速加工时产生振动的可能性增加，同时还要避免机床的固有频率在切削速度范围内，因此要求床身和工作台要有很好的动静刚度、抗震性、精度保持性及更好的抗热变形能力。高速机床床身设计的关键在于降低运动部件惯量的同时，保持基础支承部件高的静刚度、动刚度和热刚度。通过计算机辅助工程的方法进行优化设计，能获得减轻重量、提高刚度的床身、立柱和工作台结构。

4.2.2 电主轴

主轴是直接体现机床性能的关键部件。普通机床主轴部件，从电动机到主轴，要经过一系列的传动环节，如带轮、齿轮、离合器、联轴器、丝杠等，造成很大的转动惯量，使主轴的运动无法达到高速加工所要求的速度和加速度；当主轴在起动、加减速、反向和停车时，这些机械元件中发生的弹性变形、摩擦磨损和反向间隙等，会产生运动的滞后现象及其他许多非线性误差，影响了对运动指令的快速反应。还会造成巨大的振动和噪声，直接影响高速加工的精度、表面质量，对生产环境造成严重的噪声污染。

为了满足高速加工的要求，最好的方法是取消从电动机到主轴之间的一切中间环节。使电动机和机床的主轴合二为一，从而使传动链的长度为零，实现机床的“零传动”。电主轴就是实现高速机床主运动系统“零传动”的典型结构。这种电主轴采用了电动机直接驱动方式，主轴电动机与机床主轴“合二为一”，将其空心转子直接套装在机床主轴上，带有冷却套的定子则安装在主轴单元的壳体内，大大简化了机床主轴系统的传动与结构，提高了主轴运动的灵敏度、运动精度和工作可靠性。同时这种传动形式可使主轴部件从机床传动系统和整体结构中相对独立出来，可做成“主轴单元”，一般称为“电主轴”，由于目前电主轴主要采用交流高频电动机(改变供电频率就可实现主轴调速)，也称它为“高频主轴”。

电主轴克服了传统机床主轴传动系统的许多缺点，提高了主轴的转速、加速度和精度等参数，满足了高速加工的要求，但也带来了不少需要解决的新问题，例如，电动机内装于主轴部件后引起的发热问题，需要有专门的冷却装置；高频电动机需要有变频器类的控制器来实现主轴转速的变换；高速轴承需要有专门的润滑装置，以及为了保证高速回转部件的安全，要有报警、停车用的传感器及其控制系统等一系列支持电主轴运转的其他外围装置。因此，电主轴不是一根仅仅将电动机和主轴作为一体的光轴，而是一种智能型的功能部件，具有一系列控制温升与振动等机床运行参数的功能，以确保其高速运转的可靠性与安全性。一个完整的电主轴系统包括电主轴本身及其附件：电主轴、主轴变频调速器、润滑系统、冷却装置、控制系统等一系列功能部件。

1. 电主轴所融合的技术

电主轴所融合的技术包括以下几个方面。

(1) 高速轴承技术：电主轴通常采用动静压轴承、复合陶瓷轴承或电磁悬浮轴承。动静压轴承具有很高的刚度和阻尼，能大幅度提高加工效率、加工质量，延长刀具寿命，降低加工成本，这种轴承寿命多半无限长。复合陶瓷轴承目前在电主轴单元中应用较多，这种轴承滚动体使用热压 Si_3N_4 陶瓷球，轴承套圈仍为钢圈，标准化程度高，对机床结构改动小，易于维护。电磁悬浮轴承高速性能好、精度高，容易实现诊断和在线监控，但是由于电磁测控系统复杂，这种轴承价格十分昂贵，而且长期居高不下，至今没有得到广泛应用。

(2) 高速电动机技术：电动机与主轴一体化的电主轴，其电动机的转子即为主轴的旋转部分，理论上可以把电主轴看作一台高速电动机，其关键技术是高速度下的动平衡。

(3) 润滑：电主轴的润滑一般采用定时定量油气润滑；也可以采用油脂润滑，但相应的速度要打折扣。油气润滑，是指润滑油在压缩空气的携带下，被吹入陶瓷轴承。其油量的控制很重要，太少，起不到润滑作用；太多，在轴承高速旋转时会因油的阻力而发热。

(4) 冷却装置：为了给高速运行的电主轴散热，通常对电主轴的外壁通以循环冷却剂，冷却装置的作用是保持冷却剂的温度。

(5) 内置脉冲编码器：电主轴内置脉冲编码器可以准确地控制相位，以及与进给的配合，实现自动换刀及刚性攻螺纹。

(6) 自动换刀装置：为了适用于加工中心，电主轴配备了能进行自动换刀的装置，包括碟形弹簧、拉刀油缸。

(7) 高速刀具的装卡方式：广为熟悉的 BT、ISO 刀具，已被实践证明不适合于高速加工，这种情况下出现了 HSK、SKI 等高速刀柄。

(8) 高频变频装置：要实现电主轴每分钟几万甚至十几万转的转速，必须用高频变频装置来驱动电主轴的内置高速电动机，变频器的输出频率甚至需达到几千赫(Hz)。

2. 电主轴的运动控制

在数控机床中，电主轴通常采用变频调速方法。目前主要有普通变频驱动和控制、矢量控制驱动器的驱动和控制及直接转矩控制 3 种控制方式。

(1) 普通变频为标量驱动和控制，其驱动控制特性为恒转矩驱动，输出功率和转速成正比。普通变频控制的动态性能不够理想，在低速时控制性能不佳，输出功率不够稳定，也不具备 C 轴功能，但价格便宜、结构简单，一般用于磨床和普通的高速铣床等。

(2) 矢量控制技术模仿直流电动机的控制，以转子磁场定向，用矢量变换的方法来实现驱动和控制，具有良好的动态性能。矢量控制驱动器在刚启动时具有很大的转矩值，加之电主轴本身结构简单，惯性很小，故启动加速度大，可以实现启动后瞬时达到允许极限速度。这种驱动器又有开环和闭环两种，后者可以实现位置和速度的反馈，不仅具有更好的动态性能，还可以实现 C 轴功能；而前者动态性能稍差，也不具备 C 轴功能，但价格较为便宜。

(3) 直接转矩控制是继矢量控制技术之后发展起来的又一种新型的高性能交流调速技术，其控制思想新颖，系统结构简洁明了，更适合于高速电主轴的驱动，更能满足高速电主轴高转速、宽调速范围、高速瞬间准停的动态特性和静态特性的要求，已成为交流传动领域的一个热点技术。

由此可见，电主轴是一种机电一体化的高科技产品，是将机床主轴与主轴电动机融为一体的新技术，虽然机械结构相对简单，但制造精度要求很高。世界上只有为数不多的专业化公司能够制造电主轴，国际上较高水平的电主轴是瑞士的 IBAG、FISHER 公司和德国 GMN、FAG 等公司的产品，其中，瑞士 IBAG 公司在电主轴行业技术领先，生产电主轴的历史已经有 30 年。目前，IBAG 公司提供几乎任何转速、扭矩、功率、尺寸的电工轴系统(包括电主轴、矢量变频驱动、油气润滑装置、冷却装置、管路、电缆、刀具等)，产品范围很宽，其电主轴最大转速可达 140000r/min，直径范围为 33～300mm，功率范围为 125W～80kW，扭矩范围为 0.02～300N·m。用户可以提出自己希望的功率、扭矩曲线。IBAG 公司还可以为用户做特殊的机械结构。我国的洛阳轴承研究所曾在 20 世纪 80 年代从德国的 GMN 公司引进了电主轴生产技术，目前可提供加工中心、高速铣床和车床用的电主轴，由于电主轴制造的高精度和机床加工工艺对高转速的要求，以专业厂家生产的高质量的电主轴必将取代各机床厂家自己生产的传统主轴，电主轴将会像直线导轨一样成为机床标准部件。目前我国济南二机床集团有限公司、江苏多棱数控机床股份有限公司、宁江机床集团股份有限公司、秦川机床集团有限公司、东风设备制造厂、湖南大学海捷制造技术有限公司、东莞科挺自动化公司、昆山 G01 模具工具制造公司等都已在其产品上采用于 IBAG 公司的电主轴。

高速电主轴的典型结构如图 4.1 所示。

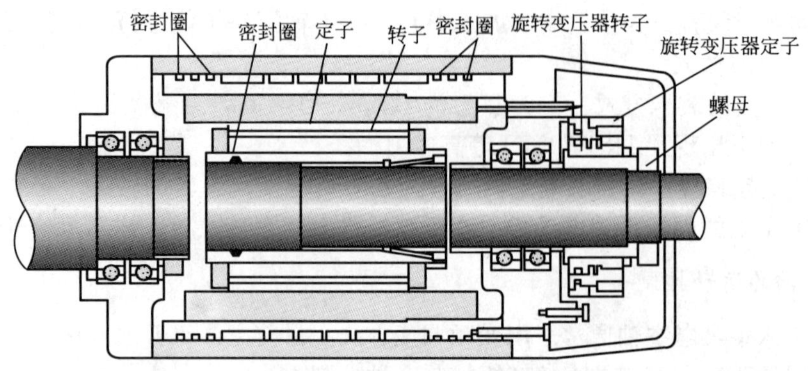

图 4.1　电主轴的典型结构

主轴前后有两套轴承来支承，电动机的定子通过一个冷却套筒安装在电主轴的壳体中。电动机的转子用过盈配合的方法安装在机床主轴上，处于前后轴承之间，由过盈配合产生的摩擦力来实现大转矩的传递。这样，电动机的转子就是机床的主轴，电主轴的箱体就是电动机座。主轴的转速用电动机的变频调速与矢量控制装置来改变。在主轴的后部安装有测量转速和测量角位移的传感器、主轴前段外伸部分的内锥孔和端面，用于安装和固定加工中心可换的刀具。电主轴是个独立的部件，如图 4.2 所示，为电主轴的外形。

图 4.2　电主轴外形

1. 电主轴的参数

电主轴的主要参数包括：主轴的最高转速、输出功率和转矩、套筒直径和刀具接口等。其中，主轴的最高转速、额定功率和套筒直径为电主轴的主要参数。表 4－2 列出了用于加工中心 SDS 系列的电主轴的型号和参数。

表 4－2　SDS 系列的电主轴的型号和参数

主轴型号 spindle type	转速 speed (r/min)	电机 Motor				润滑 Lub	冷却 Cool	轴端连接 Joint of nose	轴承型号 Bearings type	特点 character
		额定功率 kW	电压 V	电流 A	频率 Hz					
SDS80－20－24Z/1.5	24000	1.5	220	5.4	400	油脂	水冷	ISO20 锥孔	2×30BNR P4 1×7004C P4	带传感器及松拉刀机构
SDS80－20－30Z/1.8	30000	1.8	220	6.4	500	油脂	水冷	ISO20 锥孔	2×30BNR P4 1×7004C P4	带传感器及松拉刀机构
SDS110－30－18Z/3.2	18000	3.2	380	6.9	600	油脂	水冷	BT30 锥孔	2×35BNR P4 1×25BNR P4	带传感器及松拉刀机构
SDS110－30－24Z/4.5	24000	4.5	380	9.2	800	油脂	水冷	BT30 锥孔	2×35BNR P4 1×25BNR P4	带传感器及松拉刀机构
SDS110－30－30Z/5.5	30000	5.5	380	11.5	1000	油脂	水冷	BT30 锥孔	2×35BNR P4 1×25BNR P4	带传感器及松拉刀机构
SDS110－40－12Z/6.0	12000	6.0	380	11.9	400	油脂	水冷	ISO40 锥孔	2×60BNR P4 2×40BNR P4	带传感器及松拉刀机构

2. 电主轴的轴承和结构

电主轴是高速、精密的旋转部件，在高速切削时承受很大的径向和轴向切削力，这些切削力要经过轴承传到机床箱体，所以电主轴的轴承性能对电主轴的使用功能至关重要。轴承必须满足高速运转的要求，具有较高的回转精度和较低的温升，而且轴承要具有尽可能高的径向和轴向刚度，并具有较长的使用寿命。

电主轴的结构与所采用的轴承形式有密切的关系，按照所采用轴承不同，电主轴有3种结构形式：滚动轴承电主轴、静压轴承电主轴和磁悬浮轴承电主轴。

1）具有滚动轴承的电主轴结构

滚动轴承具有刚度高、高速性能好、结构简单紧凑、标准化程度高、品种规格繁多、便于维修更换、价格适中和便于选择等一系列优点，在电主轴中得到了广泛的应用。电主轴轴承一般采用高速且可同时承受径向和轴向负荷的精密角接触球轴承。

滚动轴承在高速旋转时滚珠会产生很大的离心力和陀螺力矩，滚珠所承受的离心力远大于切削力作用给滚珠的力，所以此时轴承设计的主要参数不再是工作载荷而是转速。为了有效减小滚珠的离心力，一般采用两种措施：一是尽量减小滚珠的直径，高速精密滚动轴承的滚珠直径约为标准系列滚珠轴承的70%；二是用密度小的热压烧结氮化硅(Si_3N_4)陶瓷材料制作滚珠。

陶瓷球轴承具有重量轻、热膨胀系数小、硬度高、耐高温、超高温时尺寸稳定、耐腐蚀、弹性模量比钢高、非磁性等优点；缺点是制造难度大，成本高，对拉伸应力和缺口应力较敏感。用热压 Si_3N_4 陶瓷材料制成的轴承有效地降低了球体的重量，大幅度减少了旋转球体在高速转动时的离心力和陀螺力矩，从而使得轴承的接触应力减小、摩擦功耗下降、温升降低、轴承寿命提高。陶瓷球轴承在高速及重载荷的条件下可获得高刚度、低温升和长寿命等性能。目前广泛使用的滚动轴承其滚珠主要用热压陶瓷材料制作，而与之相配合的内外环的材料采用轴承钢，这种轴承简称为混合轴承。目前混合轴承又有新发展：一是陶瓷材料已用于制作圆柱滚子轴承的滚子，市场上出现了陶瓷圆柱混合轴承；二是用不锈钢(如FAG公司用氮化不锈钢 Crodinur 30)代替轴承钢制作轴承的内外圈特别是内圈，由于不锈钢的热膨胀系数比轴承钢小20%，自然在高速回转时，因内圈热膨胀所造成的接触应力增大趋势会受到抑制。从高速性的角度看，滚动轴承中角接触球轴承最好，圆柱滚子轴承次之，圆锥滚子轴承最差。

角接触球轴承一般须在轴向有预加载荷条件下才能正常工作，预加紧载荷不仅可消除轴承的轴向游隙，还可以提高轴承刚度、主轴的旋转精度，抑制振动和球体的打滑现象。一般说来，预加载荷越大，提高刚度和旋转精度的效果就越好；但是预加载荷越大，温升就越高，可能造成烧伤，从而降低轴承的使用寿命，甚至不能正常工作。所以，如何针对不同转速和负载的电主轴来选择轴承的最佳预加载荷值，是一个较为重要的技术诀窍。

对转速不太高和变速范围比较小的电主轴，一般采用刚性预加载荷。即利用轴承内外环的尺寸来施加预加载荷。这种方法虽然简单，但当轴系零件发热而引起尺寸变化时，预加载荷大小也会相应发生变化。当转速较高和变速范围较大时，为了使预加载荷的大小少受温度或速度的影响，可采用弹性预加载荷装置。这两种预加载荷的方法，在电主轴装配完成后，其预加载荷的大小无法改变和调整；对于使用性能和使用寿命要求更高的电主轴，可采用通过与转速相适应的流体压力来调整预加载荷的大小的装置。

滚动轴承在高速旋转时会产生大量的热量，会引起主轴温度的升高，容易烧坏轴承，影响电主轴的正常工作，所以必须对滚动轴承进行润滑。目前滚动轴承有脂润滑、油雾润滑和油气润滑三种方式，其中，油雾润滑虽然效果不错，但污染环境和危害工人健康，国外已很少采用。

脂润滑是最简单和环保性最好的一种润滑方式。由于脂在超高速运转下容易变质，故其 dmη 值(dmη 值是表达滚动轴承高速性能的速度因子：dm 是滚动轴承内、外圈的平均直径，单位为 mm；η 是轴承的转速，单位为 r/min)较低，轴承为钢球时仅达 80mm×104mm，为陶瓷球时可达 110mm×104mm(FAG 公司开发的新一代低温轴承其 dmη 值还可以在此基础上增加 10%左右)。现在高速主轴轴承用得最多的是油气润滑方式，它是定时、定量地供给轴承以油气混合物，使轴承各部位获得最佳的微量润滑并把污染减至很小。采用油气润滑的钢球或陶瓷球角接触球轴承，其 dmη 值一般可分别达到 140mm×104mm 和 210mm×104mm，若采用比较特殊的油气润滑方式，陶瓷球角接触球轴承的 dmη 值可达 250mm×104mm 甚至更高一点(如图 4.3 所示，为特殊油气润滑方式的一种，在试验室内其 dmη 值已达 280mm×104mm)。

油气润滑装置一般由专业的润滑功能部件公司设计制造。电主轴公司选购以后，设定不同的定时、定量值和选定含某种特别添加剂的油，再成套供应给电主轴用户。

具有滚动轴承的电主轴，价格比较低廉，使用维护方便。如图 4.4 所示，为德国 GMN 公司用于加工中心和数控铣床的电主轴就是这种结构，其轴承是适合高速运转的精密角接触球轴承。

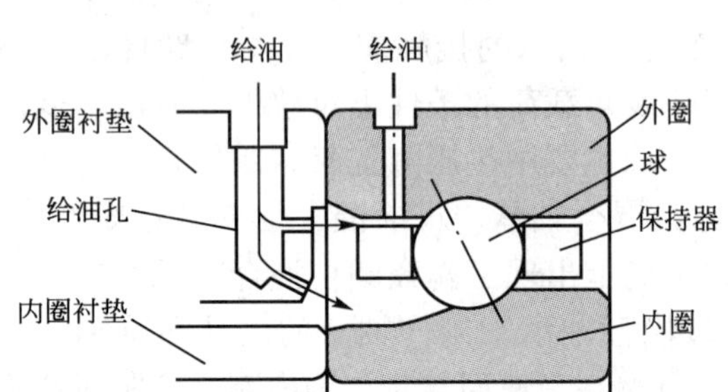

图 4.3　光洋精工 F 型混合轴承的油气润滑示意图

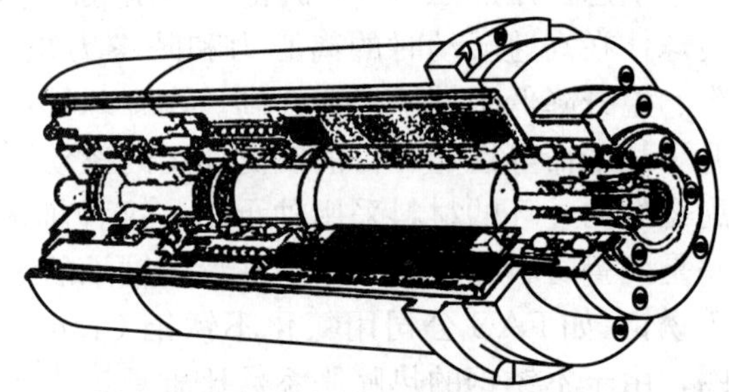

图 4.4　GMN 公司用于加工中心和数控铣床的电主轴

高速电主轴滚动轴承的配置形式有多种，但比较典型的是前、后轴承呈“O”形布局的两对角接触球轴承，如图 4.4 所示。由于后轴承也是角接触球轴承，一般要设置滚珠套以便让后轴承能沿壳体轴向移动，使得主轴受热后可自由向后方膨胀。一般说来，角接触球轴承需要在轴向有预加负荷才能正常工作，预加负荷越大，轴承的刚度越高但温升也越大。比较简单的办法是，根据电主轴的转速范围和所要承受的负载，选定一个最佳的固定预加负荷值；更好的办法则是预加负荷能随主轴转速改变而调整，在高转速时减小预加负荷，在低转速时增加预加负荷。

最近几年，由于陶瓷圆柱混合轴承的面世和油气润滑的较普遍应用，圆柱滚子轴承的高速性能得到较大改进，所以现在已有相当数量的高速加工中心，其电主轴的后轴承采用了允许内、外圈相对移动量较大并能承受更大径向负荷的圆柱滚子轴承，如图 4.5 所示。这样就可在提高刚度的条件下，用比较简单的结构达到主轴可自由向后膨胀的目的，瑞士

Step-Tec公司生产的高速电主轴，其后轴承就是采用陶瓷圆柱混合轴承。

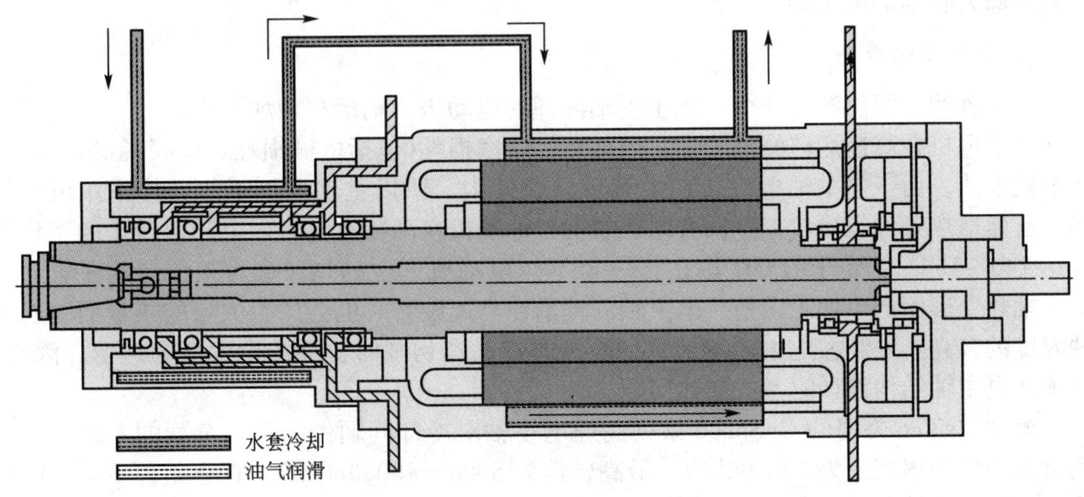

图4.5 一种后轴承为圆柱滚子轴承的高速加工中心电主轴(北京机床研究所)

2) 具有静压轴承的电主轴

流体静压轴承为非接触式轴承，具有磨损小、寿命长、旋转精度高、阻尼特性好等优点。按所用流体的性质，可分为气体静压轴承和液体静压轴承。

气体静压轴承的刚度差，承载能力低，主要用于高精度、高转速、轻载荷的场合；液体静压轴承刚度高，承载能力强，但结构复杂，使用条件苛刻，而且在高速下液面搅动大，消耗功率大、温升较高。美国和瑞士的公司研制出了以水(加了防锈蚀添加剂)替代油的静压轴承电主轴，由于水的黏度远远低于油，温升高的问题已得到解决。

具有静压轴承的电主轴结构紧凑，动、静态刚度较高，特别是在采用自动液压刀具加紧机构时，可以利用同一能源，是一种值得考虑的方案。它的主要缺点是价格较高，使用维护较为复杂。

IBAG公司的HFl70.7HA40HKV型静压轴承的电主轴，主轴的最高转速为40000r/min，额定功率为40kW。静压轴承具有较大的径向承载能力，该型号的电主轴的径向承载能力为3500N，主轴前端径向静态刚度为400N/μm，轴向静态刚度为800N/μm，明显高于具有滚动轴承的电主轴。

3) 具有磁悬浮轴承的电主轴

磁悬浮轴承又称磁力轴承，它是利用电磁力将主轴悬浮在空气中的一种高性能轴承，而且在运转过程中用灵敏的传感器不断检测主轴位置，并反馈给控制器实时调整电磁力，使与转子(轴承转子和电动机转子)结合在一起的主轴始终保持在正确位置上。由于采用电子反馈系统进行自动调节，其刚度和阻尼可控，主轴能自动动平衡，其回转精度可高达0.1μm。磁浮轴承无机械接触，寿命很长，它的高速性能仅受转子矽钢片离心力的制约，转子最高线速度可达200m/s(陶瓷球轴承为80m/s)。这种轴承温升低，主轴轴向尺寸变化也很小，是一种很有发展前途的电主轴。

磁悬浮轴承技术已出现约30多年，因价格太高，长期以来一直没能在民用工业得到推广应用。近年来，由于电子技术和控制用计算机技术(主要是DSP芯片)的飞速发展，使此项技术已开始走向商品化的实用阶段。德国GMN公司(与日本SEIKO SEIKI公司联合开发)和瑞士 IBAG 公司等均已有成熟的产品供应。我国洛阳轴承研究所已向用户提供轴向为磁力轴承的电主轴。

3. 电主轴的冷却

电主轴的主要热源有 3 个：置于主轴内部的电动机、轴承和切削刀具。

主轴电机在高速运转的过程中，内部产生功率损耗(包括机械损耗、电损耗等)，从而使电机发热。由于电主轴电机装在主轴单元壳体内，所以主轴电机不能直接采用风扇散热，自然散热条件也比较差。调查结果表明，电动机在高速旋转时，电动机转子的工作温度达 140～160℃，定子的温度也在 45～85℃。电动机产生的热量会直接传递给主轴，引起主轴热变形而产生加工误差。电主轴的轴承在高速旋转时也会产生大量的热量而引起主轴温度的升高。安装在电主轴端部的切削刀具在高速切削时也会产生大量的热量。因此，必须在电主轴结构设计时考虑散热问题。

德国 CyTec 公司的 CySpeed 系列高速电主轴对冷却问题作了较为全面的考虑。该系列电主轴的功率范围为 10～60kW，最高转速为 8000～40000r/min。它有 4 种不同功能的冷却回路：主轴冷却、电动机冷却、刀具外部冷却和刀具内孔冷却。

主轴冷却回路的目的是保持主轴温度恒定，且其温度与主轴转速无关，因而可以避免主轴前端伸长并且保护主轴轴承，从而保证主轴的精度不受电动机发热的影响；电动机冷却回路主要在于电机定子的冷却，只要将定子的温度控制在较低的范围之内，就能将电机的温度加以控制。其冷却方式是对电机定子采用外循环水式冷却液实行强制冷却，加强电动机对外部的散热能力，使主轴部件的壳体保持室温状态；刀具冷却是选用件，可以任意选用外部冷却或者内孔冷却，或者内外同时冷却。采用通过刀具内孔冷却时，冷却液在高压下通过旋转分配器中间的孔道，打开单向阀，从刀柄(包括刀具)的中间孔中喷出。

主轴轴承的发热，主要是因为滚动体与滚道接触区间的滚动摩擦、高速下所受陀螺力矩产生的滑动摩擦以及润滑油的粘性摩擦等生的。控制主轴轴承的温度主要是在保证一定转速的前提下降低摩擦总力矩，减小轴承的摩擦发热量来保证轴承正常运转进而保证数控机床的加工精度以及稳定性。其主要措施包括：通过适当减小滚动体的直径来减小摩擦，从而减少轴承发热量：采用较合理的油气润滑方式，此种方式不但对轴承具有润滑作用，还具有一定的冷却作用，而且轴承产生的热量会被其大量的压缩空气带走，达到降低温度和散热的目的，以减小轴承热量。

4. 电主轴的动平衡

离心力与主轴转速的平方成正比，主轴高速回转时，微小的不平衡量也会引起巨大的离心力，造成机床振动进而影响加工质量，因此，动平衡是高速主轴系统需要认真解决的问题。专业电主轴厂生产的电主轴都经过严格的动平衡，一般都执行 ISO 标准 G0.4 级($G=e\omega$，e 为质量中心与回转中心之间的位移，即偏心量；ω 为角速度)，即在最高转速时残余动不平衡引起的振动速度最大不得超过 0.4mm/s。广义的主轴系统还包含刀具，加工过程中每更换一把刀具，其动不平衡量就会发生变化。为此，FISCHER 公司提供了一种在线自动平衡装置，它能自动测出主轴系统的不平衡量，并自动使位于电主轴前端的两个平衡圆盘相对转动到一个动不平衡量最小的位置。

为了提高主轴运转部分的动平衡精度，在结构设计时遵守对称性原则，尽量取消一切形式的键连接和螺纹连接。主轴上用于轴向固定零件的螺纹套筒改用与主轴有过盈配合的端盖来代替，电动机的转子内孔和主轴之间采用过盈配合进行连接，扭矩传递依靠两者之间的摩擦力来实现，由于两者之间有很大的过盈量，在装配时必须将转子加热到200℃左右，迅速进行热压装配。这种主轴上零件的过盈连接结构不会产生弯曲应力和扭转应力，零件质量均匀，主轴的动平衡得到保证。

另外，在主轴装配后可采取一些调整动平衡的措施，例如，在转子两端设置两个平衡圆环，每个环上均匀分布了许多大小不同的孔。在电主轴装配后进行动平衡测试时，根据测试结果在适当的螺纹孔中拧入平衡螺钉，螺钉旋入的深度可根据动平衡的要求确定。达到动平衡后，再用环氧树脂将这些小螺钉紧固在相应的位置上，以防止主轴高速旋转时被甩出。

北京机床研究所μ1000系列精密立式加工中心，在利用FANUC主轴电动机的基础上，自行制造了最高转速为15000r/min的电主轴。该电主轴在制造过程中经过两次精确的动平衡，第一次是在转子热装后，第二次是所有回转零件装配好且几何精度检验完毕后。同时，还在电主轴前后位置设有平衡环以备在线动平衡用。

主轴与刀具的连接关系到加工质量，现在几乎所有的专业电主轴厂均可按用户要求提供各种标准和非标准的刀具接口，当然不同的刀具接口对应于不同的刀柄。传统的7∶24实心刀柄，与主轴孔仅靠锥面定位，当主轴高速旋转时，主轴锥孔会因离心力的作用而“胀大”，但实心锥柄不能随之“胀大”，主轴孔便发生“张口”使刀具在其中摇摆，从而产生轴向定位误差并影响主轴系统的动平衡。故近十几年来另一种高速性能好的HSK刀柄迅速兴起，为越来越多的高速加工机床所采用，2001年已被列为国际标准ISO 12164—1∶2001。

美国肯纳金属公司开发了一种全自动平衡刀柄(TABS刀柄)，刀柄和测量控制装置一起组成了刀具自动平衡系统。这种自动平衡系统只要安装在主轴上，电主轴系统就能自动平衡。其基本工作原理是在刀柄的平衡环中装有永磁体，当测量控制装置测量出不平衡量和位置时，就会自动调整刀柄中永磁体的位置，达到消除不平衡的目的。

4.2.3 高速直线电动机进给系统

高速进给系统是高速切削机床的关键部件之一。普通NC机床的进给系统一般采用“滚珠丝杠副+旋转伺服电动机”的传动形式。但这种传动方式在用于高速进给时不一定适应。首先，丝杠的扭转刚度低，高速运行时易产生扭振，限制了运动速度和加速度的提高。其次，进给系统机械传动链较长，各环节普遍存在误差，传动副之间有间隙，这些误差相叠加会形成较大的综合传动误差和非线性误差，影响机床的加工精度。虽然可以通过软件补偿等方法来消除部分传动误差，但在高速运动情况下，机械传动链的磨损较快，传动误差不稳定，使得误差补偿的效果难以长时间地维持。其次，机械传动存在链结构复杂、机械噪声大、传动效率低等缺点。

高速进给系统目前通常采用两种进给传动系统：高速滚珠丝杠螺母进给系统和直线电动机进给驱动系统。

高速滚珠丝杠螺母进给系统对传统的丝杠螺母传动系统进行了技术创新，形成了具有优良性能的高精度、高速度的传动系统。高速切削加工用的进给驱动机构通常都为大导程、多头高速滚珠丝杠，丝杠采用中空结构，并进行预拉处理，以提高丝杠的刚度；滚珠采用小直径氮化硅(Si_3N_4)陶瓷球，以减少其离心力和陀螺力矩；采用空心强冷技术来减少高速滚珠丝杠运转时由于摩擦产生温升而造成的丝杠热变形；采用传感器对螺母的预紧力进行检测，实现对螺母预加载荷的自适应控制。采用高速滚珠丝杠螺母传动的优点是：可以采用在技术上比较成熟的旋转伺服电动机驱动，进给系统和机床整机的设计和安装调试方便，成本较低。但这种系统丝杠和螺母副的制造难度较大，速度和加速度的上限受到较大的限制，存在一定的非线性特性，全闭环时系统稳定性不易得到保证。

直线电动机直接驱动时，把电动机平铺下来，电动机的动子部分直接与机床工作台相连，从而消除了一切中间传动环节，实现了直接驱动。直线电动机可达到 80～180m/min 的直线进给速度，在部件质量不大的情况下可实现 $5g$ 以上的加速度。加速度的提高可大大提高盲孔加工、任意曲线曲面加工的生产率。

另外，直线电动机的动态性能好，能获得较高的运动精度，如果采用拼装的次级部件，可以实现很长的直线运动距离，运动行程的长短也不会影响整个系统的刚度。还有，直线电动机运动功率的传递是非接触的，没有机械磨损。综上所述，直线电动机能满足高速切削对进给系统的要求：高速度、高加速度和高精度。如果采用直线位置检测元件(如直尺光栅)构成位置闭环控制系统，可以对工作台的位置进行精密的控制，定位精度可达 0.1～0.01μm。

1. 直线电动机的工作原理

目前，直线电动机已有很多种类，如直流直线电动机、交流永磁同步直线电动机、交流感应异步直线电动机、步进式直线电动机、磁阻式直线电动机、压电式直线电动机等，能满足机床进给系统大推力要求的主要是交流感应异步直线电动机和交流水磁同步直线电动机两种。

交流感应异步直线电动机的结构主要包括定子、动子和直线运动的支撑轮 3 部分。定子(初级)由硅钢片叠装构成，在其上开有线槽，槽内嵌入三相多级绕组。动子(次级)一般由硅钢片叠装或其他导磁材料构成，动子上开有凹槽，其中嵌有导条或绕组。交流异步直线电动机的定子和动子分别与机床的固定和运动部件连接。

交流感应异步直线电动机的工作原理如图 4.6 所示。

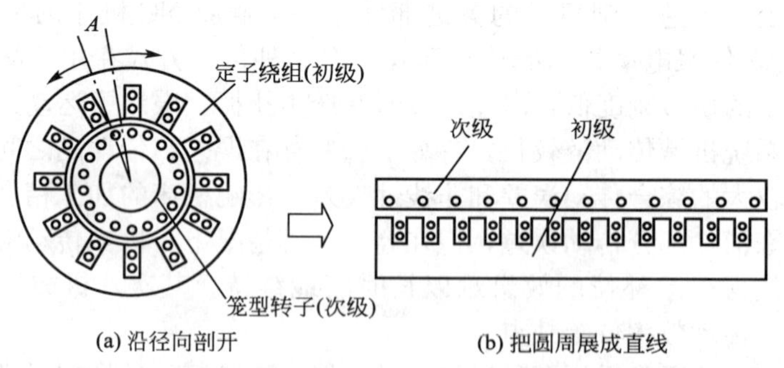

图 4.6　交流感应异步直线电动机的工作原理

将传统筒型旋转电动机的初级(定子)绕组展开拉直，变初级封闭磁场为开放磁场，当电动机三相绕组中通入三相正弦交流电流后便产生了气隙磁场。气隙磁场的分布与旋转式异步电动机一样，定子绕组与交流电源相连接，通以多相交流电流后，则在气隙中产生一个平稳的行波磁场(当旋转磁场半径很大时，就成了直线运动的行波磁场)。该磁场沿气隙做直线运动，同时，在动子导体中感应出电动势，并产生电流，这个电流与行波磁场相互作用产生异步推动力，使动子沿行波方向做直线运动。若把直线异步电动机定子绕组中电源相序改变一下，则行波磁场移动方向也会反过来，根据这一原理，可使直线异步电动机做往复直线运动。

交流永磁同步直线电动机由定子(初级)和动子(次级)组成，其定子的结构与交流感应异步电动机相同，但动子结构有较大差别，其动子是用永久磁性材料(磁钢)制成的。当在动子绕组中通入对称三相交流电流时，将产生沿电动机运动方向的行波磁场。由于行波磁场的磁极与动子永久磁场间存在磁拉力，当定子行波磁场以一定的速度运动时，在各对相互吸引的磁极间的磁拉力共同作用下动子将得到一合力，该力带动动子运动。

直线电动机安装在机床上时，运动部件通常与电动机初级部件固定在一起，沿直线导轨移动，次级部件安装在机床的床身或立柱上。直线电动机的次级可由多段拼装而成，将次级一段一段连续地铺在机床床身上，次级铺到哪里，初级(工作台)就可以运动到哪里，因此其工作行程不受限制。现在，直线电动机次级的拼接精度已达到相当高的水平，完全能满足超长行程机床的要求。

如图4.7所示，为直线电动机实物图。

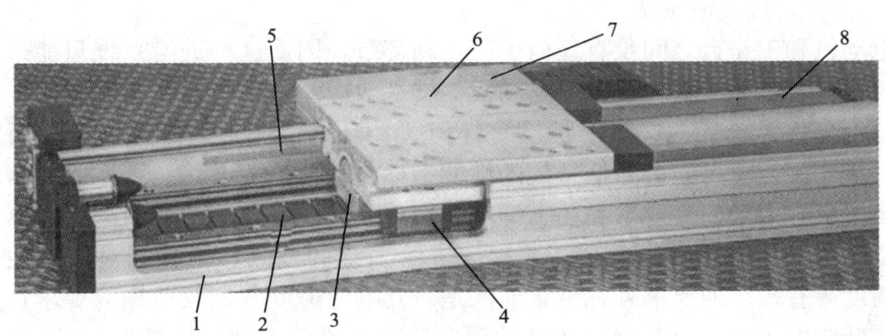

图4.7 直线电动机

1—基座；2—磁性轨道；3—直线电动机；4—直线导轨；5—直线光栅；
6—平台；7—接口电缆；8—防护罩

2. 高速直线电动机进给系统

高速直线电动机进给系统，主要由直线电动机、工作台、滚动直线导轨、位移精密测量反馈系统和防护系统等组成。

1) 工作台

直线电动机的工作台是高速进给单元的运动部件，其质量和进给单元的最大加速度成反比，要提高进给单元的加速度就必须减轻工作台的质量。为此工作台可选用高强度的轻质材料，如铝钛合金、纤维增强塑料等。同时还可采用有限元分析和最优化设计的方法，以获得所要求的动、静刚度条件下最轻的质量。GD-3型进给单元的工作台选用HT250铸铁，并用有限元法对工作台的筋板结构和整体刚度进行校验和优化设计。通过以上措施，工作台的质量比常规铸铁工作台减轻了30%～40%。

2) 滚动直线导轨

由于直线进给单元运动速度高，机床工作时导轨将承受很大的动载荷和静载荷，并受到多方面的颠覆力矩，导轨的摩擦系数还会影响进给系统的加速度和进给单元的发热等，因而必须选用高精度、高刚度、承载能力强的导轨。高速机床的加工精度和使用寿命很大程度上取决于机床导轨的质量，因此高速进给系统的导轨必须满足刚度高、抗震性好、灵敏度高、耐磨性好、精度保持性好等基本要求，高速滚动导轨副在这方面具有一定的优势。在实际应用中，可选择与直线电动机相匹配的直线滚动导轨副。GD－3型进给单元采用“四方等载荷型”高速滚动导轨，其摩擦系数仅为0.01，而且动、静摩擦系数相差更小，采用这种高速精密滚动导轨来引导直线电动机工作台的运动既可避免发热，又可防止爬行。

目前国内外已有多家公司可提供适合高速机床用的高速导轨。例如，德国INA轴承公司的滚柱直线导轨副采用腰鼓形滚柱，使相同预加负荷的导轨刚度提高3倍以上，寿命延长4～5倍。该公司还根据用户的需要，在导轨产生振幅最大的部位，配置“RUDS阻尼滑座”，使振幅降低至原来的1/30，从而满足高速、高精度、重切削的需要。日本THK公司的SHS四方等载荷系列SNR，SNS高刚度、重载荷高速滚动导轨，在循环滚珠链中加入能储存润滑脂的滚珠保持器，使摩擦波动幅度大幅度减小，大大改善了滚动导轨的摩擦特性。我国广东新会凯特精密制造机械公司等单位生产的滚动导轨也有很好的使用性能。

3）位移精密测量反馈系统

直线电动机和工作台之间没有任何中间传动环节，因而这种进给系统只能采用全闭环控制。此时工作台负荷的变化、直线电动机“端部效应”及其在运动中的变化，对伺服系统来说都是一个外界干扰。这些干扰没有任何缓冲环节，就直接作用到直线伺服电动机上。如果调节不好，就可能会降低系统的性能指标，甚至造成振荡。因此，要求其位置与速度检测装置具有很高的分辨率和动态响应能力，系统要有鲁棒性很强的控制器，以消除内部参数变动和外界干扰的影响。高速机床进给系统的检测装置除了对可靠性、抗干扰性、测量精度等有较高的要求外，更重要的是对其响应速度有比较苛刻的要求。普通的旋转变压器和感应同步器由于受响应速度的限制已难以胜任高速、高精度运动检测的要求，激光测量装置则由于价格昂贵，限制了它的普及应用。一般说来，光栅测量系统是目前直线电动机进给部件中应用较为广泛的检测装置。

4）直线电动机的散热

直线电动机最根本的缺点是效率低，功率损耗往往超过输出功率的50%。功率损耗主要产生在初级绕组，由于电流密度大，温升可能高达120℃。次级涡流损失取决于电流频率(运动速度)，相对较小。直线电动机的初级、次级等发热部件一般需安装在机床的工作台和导轨之间，这里正是机床的“腹部”，散热困难，又加之低速运行时效率低，发热量大，必须采取强有力的冷却措施，把电动机工作时产生的热量迅速散出，否则将会直接影响机床的工作精度，降低直线电动机的推力。

西门子IFNI系列直线电动机的主冷却回路是装在初级部件里面，也称为内冷却回路，它能够带走功率损失的90%的热量，保护初级绕组不至于过热。在初级部件上面安装有板状铝散热器，其中间安放外冷却回路(精密冷却回路)。铝板两侧也安装散热板，以增加散热面积。在铝散热器与初级部件之间还有一层隔热材料。次级部件与机床部件之间也有一层隔热材料和空气层，还可以安装V2A材料的附加冷却管道。

5）防护系统

旋转电动机的磁场封闭在电动机的内部，不会对外界造成任何影响。直线电动机的磁场是敞开的，因而采用直线电动机驱动的进给系统对环境的要求比较严格。尤其是使用永磁式直线电动机时，在机床床身上要安装一排磁力强大的永久磁铁。因此必须采取隔磁措施，否则电动机将会吸住加工中的切屑、金属工具和工件等。若这些微粒被吸入直线电动机的定子与动子间的气隙中，电动机将不能正常工作。因此要把直线电动机的磁场用各种可靠性高的密封罩防护起来。

4.2.4 高速刀具

高速切削时，金属切除率得到了极大的提高，材料的高应变率使切屑成形过程，以及刀具与工件之间接触面上发生的各种现象都和传统切削条件下的情况不一样，刀具的耐高温和耐磨损成为主要的问题。同时，由于机床主轴转速很高，高速旋转的刀具会产生很大的离心力，易对加工精度产生影响，还有可能导致刀体破碎而引起致命事故。因此，高速切削对切削刀具材料、刀具几何参数、刀体结构及刀具装夹等都提出了不同于传统速度切削时的要求。高速切削理论和试验证明高速切削最关键的技术是刀具技术。

高速切削刀具使用的材料要有高硬度、高强度、高韧度、高热硬性，同时材料抗热冲击的能力强，并具有良好的化学稳定性。

高速切削刀具的几何参数对高速切削的效率、表面质量、刀具寿命及切削热量的产生等都有很大的影响。高速切削刀具除了保持切削刃锋利和足够的强度外，要能够在切削时形成足够厚度的切屑，让切屑成为切削过程的散热片，并利用高速切离的切屑把切削热带走。

高速切削刀具大量应用镀层和压层刀具技术，镶嵌式刀具使用量很大。对于镶嵌式刀具，嵌入刀体的刀片如果没有足够的连接强度，就会在等大的离心力作用下和刀体分离。高速切削使用的嵌入式刀具和普通刀具不一样，刀片与刀体的连接需要采用高强度连接技术。

高速刀具与机床主轴之间的连接方法应保证夹紧精度高、传递力矩大、夹紧可靠和主轴系统的动平衡。

1. 高速切削刀具材料

目前适用于高速切削的刀具材料主要有陶瓷刀具、立方氮化硼(CBN)刀具、聚晶金刚石(PCD)刀具和涂层刀具。

1）陶瓷刀具

陶瓷刀具材料主要有氧化铝基和氮化硅基两大类，是通过在氧化铝和氮化硅基体中分别加入碳化物、氨化物、硼化物、氧化物等得到的，此外还有多相陶瓷材料，如图4.8所

(a) 陶瓷刀具

(b) 立方氮化硼刀具

(c) 聚晶金刚石刀具

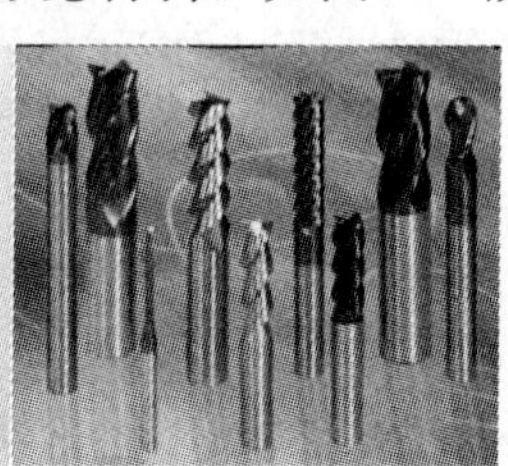

(d) 涂层刀具

图4.8 刀具

示。目前国外开发的氧化铝基陶瓷刀具约有20余个品种，约占陶瓷刀具总量的2/3；氮化硅基陶瓷刀具约有10余个品种，约占陶瓷刀具总量的1/3。陶瓷刀具可在200～1000m/min的切削速度范围内高速切削软钢(如A3钢)、淬硬钢、铸铁等。它的主要缺点是强度和韧性差、热导率低，所以陶瓷刀具脆性大，抗弯强度和韧性低，承受冲击载荷的能力和抗热冲击的性能差。当温度突变时，容易产生裂纹，导致刀片破裂。用陶瓷刀具切削时，不宜使用切削液。

近几年有关改善陶瓷刀具高速加工性能方面的研究有了很大的进展，在提高原材料纯度、改进制造工艺和加入添加剂等方面做了很多工作，使陶瓷刀具的韧性有了很大的提高，且保持了其高硬度、热硬性好及耐磨等优点。

用于高速加工的陶瓷刀具包括金属陶瓷、氧化铝陶瓷、氮化硅陶瓷，赛龙(Sialon)陶瓷、须晶强化陶瓷等，陶瓷刀具的价格低廉，主要用于铸铁、淬火钢等材料的高速加工。

2) CBN刀具

CBN是用六方氮化硼为原料，利用超高温高压技术人工合成的一种无机超硬材料。CBN材料具有仅次于金刚石的高硬度(HV8000～9000)和耐磨性，具有比金刚石更好的热稳定性(在1400℃高温下其主要性能保持不变)，其高温硬度高于陶瓷，且化学稳定性好(在1000℃以下不发生氧化现象)、热导率较高、摩擦系数较小，因此是适合高速加工的理想材料。它的最大缺点是强度和韧性差，抗弯强度大约只有陶瓷刀具的1/5～1/2，一般只用于精加工。

CBN刀具最适合于高硬度淬火钢、高温合金、可切削轴承钢、工具钢、高速钢等材料的高速加工，如图4.8所示。由于在加工塑性大的钢铁材料时易产生严重的积屑瘤，使加工表面质量恶化，CBN刀具适合切削的材料硬度在HRC45～70之间。CBN刀具具有极高的硬度，可使被加工的高硬度零件获得良好的表面粗糙度。用CBN刀具进行高速切削，可以起到以车代磨的作用，能有效提高加工效率。因此，CBN刀具通常用于高速精加工或半精加工。

3) PCD刀具

PCD是在高温高压条件下通过金属结合剂将金刚石微粉聚合而成的多晶材料。虽然它的硬度低于单晶金刚石，但有较高的抗弯强度和韧性。PCD材料还具有高导热性和低摩擦系数。另外，其价格只有天然金刚石的几十分之一至十几分之一，因此得以广泛应用。

PCD刀具(图4.8)主要用于轻金属及其合金，以及非金属材料的高速加工，与硬质合金刀具相比能在切削过程中保持锋利刃口和切削效率，使用寿命一般高于硬质合金刀具10～500倍。在切削铝合金时切削速度可达7000m/min，由于金刚石材料的结合强度高，在进行微量切削加工时可以实现非铁金属的镜面加工，这种工艺可用于精密和超精密及光学元件的精加工。PCD刀具也可用于高硬度、耐磨的难加工有色金属材料的加工。

金刚石刀具的缺点是在加工铁系金属材料时耐热性不好，化学稳定性差，强度低，脆性大，抗冲击能力差，因此一般不用于铁系金属的加工。

4) 涂层刀具

涂层刀具通过在抗冲击韧性好的刀具基体上涂覆金属化合物薄膜，以获得远高于基体的表面硬度和优良的切削性能。所以涂层刀具同时具备两种材料的优点，其表面硬度高，耐磨性好，抗冲击能力强，能适合高速加工的要求。常用的刀具基体材料主要有高速钢、硬质合金、金属陶瓷等；涂层既可以是单涂层、双涂层或多涂层，也可以是由几种涂层材料复合而成的复合涂层。

硬涂层刀具的涂层材料主要有氮化钛(TiN)、碳氮化钛(TiCN)、氮化铝钛(TiAlN)、碳氮化铝钛(TiAlCN)等，其中 TiAlN 在超高速切削中性能优异，其最高工作温度可达800℃。软涂层刀具(如采用硫族化合物 MoS_2、WS_2 作为涂层材料的高速钢刀具)主要用于加工高强度铝合金、钛合金或贵重金属材料。

Guhring 公司的孔加工刀具“FIRE”的涂层，用复合涂层氮化钛作底层以保证与基体间的结合强度，由多层薄涂层构成的中间层为缓冲层，可以吸收断续切削产生的振动，顶层采用耐磨件和耐热性很好的 TiAlN 层。还可在“FIRE”外层上涂减磨涂层。其中，TiAlN 层在高速切削中性能优异，最高切削温度可达 800℃。近年来有关将 CBN 和 PVD 作为涂层材料的研究工作已取得一定成果，CBN 和 PVD 具有很高的硬度和很好的耐磨性，是很有前途的刀具涂层材料。

软涂层刀具主要用于一些不适合采用硬涂层刀具加工的材料。如航空航天工业中的一些高强度硬质合金、钛合金等，这些材料在加工中非常粘刀，容易在刀具前刀面上生成积屑瘤，这不仅增加切削热、降低刀具寿命，而且影响加工表面质量。软涂层材料可增加刀具表面的润滑性能，在切削过程中减少刀具和工件之间的摩擦，防止在刀刃上产生积屑瘤，采用软材料涂层刀具可获得更好的加工效果。软涂层材料有 MoS_2、WS_2，WC/C 等。

涂层硬质合金刀具由于使用了耐热性好、硬度高的涂层材料及多层涂覆技术，将刀具的硬度从 HV1500～1800 提高到 HV3000～4000 以上。PVC 涂层硬质合金刀具对非铁金属等材料进行高速切削时，刀具的寿命比未涂层时提高了几十倍，并且具有高硬度的刀刃和高韧性的基体，其切削性能大大优于非涂层硬质合金，很适合于高速切削。

涂层陶瓷刀具经涂层处理后，寿命会大大提高，零件的加工质量得到明显改善，从而拓宽了陶瓷刀具的使用范围。对氮化硅陶瓷进行一层或多层(TI、Al_2O_3，和 TiN 等)涂层，可大大提高其抗侧面磨损性能。例如，在相同加工条件下切削球墨铸铁，和未涂层陶瓷刀具比，其寿命可提高 10 倍左右。

2. *刀具系统接口技术*

刀具系统接口技术包括刀具—机床接口技术和刀具—刀柄接口技术。

1) 刀具—机床接口技术

传统的刀具与主轴的连接是采用 7：24 的锥孔配合方式实现的。这种连接在主轴高速旋转时，主轴内锥孔由于离心力的作用会发生膨胀(膨胀量的大小随着旋转半径与转速的增大而增大)，同样与之配合的 7：24 实心刀柄也会发生膨胀，但相对于主轴内锥孔膨胀量较小，因此总的锥度连接刚度会降低。在拉杆的拉力作用下，刀具的轴向位置也会发生变化，主轴锥孔的喇叭口扩张，会引起刀具及夹紧机构质心的偏离，从而影响主轴的动平衡。

目前对刀具与主轴连接研究的比较成功的设计主要有两大类型：一是抛弃原有的 7：24 标准锥度而采用新思路的替代性刀柄结构，如德国的 HSK 系列刀柄、美国的 KM 系列刀柄和日本的 NC5 刀柄等；另一种是为降低成本，仍采用现有的 7：24 锥度而进行改进型的刀柄结构。这种结构可以实现现有主轴结构向高速化的过渡，如美国的 WSU 系列刀柄、日本的 BIG-PLUS 刀柄、3CLOCK 刀柄等。德国的 HSK 系列刀柄由于高速性能好、系列化程度高已成为国际标准，目前被广泛应用于高速加工中心上。

HSK 刀柄是采用锥面和端面双定位的空心锥柄，其锥度为 1：10 且锥体比较短，在拉杆轴向拉力的作用下，刀柄的薄壁锥体会产生一定的弹性变形，使刀柄的短锥和端面与主轴的锥孔和端面紧密贴合。图 4.9 就是 HSK 刀柄与主轴的连接情况示意图。图的上半部分为刀柄拉紧前的状态，刀柄端面与主轴端面之间存在空隙 h；图的下半部分为拉紧后的状态，由于刀柄薄壁锥体的弹性变形而消除了间隙 h。在高速旋转时，因为刀柄的薄壁锥体也会随主轴锥孔的“胀大”而“胀大”，故中间不会产生间隙，两者的端面也不会分离，所以 HSK 刀柄在高速加工过程中与主轴有良好的连接刚度，刀具能一直保持高的定位精度，而且 HSK 刀柄较短、较轻，有利于提高加工中心的换刀速度。

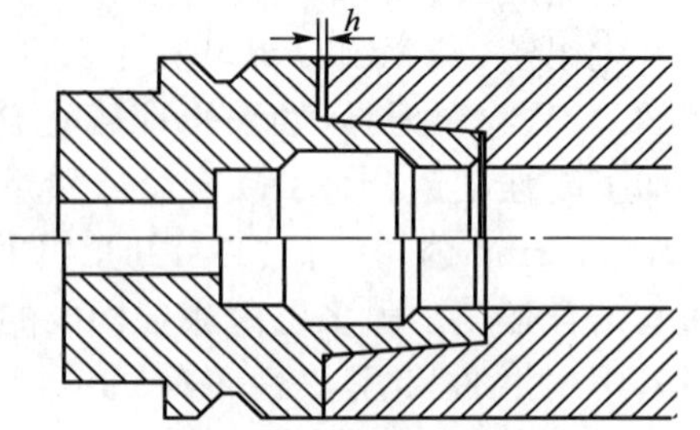

图 4.9　HSK 刀柄与高速机床主轴连接情况示意图

由于特殊的结构，HSK 刀柄具有一系列优点，能适合高速加工的要求：采用锥面、端面过定位的结合形式，有效地提高了结合刚度；锥部长度较短，采用空心结构后质量较轻，自动换刀动作快；1∶10 的锥度相对于 7∶24 的锥度锥部较短，楔形效果较好；有较强的抗扭能力，能抑制因振动产生的微量位移；有比较高的重复安装精度；刀柄与主轴间由扩张爪锁紧，转速越高扩张爪的离心力越大，在高速转动产生的离心力作用下刀柄能牢固锁紧。

HSK 刀柄有 A，B，C，D，E，F 6 种型式，A，B 型为自动换刀刀柄；C，D 型为手动换刀刀柄；E，F 型为无键连接、对称结构，适用于高速加工。

2) 刀具—刀柄接口技术

高速加工要求高速切削刀具与夹头之间的连接精度高、加紧力大、夹头几何尺寸小，同时还要求夹头的结构对称性好，以满足刀具动平衡的要求。提高刀具系统夹持精度，就必须设法使刀具得到精密可靠定位，确保足够的夹持力，就必须严格控制和提高刀具系统配合精度、加大夹持长度、优化结构设计及合理选材。开发新型的刀具夹头已成为高速刀具技术的一个重要组成部分，世界上生产刀具的夹头的著名公司和生产切削刀具的专业公司，如雄克(Schunk)、日研、大昭和、Epb、Wohlhaupte 等公司分别开发出了高精度液压夹头、热装夹头、三棱变形夹头、内装动平衡机构的刀柄、转矩监控夹头等新产品，简单介绍如下几种：

(1) 高精度液压夹头：BIG - PLUS 刀具系统的高精度液压夹头采用两点夹持的一体型构造，具有很高的夹持力和夹持精度，且减小了夹头质量。高精度静压膨胀式夹头 由德国雄克公司生产的高精度静压膨胀式夹头，通过拧紧加压螺栓提高油腔内的油压，使油腔内壁均匀对称的向轴线方向膨胀，以夹紧刀具。该夹头夹持精度极高，其径向跳动小于 3μm。

(2) 三棱变形夹头：该夹头利用夹头本身的变形力夹紧刀具，其自由状态为三棱形。装夹刀具时，利用液力作用和一个液压加力装置，对夹头施加外力，使夹头在弹性变形范围内变形，其内孔变为圆孔，孔径略大于刀具直径；然后插入刀柄，再卸掉所加的外力，这时内孔重新收缩成三棱形，以实现对刀具三点夹紧。该夹头具有结构紧凑、定位精度高(可达 3μm 以下)且对称、刀具装夹简单等特点。

(3) 热装夹头：热装式夹头是采用感应加热装置在短时间内加热夹头的夹持部分，等其内径受热胀大后迅速插入刀具，夹头受冷却收缩时可给刀具夹持面均匀的压力，从而产生很高的径向夹紧力将刀具夹紧。这种夹头回转精度高，夹紧力大，传递的力矩大，可承受更大的离心力，故非常适合高速加工。德国 OTTO BILZ 公司开发的热装夹头，采用高能场感应加热线圈，可在 10s 内把夹持部分加热。配套的冷却衬套可有效缩短冷却时间，保证夹头装入刀具后在 60s 内完全冷却，从而实现了刀具的快速更换。由于加热温度在 400℃以下(远远低于相变温度)，故可重复使用 2000 次仍保持夹头精度。

(4) 高精度弹簧夹头：弹簧夹头的工作流程为旋紧螺母、压入套筒、套筒内径缩小、加紧刀具，影响其夹紧精度的因素除了夹头本体的内孔精度、螺纹精度、套筒外锥面精度、夹持孔精度及螺纹精度外，螺母与套筒接触面的精度及套筒的压入方式也很重要。日本大昭和精机株式会社设计的高精度弹簧夹头，就是改进了套筒的压入方式，即把螺母分为内、外两部分，中间安装了滚珠轴承，使得旋紧螺母的转矩不传到套筒上，仅对套筒施加压力。这种压入方式可使夹头获得较大的夹持力和较高的夹持精度，从而满足高速切削的需要。

(5) 新颖结构夹头：由 Sandvik 公司新推出的 CoroGrip 夹头，借助液压装置推动锥套，在 3D 处测量，其径向跳动可达 2～6μm，这种夹头夹紧更为可靠，其刚性高于液压夹头，装夹时间短于热装夹头。公司推出的圆柱柄新型装夹方式，不仅保证端面接触，而且能在半个圆周面上形成夹紧力，提高了夹持刚性。

4.2.5 模具高速加工中心机床实例

高速加工中心不断提高的工作性能是模具制造业得以高效和高精度加工模具的重要前提，如图 4.10 所示。在驱动技术的推动下，结构创新、性能优良的众多不同类型的高速加工中心不断涌现。90 年代中后期出现的三轴高速加工中心现已发展到五轴高速加工中心。在驱动方式上，已从直线运动($X/Y/Z$ 轴)的伺服电动机和滚珠丝杠驱动发展到目前的直线电动机驱动，回转运动 (A 和 C 轴)采用了直接驱动的转矩电动机，有的公司还通过直线电动机和转矩电动机使加工中心发展成全采用直接驱动的五轴加工中心，显著提高了加工中心的行程速度、动态性能和定位精度。

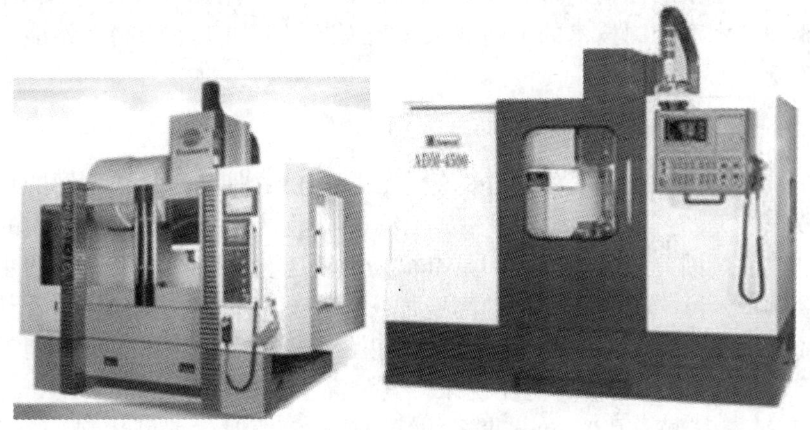

图 4.10 用于模具加工的高速加工中心

1. 结构特点

用于模具加工的高速加工中心，一个普遍的结构特点是采用龙门式框架结构，以此增强机床刚性，且便于充分利用加工区的空间。机床床身的材料则多数采用了聚合物混凝土，由于这种材料具有较好的阻尼性能和较低的热传导率，故有利于提高模具的加工精度。

2. 两种结构形式

目前，根据坐标轴的配置，五轴加工中心基本上可分为两种结构形式。一种是，三个直线轴($X/Y/Z$)用于刀具运动和两个附加旋转轴(A和C)用于工件的回转和摆动的结构型式。这种类型的高速加工中心，如德国 Alzmetall 公司的 GS1000/5 - T，瑞士 Mikro 的 HSM400U/HSM600U 和称之为超高速加工中心的 XSM400U/XSM600U，以及德国 Hermle 的 C30U/C40U/C50U 等。另一种是，五个坐标轴中的一个摆动轴(A)设置在主轴头上的结构形式，通过叉形主轴头实现主轴刀具的摆动，而摆动主轴头也可通过牢固夹紧，使其定位在摆动角度范围内的任意位置上。这种类型的机床如德国德马吉公司的 DMC75V linear/DMC105V linear，Mikro 的 HPM1850U 和德国 Rolf Wisser 的高速铣床 GAMMA605/1200 等。有个别机床把摆动轴和回转轴均设置在主轴头上，如德国 Parat 公司的 G996V/BSH/5A 高速铣削中心和德国 Edel 公司的五轴或六轴龙门铣床。

3. 优点

五轴高速加工中心在价格上要比三轴加工中心高很多，据德马吉 DMC75V 系列的五轴加工中心与三轴加工中心进行价格比较，五轴要比三轴的价格约高 50%。五轴高速加工中心价格虽高，但这种高档机床特别适合用来加工几何形状复杂的模具。五轴加工中心在加工较深、较陡的型腔时，可以通过工件或主轴头的附加回转及摆动为立铣刀的加工创造最佳的工艺条件，并避免刀具及刀杆与型腔壁发生碰撞，减小刀具加工时的抖动和刀具破损的危险，从而有利于提高模具的表面质量、加工效率和刀具的耐用度。用户在采购加工中心时，是选用三轴加工中心还是五轴加工中心，应根据模具型腔几何形状的复杂程度和精度等要求来决定。

从高速加工中心不断创新的过程中可以看出，充分利用当今技术领域里的最新成就，特别是利用驱动技术和控制技术的最新成果，是不断提高加工中心高速性能、动态特性和加工精度的关键。

4. 电主轴

高速电主轴是高速加工中心的核心部件。在模具自由曲面和复杂轮廓的加工中，常常采用 2～12mm 较小直径的立铣刀，而在加工铜或石墨材料的电火花加工用的电极时，要求很高的切削速度，因此，电主轴必须具有很高的转速。目前，加工中心的主轴转速大多在 18000～42000r/min，瑞士 Mikro 的高速加工中心 XSM400U/XSM600U 其主轴转速已达 54000r/min。而对于模具的微细铣削(铣刀直径一般采用 0.1～2mm)，则需要更高的转速。如德国 Kugler 公司的五轴高精度铣床，其最高主轴转速达 160000r/min(采用空气轴承)，这样的高转速，当采用 0.3mm 直径的铣刀加工钢模时，就可达到 150m/min 的切削速度。目前，德国 Fraunhofer 生产技术研究所正在开发转速为 300000r/min 的空气轴承支撑的主轴。

加工模具时，总是采用很高的转速，而高转速产生的发热，以及切削时可能产生的振动是影响模具加工精度的重要因素。为保证高速电主轴工作的稳定性，在主轴上装有用来测量温度、位移和振动的传感器，以便对电机、轴承和主轴的温升、轴向位移和振动进行监控。由此为高速加工中心的数控系统提供修正数据，以修改主轴转速和进给速度，对加工参数进行优化。若主轴产生轴向位移，则可通过零点修正或轨迹修正来进行补偿。

5. 直线电动机

目前，模具加工用的高速加工中心或铣床上多数还是采用伺服电动机和滚珠丝杠来驱动直线坐标轴，但部分加工中心已采用直线电动机，例如，德国德吉马公司的 DMC75V linear 型高速加工中心(其轴加速度达 $2g$，快速行程速度达 90m/min)。由于这种直线驱动免去了将回转运动转换为直线运动的传动元件，从而可显著提高轴的动态性能、移动速度和加工精度。

采用直线电动机驱动的机床可显著提高生产率。例如，在加工电火花加工用的电极时，加工时间要比采用传统高速铣床减少 50%。

直线电动机可以显著提高高速机床的动态性能。由于模具大多数是三维曲面，刀具在加工曲面时，刀具轴要不断进行制动和加速。只有通过较高的轴加速度才能在很高的轨迹速度情况下，在较短的轨迹路径上确保以恒定的每齿进给量跟踪给定的轮廓。如果曲面轮廓的曲率半径越小，进给速度越高，那么要求的轴加速度越高。因此，机床的轴加速度在很大程度上影响到模具的加工精度和刀具的耐用度。

6. 转矩电动机

在高速加工中心上，回转工作台的摆动，以及叉形主轴头的摆动和回转等运动，已广泛采用转矩电动机来实现。转矩电动机是一种同步电动机，其转子直接固定在所要驱动的部件上，所以没有机械传动元件，它像直线电动机一样是直接驱动装置。转矩电动机所能达到的角加速度要比传统的蜗轮蜗杆传动高 6 倍，在摆动叉形主轴头时加速度可达到 $3g$。由于转矩电动机可达到极高的静态和动态负载刚性，所以回转轴和摆动轴的定位精度和重复精度得到很大提高。

目前，已有部分厂家的高速加工中心采用直线电动机和转矩电动机来分别驱动直线轴($X/Y/Z$)和回转摆动轴(C 和 A)。如德马吉的 DMC75V linear 和 Edel 的 CyPort 五轴龙门铣床。

应该指出的是，直接驱动的直线轴与直接驱动的回转轴相组合，可使机床所有的运动轴具有较高的动态性能和调节特性，从而为高速度、高精度和高表面质量加工模具自由曲面提供最佳条件。

7. 控制系统

CNC 控制系统是高速加工中心的重要组成部分，它在很大程度上决定着机床加工的速度、精度和表面质量。因此，对于加工模具自由曲面的高速机床，数控系统的性能具有特别重要的意义。

加工高精度自由曲面时，由微段直线和圆弧构成的刀具轨迹造成庞大的零件程序，这些数据流需要由机床控制系统来储存和处理，因此，程序段处理时间的长短是决定 CNC 控制系统工作效率的重要指标。目前，高档 CNC 控制系统的程序段处理时间一般可达 0.5ms(如海德汉的 iTNC530 数控系统)，而个别数控系统的程序段处理时间已缩短到 0.2～0.4ms。

应用于模具高速加工的现代 CNC 数控系统，除了具有为确保高速进给速度所必要的很短程序处理时间外，还应具有 Nurbs 和样条插补功能，并能以纳米的分辨率进行工作，以便在高速加工的情况下获得高的加工精度和表面质量。

目前，高档的数控系统也都能与不同厂家的 CAD/CAM 系统进行连接，数据从 CAD/CAM 系统经以太网以很高的速度传送到控制系统上。CAD/CAM 集成到控制系统上，在很大程度上能使模具复杂轮廓的加工获得良好的效果，并对缩短调整时间和编程时间做出十分重要的贡献。

近十年来，驱动技术和控制系统的长足进步，推动了加工中心结构的不断创新和性能的不断提高。电主轴、直线电动机、转矩电动机和快速数控系统的应用对提高加工中心的高速、高动态和高加工精度起了决定性的作用。而在模具加工机床的多种结构创新中，转矩电动机起到了特别重要的作用。它不仅应用于回转工作台的回转和摆动驱动，而且还应用于叉形主轴头的摆动或主轴头的摆动和回转驱动，由此构成各种不同类型的五轴加工中心。而回转和摆动主轴头的应用，又为发展加工大型模具的五轴龙门式高速精密铣床提供了技术支持。

今后，进一步提高主轴转速、动态性能和行程速度仍是高速加工中心的发展重点，这不仅仍要依赖于驱动技术和数控技术的进一步发展，还要有赖于机床构件轻量化的发展和并联机床的开发。可以预料，在今后几年中，高速加工中心或高速铣床的轴加速度有望达到 $3g$～$4g$(g 为重力加速度)，坐标轴的快速行程速度达到 100～140m/min。

4.3 并联运动机床

4.3.1 并联运动机床概述

并联运动机床是 1994 年才出现的新概念机床，是一种在结构上完全不同于传统机床的新型机床。

1994 年，在美国国际制造技术展览会(IMTS94)上，美国 Giddings - Lewis 公司推出了 Variax 加工中心，如图 4.11 所示。在这台机床上，看不到传统机床的床身、导轨、立柱和横梁等结构，它的基本结构是 1 个活动平台、1 个固定平台和 6 根长度可变的连杆。活动平台上装有机床主轴和刀具，固定平台上安装工件，6 根杆实际是 6 个滚珠丝杠副，它通过万向铰链将两个平台连在一起，同时将伺服电动机的旋转运动转换为直线运动。当不断改变 6 根杆的长度时，可带动活动平台产生 6 个自由度的中间运动，使刀具在工件上加工出复杂的三维曲面。该机床以其全新的结构、奇异的造型、独特的工作方式和极高的轮廓加工速度轰动厂展览会，同时引起了整个机床制造业的关注。

图 4.11 Variax 加工中心

Variax加工中心实际上是一台以Stewart平台为基础的立式加工中心，它标志着机床设计开始使用并联机构，是机床机构重大改革的里程碑。经过近十年的发展，并联运动机床已进入实用阶段，并联运动机床适合用于高速切削加工，目前主要应用在模具制造、气缸体、传动箱体和大型飞机结构零件的制造等领域。

1. 并联机构概念

对于复杂形状的零件加工，机床刀具相对于工件的运动轨迹一般为空间曲线。并联运动机床中，刀具相对于工件的运动是由并联机构的运动实现的。

在机构学中，机构可分为串联机构(Series Mechanism)和并联机构(Parallel Mechanism)，串联机构由一组运动链串联而成。它的特点是：第一个运动链接受驱动器输入开始运动，再带动后面的运动链依次运动，最终由运动链n给出串联机构的输出；并联机构由一组有两个或两个以上的分支机构并联而成。它的特点是：所有分支机构可同时接受驱动器输入，而最终共同给出输出。并联机构在机构学上是多路闭环机构。

在工业中，3杆并联机构(Tripod)和6杆并联机构(Hexapod)应用最为广泛，如Delta机器人和Tricept机器人是典型的3杆并联机构，而Stewart平台是典型的6杆并联机构。其机构如图4.12所示。

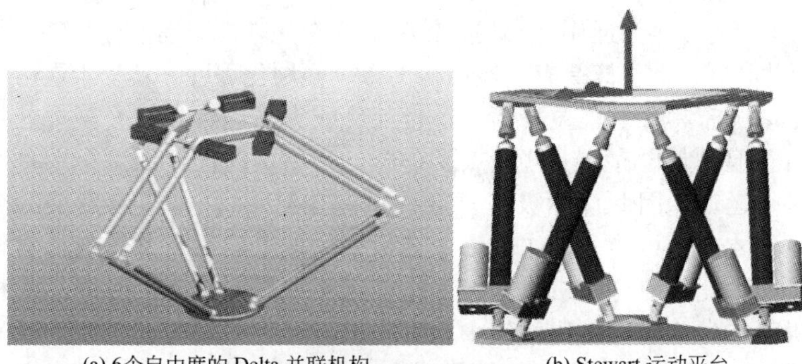

(a) 6个自由度的Delta并联机构　　(b) Stewart运动平台

图4.12　3杆和6杆并联机构

2. 并联运动机床与传统机床的比较

传统机床是以床身、立柱、横梁等作为支承部件，主轴部件和工作台沿支承部件上的直线导轨移动，按照x、y、z坐标运动叠加的串联运动学原理，形成刀具相对于被加工零件的运动轨迹。

并联运动机床是以机床框架为固定平台的若干个杆件组成的空间并联机构，主轴部件安装在并联机构的动平台上，工作台与机床框架连接在一起。改变杆件的长度或移动杆件的支点，按照并联运动学原理形成刀具相对于被加工零件的运动轨迹。

并联运动机床与传统机床相比，具有以下优异的性能。

1) 运动精度高

传统机床可看作是空间串联传动机构，其运动部件做首尾相连，机床最终的进给运动是各部件的叠加。因此，进给运动的误差也是各个部件运动误差之和，存在误差积累和放大问题。而并联运动机床有效地减少了运动链的长度，将传动与支撑功能集成为一体，驱动杆既是机床的传动部件，又兼做主轴单元的支撑部件。6根驱动杆构成6个并联的传动

链，6个长度各自控制，共同确定所需要的刀具的工作位置，它们的运动误差不会像串联机床那样相互叠加。因而从理论上讲，并联运动机床的精度应高于传统机床。

2）可实现高速加工

相对于传统机床，并联运动机床的运动部件少、质量轻，有利于获得高的进给速度。并联运动机床的进给运动可同时驱动联杆运动来实现，因此可以获得比采用串联结构的传统机床更高的进给速度。并联运动机床的主轴部件为电主轴，其高转速提供了高切削速度，所以并联机床能满足高速切削的要求，一问世就被归入了高速加工机床的行列。

3）机床刚性好

并联运动机床消除了常规机床中的悬臂结构，没有横梁、立柱等承受弯曲载荷部件，其驱动部件和主要承受力的部件就是它的驱动联杆。驱动杆为二力杆，经过合理设计，可使各驱动杆和有关部件只承受拉力和压力而不受弯曲力矩，所以应力和变形显著减少，刚性大大提高，并联运动机床的刚性可比一般加工中心高5倍左右。

4）结构简单

传统机床当自由度增多时，必须增加相应的机床串联运动链，使机床的结构变得复杂。而并联运动机床主要由框架和可变长度杆件等简单构件构成，对于复杂的曲面加工，不需要普通机床的x、y、z三个方向的工作台或刀架的复合运动，只要控制驱动杆件的长度即可。并联运动机床的主要构件多为通用件，具有较强的模块化功能，有利于针对不同加工需要进行设备重组。因此并联运动机床具有机械结构简单、模块化程度高及易于重构等优点。

由于并联运动机床具有上述显著优点，目前已成为高速、高效、高柔性加工设备的一个新的发展方向。但是它也存在一些缺点。首先，为了实现任何的坐标运动，驱动电主轴的6根实轴都必须运动，因此计算极其复杂，只有在CNC技术高度发展的今天，这种并联运动机床的应用才成为可能；其次，由于6根杆的长度较大，其热变形对机床的加工精度影响比较严重，因此目前这种机床的加工精度还不够高；第三，并联运动机床加工的有效空间相对于机床本身体积所占比例较小。事实上，尽管并联运动机床的问世带来了“机床结构的重大革命”，但串联结构的传统机床和并联结构的并联运动机床之间不是相互替代的关系，而是对偶、互补的关系。在某些采用串联结构的传统机床所不能涉足的领域，采用并联机构的并联运动机床能大显身手。

3. 并联运动机床的研究现状

并联运动机床问世以来引起了世界制造业的广泛关注。近10年来，国外一些著名机床生产厂家都开发了并联运动机床，1994—1999年开发的并联运动机床，由于工作空间、工作精度及性能价格比等原因，没有能够在生产实际中获得应用，被认为是并联运动机床的原型机研制阶段。2000年前后，并联运动机床在运动学原理、机床设计方法、制造工艺、控制技术、动态性能研究和工业应用方面都先后取得了重大突破。世界著名的机床公司都相继推出新产品，发展了许多经过改进的机构原理和结构，使并联运动机床进入了实用阶段。我国也有许多高校和研究部门开发了并联机床，如清华大学、天津大学、哈尔滨工业大学、北京航空航天大学等。

目前并联运动机床主要应用于模具制造、气缸体、传动箱体和飞机大型结构等零件的加工，并联运动机床最适合用于高速切削加工，也特别适合于加工复杂曲面零件，并联运动机床快速加工曲面的能力已经得到了制造业的认可。

4.3.2 并联运动机床的主要部件

相对于传统机床，并联运动机床机械结构简单，模块化程度高，并且具有可重构性。并联运动机床主要由主轴、杆件及其驱动等机电一体化功能部件，以及固定平台、动平台、框架等组成。

1. 主轴部件

并联运动机床的主轴大多数采用电主轴，其电动机的转子和主轴是一体的，无须任何机械连接。主轴转速的调节采用变频调速，改变电动机的供电频率，即可实现主轴转速的调节。电主轴的电动机与主轴之间没有机械减速环节，这种结构上的特点大大提高了主轴系统的高速性能，使得并联机床更适合于高速加工。

德国DS Technologie机床公司推出Ecospeed型大型5坐标卧式加工中心，用于加工飞机机身的结构件，其外观如图4.13所示。

该机床的主要特点在于Z3型主轴部件的设计，它采用3杆并联机构，其工作原理如图4.14所示。

从图4.14中可见，在主轴部件套筒的内壁上有按照120°分布的轴向导轨，伺服电动机驱动导轨上的滑板前后移动。滑板通过板状连杆和万向铰链与主轴部件的壳体相连。如果3块滑板同步运动，则主轴部件做Z方向的前后移动。如果某一个伺服电动机单独驱动滚珠丝杆，可以通过万向铰链使主轴部件沿A或B坐标在±40°范围内摆动。由于飞机机

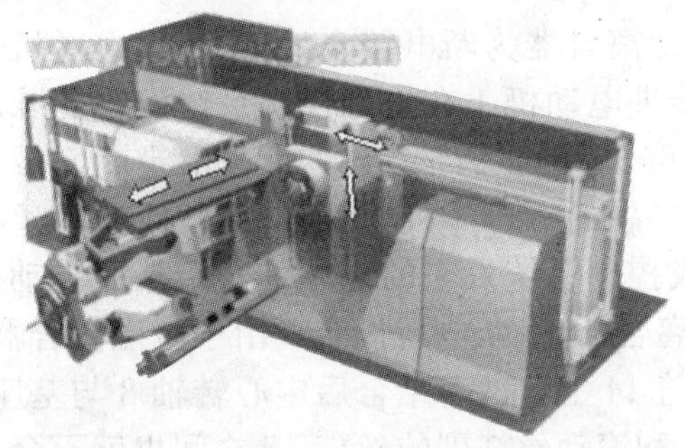

图4.13 Ecospeed型大型5坐标卧式加工中心

图4.14 Z3主轴部件的工作原理

身结构件多是厚度不大(不超过300mm)的薄壁零件，所以机床主轴Z坐标的移动量控制在670mm以内，以提高主轴部件的动、静态刚度。此外，客户还可以根据需要选用低速高转矩或高速低转矩的主轴部件。

2. 杆件及其驱动

杆件是并联机构的运动输入构件。杆件的物理结构包括机械构件、电气器件、液压部件及它们的组合，可分为固定杆长的伸缩杆和可变杆长的伸缩杆两大类。

对于可变杆长的并联机构，杆件的基点固定，杆件的工作长度可变；对于固定杆长的并联机构，杆件的长度固定不变，杆件的基点位置可以变化。从运动学的角度来看，杆件是具有一定刚度的刚体，杆件长度的变化或杆件基点的移动决定了动平台(主轴部件)的运动速度、加速度、位置和姿态。

杆件的长度对机床的整机尺寸和主轴工作空间有直接的影响，并且受到并联机构各构件相互干涉的限制。在机床设计时，杆件的长度需要通过计算机运动仿真加以确定。

1）杆件的结构和驱动

如图 4.15 所示，为并联运动机床采用的固定杆长杆件。杆件的两端安装有万向铰链，分别用于连接直线电动机滑板和主轴部件动平台。杆件由管材制成，通过螺纹与万向铰链连接。

伸缩杆是并联机床的核心部件之一，是实现并联机床基本运动的关键机构。其结构也有两种类型，即电动机后置式伸缩杆和电动机侧置式伸缩杆。下面介绍一种电动机侧置式伸缩杆的结构，如图 4.16 所示。

图 4.15　带万向铰链的杆件

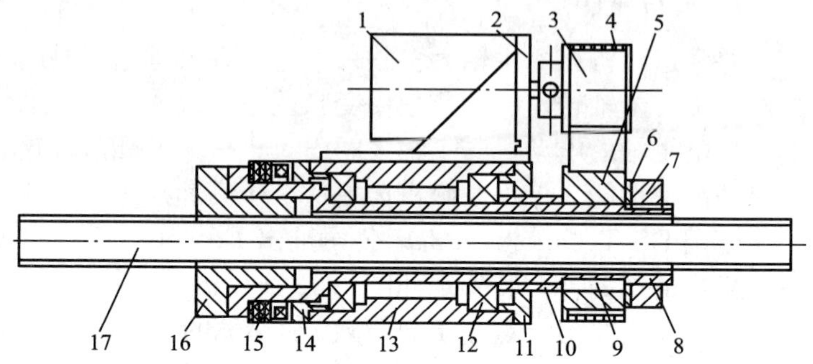

图 4.16　电动机侧置式伸缩杆结构图

1—步进电动机；2—电动机座；3—小齿形带轮；4—同步齿形带；5—大齿形带轮；6—止动垫片；7—圆螺母；8—空心转轴；9—键；10—隔套；11—轴承盖；12—圆锥滚子轴承；13—基座；14—轴承盖；15—电磁离合器；16—滚动丝杠副的螺母；17—滚动丝杠副的丝杠

机床的控制系统分别向电磁离合器 15（此离合器为断电接合式）和步进电动机 1 发出信号，使电磁离合器 15 通电后断开。同时步进电动机 1 在接到控制系统发来的脉冲信号后，按控制系统的指令转动，通过小齿形带轮 3、同步齿形带 4、大齿形带轮 5 带动空心转轴 8 转动，固联在空心转轴 8 上的滚动丝杠副的螺母 16 也随之转动，使滚动丝杠副的丝杠 17 产生轴向运动。当步进电动机 1 完成控制系统发来的脉冲信号指令的转动后，电动机停止，此时控制系统发出信号，使电磁离合器 15 断电后接合。由于电磁离合器 15 的动、静两部分分别安装在空心转轴 8 和轴承盖 14 上，两者结合后空心转轴 8 与基座 13 之间不能产生相对运动，滚动丝杠副的螺母 16 和滚动丝杠副的丝杠 17 之间也就不会产生转动，实现了滚动丝杠副的自锁。当步进电动机 1 和电磁离合器 15 再次得到信号后，电磁离合器 15 通电后断开，步进电动机 1 转动，带动滚动丝杠副的螺母 16 转动，使滚动丝杠副的丝杠 17 按控制指令完成需要的轴向移动。当步进电动机 1 正向转动时，丝杠向某一方向运动；而当步进电动机 1 反向转动时，丝杠向相反的方向运动，实现杆件的伸缩，形成并联机床的基本运动。该伸缩杆结构紧凑，安装、调整方便，零部件维修更换容易。

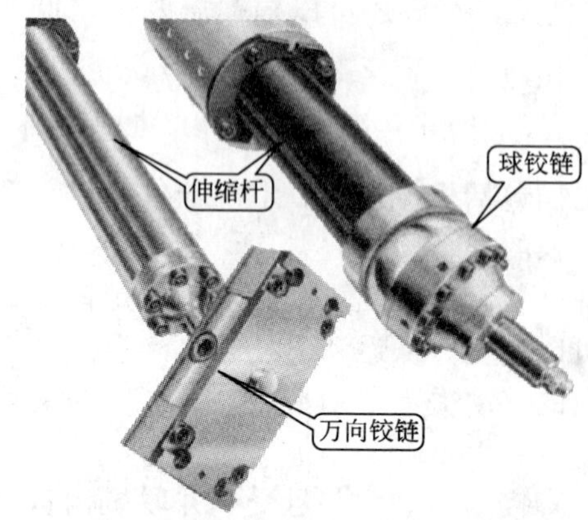

图 4.17　INA 公司带有铰链的伸缩杆

许多生产滚珠丝杠的公司还可以提供铰链与滚珠丝杠为一体的伸缩杆，如图 4.17 所示，为 INA 公司推出的万向铰链和球铰链装配在一起的伸缩杆外形。

杆件的驱动按照驱动方式可以分为旋转电动

机驱动和线性直接驱动两类：旋转电动机驱动是将通过滚珠丝杠将伺服电动机的旋转运动转换成为套管的伸缩位移；线性直接驱动技术是采用沿直线导轨移动的直线电动机直接驱动固定或可变长度的杆件。

线性直接驱动与旋转电动机驱动的根本区别在于：线性直接驱动所产生的力直接作用于移动部件，中间没有滚珠丝杠、螺母、齿形带、联轴器等机械传动环节，因此可以有效减少传动系统的惯性矩，提高系统的运动速度、加速度和精度，避免振动的产生，改善系统的动态性能，获得较高的运动精度。此外，线性直接驱动时运动功率的传递是非接触的，没有机械磨损，效率高，寿命长。

为了比较线性直接驱动与旋转电动机驱动杆件的性能，德国斯图加特制造技术中心在研制 Paralix 并联运动机床时，同时设计制造了直线电动机直接驱动、伺服电动机滚珠丝杆驱动两种装置。两种装置采用同样的直线导轨结构和直线位移测量系统。对比试验结果表明：直线电动机直接驱动的动态性能明显优于滚珠丝杠伺服驱动。例如，当某一坐标的驱动装置以 100mm 距离做高速往复运动时，直线电动机直接驱动方式对其他坐标没有影响，而滚珠丝杠伺服驱动方式将引起其他坐标的微小振荡。

在线性直接驱动技术中，除了直线电动机直接驱动技术外，近年来专家还研制出了电磁伸缩杆、电滚珠丝杠等直接驱动技术，下面介绍这两种新型的直接驱动技术。

1）电磁伸缩杆

电磁伸缩杆是将交流同步直线电动机的原理应用到伸缩杆上开发出的一种新型位移部件。它的基本原理是：在功能部件壳体内安放环状双相电动机绕阻，中间是作为次级的伸缩杆，伸缩杆外部有环状的永久磁铁层，如图 4.18 所示。

图 4.18 电磁伸缩杆工作原理

电磁伸缩杆是没有机械元件的功能部件，借助电磁互相作用实现运动，没有摩擦和磨损及润滑问题。若将电磁伸缩杆外壳与万向铰链连接在一起，并将其安装在固定平台上作为支点，则随着电磁伸缩杆的轴向移动，即可驱动动平台。安装在万向铰链上的电磁伸缩杆如图 4.19 所示。

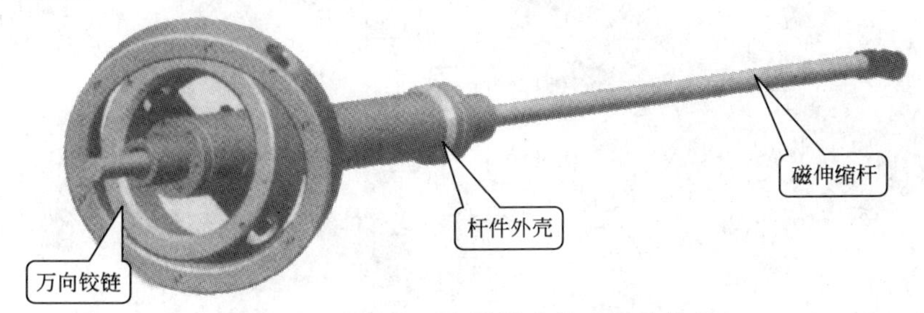

图 4.19 安装在万向铰链上的电磁伸缩杆

2）电滚珠丝杠

电滚珠丝杠是伺服电动机转子与滚珠螺母连接成为一体的功能部件，其内部结构的剖面如图 4.20 所示。

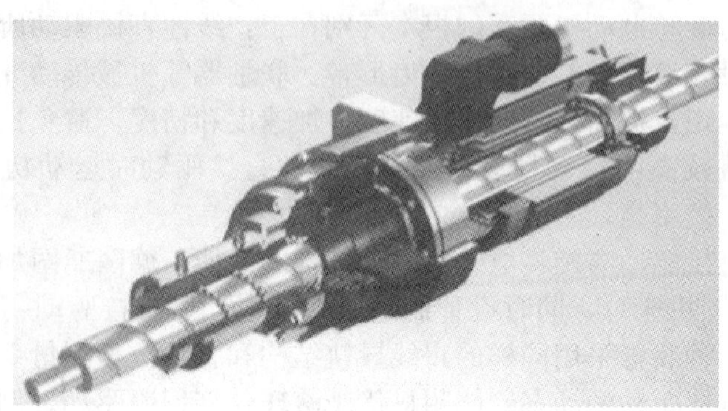

图 4.20　电滚珠丝杠的内部结构

从图 4.20 中可见，电动机转子是空心的，滚珠丝杠从其内孔穿过，转子套筒与滚珠螺母相连，若将伺服电动机固定在机架或万向铰链上，则当电动机转子转动时，滚珠螺母也将随之转动，使滚珠丝杠沿电动机的轴线伸缩，这样即可构成线性直接驱动的电滚珠丝杠。电滚珠丝杠简化成滚珠丝杠与伺服电动机的连接，省去了齿形带传动或齿轮传动，不仅使机床结构更加紧凑，而且也使传动的动态性能有所提高。

3. 铰链

铰链是连接固定平台、动平台和杆件的构件，其功能是提供绕某一运动中心的转动，以及传递实现运动所需的力。为达到这一目的，铰链应该具有 2～3 个旋转自由度，并在所有旋转位置时，转动轴线都能够通过铰链的同一中心点。

铰链可分为球铰链和万向铰链两类。球铰链包括摩擦球铰链、滚珠球铰链、磁性球铰链、静压球铰链等形式，万向铰链有虎克铰链和卡丹铰链。

铰链是并联机构的活动关节，对并联运动机床的工作精度有很大的影响，制造精度要求较高。球铰链的核心零件是一个带螺栓的球体，其外表面布满小滚珠，如图 4.21 所示，装在两个半球状的铰座中，借助片状导向环保持滚珠的均匀分布；然后，在球体螺栓上紧固球面帽，以保证球铰链的密封。球面帽的外螺纹用于与杆件的连接，球面帽上有中心孔，用于中心定位，该球铰链具有 3 个旋转自由度，采用油脂润滑。

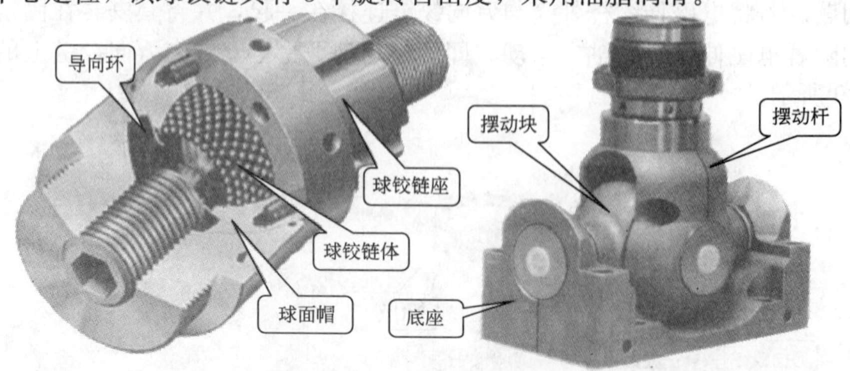

图 4.21　球铰链和万向铰链

万向铰链主要由摆动杆、摆动块和底座3部分组成。摆动杆通过滚针轴承支承在摆动块上，摆动块再通过滚针轴承支承在底座上。因此摆动杆可以绕轴线做两个方向的摆动，具有两个自由度。3个自由度的万向铰链，在摆动杆上端增加了一个组件，使万向铰链可绕中心轴线做360°的旋转，从而实现另一方向的第3个旋转自由度。如果去除这个组件，将摆动杆直接与其他构件连接，就成为仅有1个自由度的万向铰链。

除上述球铰链和万向铰链外，在并联运动机床中用到的还有滑动球铰链、磁性球铰链、液压球铰链等结构的铰链。

并联运动机床的主要功能部件如电主轴、杆件、铰链等都有标准化、系列化的模块，因此并联运动机床可由模块化的标准功能部件组成。因此并联运动机床具有模块化及可重构的优点，可以在短期内开发出各种新型的并联运动机床。

4.3.3 并联运动机床实例

1. 6X Hexa 立式加工中心

德国Mikromat公司的6X Hexa立式加工中心的研制由欧共体Esprit高科技研究计划资助，有4个单位参加。

(1) Mikromat机床公司，负责机床的设计和制造，同时也作为机床的最终用户。

(2) 富兰霍夫机床及锻压技术研究所，作为企业的技术顾问，提出机床总体设计方案。

(3) Andron公司，提供Andronic 400数控系统的软、硬件，以及数控系统的优化。

(4) GMD-First公司，高性能计算机和网络专家，负责并联运动控制策略和高速数据传送。该机床的外观如图4.22所示。

图4.22 6X Hexa并联运动机床

从图中可见，工作台在机床的底座上可前后移动，以便于装卸工件。底座上有3根按照120°分布的立柱，用于支承并联机构。该并联机构的特点是采用变型Stewart平台，分别将上下平台都分为两层，两层上平台固定在3根立柱的侧面，两层下平台共同支持主轴部件。采用伺服电动机驱动滚珠丝杆实现6根杆的同时或单独伸缩，以控制主轴部件完成6个自由度的空间运动。这种变型结构改善了工作空间与机床所占体积之比，使主轴姿态变化时受力更加均匀。

该机床主要用于模具加工，可以实现5坐标高速铣削，加工精度可达0.01～0.02mm，明显提高了加工效率、改善了表面质量，延长了刀具寿命。

2. V100 立式车削中心

德国Index机床公司2000年率先推出采用并联机构的车削中心，2002年又将其联成加工回转体零件的流水线，在生产中应用效果良好。机床的外观如图4.23所示。

该机床的结构特点是3根立柱固定在机床底座上，顶端由多边形框架连接。每根立柱上有导轨，滑板在滚珠丝杆驱动下沿导轨移动，通过6根固定杆长的杆件将主轴部件吊住，使主轴实现3个直角坐标的移动。从并联机构分析的角度看，这种配置属于3杆并联机构(Tripod)。在机床前方的垂直台面上，可以安装8～12把固定刀具或旋转刀具，除完成车削加工外，还可以进行铣削、激光硬化、激光焊接、磨削等工序。机床设计的巧妙之处还在于：主轴除完成加工任务外，还同时承担工件的装卸，如图 4.24 所示。

图 4.23　V100 立式车削中心

图 4.24　工件的输送和自动装卸

从图 4.24 中可见，机床的周围有一个环形的输送带，它将待加工工件依次输送到机床后方的管道中。当工件加工完毕时，处于工作空间的管道防护罩打开，主轴将加工好的工件放到输送带的夹具上，并将下一个待加工的工件自动装卡在主轴卡盘上，主轴起到装卸机械手的作用。当主轴移至加工工位时，防护罩自动关闭，主轴转动，开始进行下一个工件的加工。该机床的数控系统采用西门子公司的 SIMUMERIK 840D。

习　　题

1. 高速加工对机床提出的要求主要包括哪些方面？
2. 高速切削机床的关键技术包括几个方面？
3. 电主轴所融合的技术包括哪些？
4. 电主轴的结构形式有哪几种？
5. 高速直线电动机进给系统主要由哪些系统组成？
6. 目前适用于高速切削的刀具材料主要有哪些？
7. 并联运动机床与传统机床相比，具有哪些优异的性能？
8. 并联运动机床的主要部件有哪些？

第5章 现代生产管理技术

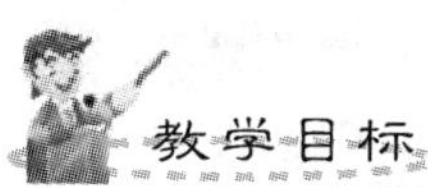

★ 了解现代企业生产管理技术的基本概念、基本问题、发展历史及其趋势；理解现代企业生产管理的基本任务、主要内容、方法和意义；

★ 掌握工程数据库管理(EDBM)与产品数据管理(PDM)的含义及其在企业中的地位；

★ 掌握物料需求计划(MRP) 的基本概念及功能；

★ 掌握企业资源计划(ERP)的含义和基本内容；

★ 掌握最优生产技术(OPT)的基本概念、原理和基于 OPT 的生产计划编制方法；

★ 了解计算机辅助生产作业管理和生产调度的任务与要求；

★ 了解管理信息系统开发特点与功能。

知识要点	能力要求	相关知识
现代企业生产管理技术的基本概念、基本问题、发展历史及其趋势	掌握信息时代的工业化及市场竞争的新特点；掌握现代生产管理在企业中的地位和作用及特点	现代生产管理系统的基本概念，现代生产管理系统的组成和作用
工程数据库管理(EDBM)与产品数据管理(PDM)的含义、结构体系	掌握 PDM 在企业中的地位与运用	数据库管理系统平台上的面向对象的应用系统相关内容
物料需求计划(MRP)的基本概念及功能、物料清单(BOM)、库存管理(IM)，MRP 的输入输出及计算项目、制造资源计划(MRPⅡ)概念及作用	掌握物料需求计划(MRP)及制造资源计划(MRPⅡ)的组成、特点及应用，车间计划调度与控制的实现形式	集成化管理信息系统、库存项目信息管理
最优生产技术(OPT)基本概念、原理和精益生产技术等	掌握基于 OPT 的生产计划编制方法及在企业生产中的运用	现代制造生产的各种生产模式产生的背景、基础及研究的内容
计算机辅助生产作业管理和生产调度的任务与要求，管理信息系统的特点及功能与开发	掌握数据库的类型及工程数据库管理系统的运用	计算机辅助在生产领域中的运用

导入案例

ERP/MRP成功案例

京凯公司是一家生产电子产品的公司，产品特点是多品种、大批量，在没有应用计算机管理系统之前，管理工作十分繁杂，管理人员经常加班仍不能满足企业的要求。

1. 使用前的情况

(1) 在没有使用计算机管理之前，PMC部每次下生产计划都要人工计算生产用料单，花费大量的时间清查现有库存，计算缺料等。

(2) 材料品种多，进库、出库、调拨的频繁操作也使得仓库的管理工作量十分大，人工误差导致库存数量的不准也影响到生产发料。

(3) 停工待料现象经常发生，因而也影响到生产交货不及时。

(4) 供应商的交货信息、客户的发货情况不能及时反馈到财务部门。

(5) 各个部门各自为政，信息流通滞后，严重影响经营决策，整个企业的管理比较杂乱。

2. 使用后的情况

公司于2002年年初开始实施软智ERP/MRP管理系统，实施后，PMC人员下一个生产计划由原来的2天变为十几秒钟，自动生成的生产发料单又快又准，材料仓的进货可在第一时间自动补充生产缺料也使得生产得以及时顺利进行，管理人员再不用为下生产计划而忙得团团转，生产状况得到极大的改善。

库存管理体系建立后，加强了重点物资的管理，通过对库存超储、积压处理等功能的实施，减少了库存的积压，有效地控制了库存资金的占用。公司内多个库房准确的动态库存数据随时为生产计划提供有效的信息。

企业的销售、采购、客户、供应商、应收、应付信息紧密地联系在一起了，通过采购订单自动生成的入库单入库后，入库信息即时反馈到采购部门和财务部门，通过销售订单自动生成的发货单发货后，发货信息即时反馈到销售部门和财务部门，有效地改善了原来信息严重滞后的情况，大大减轻了财务人员的工作负担，提高了工作效率。

通过基础工程数据的实施，使整个公司原来各部门分别组织数据、部门各自为政、相互独立的情况得到了全面的改善，企业的数据统一组织和管理，不再受部门分工界限的限制，达到了企业信息管理的规范化和标准化，信息的高度集成使企业的管理面目焕然一新。

企业的销售、供应、生产计划、库存各个系统协同运行。通过对物料需求功能的实施，销售计划指导主生产计划。根据产品定额产生物料需求计划，对库存数据、采购合同进行平衡计算后，产生物资采购清单。这样，有效地缩短了计划的编制周期，提高了物资采购的计划性、准确性，完全解决了生产缺料和库存物料积压过多这样两个方面的矛盾，也消除了生产线停工待料的现象。

利用系统内质量监测数据档案，对原材料、半成品、成品等进行相关的质量分析，主管领导通过质量分析的结果，找出影响质量的原因，提出短期或中期的质量改进措施，大大提高了产品的质量。所有生产、经营信息的即时传送，使企业的决策层能随时掌握企业各方面的最新数据，系统不失时机地为经营决策提供有力的支持。

3. 系统的经济效益

软智管理系统的实施，提高了生产计划的准确性和成本核算的可靠性，降低了物料储备和物料消耗，减少了在制品数量，缩短了生产周期，降低了储备资金、生产资金、成品资金及其他资金占用，节约了流动资金，降低了生产成本，加速了流动资金的周转，提高了单台产品的利税。

系统实施后，极大地提高了管理人员的工作效率。产品质量的提高赢得了客户的好评，大大提高了产品的市场占有率，取得了较好的经济效益。

5.1 现代管理技术概述

5.1.1 传统生产管理系统存在的问题

现代市场竞争激烈，瞬息万变，企业要在如此复杂的环境下求得生存，立于不败之地，必须持续不断地得到正确可靠的信息，比对手更快地做出响应和正确决策。但是，机械制造业是典型的离散型生产方式，其生产管理和控制活动是十分复杂的，依靠传统的以人工管理为主的生产经营和决策方式，根本无法适应现代市场的变化。传统的生产管理方式是一种无章可循的应急式生产，具体表现在如下几个方面。

1. 产品开发问题

企业不能适应市场开发出具有独占性技术的新产品，企业开发新产品周期长、成本高；引进国外产品的部分企业，若缺乏消化、吸收和创新，企业将再度陷入困境。

2. 企业结构不合理

建筑在封闭的经济基础上，小而全、大而全的企业产品开发和市场开拓能力弱，加工制造庞大，形成两头小、中间大的“橄榄型”，即开发设计—加工制造—市场开拓。

3. 企业管理问题

部分企业依旧停留在计划经济粗放作业的传统模式上，缺乏按订单组织均衡生产、压缩在制品和库存、加快资金周转率的手段，经营决策和售后服务管理方式落后。

4. 不精确的决策依据

企业管理系统是制造系统的决策层，只有通过周密准确的决策和规划，企业的生产才有可靠的目标和依据，才能取得最大的经济效益。这就需要企业领导者广泛而正确地掌握市场动态，在充分研究市场信息和对历史资料进行科学分析的基础上做出预测。然后，在用户订货和预测的基础上，全面考虑企业的人力、物力和财力资源，在充分利用现有设备能力、技术能力和考虑经济效益的前提下，做出发展产品品种、增加或减少各类产品的产量，以及如何提高产品产量和质量的决策，以保证企业具有稳定的投入和产出。

5.1.2 信息时代的工业化及市场竞争的新特点

信息时代的工业化及市场竞争的新特点如下。

(1) 知识—技术—产品的更新周期越来越短。

(2) 产品的技术含量越来越高。

(3) 产品个性化的要求越来越普遍。

(4) 除了产品竞争的T(交货期)、Q(质量)、C(成本)、S(服务)以外，独占性的知识产权的竞争越来越激烈。

(5) 信息技术已经渗透到了产品的设计、制造、管理、销售的全过程。

(6) 现代管理在竞争中的作用越来越重要。

5.1.3 现代生产管理在企业中的地位、作用及特点

生产企业若要在激烈的市场竞争中求得生存和发展，就必须积极地响应市场的变化。因此，企业除了采用现代化的生产手段、一流的制造设备和先进的工艺方法外，还必须采用现代化的生产管理技术来加速企业的改造。

生产管理就是指产品生产过程中的计划和管理，在机械制造企业中它是一个重要的职能领域，通常包含如下几方面任务：①生产计划的合理制订；②成本的有效控制；③设备的充分利用；④作业的均衡安排；⑤库存的合理管理；⑥财物状况的及时分析，等等。

现代企业管理是系统工程，是指利用敏捷制造的原理对企业进行重组，利用信息化带动工业化，实现企业的跨越式发展。利用敏捷制造的原理对企业进行重组是指改变企业的结构，将企业由“橄榄型”改变为“哑铃型”，使企业拥有庞大的产品开发能力及强大的市场开拓能力，将企业建筑在社会化分工、合作大生产的基础上，达到对市场的敏捷响应。

5.1.4 现代生产管理系统的组成

自20世纪60年代以来，随着科学技术的发展，出现了许多促进企业生产管理现代化的若干因素。其中最突出的因素是计算机的发展，计算机是生产管理中处理大量数据和事务的有力工具，能使决策、管理、控制等工作做得更科学、更准确、更合理。除此之外，运筹学、线性规划、排队论、系统论等一系列理论和方法逐步成熟，并在生产计划和生产控制中得到有效的应用。目前，机械制造企业正在逐步放弃传统的生产管理模式，转而采用由计算机支持的先进的现代生产管理系统。这种管理系统将原生产管理体系中的若干功能活动用计算机软件来实现，并用集成技术将各功能模块连接起来，建成一个计算机集成生产管理系统(MIS)。MIS能够快速响应市场的变化和生产中的特殊要求，受到企业界广泛的重视和关注，发展较为迅速，目前较有影响的MIS有“物料需求计划(MRP)”“制造资源计划(MRPⅡ)”，以及进一步演变而成的“企业资源计划(ERP)”。

从管理系统的角度看，企业资源计划(ERP)系统包括下列5个部分：①支持企业整体发展战略的战略经营系统；②实现全球化销售的营销与市场集成系统；③完善企业成本管理机制而建立的财务管理系统；④应用新的技术开发和工程设计管理模式的集成系统；⑤反应敏捷的准时生产制造支持系统。

如图5.1所示，为计算机集成生产管理系统的框架模型，其中许多功能模块与传统系

统中的名称虽然相同，但功能实现的手段却发生了根本的变化，例如，设计与工艺部门已被CAD/CAM集成系统所取代，而物料供应、作业计划和生产调度功能却由MRP模块来实现。

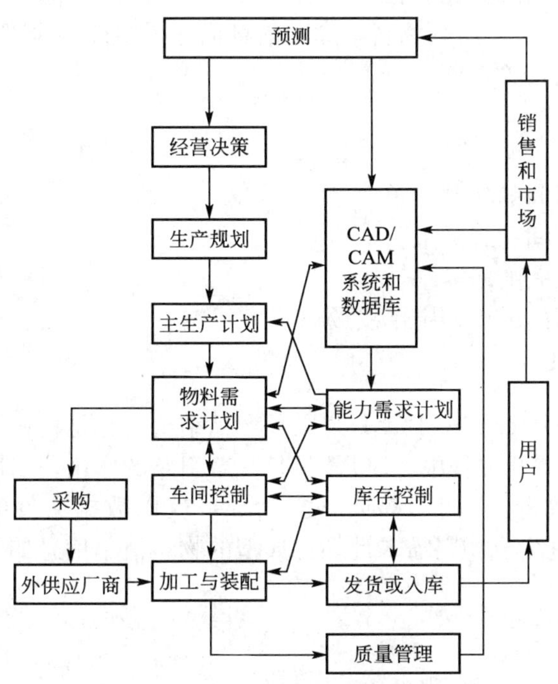

图5.1 计算机集成生产管理系统

5.2 工程数据库管理与产品数据管理

5.2.1 工程数据库管理(EDBM)

MRPⅡ的工程数据库是整个分系统得以正常运行的基础，典型的工程数据的主要信息源有：零件主信息、库存信息、物料清单信息、工艺路线信息、工作中心信息和工具信息等。

1. 零件主信息

零件主信息包含MRPⅡ系统中每一计划物料项的详细数据。每个物料项零件主信息一般可用如下各项来描述。零件号、零件描述、度量单位、批量政策、批量、安全库存、收缩因子、提前期、安全提前期、制造或购买码、供货商码、储存位置、MPS码、低级码、标准成本、物料成本、劳力间接费以及间接成本。

以上物料项中的数据由于其单个数据值不会频繁地改变，因而被称为静态数据。此外，这些数据值通常由用户改变，这与MRP展开方法中由计算来改变不同。提前期被预先确定并且用来补偿采购和制造订单；收缩因子允许系统考虑可能发生的储存损耗、废品或者废弃；MPS码表示是否是主生产计划零件；低级码表示零件处于物料清单中的最低级标志。

2. 库存信息

该数据源是动态的，因为在数据域中存储的数值改变非常频繁，并且其中许多能由MRP计算的结果生成。以下所列物料项库存信息描述了零件的全部库存状态，包含需求、分配、在制订单和计划订单。

● 当前库存(按位置)
● 已分配量
● 计划期每周期区间的在制定单
● 计划期每周期区间的总需求
● 计划期每周期区间的净需求
● 计划期每周期区间的计划定单发放

3. 物料清单信息

物料清单(Bill of Materials，BOM)定义了产品结构，它是物料需求计划子系统的主要输入之一。在MRP的展开过程中，BOM只是起着引路的作用，以便确定每个父项下面各个子项的标示、需求数量。一个BOM一旦生成，就以数据文件的形式相对固定下来，MRPⅡ系统可以利用它生成物料需求计划。典型的物料清单信息如下。

(1) 父零件号。
(2) 对于每一构成件。
① 构成件零件号；
② 需要量；
③ 有效期/止日期。

4. 工艺路线信息

工艺路线信息定义为在制造一个组件时所必须实现的制造和(或)装配工序。在零件制造工艺路线方面的典型数据如下。

(1) 零件号。
(2) 对于每一工序。
——工序号；
——工序描述；
——工作中心；
——替代工序；
——工序的制造文件；
——工序所需要的工具；
——准备时间；
——操作时间；
——操作者时间；
——运送时间；
——工序提前期；
——下道工序。

5. 工作中心信息

工作中心信息主要用作能力需求计划的输入，它包含生产设施中的每一工作中心方面的数据。因此，它可以指功能一致的一组机器和(或)操作者。一个典型工作中心描述如下。

(1) 工作中心号。

(2) 工作中心描述。

(3) 可获能力。

(4) 替换工作中心。

(5) 排队时间。

(6) 工作中心成本。

① 单位时间劳力成本；

② 单位时间机器成本；

③ 单位时间管理费。

6. 工具信息

工具信息提供什么样的工具可以获得，以及相应于特定的工序和工作中心方面的详细数据。一个典型的工具信息所包含的内容如下。

(1) 工具号。

(2) 工具名。

(3) 工具图号。

(4) 工具在仓库中位置。

(5) 工具状态。

(6) 工具寿命。

(7) 替代工具。

(8) 工具累计工作寿命。

(9) 工具寿命计算。

5.2.2 产品数据管理(PDM)

1. PDM的定义

专门从事PDM和CIM相关技术咨询业务的国际公司——CIMdata公司的总裁Edmiller在《PDM today》一文中给出的PDM的定义是：PDM是管理所有与产品相关的信息和过程的技术；与产品相关的所有信息，即描述产品的各种信息，包含零部件信息、结构配置、文件、CAD档案、审批信息等；与产品相关的所有过程，即对这些过程的定义和管理，包含信息的审批和发放。这一定义意味着PDM在工业上的应用范围非常广阔。

1995年9月Gartner Group公司的D. Burdick在所作的《CIM策略分析报告》一文中将PDM定义为："PDM是为企业设计和生产构筑一个并行产品艺术环境(由供应、工程设计、制造、采购、销售与市场、客户构成)的关键使能技术。一个成熟的PDM系统能够使所有参与创建、交流、维护设计意图的人，在整个信息生命周期中自由共享和传递与产品相关的所有异构数据。"

这里要特别强调以下几个含义。

(1) 异构数据。由于产品设计所涉及的知识构成越来越复杂，各领域专家借助不同的硬件、不同的操作系统和不同的应用软件工具参与设计，所以产品信息往往要由不同的软件供应商提供的多种应用软件系统生成或使用。例如，采用不同的操作系统，如Windows/JT和UNIX等；采用不同的CAD软件，如Auto CAD和UG等；采用不同的数据库管理系统，如Oracle、Foxpro等；硬件方面可能采用PC或工作站，这样就产生了类型各异的设计结果数据。又由于参与设计的人员可能分属不同的部门甚至是不同地域，设计活动的分散性，使信息存放在不同的部门或异地。总之，由各种不同的应用软件产生，又分散地存放在不同部门或不同地点、不同类型的硬件设备上的产品数据称为异构数据。

(2) 与产品相关的过程。这些过程指产品的发放过程、产品的变更过程和其他的工作流程。

(3) 电子资料室(Data Vault)。传统的技术文档是由企业的技术资料室人工管理，管理的是纸介质的图样和技术说明书等文件，这些文件由人工通过纸介质传送。而电子文档是存放在企业不同部门或不同地点的计算机上的异构电子数据，这些数据要由电子资料室管理，并通过计算机网络信息高速公路有组织地以电子邮件方式进行传送。PDM是一个面向对象的电子资料室，能集成产品生产周期内的全部信息(图样、文档、数据等多媒体信息)；它是一种管理软件，能提供数据、文件、文档的更改管理、版本管理、产品结构管理和工作流程管理；它是在数据库基础上的一种软件技术，是介于数据库和应用软件间的一个软件开发平台，在这个平台上可以集成CAD、CAM、CAE等多种开发环境和工具；它能与制造资源管理MRPⅡ和人、财、物管理系统MIS集成，实现产品生产过程的管理。

目前，PDM是相当热门且快速成长的技术，并得到美、欧、日等工业发达国家企业界的高度重视。PDM在我国的应用刚刚起步，就得到我国企业界的广泛关注，并得到共识。采用PDM，对改变我国国有企业当前处境和促进其走出困境，参与国内和国际市场竞争是一条可行之路。

2. PDM的功能

PDM系统为企业提供了一种宏观管理和控制所有与产品相关信息的机制，覆盖了产品生命周期内的全部信息。与产品相关的信息包含任何属于产品的信息，如CAD/CAM文件、材料清单(BOM)、产品配置、事务文件、产品订单、电子表格和供应商清单等。与产品有关的过程包括加工工序、加工指南、相关标准、工作流程和机构关系等处理程序。

一般情况下，PDM系统主要包括以下功能：电子资料室(Data Vault)和文档管理(Document Management)、产品配置管理(Product Configuration Management)或称产品结构管理、工作流程管理(Workflow or Process Management)、分类与查询管理和项目管理等。基于这种技术，PDM系统能够实现分布式环境中产品数据共享，为异构计算机环境提供一种集成的应用平台，从而较好地实现新一代的计算机集成应用系统。

(1) 电子资料室及文档管理(Data Vault and Document Management)。电子资料室是PDM的核心，它一般是建立在关系型数据库(如Oracle)基础上，主要保证数据的安全性和完整性，并支持各种查询与检索功能。通过建立在数据库之上的相关联的文本型记录，用户可以利用电子资料室来管理存储于异构介质上的产品电子数据文档，如建立复杂数据模型、修改与访问文档、建立不同类型的或异构的工程数据(包括图形、数据序列和字处理程序所产生的文档等)之间的联系，实现文档的层次与联系控制、封装管理应用系统(如CAD、CAPP、字处理软件、图像管理与编辑等)，方便地实现以产品数据为核心的信息共享。

电子资料室通过权限控制来保证产品数据的完整性，面向对象的数据组织方式能够提供快速有效的信息访问，实现信息透明、过程透明。

电子资料室通过封装应用软件，使得用户可以快速准确地访问数据，而无须了解应用软件的运行路径、安装版本及文档的物理位置等信息。它为PDM控制环境和外部世界(用户和应用系统之间的传递数据)提供一种安全的手段，一个完全分布式的电子资料室，能够允许用户迅速无缝地访问企业的产品信息，而不用考虑用户和数据的物理位置。

(2) 产品配置管理(Product Configuration Management)。产品配置管理以电子资料室为底层支持，以材料清单为组织核心，把定义最终产品的所有工程数据和文档联系起来，对产品对象及其相互之间的联系进行维护和管理。产品对象之间的联系不仅包括产品、部件、组件、零件之间的多对多的装配联系，而且包括其他的相关数据，如制造数据、成本数据、维护数据等。产品配置管理能够建立完善的BOM表，并实现产品版本控制，高效、灵活地检索与查询最新的产品数据，实现产品数据的安全性和完整性控制。

产品配置管理能够使企业的各个部门在产品整个生命周期内共享统一的产品配置，并且对应不同阶段的产品定义，生成相应的产品结构视图，如设计视图、装配视图、工艺采购视图和生产视图等。

(3) 工作流程管理(Workflow or Process Management)，主要实现产品的设计与修改过程的跟踪与控制。包括工程数据的提交与修改控制或监视审批、文档的分布控制、自动通知控制等。

它主要管理当一个用户对数据进行操作时会发生什么，人与人之间的数据流动，以及在一个项目的生命周期内跟踪所有事务和数据的活动。这一模块为产品开发过程的自动管理提供了保证，并支持企业产品开发过程的重组，以获得最大的经济效益。

(4) 分类及检索功能。任何一个设计都是设计人员智慧的结晶，日益积累的设计结果是企业极大的智力财富，企业发展的一个重要方面是对现有设计进行革新，创造出更好的产品。PDM的检索和零件库功能就是最大程度地支持现有设计的重新利用，以便创建出新的产品，它包括零件数据库的接口、基于内容的而不是基于分类的检索和构造电子资料室属性编码过滤器的功能。

(5) 项目管理功能。一个功能很强的项目管理器能够为管理者提供到每分钟项目和活动的状态信息，通过PDM与流行的项目管理软件包接口，还可以获得资源的规划和重要路径报告。到目前为止，项目管理在PDM系统中考虑得还较少，许多PDM系统只能提供工作流程的活动状态信息。

综上所述，PDM系统的文档管理是基础，产品管理的重要环节是产品配置管理，工作流程管理面对的是各种简单的或复杂的工作流程，项目管理和零件分类管理的重要作用是有助于PDM与MIS、MRPⅡ进行信息交换。

以上介绍了PDM系统应具备的功能。到目前为止，没有哪一个商用的PDM软件拥有上述全部功能，而且各种PDM软件正在不断完善和发展各项功能。但是，PDM系统都包含文档管理、产品配置管理及工作流程管理等最基本的功能，来对产品的整个生命周期进行完整的描述和控制，因此 PDM 在企业中的作用已经普遍为大家所认同。

实现以上功能需要一些工具和用户界面的支持。外部的应用系统要封装到 PDM 系统之中，并可在 PDM 环境下运行，以便于使不同的应用系统之间能够共享信息，以及对应用系统所产生的数据进行统一的管理。封装涉及与各应用相关的规则辨识及对产生的数据类型的辨识，同时也规定了应用系统运行时的条件及应用系统产生的数据在 PDM 中的自动存储方式。

有人认为查看和圈阅功能、扫描和成像功能及电子协作功能也应纳入到 PDM 的管理功能中。这些功能的描述如下。

PDM 为计算机化审批检查过程提供支持。用户可以利用它查看电子资料室中存储的数据内容，特别是图像或图形数据，如果需要的话，用户还可利用图形覆盖技术对文件进行圈点和注释。它支持多种标准格式文件的查看，支持目前流行的 CAD 系统，如 AutoCAD、Pro/Engineer 等，对本系统类型文件的查看，用红线圈点或图形覆盖，并支持第三方软件的查看。

扫描和成像功能可以把图形或缩微胶片通过扫描转换成数字化图像，并把它置于 PDM 系统的控制管理之下。在 PDM 发展的早期，以图形重构为中心的扫描和成像系统是大多数据管理系统的基础，但在目前的 PDM 系统中，这部分功能仅是 PDM 中很小的辅助性子集，而且随着计算机在企业中的推广应用，它将变得越来越不重要。在不久的将来，几乎所有的文档都将以数字化的形式存在。

电子协作主要实现人与 PDM 之间高速、实时地交互数据的功能，包括设计审查时的在线操作、电子会议等。较为理想的电子协作技术能够无缝地与 PDM 系统一起工作，允许交互访问 PDM 对象，采用消息的发布和签署机制把 PDM 对象紧密结合起来。

特别是在国际互联网(Internet)和企业局域网(Intranet)广泛使用的今天，网络浏览技术(Web)也被引入 PDM 系统。通过 Internet/lntranet 网络，人们可以在世界各地对分布式的 PDM 系统进行有效的操作。

3. PDM 的体系结构

PDM 系统是建立在关系型数据库管理系统平台上的面向对象的应用系统。PDM 的体系结构如图 5.2 所示，共由 4 层组成，第四层包括用户工具层和界面层。

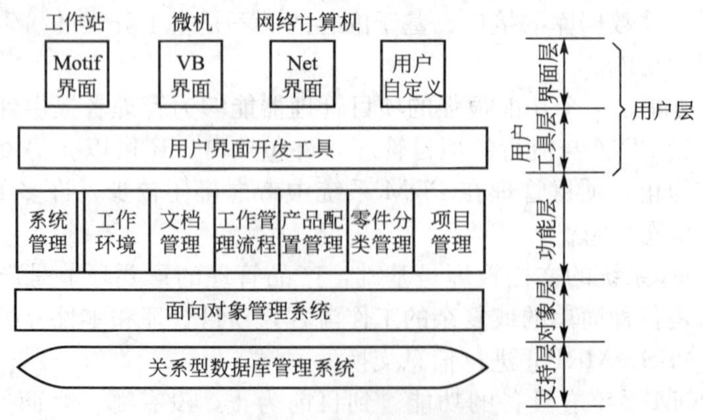

图 5.2 PDM 的体系结构

第一层是支持层。目前流行的通用商业化的关系型数据库是PDM系统的支持平台。关系型数据库提供了数据管理的最基本的功能，如存、取、删、改、查等操作。

第二层是对象层。由于商用关系型数据侧重管理事务性数据，不能满足产品数据动态变化的管理要求。因此在PDM系统中，采用若干个二维关系表格来描述产品数据的动态变化。PDM系统将其管理动态变化数据的功能转换成几个，甚至上万个二维关系型表格，实现面向产品对象管理的要求。例如，可以用一个二维表记录产品的全部图形目录，但不能记录每一个图形的变化历程，再用一个二维表专门记录设计图形的版本变化过程。两张表就可以描述产品设计图形的更改流程。

第三层是功能层。面向对象层提供了描述产品数据动态变化的数学模型，在此基础上，根据PDM系统的管理目标，可以建立相应的功能模块。在PDM系统中有两大类功能模块。一类是基本功能模块，包括文档管理、工作流程管理、产品配置管理、零件分类管理及项目管理等；另一类是系统管理模块，包括系统管理和工作环境。系统管理主要是针对系统管理员如何维护系统，确保数据安全与正常运行的功能模块。工作环境要使各类不同的用户能够正常、安全、可靠地使用PDM系统，既要方便、快捷，又要安全、可靠。

第四层是用户层，包括用户工具层和界面层。不同的用户在不同的计算机上操作，PDM系统都要提供友好的人机交互界面。根据各自的经营目标，不同企业对人机界面亦会有不同的要求。因此，在PDM系统中，除了提供标准的、不同硬件平台上的人机界面外，还要提供开发用户化的人机界面的工具，以满足各类用户的特殊要求。

整个PDM系统和相应的关系型数据库都建立在计算机的操作系统和网络系统的平台上。同时，还有各式各样的应用软件，如CAD、CAPP、CAM、CAE、CAT、文字处理、表格生成、图像显示和音像转换等，在计算机硬件平台上，构成了一个大型的信息管理系统，PDM将有效地对各类信息进行合理、正确和安全的管理。

4. PDM在企业中的地位

(1) PDM是CAD/CAPP/CAM的集成平台，企业在产品设计中，一般都要用到一种或多种CAD系统，例如，用AutoCAD进行二维工程设计，用UG或Pro/E等进行三维建模，因此，产品的设计信息，往往需要多种CAD系统来进行描述。但是由于STEP技术尚未全面推广，还不能完全解决不同CAD系统之间的数据交换。在工艺设计规划中，由于不同的企业有不同的规范，即使在同一企业中，不同的工艺人员也有不同的经验，他们设计的工艺规划也存在很大的差异性。为了保证生产的正常进行，企业中往往采用成熟的传统的工艺规划。工艺规划本身就很复杂，而CAPP系统又几乎无法从CAD系统中直接获取它所需要的设计信息。在CAPP中，不仅需要产品的设计信息，还需要相关的工艺信息，由于CAPP无法和CAD紧密集成，即使在许多CAD/CAM一体化的软件中，有关的工艺信息仍需要用手工通过交互的方式进行信息的交换，这也是CAPP系统至今尚未形成真正有效的商品化的软件产品的原因。所以3C(CAD/CAPP/CAM)的集成遇到了巨大障碍。

PDM系统可以解决上述难题。PDM可以统一管理与产品有关的全部信息，因此3C之间不必直接传递信息，CAD、CAPP、CAM系统之间信息传递都变成了分别和PDM之间的信息传递，CAD、CAPP、CAM都从PDM系统中提取各自所需要的信息，各自应用的结果也放回PDM中去，从而真正实现了3C的集成，所以说PDM是CAD/CAPP/CAM

的集成平台，如图 5.3 所示。

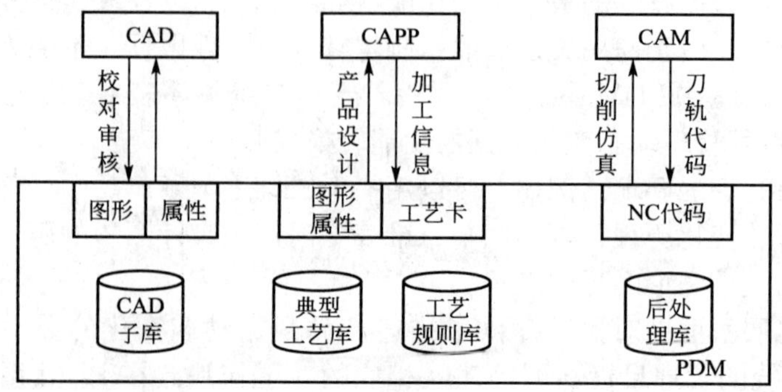

图 5.3　PDM 是 CAD/CAPP/CAM 的集成平台

(2) PDM 是企业信息传递的桥梁。过去手工设计时，全部技术图样资料均由资料室统一管理。设计部门和企业计划管理部门之间的信息是通过纸介质的图样、技术说明书和更改单等传递的。采用 CAD 技术以后，大部分资料存放在计算机内，原来的资料借阅制度已不适应 CAD 技术的发展，如何解决设计、计划、经营管理等信息的传递和数据共享也是急需解决的问题。

PDM 系统作为 3C 的集成平台，用计算机技术完整地描述了数字化的产品模型。因此，为了使 MIS 和 MRPⅡ自动得到所需的产品信息，如 BOM 等，MIS 和 MRPⅡ系统只要和 PDM 系统传递信息即可，PDM 系统起到了沟通设计部门和管理信息系统及制造资源系统之间的信息传递的桥梁作用，如图 5.4 所示。

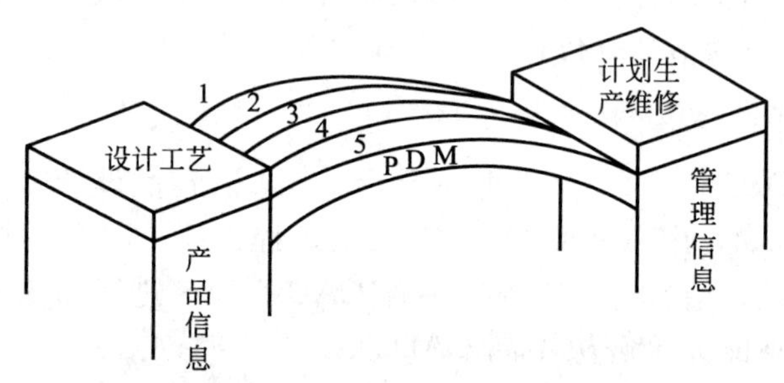

图 5.4　PDM 是信息传递的桥梁

1—文档管理；2—产品结构；3—工作流程；4—零件分类；5—项目管理

(3) PDM 是企业 CIMS 的集成框架。所谓“集成框架”，是在异构、分布式计算机环境中能使企业内各类应用实现信息集成、功能集成和过程集成的软件系统。随着 CIMS 技术的不断深入发展和应用规模的不断扩大，企业集成信息模型越来越复杂，对信息控制和维护的有效性、可靠性和实时性要求越来越高，所以迫切需要寻求更高层次上的集成技术，以能够提供高层次的信息集成管理机制，从而提高 CIMS 的动作效率。

并行工程采用集成化与并行化的思想来设计产品，强调在信息集成基础上的功能集成和过程集成，为 CIMS 的实施提供了更强有力的自动化环境。PDM 支持并行工程，而且不仅向 MIS 系统和 MRPⅡ系统传递所需的产品信息，而且 ERP(是 MIS 系统和 MRPⅡ集成后的简称)中生成的与产品有关的生产、经营、维修服务等信息，也由 PDM 系统来传递，因此，PDM在突出产品数据的管理基础上，正逐步完善其作为制造业领域框架的功能。

5.3 物料需求计划

5.3.1 物料需求计划的基本概念及功能

物料需求计划(Material Requirement Planning，MRP)是20世纪60年代末70年代初发展起来的一种新型的管理技术和方法，是现代生产管理系统中重要的组成部分。MRP的基本功能如图5.5所示，它从最终产品的时间和数量需求出发，按照产品结构进行展开，推算出所有零部件和原材料的需求量，并按照生产和采购过程所需的提前期推算出投放时间和物料采购时间。

由图5.5可以看出，MRP计划和管理的主要功能包括以下几点。

(1) 将主生产计划中的计划生产量、生产进度和产品结构清单进行综合，确定生产过程中所需的零部件和原材料及其时间期限。

(2) 充分利用库存来控制物料进出库的数量和时间，以保证按期交货并使库存成本降低到最少限度。

(3) 按工艺路线和产品的装配过程确定工厂能力需求计划。

(4) 实施动态跟踪计划，使之既可以根据主生产计划的变化来调整、更新物料需求计划，又可以根据实际的物料需求计划反过来修正主生产计划。MRP作业是根据主生产计划、物料清单和库存记录所提供的数据进行工作的。主生产计划按时列出产品的需求量，而物料清单确定每种产品需要的原材料和零件数，库存记录文件说明每种零件和原材料的当前和未来库存情况。MRP根据产品构成图，用逐级展开法计算零件和原材料的各种需求。

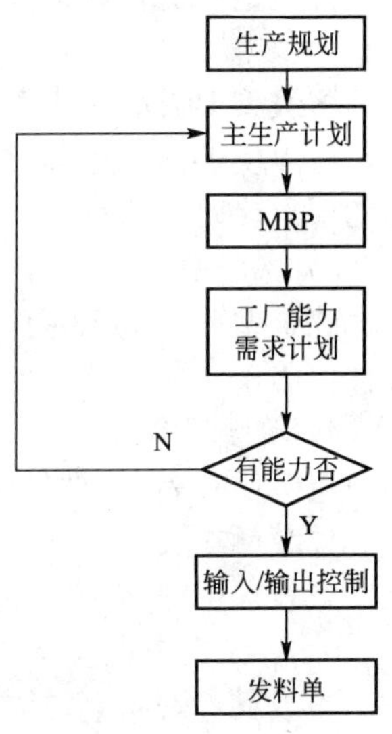

图5.5 MRP系统框图

5.3.2 物料清单

物料清单是指产品所需零部件明细表及其结构。

在MRPⅡ中，物料一词有着广泛的含义，它是所有产品、半成品、在制品、原材料、毛坯、配套件、协作件、易耗品等与生产有关的物料的统称。采用计算机辅助企业生产管理，首先要使计算机能够“读出”企业所制造的产品构成和所有要涉及的物料，为了便于计算机识别，必须把用图示表示的产品结构转化成某种数据格式，这种以数据格式来描述产品结构的文件就是物料清单，即BOM。

为了便于计算机管理和处理方便，BOM必须具有某种合理的组织形式，而且为了便于在不同场合下使用BOM，BOM不应有多种组织形式或格式。

BOM是MRPⅡ系统中最重要的基础数据，其组织格式设计的合理与否直接影响到系统的处理性能，因此，根据实际的使用环境，灵活地设计合理且有效的 BOM 是十分重要的。

BOM 不仅是 MRP 重要的输入数据，而且是财务部门核算成本、制造部门组织生产等的重要依据，因此，BOM 的影响面最大，对它的准确性要求也最高。采取有力措施，正确地使用与维护 BOM 是系统运行期间十分重要的工作，必须引起足够的重视。

此外，BOM 还是 CIMS/MIS 与 CAD、CAPP 等子系统的重要接口，是系统集成的关键之处，因此，用计算机软件实现 BOM 管理时，应充分考虑它与其他子系统的信息交换问题。

1. BOM 的格式

BOM 主要有以下几种格式。

1) 单级型 BOM

单级型 BOM 是 BOM 的一种最基本的型式，它表达了产品结构的某一层，可以反映父项的零部件清单、每一零部件的标识符、每个零部件的简单描述、生产父项所必需的各种零件数量、储存和发放零部件的计量单位等信息。

2) 多级型 BOM

多级型 BOM 可以看成是一串单级 BOM 按照装配关系的相互连接，在多级型 BOM 中，可以反映出单级 BOM 所反映的全部信息、构成产品所需零部件的装配关系、构成产品的层次代码等信息。

3) 综合型 BOM

综合型 BOM 反映了产品的全部零件清单，而不考虑各零部件之间的结构关系，各零部件仅出现一次。综合型 BOM 主要用于采购部门。

4) 单级反查表

单级反查表向上扫描一级产品结构，列出了使用一个零部件的每个父项。

单级反查表常用于确定一个装配件变化时，哪些物料清单受影响，计划人员可以用单级反查表来辨识由于组件推迟交货或损坏而受影响的装配件。

5) 多级反查表

多级反查表向上扫描产品结构的每一层，一直到末项。

2. BOM 的使用

在任何制造环境中，不同的部门和系统都为不同的目的使用 BOM，每个部门和系统都从 BOM 中获取特定的数据。主要的 BOM 用户有设计部门、工艺部门、生产部门、产品成本核算部门和物料需求计划(MRP)系统。

(1) 设计部门。设计部门既是 BOM 的设计者，又是 BOM 的使用者。就使用而言，无论何时，当产品结构发生变化，或对某个零部件进行重新设计时，该部门都要从 BOM 中获取有关零部件的信息及其相互间的结构信息，只有得到这些信息，才能对其进行定义、描述或修改。

(2) 工艺部门。工艺部门根据 BOM 信息建立各零件的制造工艺和装配件的装配工艺，并确定加工制造过程中应使用的工装、模具等。

(3) 生产部门。生产部门使用 BOM 来决定零部件或最终产品的制造方法、领取的物料清单等。

(4) 产品成本核算部门。该部门利用 BOM 中每个自制件或外购件的当前成本来确定最终产品的成本。

(5) MRP系统。BOM是MRP的主要输入信息之一，它利用BOM决定生产主生产计划项目时，需要哪些自制件和外购件，需要多少，何时需要。

3. BOM的构造

前面已经提到，BOM是系统中最重要的基础数据，它几乎与企业中的所有职能部门都有关系，BOM构造的好坏，直接影响到系统的处理性能和使用效果。因此，根据实际环境，灵活地构造BOM是十分关键的。就一般情况而言，构造BOM应注意以下几个方面。

(1) 在BOM中，每一项目(零部件)必须有一个唯一的编码。对于同一个项目，不管它出现在哪些产品中，都必须具有相同的编码。对于相似的项目，不管它们的差别有多么微小，也必须使用不同的编码。

(2) 为了管理上的方便，有时可以将同一零件的几种不同状态视为几个不同的项目，构造在产品的BOM中。

(3) BOM中零件、部件的层次关系一定要反映实际装配过程。在实际装配中，有时并不一定把某些零件装配成某个有名称的组件，或者由于工艺上的考虑需要将某些零件归在一起加工(如箱子与箱盖)，形成临时组件，而这些组件在产品的零部件明细表和装配图上并没有反映出来，但必须在计划管理中反映出来，这就需要在BOM中设计一种物理上并不存在的项目，通常称为“虚拟件”或“虚单”。构造虚拟件有时还出于简化MRP的编制过程和减少零部件之间的影响等目的。

(4) 根据生产实际情况，有时为了强化某些工装、模具的准备工作，还可以将这些工具构造在BOM中。这样就可以将一些重要的生产准备工作纳入计划中来。有时为了控制某个重要的零件在加工过程中的某些重要环节，如进行质量检测等，还可将同一个零件的不同加工状态视为不同的零件，构造在BOM中。总之，构造BOM是非常灵活的，主要取决于构造者的实际管理经验。

(5) 为了满足不同部门获取零部件的不同信息，可以灵活地设计BOM中每个项目的属性，如计划方面的、成本方面的、库存方面的，订单方面的等。

4. BOM的维护

BOM是任何管理系统中的基础，如果没有BOM，就无法制造同样的产品，为此，要想提高生产管理系统的效率，BOM的正确与否是十分重要的。

(1) 不准确BOM造成的影响。不准确BOM会导致一些项目为BOM所遗漏，造成零件短缺，降低了制造效率，使订单不能按期交货；同样，BOM中列入了一些不必要的项目，导致零部件过多储备，提高了产品成本，计划也缺乏可行性。

(2) BOM中发生错误的环节。BOM中发生错误的环节主要发生在工程部门产生BOM时、为BOM准备数据时和BOM数据录入时。

(3) 正确维护BOM的方法。要正确维护BOM，就要指定专人负责，并经常监测BOM，检查项目数量及其生效日期，对工程改变进行分类，通知并实施工程改变。

5.3.3 库存管理(IM)

库存管理(Inventory Management，IM)是企业管理的重要组成部分。

首先，准确的库存信息是进行正确的物料需求计划的前提与基础，它影响着企业的整个生产计划与控制活动。

其次，库存作为供、需之间的缓冲区，一方面，适量的库存可以应付各种有规律与偶然性的变化，起到应急、备用的缓冲作用，保证生产过程的连续性，提高为用户服务的水平；另一方面，一定数量的库存又占用着企业的大量资金，减缓了物流过程和资金的周期。在这种十分矛盾的情况下，如何采用有效的库存控制策略，在保证生产的连续性和维护一定程度的用户服务水平的前提下，尽量降低库存水平是库存管理的重要目标。

库存管理所涉及的对象是库存项目，即企业中的所有物料，包括原材料、零部件、在制品、半成品及产品，以及其他辅助物料。由于各种物料的用途不同，需求规律不同，补充库存的方法也就不同。因此，对库存项目进行正确的分类是库存管理的前提。在此前提下，对不同的项目采取不同的库存控制策略，才能有效地控制库存水平。同时，建立与维护全面、正确、准确的库存信息，才能为企业中各部门提供必要的信息。

1. *库存项目分类*

对库存项目分类是为了针对不同的库存项目，采取不同的控制策略。而选择库存控制策略的主要依据是库存项目的需求规律及重要程度。因此，在这里我们将按照库存项目的需求规律及重要程度对其分类。

(1) 独立需求型库存与相关需求型库存。独立需求型库存是指那些不确定、随机性、企业自身不能控制其需求的库存项目。如用户对产成品、零部件的需求，某些生产中的辅助材料等。这种库存项目的订货时间、订货量需要采用一定的方法确定。

相关需求型库存是指这种需求与其他需求之间有着内在相关性，根据这种相关特性，企业便可对这些库存项目进行确定型控制。例如，IVIRP 的计划项目均属相关需求型库存项目，其订货时间和订货量是相关的、确定的。

(2) ABC 分类法。一般情况下，库存项目存在着这样的规律：少数库存项目占用着大部分库存资金；相反，大多数的库存项目只占用小部分库存资金。利用库存与资金占用之间的这种规律对库存项目进行分类，便是库存管理中的“ABC 分类法”。其中：A 类库存项目往往占有 75%～80%的库存资金，而其品种和数量只占库存项目总数的 10%～20%；B 类库存项目占有 10%～15%的库存资金，品种占 20%～25%；C 类库存项目占有 5%～10%的库存资金，品种占 60%～65%。

对库存项目按“ABC 分类法”进行分类，目的在于根据库存项目重要程度的不同，实施不同的库存控制策略。例如，对 A 类项目的订货点、订货量、库存信息的准确性要求要比 C 类项目高得多。

对库存项目进行分类后，可采取不同的控制方法对库存项目进行管理，例如，对于 A 类库存项目，采取的控制方法如下。

(1) 经常预测和估价。

(2) 经常盘点，而且容许误差低。

(3) 立即更新库存记录。

(4) 经常审查需求量、定货量与安全库存。

(5) 密切跟踪并催货，减少提前期。

对于 B 类库存项目，采取的控制方法类似于 A 类项目，但要求并不那么频繁。

对于C类库存项目，采取的控制方法如下。

(1) 计算机自动控制。

(2) 简单地维护库存记录与订货技术。

(3) 较大的订货量及安全库存。

(4) 不需经常清点，准确性要求较低。

2. *库存项目控制策略*

控制策略是指对库存项目进行管理的方法。对于不同类型、不同重要程度的项目，应采取不同的控制策略。控制策略的主要内容是针对某个库存项目回答下列问题，即

(1) 满足用户及生产需求的最低库存量是多少?

(2) 何时开始订货?

(3) 一次订多少货?

库存管理的目标是恰好有足够的库存，按时满足各种需求。然而，当不能准确地确定需求时，就很难实现这个目标，通常是用设置安全库存的办法来解决这个问题，即规定某个项目的最低库存量。为了达到按时补充库存量，使之成为既不超前，又不落后的目标，需要确定库存项目的订货时间。为了使订购库存项目的成本最低，需要确定库存项目的一次订货量，即批量。下面将分别说明上述问题。

1) 安全库存

安全库存是指为了满足用户和生产的要求，使生产不间断并达到一定的用户服务水平，库存项目应满足的最低库存量。

对于不同的库存项目，其安全库存量是不同的，那么，如何确定特定项目的安全库存量呢? 通常有两种方法，即判断法和统计分析法。

对于一般的库存项目，如C类项目，可采用判断法确定安全库存量，即根据以往的管理经验确定一个合适的数量，并隔一定时间视具体情况进行调整。

对于重要的库存项目，可用统计分析法确定安全库存量，具体的步骤是：首先确定统计周期，并取得该周期内的预测量和实际需求量，计算预测误差和绝对误差，接着计算平均预测误差；然后确定用户服务水平及对应的安全因子；最后再计算安全库存量。

例如，某公司对某项目在过去8个预测周期内的预测数量和实际需求数量见表5-1，表5-1中还求出了预测误差和绝对误差。

根据表5-1，计算平均预测误差如下：

$$平均预测误差=\frac{绝对误差总和}{预测周期数}=\frac{56}{8}=7$$

另外，还要确定该项目的用户服务水平，找出对应的安全因子。关于用户服务水平与安全因子的对应表在一般的库存管理书上可以找到，表5-2是一个例子。

表5-1　库存项目预测误差

预测周期	实际需求	预测需求	预测误差	绝对误差
1	31	25	6	6
2	20	25	−5	5
3	40	25	16	16

（续）

预测周期	实际需求	预测需求	预测误差	绝对误差
4	30	25	−5	5
5	19	25	−6	6
6	20	25	−6	5
7	34	25	9	9
8	21	25	−4	4

表 5-2　用户服务水平与安全因子对照表

服务水平（%）	安全因子	服务水平（%）	安全因子
50	0.00	95	2.06
75	0.84	96	2.19
80	1.05	98	2.56
90	1.60	99	2.91
94	1.95	—	—

若确定该项目的用户服务水平为95%，则表明该项目在95%的订货周期内不应缺货。若该项目每月订一次货，则95%的服务水平说明每两年可能有一次缺货。

根据安全因子和平均预测误差计算安全库存量如下：

$$安全库存量=平均预测误差\times安全因子=7\times2.06=14.42\approx15$$

2）何时订货

对于相关需求型项目，其订货时间可由MRP系统确定。

对于独立需求型项目，可采用订货点系统、周期性审查系统、双箱系统、时间段订货点系统等方法确定订货时间。

（1）订货点系统。在订货点系统中，无论何时，只要现有库存量降低到预定水平，订货点便发放订单。这类系统可有效地用于具有相对连续性、稳定性需求的项目。

所谓订货点，是开始订货的库存量，利用订货点来确定订货时间。订货点的计算公式如下：

$$\mathrm{OP}=DL+Q_s$$

式中，OP——订货点；

D——需求率；

L——提前期；

Q_s——安全库存。

例如，若某项目的需求率为每周15个，提前期为4周，安全库存为20个，则订货点OP为

$$\mathrm{OP}=15\times4+20=80(个)$$

即当现有库存达到或低于80个时，就应该订购该项目。

（2）周期性审查系统。一些项目常常以有规律的、固定的时间间隔订购，在这种情况

下，就需要周期性审查系统。如易耗品、易损品等，通过直观地审查现有库存或进行周期性盘点，就可以发放一定数量的订单，该数量应等于安全库存和提前期期间以及查看期间的估计需求量。

(3) 时间段订货点系统。分阶段订货点系统将MRP逻辑运用于独立需求项目。该系统需要预测需求、项目的提前期及订货量。其处理过程是先按展望期分周期提供预测需求和计划入库量，以及当前现有库存量，再确定库存水平低于零或安全库存水平的周期，然后计划在缺货期收到订单，并利用缺货期减去提前期来确定订单发放日期。

例如，在表5-3中，说明了某独立需求项目的有关信息。在该例中，90件的订单已经发放，并在第3周收到，从表5-3中可知，第2、8、9和10周将低于安全库存，如果订单能在第2周收到，那么就需要催货，因为手头只有10件，不必用紧急订单，而是消耗安全库存。然而，为了能在第8周收到订单，就必须在第4周发放订单。

(4) 双箱系统。表5-4中，提前期－4周，安全库存－20件，周需求预测＝15件，固定订货量＝90件。

表5-3　需求量、收货量及库存

时间/周	1	2	3	4	5	6	7	8	9	10
毛需求	15	15	15	15	15	15	15	15	15	15
预计入库量		90								
预计现有量 40	25	10	85	70	55	40	25	10	5	(—20)
计划订单入库										
计划订单下达										

双箱系统是一种用于确定何时再订货的常用方法。该方法是：将库存量分为两部分，并分别存放在两个箱子中或任何类型的存储地方。其中一个箱子存放订货点数量，一个箱子存放剩余数量。当需求消耗完剩余数量并开始消耗订货点数量时，就开始发放订单。例如，普通的金属构件、办公用品均可用该系统进行管理。

表5-4　计划订单下达

时间/周	1	2	3	4	5	6	7	8	9	10
毛需求	15	15	15	15	15	15	15	15	15	15
预计入库量		90								
预计现有量 40	25	10	85	70	55	40	25	100	85	70
计划订单入库							90			
计划订单下达							90			

3) 订货量或批量

订货量或批量是指一次订货的数量。确定批量时需要考虑订购成本、项目成本、存放成本、需求规律等多种因素。常见的批量技术有固定批量、直接批量、经济批量、固定周期批量、周期批量。

(1) 固定批量。固定批量是指虽然每次的订货时间间隔不同，但订货量固定不变。固定批量适用于那些订货量受尺寸、体积等影响的物料，如某些化工原料等。

(2) 直接批量。直接批量是指按照物料的净需求决定订货量。直接批量的大小随物料的净需求变化而变化。直接批量适用于比较贵重的物料。

(3) 经济批量。经济批量是指在物料的订货成本和运输成本最小时的订货量：设 U 为物料的年需要量，S 为订货成本，C 为物料的单位成本，I 为年库存保管费占年平均库存值的百分数，则经济订货量 EOQ 为

$$\mathrm{EOQ}\sqrt{\frac{2US}{IC}}$$

例如，若 $U=10\,000$ 件，$S=18$ 元，$C=0.16$ 元/件，$I=25\%$，则

$$\mathrm{EOQ}=\sqrt{\frac{20\times10000\times18}{0.25\times0.16}}\text{件}=3000\text{ 件}$$

经济批量适用于需求相对平稳且订货成本比较低的物料。

(4) 固定周期批量。固定周期批量是指以固定的时间间隔和物料的净需求为依据的订货量。这种批量的大小随物料净需求的变化而变化。

固定周期批量适用于需求非平稳、非连续但相对便宜的项目。

(5) 周期批量。周期批量类似于固定周期批量，其订货量随物料的净需求变化而变化，但订货间隔是计算出来的。其计算方法是：用年用量除以 EOQ，得到每年的订单数。用年周期数除以年订单数得到周期批量的订货间隔。

3. 库存项目信息管理

由于企业的生产经营活动是对物料而展开的，同时库存信息是 MRP 的重要输入信息之一，因此，保证库存信息的完整及其准确性是库存项目信息管理的主要内容。

1) 库存项目信息内容

描述一个库存项目，其主要信息应包括以下内容。

(1) 项目号：库存项目的唯一标识。

(2) 描述：对库存项目的简短说明。

(3) 计量单位：件、个、千克等。

(4) 来源：说明是自制还是外购。

(5) 库位：标明库存项目的存放地点。

(6) 入库量：在一次处理中加入到库存的数量。

(7) 出库量：在一次处理中从库存中取出去的数量。

(8) 现有量：在库房中实际存在的数量。

(9) 执行中的订单：包括订单号和订单数量。

(10) 可用量：现有量和执行中的订单数量。

(11) 已分配量：为确认的订单留出的数量。

(12) 单价：库存项目的平均价格。

(13) 提前期：库存项目的平均价格。

在不同的企业，由于实际管理过程的不同，库存项目信息有所不同，应根据实际管理的需要，设计库存信息内容。

2）维护库存项目信息的准确性

库存项目信息的准确性，其意义重大，它不仅是进行有效库存管理的前提条件，而且是进行正确的生产计划，保证用户交货期的重要前提。不准确的库存信息可能导致整个生产过程的混乱甚至物料的浪费，如物料短缺、不能按计划进行生产、降低生产率、逾期交货、过量的库存、销售量的减少等。

一般地说，库存信息的不准确，会导致过量的库存或很高的废弃率。也可能导致计划不足，造成物料短缺或利润降低，影响到计划的执行和客户服务。那么，为了维护库存信息的准确性，必须首先分析造成库存信息不准确的原因，针对不同的原因，采取措施，加以预防和制止。

3）库存信息分析

为了达到库存管理的目的，应随时动态地了解库存情况，及时发现问题，采取有力的措施加以解决。

通常情况下。动态地了解库存情况的有效途径是设置各种库存信息分析功能。主要的库存信息分析有库存积压分析、短缺超储分析和资金占用分析。

(1) 库存积压分析。一般情况下，积压库存项目定义为

$$\text{当前日期}-\text{该项目最后一次出库日期}-\text{规定的积压日期}>0。$$

其中，

$$\text{积压天数}=\text{当前日期}-\text{该项目最后一次出库日期}$$

$$\text{积压数量}=\text{库存现有量}$$

$$\text{积压金额}=\text{积压量}\times\text{平均价格}$$

(2) 短缺超储分析。根据库存项目的可用量、最高储备量和安全库存，可定义超储项目和短缺项目。

如果某库存项目的可用量大于最高储备量，则该项目为超储项目。其中

$$\text{超储量}=\text{可用量}-\text{最高储备量}$$

$$\text{超储金额}=\text{超储量}\times\text{平均价格}$$

如果某库存项目的可用量小于安全库存，则该项目为短缺项目。其中，

$$\text{短缺量}=\text{安全库存}-\text{可用量}$$

$$\text{短缺金额}=\text{短缺数量}\times\text{平均价格}$$

(3) 资金占用分析。用于资金占用分析的计算方法如下。

对于特定的仓库和一定数量的库存项目：

$$\text{总金额}=\sum\text{每种库存项目现有量}\times\text{平均价格}$$

$$\text{某种项目占总额的百分比}=\frac{\text{该项目的资金占用}}{\text{总金额}}\times 100\%$$

5.3.4 MRP的输入/输出及计算项目

1. MRP的输入

MRP的主要功能是准确地制订产品生产所需的原材料和零部件的采购和投放计划。为了实现这个功能，MRP必须有如下三个主要数据源，即主生产计划、产品的物料清单BOM和库存记录，如图5.6所示。

主生产计划是 MRP 的主要信息源，而其他的输入信息只是为了 MRP 分解主生产计划，求到各类零部件、原材料的需求量而提供的辅助信息。主生产计划中的产品需求量可分为三种类型：第一类为预测需求量，这是销售人员根据历年来的需求统计由经验分析估算求得的；第二类是用户的订货量，通过统计用户订单获得；第三类是独立需求的零部件，这里是指为生产部门和用户准备的备件。这类需求虽然不是整台产品，但也应反映在主生产计划表内，有时可直接将它作为 MRP 的输入。主生产计划通常是以周为时间周期编制的，表 5－5 是所列的某产品 X 的主生产计划。

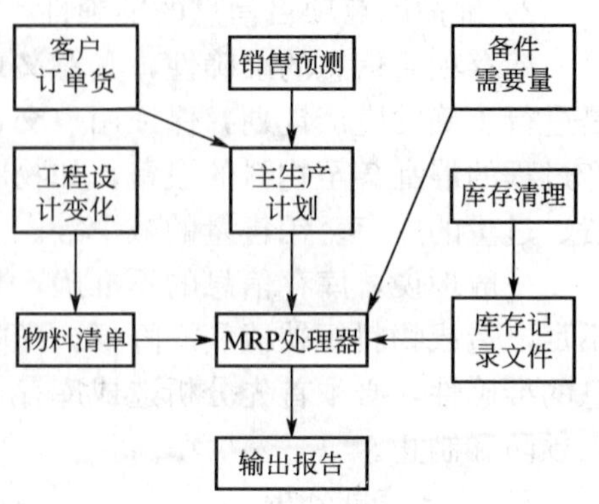

图 5.6　MRP 作业流程图

表 5－5 产品 X 的主生产计划表

计划期/周	1	2	3	4	5	6	7	8
产量	20	25	30	20	25	30	30	40

除了主生产计划作为 MRP 的数据源之外，还需要获知产品的结构组成和准确的库存信息。产品的结构组成通常由产品的物料清单（BOM）提供，而库存信息由库存记录文件提供。

值得注意的是，MRP 输入信息必须是最新的。任何工程设计的改变都会影响 BOM；同样，库存的事务处(如入库、出库、报废等)随时都会更新库存物料的状态数据。

2. MRP 的输出

MRP 的输出信息可作为能力需求计划、车间作业管理、采购作业管理等其他生产管理模块的输入信息，因而 MRP 的输出信息应包括如下的内容。

(1) 下达计划订单通知。

(2) 日程改变通知(要求提前或推迟已下达订单的完工日期)。

(3) 因生产计划改变而撤销订单的通知。

(4) 库存的状态报告。

(5) 未来一段时间内的计划订单。

根据使用需求，MRP 系统还可以输出如下一些信息：各种反常信息报告，以及说明作业进度、脱节订货、误期或作废等、库存量预报、提高库存水平规划、各种执行情况的报告等。

3. MRP 的计算项目

用 MRP 计算物料需求时涉及诸如总需求量、净需求量、可用库存等一系列的数值计算，其具体计算项目包括如下 6 个方面。

1) 总需求量

总需求量是指对某项物料所预计的未来需要量或未来使用量，这种需求是分时间周期(一般为周)提出的。值得注意的是：总需求量是按最终产品的需求量计算的，一种零件可能同时由多项不同的组件需要，同一零件也可能是备件。应根据所有组件对某零件的需求量之和，以及独立于最终产品之外的备件需求量来计算确定该零件的总需求量。

2）计划到货量

计划到货量是指已经在制或已经定购，预期在计划期内即将到货入库的物料量。

3）现有库存量

现有库存量或可用库存量指在满足总需求量之后的库存量。它可供下一计划周期使用。MRP规定现有库存量用每计划周期的期末库存量来表示：

任意周期的期末库存量＝上周期库存量＋本周期计划到货量－本周期总需求量

4）净需求量

当现有库存量不足以满足总需求量时，其短缺部分就是净需求量：

净需求量＝总需求量－计划到货量－现有库存量

当上式中净需求量计算值为负数时，取值为零。

5）计划交付量

计划交付量是将净需求量经过调整之后所确定的正式投入生产或提出采购的计划批量。批量的调整需考虑两方面的因素，即废品率和批量规则。有关批量规则的概念将在下一节中介绍。

6）计划投放量

计划投放量与计划交付量在数量上是相同的，只是把交货时间前置一个提前期来确定投放时间。

MRP的计算是按产品结构层次由上而下逐层计算的。首先根据主生产计划中最终产品数量确定总需求量；接着查询现有库存量，计算出净需求量；再根据批量规则计算出每批订货量即计划交付量；最后根据提前期确定计划投放量及采购时间。

5.3.5 制造资源计划

1. 制造资源计划的基本组成及其特点

制造资源计划（Manufacturing Resources Planning，MRPⅡ）是指以物料需求计划为核心的闭环生产计划与控制系统。制造资源计划是在物料需求计划的基础上发展起来的，但它具有更丰富的内容，因物料需求计划与制造资源计划的英文缩写相同，为了区分，将制造资源计划称为MRPⅡ。

我们知道，企业生产经营活动的最终目的是获取利润，而为了达到此目的，就必须合理地组织和有效地利用其设备、人员、物料等制造资源，以最低的成本，最短的制造周期，最高的质量生产出满足顾客需求的产品。为此，必须采取先进且十分有效的生产管理技术来组织、协调、计划与控制企业的生产经营活动。MRPⅡ正是为解决上述问题而发展起来的一种科学的管理思想与处理逻辑，它是企业进行现代化管理的一种科学方法。

MRP的雏形早在20世纪40年代初就已形成，但是由于其计算量大，直到20世纪60年代出现了计算机之后，这种管理方法利用计算机系统才得以实现并进入应用领域。

近30年来，国外已有数万个企业建立并运行了基于MRPⅡ的集成化管理信息系统。在减少库存、提高生产效率、降低成本、提高用户服务水平方面取得了显著的经济效益。

我国在20世纪70年代末引入了以COPICS为代表的MRPⅡ系统，并在20世纪80年代初在试点企业引进、安装并初步实施了MRPⅡ系统，取得了宝贵的经验。国外的商品化MRPⅡ软件产品已有数百种，国内许多软件开发单位也为我国企业开发了不少以MRPⅡ为核心的企业管理信息系统，为我国进一步提高企业管理水平、推广MRPⅡ的应用打下了良好的基础。

MRPⅡ是对制造业生产经营活动所建立的一种模型，其组成结构和处理逻辑如图5.7所示。

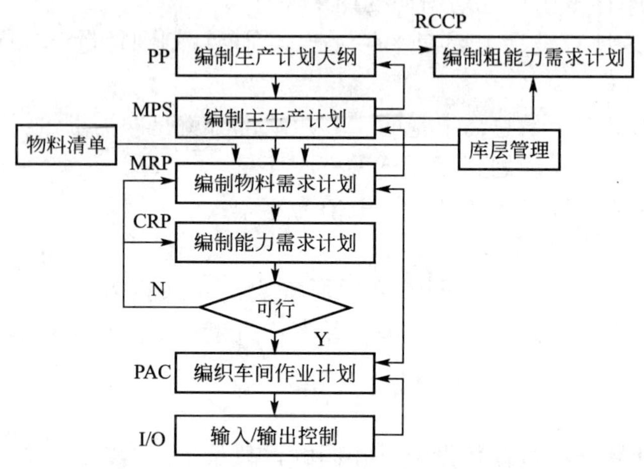

图5.7　制造资源计划MRPⅡ组成结构和处理逻辑

由于生产是制造业的根本任务，因此，编制合理的生产计划是有效地运行一个企业的基础。MRPⅡ的编制从上到下、由粗到细。生产计划大纲是对产品大类编制产量、产值计划。主生产计划是对产品或外销半成品编制计划。根据产品的结构信息和物料的库存信息，在主生产计划的驱动下，物料需求计划将产品分解，制定自制件的生产计划和外购件的采购计划，作为车间生产和物料采购的依据。车间作业计划将零件的加工按工序分解，把各零件各工序的加工任务以任务调度单和工票的形式下达车间。计划的编制分别经过粗能力需求计划及能力需求计划对其可行性进行检验。计划的实施从下向上执行，发现问题时，逐级向上进行必要的修订。实践证明，上述处理逻辑是科学合理的，如图5.8所示。

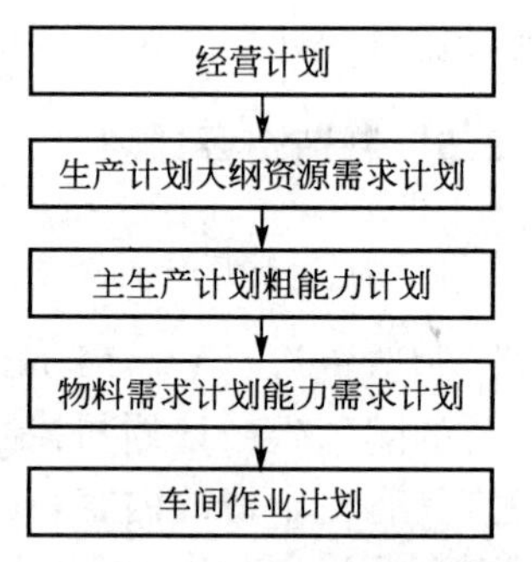

图5.8　制造业经营生产活动的计划与控制

2. MRPⅡ应用现状

近年来发表的资料综述表明，MRP系统实施有以下几个问题。

(1) 许多系统被安装而不是实现，即形式上的系统并不是实际的系统。

(2) 主生产计划没有如期望的那样被MRPⅡ用户计算机化。Anderson研究发现只有52.2%的MRPⅡ用户计算机化他们的主生产计划。

(3) 能力需求计划在MRPⅡ中的利用率大约为42%。

(4) Anderson等发现实现车间作业计划和控制计算机化的比例大约为30.5%。

另一方面，许多企业由于使用了MRPⅡ而达到了其性能的改善。例如，Anderson的研究认为在下列方面得到了改进。

(1) 平均库存性能从周转 3.2 次改善为 4.3 次。

(2) 平均交货提前期从 71.4 天减少到 58.9 天。

(3) 平均交货性能从 61.4%上升到 76.6%。

(4) 检查员或进程追踪者平均数从 10.1 人下降到 6.5 人。

这些综述说明 MRPⅡ已经给实施它的企业带来了效益，其开支已被补偿：众多优秀用户在使用 MRPⅡ的许多方面代表了 MRPⅡ的当前水平。

MRPⅡ的基本原理、框架和处理逻辑对各国的制造业都适用，我国的企业也不例外。但必须注意，由于应用 MRPⅡ涉及经济体制、人的素质、企业生产经营机制、传统管理方法和管理基础等一系列的问题，在企业推广应用 MRPⅡ过程中必须予以高度的重视。

5.4 企业资源计划

企业资源计划(Enterprise Resource Planning，ERP)，ERP 系统运用知识的能力直接影响企业的创新、生存与发展。通过实施 ERP 系统，可以帮助企业在原来改革成果的基础上，深入挖掘企业内、外部资源，为企业所用。在企业内部，产、供、销、人、财、物各环节通过 ERP 提供的功能可以完全实现电脑化、集成化、自动化，为管理人员提供强有力的管理工具；在企业外部，与供应链管理(Supply Chain Management，SCM)、客户关系管理(Customer Relationship Management，CRM)整合后的 ERP 系统可以实现企业与供应商和客户的信息自动交互，从而提高整个采购环节和客户关系管理的效率。同时，通过 ERP 系统还可以与第三方的 BTB (Business To Business)网站全面链接，实现网上的电子商务，从而减少大量中间成本，提高企业的市场竞争能力。

ERP 是在 MRPⅡ的基础上发展起来的，其基本思想是把企业的业务流程看作是一个紧密连接的供应链，并将企业内部划分成几个相互协同作业的支持子系统，如财务、营销、生产制造、服务维护、工程技术等，可对企业内部供应链上的所有环节进行有效管理，从管理范围和深度上为企业提供了更丰富的功能和工具。

1. ERP 基本功能

供需链管理作为 ERP 系统的指导思想，并不是一种孤立的理论，而是管理思想和计算机技术的结合体。从 ERP 的发展历程来看，ERP 的成熟完全符合理论、实践、再理论到实践的过程。在 ERP 软件的精髓中，可以发现泰勒的科学管理理论，法约尔的一般行政管理理论，霍桑的人力资源方法、运筹学及管理的定量方法。因此，ERP 的成熟与否要看它所蕴涵的管理理论是不是在实际中已经得到了成功运用。从 MRP 到 ERP，从 BOM 到 MPS，软件功能与管理目标早已同步延伸到分销、财务、资产管理和决策支持等各个环节，各种功能逐渐定型，应用方案也日益清晰。ERP 需要打破 MRPⅡ只适用于传统制造业的行业局限性，需要把触角伸向各行各业，真正体现 ERP 的应用范围扩展性，并逐渐形成针对不同行业的解决方案，来满足不同行业业务的特殊需求。从管理方面看，企业应该超越以物料需求为核心的生产经营管理范畴，在人、财、物、产、供、销各个方

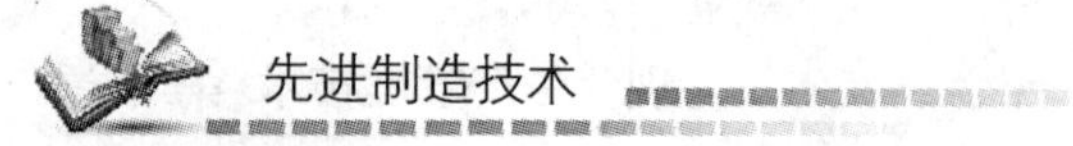

面实现以客户为中心的经营战略。

2. ERP技术的应用

ERP是综合应用了C/S或者B/S体系、关系数据库结构、面向对象技术、图形用户界面、第四代语言(4GL)、网络通信等信息技术成果，以现代管理思想为灵魂的软件产品。技术和应用的完美结合是ERP成熟的一个表现，主要表现在以下三个方面。

首先，平台的选择并不是ERP成熟的关键因素，但ERP产品的平台应该能支持主流技术，完全提供多平台支持，适合企业今后的IT系统升级改造，满足技术成熟、市场占有率高、有发展前景的特点。

其次，ERP的一个显著特点是系统的集成性，所以系统的集成及模块之间的无缝衔接程度应当作为ERP成熟与否的一个标准。ERP作为企业信息系统的神经中枢，要从CAD、CAPP等系统中获取数据，实现数据的无缝传输。

再次，成熟的ERP要真正在企业内运作成功，就必须最终摆脱开发商的影响，必须是一个稳定的ERP软件，能完全独立进行维护/扩展。所以在技术方面对ERP的要求是，支持后台编译、预留与其他系统的接口、采用标准技术等。

3. ERP的未来——ERPⅡ

1990年，美国著名的计算机技术咨询和评估集团公司Gartner Group提出了ERP，2000年又提出了ERPⅡ。ERPⅡ是集成了企业所有核心业务的一套应用软件，它在原ERP基础上增加了新的功能。与传统ERP不同的是，ERPⅡ几乎包括了企业所有的经营流程，有机集成了企业前、后台的全部资源，几乎适用于所有的企业，而不像ERP只是面向制造业等几个行业。

ERPⅡ的另一特点是引入了“协同商务”这一概念。协同商务是指企业可在同一个电子商务平台上与多家合作伙伴共享、交换信息。例如，一家主要负责生产的企业可借助供应商提供的有效数据，适时开发出市场所需要的新产品。同时，协同商务还可以帮助企业尽快找到满意的合作伙伴。

ERPⅡ是一个开放的结构。因此，企业就没有必要每隔两年就对整个系统升级，而是只更新那些需要的部分；ERPⅡ系统还增加了CRM等内容，以保证企业前、后台资源的有机集成。ERPⅡ的出现并非偶然。ERP经过了MRP和MRPⅡ，后来又增加了一些生产管理技术，直到今天ERP系统在一定范围内成功运用，这些都给ERPⅡ的出现创造了条件。ERPⅡ的出现，会带来一个统一的标准，使企业的资源管理及信息管理更进一步，并促进传统企业向“电子企业”转化。

5.5 精益生产技术

精益生产(Just In Time，JIT)，其基本思想是只在需要的时候，按需要的量，生产所需的产品。它是起源于日本丰田汽车公司的一种生产管理方式。这种生产管理方式的核心是追求一种零库存生产系统或是库存达到最小的生产系统。

生产经营方式是指生产者对所投入的资源要素、生产过程，以及产出物的有机有效组合和运营方式的一种通盘概括，是对生产运作管理中的战略决策、系统设计和系统运行管理问题的全面综合。到目前为止，制造业的生产方式经历了一个从手工生产、批量生产到精益生产的演变过程。

JIT 的核心是追求一种无库存的生产系统，或使库存最小化的生产系统，即消除一切只增加成本，而不向产品中增加价值的过程。从这一基本的生产哲学出发，形成了完备的 JIT 生产体系，这个体系包括：

(1) 实行生产同步化；

(2) 提高生产系统灵活性；

(3) 减少不合理生产过程；

(4) 推行标准化作业；

(5) 追求产品零缺陷；

(6) 保持库存最优化；

(7) 推行人本管理。

JIT 的最终目标是利润最大化，基本目标是努力降低成本，因此 JIT 还要求实现“四低两短”的具体生产目标：

(1) 废品量最低。要消除各种不合理因素，并对加工过程中每一工序精益求精。

(2) 库存量最低。库存是生产计划不合理、过程不协调、操作不规范的表现。

(3) 减少零件搬运量。零件搬运是非增值操作，减少零件和装配件运送量与搬运次数，可以节约装配时间，并减少这一过程中可能出现的问题。

(4) 机器故障率低。低的机器故障率是生产线对新产品方案做出快速反应的保障。

(5) 生产提前期最短。短的生产提前期与小批量相结合的系统，应变能力强，柔性好。

(6) 准备时间最短。准备时间长短与批量选择有关，如果准备时间趋于零，准备成本也趋于零，就有可能采用极小批量。

5.5.1 精益生产的基本思想

传统的生产管理方式一般是上一道工序向下一道工序供应零部件，采取增加在制品的储备量以应付生产中的失调或事故所导致的需求变化。但准时生产认为，这种传统方法掩盖了生产中的矛盾，久而久之，那些不能用或不再用的在制品积存量会越来越大，导致在制品的过剩和积压，占用资金过多，不利于降低成本，影响产品的市场竞争能力，最终影响企业的经营效果。

精益生产的目标是尽量减少库存或实现零库存生产。因此，精益生产的基本思想如下。

(1) 由后工序向前工序领取零部件。传统的生产管理方式或 MRPⅡ都是先按产品的交货日期制订主生产计划，再安排各道工序的作业计划，由前道工序向后道工序提供零部件。为了保证最终产品装配所需的零部件和交货日期，考虑到生产过程中可能存在或发生的意外事件，必须适当地增加投料和在制品的数量，如果市场需求发生变化，就会形成零部件和在制品的过剩和积压，生产缺乏弹性的适应能力。

从 JIT 的角度出发，从形式上看，生产过程是零件—部件—产品的过程，产品的装配应该是生产的终点。但是，在组织生产时应该是产品—部件—零件过程，产品的装配应该是生产的起点。

以装配为起点，在需要时向前道工序领取必要数量的零部件；前道工序向后道工序提供零部件后，储备量减少，必然转向更上一道工序提取必要的零件或在制品，以补充其必要的储备量。如此层层向上递推，把生产过程中的各道工序或各加工环节连接起来，形成一个准时生产加工系统。

(2) 化大批量为小批量，尽可能地减少在制品储备或按件传送。实行精益生产的各个车间与各个工序一般都避免成批生产或成批搬运，尽可能地做到必要时只生产一件，只传送一件，只储备一件。任何工序不准生产额外的数量，宁可中断生产，决不积压在制品。

(3) 均衡化生产。为使生产适应市场的变化，消除过剩的在制品和过多的生产管理人员，应实现“均衡化生产”，所谓均衡化生产是指尽可能地减少产品投入数量的不均衡性，每日平均地生产各种产品。均衡化分为两个阶段：第一阶段是利用月生产计划制订出各类产品每日平均产量；第二阶段以装配线上各类产品的顺序计划为出发点，发出生产指令，保证各类零部件的平均消耗，以适应每日需求的变化。

MRPⅡ被认为是一种“前推”生产，即由前道工序向后道工序提供零部件的生产模式。而准时生产是“后拉式”生产模式，只要使最终装配线生产平稳均衡地进行，就能保证各道工序的生产能够合理地进行，所以要尽可能地消除最后装配线生产不均衡的现象。均衡化生产的理想目标是把按件生产过程尽可能地均衡成连续的生产过程。

(4) 全部生产由最后的装配工序调整和平衡。精益生产是以最后的装配工序作为组织生产的起点，因而装配工序实际上起着调节和平衡全部生产的作用。

日本丰田汽车工业公司实行 JIT 生产的具体做法如下。

① 每月由公司根据市场和用户订货，按型号和规格制定本月生产各种汽车的数量，经审查批准后，下达生产任务。

② 工厂的装配车间将月生产车辆的任务除以本月的有效工作日，得出日平均产量后，按日安排生产。

③ 装配车间开始生产后，按后工序向前工序提取零部件的规定，把生产组织起来。

④ 宁可中断生产，也不积压储备。

由于 JIT 的实行，生产过程可能出现零部件短缺等问题，而且也确实不断地出过毛病。但是，权衡利弊，即使因此而中断生产造成的损失，较之积压储备、掩盖生产中的矛盾、麻痹生产管理人员与领导人员的思想等所带来的危害要小得多。

5.5.2 “看板”管理

“看板(Kanban)”是 JIT 的重要工具，是丰田生产模式中的重要概念，指为了达到准时生产方式控制现场生产流程的工具。看板管理方法是在同一道工序或者前后工序之间进行物流或信息流的传递。一旦主生产计划确定以后，就会向各个生产车间下达生产指令，然后每一个生产车间又向前面的各道工序下达生产指令，最后再向仓库管理部门、采购部门下达相应的指令。这些生产指令的传递都是通过看板来完成的。

JIT 是一种拉动式的管理方式，它需要从最后一道工序通过信息流向上一道工序传递信息，这种传递信息的载体就是看板。没有看板，JIT 是无法进行的。

看板有两种形式：一种为生产看板，生产工人按照此看板制造零件；另一种为移动看板，后道工序按照这种看板的指示向前道工序取货。

现以一个由三道工序组成的人工看板为例说明看板的工作过程。如图 5.9 所示，每道工序的设备附近均设有两个存件箱，一个存放前工序已制成的为本工序准备的在制品或零部件，另一个则存放本工序已加工完成，以备下道工序随时提取的在制品或零部件。图 5.9中甲是各个工序待加工的存件箱，在该箱零部件上附有移动看板；乙是各个工序已完成的存件箱，在该箱零部件上附有生产看板。图 5.9 中实线表示物料传送过程，虚线为看板的传送过程。当产品装配工序(图中第 3 道工序)的工人从Ⅲ甲箱中取用一个零件或部件后，就从箱中取出附在零件或部件上的移动看板，到前道工序(图中第 2 道工序)的乙箱中提取一个相同的零件或部件，以补足从Ⅲ甲箱中已使用的一件。与此同时，再从Ⅱ乙箱中取出附在刚提走的零件或部件上的生产看板交与第Ⅱ道工序的生产工人。第 2 道工序的工人在接到这块看板后，就立即生产这个零件或部件，制成后与这块看板一起放入Ⅱ乙箱中。第Ⅱ道工序开始制造时，又必须按同样的程序从Ⅱ甲箱中提取备用零件或在制品。如此倒溯向上，在两种看板的联系与推动下，组成准时生产制造系统。

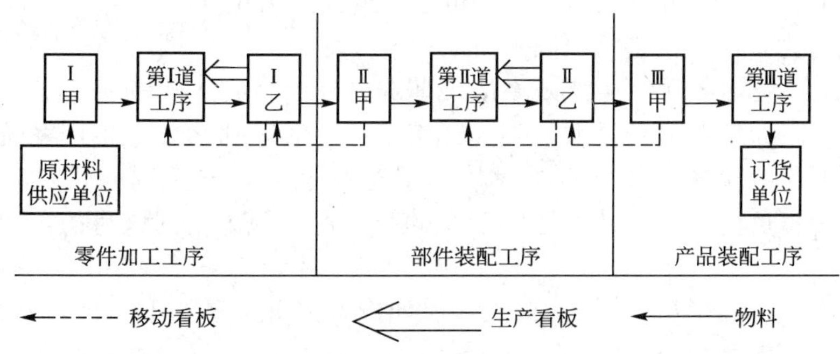

图 5.9 看板工作过程示意图

从上例看出，看板的作用相当于一个生产通知单或工务票。

看板作为 JIT 的重要工具，不仅因为它能联系与推动各道工序的作业活动，而且还可以由此看出各个生产环节的效率高低和问题的关键所在，从而采取有效措施，解决生产中的“瓶颈”问题。

由前述可知，在制品和零部件的储备量决定于生产系统中看板的多少，看板越少，储备量越低。按顺序排列的机床和工序变成相互依赖的关系，一旦在生产过程中出现故障，整个制造系统(或生产线)将停止工作，直至故障排除。因此，实行 JIT 时，物料的提供必须及时，且不允许有废次品。

5.6 最优生产技术

最优生产技术(Optimized Production Technology，OPT)是以色列物理学家 Dr. E. Goldratt 于 20 世纪 70 年代末首创的一种用于安排企业生产人力和物料调度的计划方法。

单件小批量生产的企业，产品种类多，产品结构复杂，计划控制的对象——零部件过于繁多。在这样的情况下，按照区分主次。集中精力优先解决好主要矛盾的指导思想进行零部件的生产计划与控制是比较可行的办法。OPT 是适合于上述情形的一种生产计划与控制技术。20 世纪 70 年代以来，由于 OPT 在管理思想上独树一帜，并且在生产实践中取得了明显的经济效益，所以已被企业界和理论界所接受，现已广泛应用在西方的许多企业，如通用汽车公司、通用电器公司等。

5.6.1 OPT的基本原理

我们知道，企业的生产目的是为了最大限度地满足市场或顾客的需求，获取最大限度的经济效益。为了达到该目的，需要解决的核心问题是如何利用最低的成本，以最短的时间，生产出市场或顾客需要的产品。一种可行的解决办法是：面对要生产的产品，找出产品生产中影响生产进度的最薄弱的环节，集中主要精力保证最薄弱的环节满负荷工作，不至于影响生产进度，便可以使生产周期缩至最短，在制品库存降至最低，这就是OPT的基本思想。

在企业的生产过程中，限制整个生产系统生产效率最薄弱的环节称为关键资源。关键资源可以是人、设备、物料等。在关键资源上加工的工序称之为关键工序，含有关键工序的部件称为关键零部件。OPT的基本原理可以归纳为以下几点。

1）尽最大努力，保证关键资源满负荷工作

关键资源是限制生产系统生产效率的最薄弱的环节，它工作的每一分钟都直接贡献于企业的产出量。如果在关键资源上损失或浪费一小时，那么整个生产系统就会损失或浪费一小时。因此，应将关键资源作为整个生产系统管理与控制的重点，尽最大的努力，使关键资源满负荷工作，使其达到最大的产出量。为了达到该目的，通常采取下列措施。

(1) 在关键工序前，设置质量检查点，保证投入关键工序的工件合格率为100%，避免关键资源做无效的劳动。

(2) 在关键工序前设置缓冲环节，使关键资源不受前面工序生产率波动的影响，保证关键资源满负荷工作，提高整个系统的出产量。

缓冲环节通常有两种形式，一种是单件小批量生产情况下的时间缓冲形式，即在关键工序的紧前工序的完工时间与关键工序的开工时间之间设置一缓冲时间，以保证关键工序的开工时间不受前面工序生产率波动和发生故障的影响。缓冲时间的长短取决于非关键工序生产率波动的幅度和故障出现的概率及排除故障恢复正常生产的能力。另一种是成批生产情况下采用保险在制品作为缓冲环。保险在制品设置的位置和数量，同缓冲时间形式遵循同样的原则。

除了在关键工序前设置缓冲环节外，还应在与通过关键工序的物流相关的装配工序之前设置缓冲环节，以保证物流的平衡，如图5.10所示。

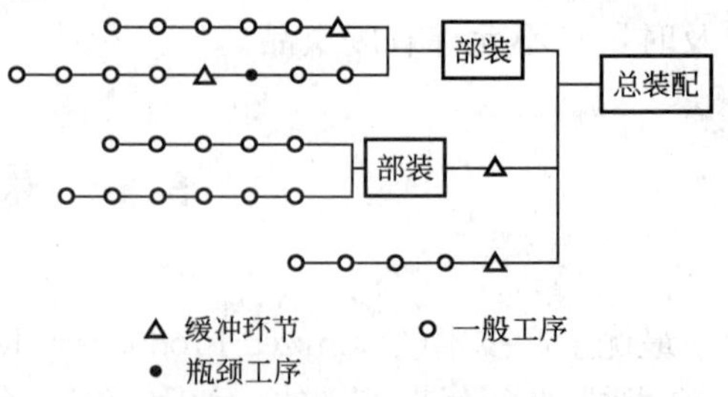

图5.10 在生产过程中设置缓冲环节的示意图

为了合理地利用资源，减少生产过程中在制品的积压与等待，保证生产过程的连续性和平稳性，同一种工件在关键资源和非关键资源上加工时采用不同的加工批量，在不同的工序间传递时采用不同的搬运批量，批量的大小根据实际情况动态决定。

通常情况下，对于关键资源，采用较大的加工批量和较小的运输批量，减少关键资源设备的调换次数，以提高其利用率，同时使工作分批到达关键资源，以减少工件在工序间的等待时间，减少在制品库存。

2）由关键资源的能力决定非关键资源的利用率和生产效率

生产系统总的物流量或出产量取决于系统中关键资源的通过能力，关键资源的负荷及生产率决定着非关键资源的利用率和生产效率。如果不考虑关键资源的生产效率和负荷的大小，盲目地提高非关键资源的利用率和生产率，只能生产出不配套的多余工件或产品。其后果是增加了库存量，积压了流动资金，并不能提高经济效益。

3）对关键资源的前导工序和后续工序采用不同的计划方法，提高计划的可实施性

为了使工件不在关键工序前更多地积压和在关键工序后能迅速成套，OPT 系统对关键工序的前导工序采用拉动方式编制计划，对关键工序的后续工序采用推动方式编制计划。所谓拉动方式是指按后续工序的需求，决定前道工序的投产日期和数量。所谓推动方式是指按前导工序的完成情况，决定后续工序的投产时间和数量。这样的计划编制方法由于考虑了关键资源的约束和有限的生产能力，使计划的可实施性增强了。

5.6.2 基于 OPT 的生产计划编制方法

通常情况下，企业的生产系统是根据专业化分工或成组原理的原则，按照生产单元或车间组织生产的，产品中的每一个零件均按其类别被分配到一定的生产单元中生产，各生产单元之间的生产进度是由主生产计划或最终装配计划来协调的。借助于 OPT 的基本原理，将零部件的生产计划分为两个层次：首先编制生产单元中关键件的生产计划，在确认关键件生产进度的前提下，再编制非关键件的生产计划。基于 OPT 原理编制生产计划的算法流程如图 5.11 所示。

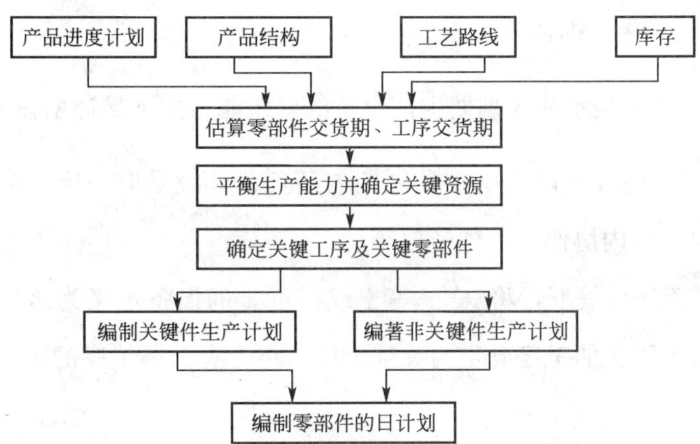

图 5.11 基于 OPT 原理编制生产计划的算法流程

1. 估算零部件的交货期及工序交货期

估算零部件交货期及工序交货期的依据是产品进度计划（或主生产计划）、产品结构信息、工艺路线信息及库存信息。

根据产品进度计划中的产品及相应产品的结构，得到生产产品所需的自制明细表和外购件明细表，根据自制件的明细表及库存信息得到投产的零件明细表。由产品的交货期、投产的零部件及相应的工艺路线信息估算零部件的交货期和工序交货期，估算方法如下。

设 $T_j^{(i)}$ 是产品结构中第 i 层的第 j 个零部件的交货期，$T_j^{(i)}$ 是生产或装配该零部件的生产周期，$T_{kj}^{(i+1)}$ 是构成第 j 个零部件的第 k 个零件的交货期，则

$$T_k^{(i+1)}j = T_j^{(i)} \quad (i=0,\ 1,\ \cdots;\ j=1,\ 2,\ \cdots;\ k=1,\ 2,\ \cdots)$$

其中，如果 $t_j^{(i)}$ 是装配周期，则应包含零部件配套时间及装配之间的等待时间。如果 $t_j^{(i)}$ 是生产周期，则应包含工序间的等待时间。

设 T_{ij} 是零件 j 第 i 道工序的计划完工日期；T_j 是零件 j 的计划完工日期；T_{ij} 是零件 j 第 i 道工序的工时定额；T_j 是零件 j 第 i 道工序的加工准备时间，包括加工时间，工序间等待时间，搬运、检验等时间；Q_{ij} 是零件 J 第 i 道工序的生产批量；m 为零件 j 的工序总数，则

$$T_{ij} = T_i - \sum_{i+t}^{m} Q_{ij} t_{ij} - \sum_{i}^{m} ti$$

在产品结构不特别复杂的情况下，可以利用 MRP 的处理逻辑估算零部件的交货期及工序交货期。

2. 平衡生产能力并确定关键资源

将计划投产的自制件按其类别分配到各生产单元，核算各生产单元各种设备的负荷，并根据各设备的实际负荷和额定能力进行能力平衡分析，最后确定出关键资源。对于任意一个生产单元中的任意一台设备，进行如下估算。

(1) 将分配到该生产单元中的各个零件中需要到该台设备上加工的工序所需要的工时，分时间段地累加到该台设备上，得到计划期内该台设备的计划负荷。

(2) 设计划期内该台设备的额定能力为 A，计划负载为 B，已下达或确认负载为 C，令$\frac{B}{A-C}$为设备的负荷率，则：

① 若$\frac{B}{A-C} \geqslant 1$，则表示在计划期内该设备的剩余能力能满足计划任务的负荷要求。

② 若$\frac{B}{A-C} < 1$，则表示该设备在计划期内超负荷，应采取一定的措施，保证计划任务的完成，如加班、厂内协作、厂外转包等。

(3) 在能力平衡的前提下，将$\frac{B}{A-C}$等于或接近 1 的设备定义为该生产单元的关键资源。将在关键资源上加工的工序确定为关键工序，将含有关键工序的零部件确定为关键零部件。

3. 编制关键零部件的生产计划

(1) 对于每一台关键设备，从在该台设备上加工的全部关键工序中选出工序交货期最晚的工序，并确定该工序的开工日期和完工日期。

(2) 以上述工序的开工日期和完工日期为基准，根据在该台设备上加工的各关键工序的交货期的先后，按照有限能力计划法(即使设备接近满负荷工作)由后往前倒排，初步确定各关键工序的开工日期和完工日期。

如果同一个零件含有两个以上关键工序时，应把两关键工序之间的非关键工序在有关设备上一次排定。

(3) 对关键工序之前的一般工序，按拉动方式的计划原则，以关键工序为基准由后往前倒排。

(4) 对关键工序之后的一般工序，按推动方式的计划原则，以关键工序为基准由前往后顺排。

(5) 当个别零件的最后完工时间超出计划规定的交货日期时，应调整零件在关键设备上的排列顺序，力求消除误工或尽可能减少误工。

(6) 如果计划的生产任务与已定的生产任务在关键设备上不衔接时，应调整关键设备上计划任务的时间顺序，从而使关键设备尽量不出现空闲时间。

4. 编制非关键零部件的生产计划

在关键件生产计划的约束下，编制非关键件的生产计划只需满足两个要求，即满足零件生产成套的需求，平衡生产负荷与生产能力。

为此，非关键件的生产计划只需确定非关键的投产顺序和各周投产的零件清单，至于每种零件的投产日期和每道工序的具体进度，到编制日计划时再确定。这样做的好处是避免零件投产的随意性和盲目性，有利于提高零件的成套性，减少生产中的在制品。同时，计划具有较大的灵活性，便于发挥非关键件平衡生产负荷与生产能力的作用。

(1) 确定非关键件的投产顺序。对于生产周期小于一周的零件，按零件交货期的早晚确定，交货期早的先投，交货期晚的后投。当两个零件交货期相同时，则按生产周期的长短，生产周期短的排在前面，长的排在后面。对于生产周期大于一周的零件，根据零件在生产进度上的宽裕程度进行排序。

$$零件\ j\ 生产进度上的宽裕程度\ K_j=\frac{零件\ j\ 的计划期}{零件\ j\ 的生产周期}$$

$$零件\ j\ 的计划期=零件\ j\ 的计划交货日期-计划期的开始时刻$$

如果 $K_j<2$，则按照零件的生产周期，由小到大按非减顺序排列。如果两个零件的生产周期相等，则交货期早的先排。

如果 $K_j\geqslant2$，则按照 K_j 的大小，由小到大按非减顺序排列。K_j 相等的零件，则交货期早的先排。

(2) 确定计划期内各周投产的零件。根据已排定的零件投产顺序，由前向后逐个累加各零件的生产周期，并划分各周应投产的零件。

设 C_w 为某生产单元两周的可用生产能力，例如，若某生产单元有 10 台可用设备，每天工作 8h，每天一班，每周 6 天，则

$$C_w=10\times1\times8\times6\text{h}=480\text{h}$$

设 L_{wi} 为至第 i 周累加的零件加工工时数，逐个累加零件的生产周期 t，使下列各式成立：

$$L_{w1}=\sum_{j=1}^{n_1}t_j\geqslant C_w,\quad \sum_{j=1}^{n_1}t_j<C_w$$

$$L_{w2}=\sum_{j=1}^{n_2}t_j\geqslant 2C_w,\quad \sum_{j=1}^{n_2-1}t_j<2C_w$$

$$L_{wk}=\sum_{j=1}^{n_k}\leqslant kC_w$$

则第 1 周应投产的零件为 $1\sim n_1$，第 2 周为 $n_{1+1}\sim n_2$，依此类推，直至把全部零件投完。

5. 编制零部件的日计划

日计划是生产计划的最底层，对于单件小批量生产系统来讲，日计划一般采用双日滚

动计划。即每天根据当天的计划执行情况，修正第二天的计划，同时向前延伸一天，每天滚动编制一个双日计划。

编制双日滚动计划的依据，一是关键件计划，二是非关键件的周投产计划，三是零件的生产准备情况。

首先，每天从关键件计划中截取一天，把它纳入双日滚动计划中去执行。然后从非关键件的投产计划中按顺序选取一定数量的非关键件，与截取的关键件合在一起编制双日滚动计划。

选取非关键件时，并非必须严格按照既定的顺序，也可以从本周较后或下周投产的非关键件中选取，主要的原则是考虑非关键件的生产准备情况和生产单元的负荷情况，使负荷和能力尽可能平衡。

下面通过一个例子说明基于 OPT 编制生产计划的方法和要点。

假设有 A、B、C、D 四种零件，其生产工艺、工时定额及交货期如表 5-6 所示。

(1) 计算各零件的工序交货日期。假设上述四种零件均在 CJ 车间生产，该车间冲床 1 台，折弯机 1 台，油漆工 1 人。车间每天工作 6h，每周 6 天，每天一班。

表 5-6　零件生产工艺、工时定额及交货期

零件名称	生产批量	工序名称及工时定额				交货期
		c	z	h	y	
A	3	6	2	6	4	第 10 周末
B	2	3		5	7	第 9 周末
C	4	8	4	4		第 9 周末
D	2	6	8	4	8	第 10 周末

注：c 为冲压；z 为折弯；h 为焊接；yi 为油漆。

根据零件的交货期和表 5-6 中的工时定额，并忽略工序间的准备时间，计算的零件各工序交货日期。

(2) 分析能力平衡并确定关键资源。假设冲床上的已有劳动量为 110，折弯机上已有劳动量为 100，组焊机上已有劳动量为 150，油漆工已有劳动量为 140。根据表 5-7 可知，四种零件在冲床上的劳动量为 68，折弯机上的劳动量为 38，组焊机上的劳动量为 52，油漆工的劳动量为 42。

假设当前周为第 5 周，计划期为第 5 周初到第 10 周末，即从 145 到 360。则各个资源负荷率如下。

$$冲床负荷率=\frac{68}{(324-144)-110}\times 100\%\approx 97.1\%$$

$$折弯机负荷率=\frac{38}{(336-144)-110}\times 100\%\approx 46.3\%$$

$$组焊机负荷率=\frac{52}{(348-144)-150}\times 100\%\approx 96.3\%$$

$$油漆工负荷率=\frac{42}{(360-144)-140}\times 100\%\approx 55.3\%$$

由上可知，CJ车间的关键资源为冲床和组焊机。

A，B，C，D均为关键零件。

(3) 编制关键件的生产计划。在冲床上交货期最晚的工序是零件A的第一道工序，在组焊机上交货期最晚的工序为零件A的第3道工序。以上述两道工序为基准，用有限能力计划法由后向前倒排，安排各零件的冲压工序和组焊工序。在安排冲压工序和组焊工序的同时，将介于冲压和组焊的工序，分别按拉动和推动的方式在各有关设备上进行安排，最后可得到图5.12所示的零件生产计划，图中带斜线的部分表示已有的劳动量。

从图5.12中可以看出，关键资源上的已有任务与计划任务不衔接。对于关键资源来讲是不应该有空间的，因此，应作适当调整，消除空间。这样不但避免了关键资源的浪费，而且还为各关键件的生产进度留出了时间缓冲。

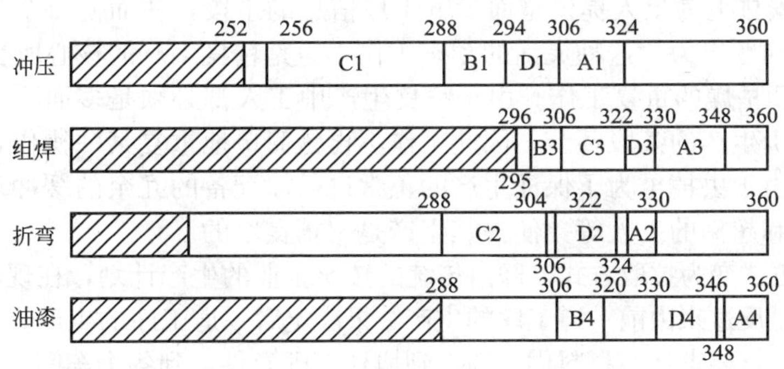

图5.12 关键件的生产计划

对于非关键资源上的许多间隙，可由非关键件的生产计划来填补，以便使物流与能力相平衡。

5.6.3 精良生产

1. 精良生产概述

精良生产(Lean Production，LP)是相对于大量生产而言的一种新型生产方式，其核心思想是：从生产操作、组织管理、经营方式等各方面，找出所有不能为产品带来增值的活动或人员并加以革除。

精良生产方式综合了单件生产和大量生产的优点，既避免了单件生产的高成本，又避免了大量生产的僵化不灵活精良生产目标是要求产品“尽善尽美”，因此要在生产中“精益求精”，不断降低成本，力求做到无废品、零库存、无设备故障等。

精良生产是以最少投入获得成本低、质量高、投放市场快的产品，大大降低成本和废品率，是未来制造业的发展方向之一。目前，欧美许多采用LP技术的公司获得了较大的经济效益，是绿色制造的有力支持技术之一。

精良生产的内涵及特征核心：准时制生产方式，是追求一种无库存的生产系统，或使库存达到最小的生产系统；精良生产的体系结构：精良生产采用由多能工人组成的工作小组和柔性很高的自动化设备，避免了手工作坊式的技艺性生产的高费用和大批量生产的高刚性。

2. 精良生产方式的特点

1. 对操作工人的要求大大提高

为了提高效率，往往采取以下几种方法。

(1) 减少以至撤销非增值的人员和岗位，彻底消除各种浪费。

(2) 实行总装线上工人集体负责制，努力在本工序内把问题解决好。

(3) 注重整体效益，通过精心策划安排各种产品混合生产，尽可能最大限度地满足各工序间的负荷平衡，取得总体上的最高效率。

(4) 创造和谐稳定的劳资关系，充分调动员工的工作积极性、主动性和创造性，尽可能发挥每个人的最大能力。

2. 全面贯彻“精益求精”的管理思想

(1) 从组织安排上为工人提供全面了解工厂信息的手段，从而使每个工人都有机会为工厂需要解决的问题出力。这种灵活的动态工作小组是精良工厂的核心所在。

(2) 改变单调枯燥的重复工作。由于精良生产中工人都必须是多面手，它通过动态的工作小组集体负责生产的某段环节，因此工作不再是简单地重复某一操作，而是经常充满创造性的挑战。由于去掉了为了保证生产的正常进行而配备的冗余的缓冲环节、超额的库存、超额的面积和超额的工人等，使得其生产是“精良”的。

(3) 从推动方式变为拉取方式，即由传统的按照企业的生产计划，在现场按日程进度的需求决定，而不是反过来由前一道工序的生产结果决定后一道工序的生产。这就形成了“准时生产”的概念。这要求从原材料供应商，到协作厂配套件，到各个车间、班组之间互相提供半成品，都应当在准确的时间、地点，按照准确的数量、质量提供给准确需要的人。

(4)“看板”系统是实现 JIT 思想的有效手段和工具。它的功能是在前后工序间传递物料需求和供应信息，按功能可将其分为基本看板、供应看板、采购看板、转包看板和辅助看板 5 类。

3. 产品设计上 4 个显著特点

(1) 领导方式。推行“主查”系统，大大增强设计组项目负责人的权威感和荣誉感，调动其积极性。

(2) 集体协作。由“主查”负责组织一个紧密结合的小组对一个项目全权负责，项目组成员来自公司的各职能部门，但“主查”对他们在项目开发过程中具有很大的控制权，保证了各成员对项目的充分参与，使项目的集体协作顺畅进行。

(3) 信息交流。事先由集体讨论制定出项目组成员的责任条约，项目开发过程中，严格按条约执行，避免可能发生的冲突，降低内耗，提高工作效率。

(4) 同步开发。精良生产的基本精神就是消除一切无用的和浪费的东西，包括时间的浪费，提倡尽可能并行地做事，以缩短总的时间进度。

3. 精良生产的应用前景

精良是一种全新的企业文化，而不是最新的管理时尚。精良生产是一个永无止境的精益求精的过程，它致力于改进生产流程和流程中的每一道工序，尽最大可能消除价值链中一切不能增加价值的活动，提高劳动利用率，消灭浪费，按照顾客订单生产的同时也最大限度地降低库存。

精良生产依据较为独特的生产组织方式，并取得了良好的效果。这不仅是因为它的某项管理手段比大批量生产方式或其他生产方式优越，而且在于它依托所处的经济、技术和人文环境，采用了适应环境的管理体系，从而体现了巨大的优越性。

5.7 计算机辅助生产作业管理和生产调度

5.7.1 计算机辅助生产作业管理

1. 车间生产作业管理的任务和要求

在MRPⅡ逻辑流程中，车间控制是主生产计划的执行层，物料需求计划把主生产计划中给出的最终产品的需求分解为零部件生产和原材料采购计划，其中自制生产计划由车间控制模块中的生产作业管理来执行。

车间控制模块的任务是根据生产计划的规定要求，充分发挥和利用车间的生产能力，合理均衡地组织车间的生产活动。其主要功能包括作业计划编制、作业任务分配和作业调度三方面的内容。作业计划编制是根据自制件的生产计划和工艺文件编制各产品的投产顺序(即作业任务排序)。作业任务分配是指向各个加工点分配生产任务。作业调度是指作业控制，即根据作业计划协调组织日常的生产活动。此外，车间控制模块还要进行作业统计，对生产过程的信息进行采集、统计和反馈。

车间控制要求达到的目的有如下几个方面。

(1) 按期完成各项生产任务。

(2) 尽量缩短制造周期，使生产过程中的在制品降至最低程度。

(3) 最大限度地利用设备和资源，并使设备负荷均衡。

2. 生产中物流移动方式

生产中物流移动方式直接影响到制造周期，因而在编制生产作业计划时应选用合适的物流移动方式。

1) 顺序移动方式

顺序移动方式是指在某一工序将一种零件整批加工完成后，再移动到后一道工序继续加工。下面举例说明。

如图5.13所示，设某零件的批量为四件，要经过四道工序加工，各道工序的单件工时分别为$t_1=10$min，$t_2=5$min，$t_3=15$min，$t_4=10$min。假设忽略工序间其他时间，如运输时间，则该批零件的加工周期为

$$T=n(t_1+t_2+t_3+t_4)=4\times(10+5+15+10)\ \text{min}=160\text{min}$$

因此，在顺序移动方式下，一批零件的加工周期为各道工序单件工时之和与批量的乘积，即

$$T=n\sum t_i \quad (i=1,2,\cdots)$$

式中，T——一批零件的加工周期(min)；

n——加工批量(件)；

t_i——第i道工序单件工时(min)。

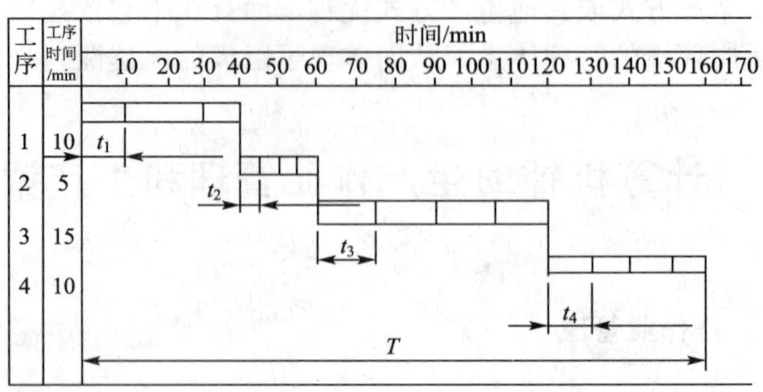

图 5.13　顺序移动方式

顺序移动方式的生产组织工作简单，易于调度，同一工序内零件加工无停歇现象，但每个零件都有等待搬动和等待加工时间，故加工周期较长，只适宜于零件批量不大和单件工时较少的情况下使用。

2）平行移动方式

平行移动方式是指一个零件在前道的工序加工结束之后，立即移至后道工序的加工。工序间的零件传递不是整批进行，从而形成各个零件在各道工序上同时平行地加工，如图 5.14所示。

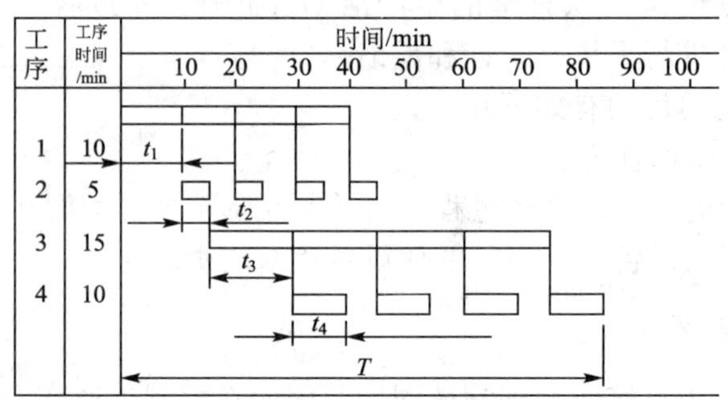

图 5.14　平行移动方式

在平行移动方式下，一批零件的加工周期为

$$T=\sum t_i+(n-l)\,(t_i)_{\max}$$

式中，$(t_i)_{\max}$——最长的单件工时(min)。

图 5.14 中零件平行移动方式的加工周期为

$$T=[(10+5+15+10)+(4-1)\times 15]\text{min}=85\text{min}$$

可以看出，平行移动方式所需的一批零件加工周期较顺序移动方式大为缩短。但同时又看到，由于前后相邻工序的加工时间不等，当后道工序加工时间小于前道工序时，每个零件都出现停歇时间，造成一定的时间损失，而且搬运工作频繁。

3）平行顺序移动方式

平行顺序移动方式是指既考虑一批零件在同一工序上的顺序连接，又与相邻工序平行地进行作业的一种移动方式。

在平行顺序移动一批零件时，因各工序单件工时不一而会造成部分停歇状态，解决这一问题应分两种情况加以考虑。

(1) 当前道工序的单件工时小于后道工序时，每个零件在前道工序加工完成后，只要及时移至后一道工序，就能保证后一道工序加工的连续性，以最早加工的一个零件在两工序间的转移为起点，安排后道工序的加工。

(2) 当前道工序的单件工时大于后道工序时，则要等待前一工序完成的零件数足以保证后道工序连续加工时，后道工序才开始加工，以最后一个零件在两工序间的转移为起点，将后道工序的其余零件按其单件工时向前排，来安排后道工序的加工。

如图 5.15 所示，为平行顺序移动方式的示意图。从图 5.15 中可知，在平行顺序移动方式下，一批零件的加工周期为顺序移动方式下的加工周期减去重合部分的时间，即

$$T-n\sum t_i-(n-l)\sum(t_i,t_i+l)_{\min}$$

式中，$(t_i,\ t_i+1)_{\min}$——两相邻工序中取工序较短的单件工时。

图 5.15 中的零件在平行顺序移动方式下的加工周期为

$$T=[4\times(10+5+15+10)-(4-1)\times(5+5+10)]\min=100\min$$

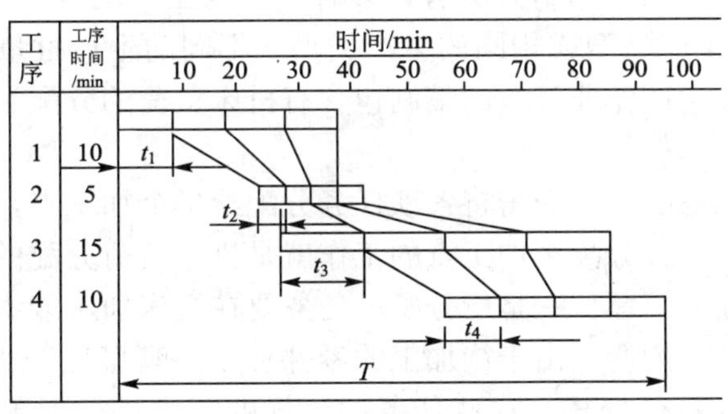

图 5.15 平行顺序移动方式

可见，平行顺序移动方式吸取了顺序移动方式和平行移动方式的优点，消除了设备与人力在加工过程中的停歇现象，加工周期较短，但生产组织工作复杂，难以调度。

三种移动方式各具特点，可根据实际情况，权衡优劣，合理选用。选用时考虑的因素有加工批量、加工对象的几何尺寸、工序时间及其生产过程的组织专业化程度等。

3. 车间生产作业计划的编制

车间生产作业计划是主生产计划的继续和具体化，是车间控制和管理的基础和核心。

通过 MRP 可产生自制件的生产计划，在具体指导生产时还必须编制详细的生产作业计划，以确定用什么生产设备(机床)、在什么时间、由谁进行哪项作业等内容。

图 5.16 所示为车间生产作业计划的系统框图。它以生产计划和 CAD/CAM 数据库中有关的数据文件作为输入信息，编制出何

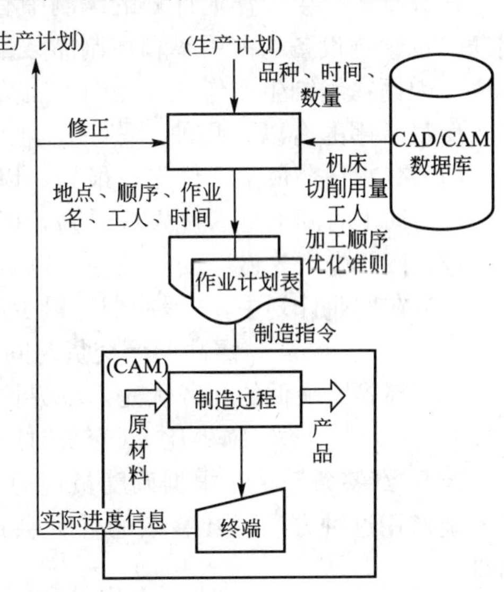

图 5.16 车间生产作业计划的系统框图

时、何地、由谁来实施的作业计划，并将这些计划以作业计划表和制造指令形式输出。这个作业计划表是指导生产实施的输入信息，而生产过程中实际情况又通过设置在加工点附近的终端采集进度信息，并反馈给作业计划系统，对原来的作业计划表作必要的修改和更新。

在编制作业计划时，必须知道作为作业计划安排对象的生产品种、批量及开始生产时间和交货期，此外还应了解有关生产实施的生产设备信息(生产能力、运行规则、工夹具等)和担任操作的生产工人的有关信息、切削条件(切削速度、进给量等)、由工艺设计确定的加工顺序，以及作业计划编制时的评价准则(制造周期最短、总脱期最小等)等输入信息。利用这些输入信息，通过有关的算法可输出每个工件的作业计划表，确定由谁(工人名字)、在哪里(生产设备)、按怎样的顺序、在什么时间、进行哪项作业。当由于某种原因(如出现废品、设备故障、坯件或在制品短缺等)不能按照计划进度实施时，就要通过终端的实时反馈信息及时修正作业计划，必要时还可以更新和调整生产计划。

实际生产中，作业计划的编制方法有许多种，且与工厂的生产类型(单件、成批或大量生产)有关。不同的生产类型或相同的生产类型、不同的生产批量，有不同的生产作业计划编制方法。通常，生产作业计划的编制包含有机床负荷的分配和生产任务的排序两方面内容。

车间在处理生产任务时，首先需将各项任务分配给各个加工点，每个加工点都有许多任务等待处理。这种将任务分配至加工点的工作就是机床负荷分配的过程。在进行机床负荷分配时应考虑两方面的问题：一是所分配的任务要在机床加工能力范围之内；二是应尽量使各加工机床的任务量均衡。由于待加工的零件总数一般都大于加工点数，因而每个加工点将有一长串的任务等待处理。这些任务按怎样的顺序进行加工，就是作业任务排序问题。

4. 任务排序的优先权准则

任务排序在生产作业计划的编制中有着极其重要的作用。它不仅影响每项任务的制造周期，也影响设备的占用率和在制品数量。可以说编制生产作业计划的关键是生产任务的排序，因而在编制生产作业计划时，首先要确定优先权准则。在企业生产中优先权准则较多，但最常用的有以下几种。

(1) 交货日期最早者优先权最高，以确保产品能如期交付用户。

(2) 加工时间最短者优先权最高，以减少生产中在制品数量。

(3) 按“先来先做”安排任务，以减少在制品。

(4) 在作业计划中，“缓冲期”最少的任务优先。缓冲期的计算如下：

缓冲期=交货时间−当前日期−尚需加工时间

(5) 临界比最低的任务优先。临界比的计算如下：

临界比=(交货时间−当前时间)/尚需加工时间

(6)“红签条”法是根据调度员应急发出的带有红标签的任务确定其最高优先权。但过多地使用这种方法，红签条的任务会逐渐多于非红签条任务，而使车间安排任务发生困难。

上述优先权准则各有特点，因而在选用上述优先权准则排序时，应有一个统一的评价准则。常用的评价准则有三类，即机器和人员的效率、制造周期和在制品的数量、对用户的服务效果(主要指按期交货)。根据不同的评价准则，选用不同的优先权准则或组合使用这些优先权准则，以达到预期的优化效果。

现举例来说明如何合理使用这些优先权准则来进行生产任务的排序。设在当月15日为某车间安排生产计划进度，某加工点有三项任务A、B、C，任务到达加工点的先后次序同样为A、B、C。表5-7给出了各项任务作业计划编制的有关参数。根据不同的优先权准则进行排序，其结果列于表5-8中。

表5-7　各项任务的有关参数

任务	剩余加工时间/天	交货日期	任务	剩余加工时间/天	交货日期
A	5	25	C	7	24
B	16	34(下月4日)			

表5-8　不同准则下的排序结果

优先权准则	排序	优先权准则	排序
交货期最早	C—A—B	缓冲期最少	C—B—A
加工时间最短	A—C—B	临界比最小	B—C—A
先来先做	A—B—C		

由表5-8中的排序结果可以看出，采用五种不同的优先权准则对同一项任务排序得到五种不同的结果。究竟哪一个是最好的呢，这取决于所选择的评价准则。在本例中我们采用平均制造周期和各项任务工件脱期天数来评价分析上述五种排序结果的优劣。

假设本例中三项任务处于加工路线的最后加工点上，应先求出三项任务的平衡制造周期和总脱期天数。这里所谓的各项任务制造周期是指剩余加工时间与在加工点上等待和加工所花费时间的总和，而平均制造周期是各项任务制造周期的平均值。各任务的脱期定义为任务加工完毕时超出预定日期的天数，假如此任务在预定日期之前完成，其脱期等于零，总脱期是指各单项任务脱期天数之和。

现以交货期最早者优先为例，任务C的制造周期就是剩余加工时间7天。任务A的制造周期是其等待加工时间7天与剩余加工时间5天之和，共12天。任务B的制造周期为(7+5+16)天= 28天。平均制造周期为［(7+12+28)/3］天≈15.67天。任务C的脱期为O，任务A的脱期为2天，而任务B的脱期为9天，则总脱期共为11天。

表5-9列出了本例中A、B、C三项任务在五种不同优先准则下任务排序的平均制造周期和总脱期天数。

表5-9　五种优先准则平均制造周期和总脱期天数

优先权准则	排序	平均制造周期/天	总脱期/天
交货期最早	C-A-B	15.67	11
加工时间最短	A-C-B	15.0	12

（续）

优先权准则	排序	平均制造周期/天	总期/天
先来先做	A-B-C	18.0	21
缓冲期最少	C-B-A	19.33	22
临界比最小	B-C-A	22.33	32

从这个例子可知，按不同优先准则得出的平均制造周期和脱期天数是不同的。在这个例子中，按交货期最早者优先和加工时间最短者优先准则所得出的结果最好。需要说明的是，这个例子只是各个任务通过一个加工点的排序问题，运算比较简单，如果多个任务通过多个加工点，问题就要复杂得多。

5.7.2 计算机辅助生产调度

一般说来，不论生产计划和作业计划编制得有多好，在计划的执行过程中，不可避免地会出现生产状态的变化和偏差，影响计划的完成。这就要求我们必须监督、检查计划的执行情况，了解变化，发现偏差，并采取相应措施进行计划的调整和校正。生产调度的任务就是根据生产现场的状态，组织执行作业计划的工作。

生产调度以作业计划为依据，在计划实施过程中进行有效的指挥、监督和控制。加强计划进度管理，不断克服加工中出现的不平衡和不均衡现象，并通过对生产现场状态信息的采集和处理，采取必要的预防措施，防止生产中事故的发生和失调现象的出现，使各个生产环节能够协调一致地工作，保证作业计划的有效执行和生产计划的全面完成。

生产调度工作的主要内容包括以下几点。

(1) 根据作业计划组织日常生产活动，密切注视计划的执行情况，了解实际生产进度与计划间的偏差，根据偏差产生的原因，采取相应的措施；掌握生产过程中在制品在各加工点的投入产出，解决生产中出现的各类问题。

(2) 检查、督促和协助做好各项生产作业准备工作，包括原材料、毛坯的准备，刀具、夹具的供应，加工设备及运输工具的准备等。

(3) 根据工艺文件确定加工过程，并按生产实际情况选择和确定加工路线和顺序，必要时对工艺文件规定的路线和顺序做适当的调整。

(4) 根据生产作业需要，选择合适的生产设备，合理调配劳动力，对于自动化的制造系统和数控机床，还需检查数控程序和有关文件的准备工作。

(5) 检查和调整厂内运输工作，使厂内运输畅通，保证生产顺利进行。

(6) 对生产过程中各种信息进行采集、统计和分析，及时向上反馈。

在实际的生产现场，由于产品品种的多样性、生产工艺过程的多样性、生产能力的复杂性及环境条件的不确定性，使得人工进行生产调度变得十分困难，常常使生产处于应急和被动状态。为了改变这种状态，在计算机辅助生产管理中，多采用仿真技术模拟作业计划的实施和动态调度过程，求出优化处理结果。

5.8 管理信息系统

5.8.1 管理信息系统的概念

管理信息系统(Management Information System，MIS)是20世纪60年代中期发展起来的系统，它是一个由人、计算机等组成的能进行管理信息收集、传递、储存、加工、维护和使用的人机系统，同时又可以看作是一个社会技术系统。

从企业角度讲，管理信息系统就是为实现企业的整体目标，对管理信息进行系统地、综合地处理，是辅助各级管理决策的计算机硬件、软件、通信设备、规章制度及有关人员的统一体。它是基于数学、计算机科学、管理科学的一门综合性、边缘性、系统性的科学，见表5-10。

表5-10 管理信息系统与其他学科的关系

相关学科	相关内容
计算机系统科学	计算机技术、数据通信技术、计算机网络技术、数据库技术等
管理学	会计学、市场学、生产管理、质量管理、物资管理、人事管理等
运筹学	规划论、存储论、排队论、决策分析、PERT等
系统工程	MIS战略规划、MIS系统分析及系统设计、系统评价、系统仿真等
行为科学	人处理信息特点、MIS与人的关系、MIS对企业的影响、系统开发的组织与管理等

5.8.2 管理信息系统的开发

企业管理信息系统的开发过程是软技术(包括思想、观念、方法等)与硬技术(包括设备、工艺技术等)的集成过程，是企业从管理思想、管理方式与方法向管理现代化转变的一次飞跃，它具体体现企业家对本企业管理方案(包括目标系统及生存环境)总体再设计的思想，是企业的重要基础建设之一。MIS开发投资大、周期长、知识技术密集、涉及面广，因此是一项复杂庞大的管理系统工程，而绝不是单纯的技术应用。为此必须采取正确的策略、科学的开发方式与方法，以及先进的技术手段，并严密组织、精心设计、精心实施方能获得成功。

正确的开发策略涉及6个主要方面：①可行的开发方法；②有效的开发机构；③适宜的开发方式；④严密的项目管理；⑤实用的开发手段与工具；⑥可靠的组织保证与技术保证。

1. 管理信息系统开发方法及步骤

MIS开发的方法很多，涉及系统分析、系统设计与系统实施的各方面。常用的系统开发方法有以下3种。

1) 结构化生命周期法

结构化生命周期法(Structure Life Cycle)是一种严密的组织方法，其理论内涵包括结构化系统分析和结构化系统设计的方法论。

所谓结构化系统分析是将一个复杂的系统的构成逐步分解成若干个人们能理解和控制的模块的过程。与传统方法相比，结构化系统分析法具有如下特点。

(1) 面向用户，实行用户至上的开发策略。一切从用户利益考虑。系统分析人员与企业

管理人员间的密切配合、参与交流合作是系统开发成败的关键之一。

(2) 运用系统工程思想，采用自顶向下(Top－Down)的观点，着眼全局，从总体出发自顶向下逐层分解、划分子系统和模块，进行系统分析、设计与实施。

(3) 严格区分工作阶段。将整个系统开发生命周期分为明显的阶段，明确规定各阶段的任务与分工。混淆工作阶段将会浪费人力物力，事倍功半。例如，系统分析尚未完成就选择机型和设备，系统整体结构未设计好就急于编写程序，均会造成返工和浪费。

(4) 要考虑变化因素，比如用户对系统的要求和社会环境的变化等，设计系统和安排实际工作时均要有所预计。系统的应变能力(可变性)是衡量系统质量优劣的标准之一，是系统建设和评价的重要指标。

(5) 强调系统开发各阶段文档的重要性。工作成果要成文存档，资料格式要标准化、规范化。这些文档是系统开发阶段和系统维护的重要依据。结构化生命周期法把整个系统开发过程划分为若干具有明确界限、目标清晰的开发阶段，每一阶段有自己相对独立的活动和任务。整个系统开发周期一般要经过 MIS 的系统分析、MIS 的系统设计、MIS 的系统实施等步骤。如图 5.17 所示，是结构化生命周期发展阶段示意图。

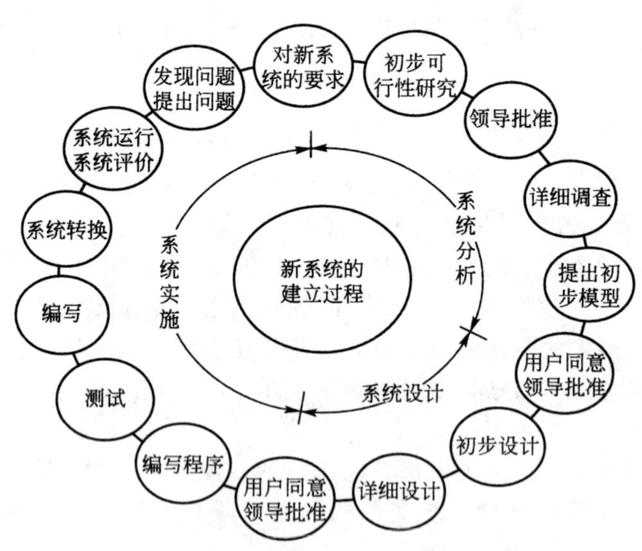

图 5.17 MIS 的生命周期

① 系统分析。新系统是在旧系统基础上发展起来的。首先要对开发管理信息系统的必要性进行可行性分析，提出可行性研究报告，当确认可以开展项目研制以后，便可进入对原系统的详细调查和分析，提出初步模型，送交用户审核。

② 系统设计，包括概要设计和详细设计。

③ 系统实施，包括编写和调试程序、编写技术文件、系统转换、系统运行和系统评价等。管理信息系统的发展是无止境的，一个系统用了几年以后，又可能出现新问题、新情况，提出新要求，这时要再次提出改进目标，且要设计更新的系统。这种周期循环不息，叫做管理信息系统的生命周期。系统开发生命周期的发展过程具有明显的阶段性和循环性。阶段性表现在后一开发阶段的开始必须在上一阶段完成之后，既要严格地按部就班，又要紧密衔接，每一阶段要有严格的开发规范和完善的文档资料。循环性表现在每当系统调查、系统分析、系统设计、系统实施结束之后要对该段工作成果、质量与进度进行严格的审查讨论，以决定是否返回以前各阶段进行修改或者停止开发，如图 5.18 所示。开发实践中，施行循环返回修改完善，对于提高系统开发质量是必不可少的，也是不可避免的。主持开发的企业领导人必须认识这种循环的必要性和重要意义，发现开发过程中出现差错时应果断地决策，及早纠正，以免问题积累过多造成重大损失。

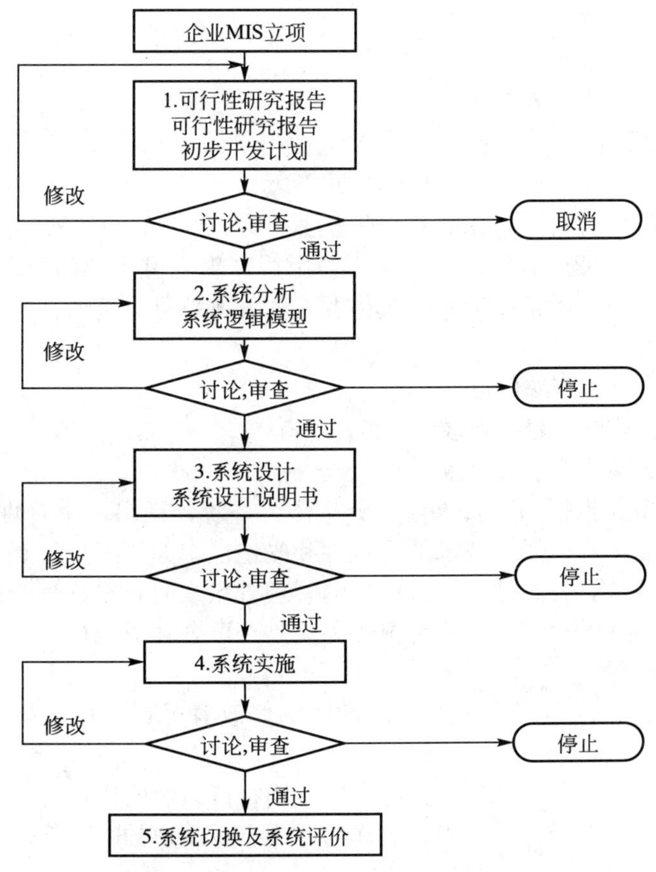

图 5.18　结构化生命周期开发阶段示意图

结构化生命周期法的优点是科学性强，易于开发管理，作风严谨。通过每一步正确性、完整性的保证，力求把错误消灭在萌芽状态，减少系统开发中的返工，保证最终产品质量。缺点是周期太长，见效慢。国外早期大多使用此法，有很多成功的例子。

2）原型法

原型法(Prototype)又称快速原型法，是针对结构化生命周期法的缺点及计算机技术特别是开发工具的发展提出的，是国际上20世纪80年代初发展起来的应用开发技术之一。原型法是指已经存在一个标准的MIS软件包(即原型系统)，开发者将其介绍给用户，通过开发者与用户间的反复交流、试用和修改，使该软件包符合企业需求并将完成后的软件包交付用户。按原型法开发运行一个系统的主要步骤，如图5.19所示。

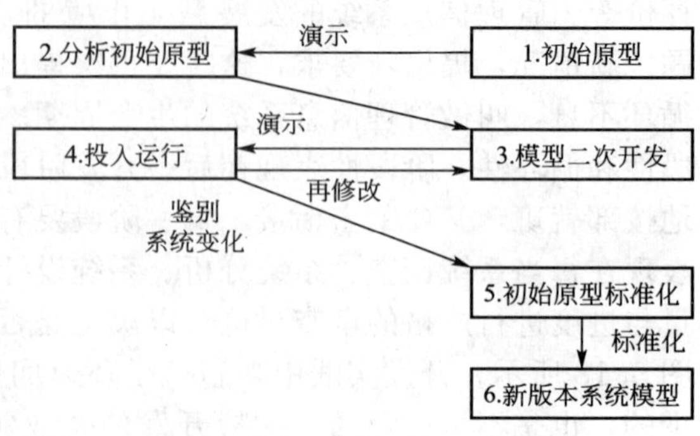

图5.19 原型法开发过程示意图

第一步，向用户介绍、演示原有管理软件包，并由用户各有关部门通过试用检验，分析该软件包是否符合本部门的要求。内容包括以下几个方面。

(1) 软件包适用的范围。

(2) 软件包所能提供的功能。

(3) 软件包各模块的投入顺序。

(4) 软件包所要求的输入信息。

(5) 软件包能提供的报告和屏幕查询结果。

(6) 软件包采用的功能处理逻辑和计算方法。

第二步，用户在弄清该原型系统(软件包)之后，确定可用的部分和需要修改的部分。如果基本适用且修改可行的话，应提出具体要求和修改意见，例如：

(1) 功能的增加和修改。

(2) 处理逻辑和计算方法的修改。

(3) 输出报告格式和内容的修改。

(4) 显示屏幕的具体要求和修改。

第三步，开发单位根据用户要求重新分析研究系统，提出一个合理的快速修改方案。在分析研究时，应着重考虑用户要求的合理性和先进性，如果用户的要求是落后的管理方法，则应说服用户放弃这种方法转而采用新的管理方法或向新方法逐步过渡。系统输出的报告与用户要求不一致的地方，应研究报告种类是否可合并或减少，是否可用更为合理通用的格式和内容取代等。

第四步，当开发单位同用户讨论得出最后的修改意见后，拟定修改步骤，进行修改设计。

若修改后的内容比原型系统更为先进合理，则将修改后的内容补充或替换到原型系统中，形成新的标准软件包样本。否则，仅作为适用于本用户的特殊软件交付用户。

上述第二、三步可能需要反复多次进行。

近年来，国内引进推广这一方法，并在MIS开发中取得一定效益。原型法要求采用高效实用的软件工具提高开发效率，同时要有适合中国国情和企业要求的先进原型。

原型法的优点是：开发周期比生命周期法缩短，投资少，系统能快速投入运行。若用户现行系统低于原型系统，则用户有了一个向更高管理水平过渡的方案，这促使用户主动参与合作开发，加速开发过程。原型软件包也会在不断推广应用中得到补充、提高。缺点是：开发过程变化多端，缺乏有效管理的研究，开发过程不易控制，缺少清晰规范的开发文档。另外，原型法要有良好的开发环境和自动化开发工具支持。

3）原型-结构化生命周期法

原型-结构化生命周期法法的特点是用已有的原型为基础，结合生命周期法开发。开发过程首先按生命周期法划分大的开发阶段，做出总体规划，然后选择用户认为最为迫切、最为重要且条件成熟的子系统进行原型化开发，完成一个使用一个，逐步扩展，直至整个系统开发完成，以使及早见到效益。这样既提高了开发速度和开发质量，又简化了原生命周期法对各阶段局部细节的繁琐做法，还可把其他企业经验带到本企业来。此法较适合中国国情，国内一些单位在开发实践中运用此种方法取得很好效果，受到用户欢迎。此外，在大型 MIS 规划设计中应用较多的方法还有 BSP 法、CSF 法和 E/M 法等。

BSP 法即企业系统规划法，BSP 是英文 Business System Planning 的缩写。由美国 IBM 公司提出。此法含义广泛，所需工作量大，信息需求分析全面，方法的着眼点在于使所构造、综合、实施的系统总体结构能满足企业全局和长期的需求。

CSF 法即关键成功因子法，CSF 是英文 Critical Success Factor 的缩写，由美国麻省理工学院提出，是帮助企业最高领导人确定重要信息需求的高度有效的方法。本方法指出，一个企业或一个管理者的成功取决于少数几个部门或工作，即关键成功因子 CSF，因此信息系统建设中着重识别企业的 CSF。

E/M 法即结果/手段分析法，E/M 是英文 Ends/Means Analysis 的缩写，由美国明尼苏达大学提出。此法首先注目于组织过程产生的结果或输出上，再定义得到这些结果的手段。结果或输出可以是产品、服务及信息，手段包括输入和过程。此法能对信息系统的全局考虑提供有效性信息，对于数据库的计划特别有用。

2. 开发管理信息系统的策略

实现管理信息系统是一项浩大的工程，应分期分批地有计划有目的地进行。为了做好这项工作，首先应拟定好开发管理信息系统的规划，然后逐步实现各个子系统或应用部分。开发规划包括确定管理信息系统的结构、各组成部分的开发日程计划和实现开发规划的策略。下面介绍两种基本的策略。

1）"从下到上"的策略

这是从现行系统的业务现状出发，先实现一个个具体的功能(或称应用)，逐步地由低级到高级，自下而上地实现管理信息系统的总目标。因为任何一个管理信息系统的基本功能是数据处理，所以"从下到上"的方法首先从研制各项数据处理应用开始，然后根据需要逐步增加有关计划、控制、决策方面的功能。总的来说，这种方法可具体分为以下五个阶段。

第一阶段：在文件管理系统的支持下，实现一个个单独的应用系统，其主要功能是数据处理方面的。

第二阶段：把有关文件综合到数据库中，并使用数据库管理系统进行数据管理。

第三阶段：在数据库的支持下，增加决策模型和各种计划模型。

第四阶段：把各种模型综合成为模型库，同时数据库也因数据需要量的增加而扩展了。

第五阶段：把战略计划模型和有关数据加入信息系统。

在条件不具备的情况下，采用“从下到上”法设计信息系统可以避免大规模系统可能出现的不能运行的危险。但缺点是不能像想象的那样完整周密。由于事先没有从整个系统出发充分考虑到情况的发展和变化，随着系统的进展，往往需要重新设计许多模块。

2)“从上到下”的策略

“从上到下”的方法强调由全面到局部，由长远到近期，由上到下，从探索、研制一种合理的信息流的模型出发，设计出适合于这种信息流的信息系统。子系统通过信息流确定，而且尽可能地要求每个局部优化建立在全局优化的指导下。这种研制方法的具体步骤如下。

第一阶段：分析企业的目标、环境(包括管理业务)和系统运行的条件。

第二阶段：根据总目标确定各项具体功能。

第三阶段：确定需要决策的内容。

第四阶段：根据每项决策的内容确定所需要的信息。

第五阶段：为整个系统规定各个子系统，即把各项决策的内容和信息需要分别归纳、组织到各个子系统中去。

第六阶段：为要研制的子系统和数据库规定先后顺序。

“从上到下”法的优点是：对整个计划来说，它是一种逻辑性很强的方法，因为这种方法协调和规划要从整体上考虑。缺点是：难以制定这样大规模的方案，因为它需要从企业的目标开始，一直分解到具体的子系统和模块。

通常，“从下到上”的方法用于小型系统的设计，它适用于对系统开发工作缺乏实际经验的情况，而“从上到下”法则适用于较熟练的系统设计人员和对大型系统的设计。在实践中，往往把以上两种方法结合起来使用。譬如说，一方面利用“从上到下”法定义整个结构，另一方面利用“从下到上”法逐步地实现各个子系统的开发工作。但是，应当强调指出，“从上到下”法是一种更为重要的方法。因为整体性是系统的基本特性，一个系统由许多子系统构成，但从系统功能的观点看，它又是一个不可分割的整体。

习　　题

1. ERP 的发展经历了哪几个阶段?

2. 叙述现代生产管理在企业中的地位、作用及特点。

3. MRP 的基本思想是什么？为什么需要且能够围绕物料转化组织准时生产?

4. 什么是 MRPⅡ？简述 MRPⅡ系统的组成及特点。

5. 什么是企业资源计划(ERP)?

6. 企业如何才能有效实施 ERP?

7. 为什么说 CIM 是一种生产组织的哲理?

8. 如何理解 CIMS 中的“集成”的概念?

9. 某木制百叶窗工厂收到两份订单，一份要 100 个，四周末交货；第二份要 150 个，八周末交货。每个百叶窗包括 4 个木制板条部分和 2 个框架，木制板条由工厂自制，制作周期为 1 周；框架需要订购，订货提前期为 2 周。组装百叶窗需要 1 周。第一周时，木制部分已有库存 70 个，框架无库存。为保证交货期，求计划交货和生产数量和时间，即用“配套批量订货”来编制 MRP 计划。

10. 一件A由3件B、1件C和2件D组成，一件B由2件E和1件D组成，一件C由1件一件D和2件E组成，一件E由1件F制成。B、C、E、F的提前期为1周，A与D的提前期为2周。假设A、B、F用直接批量法确定批量，C、D和E的批量分别固定为50、50、200件。C、E和F的期初库存量分别为10、50和150件，其他制品的期初库存量都为零。已订货的计划到货日程为：第5周收到100件D，第4周收到500件E和500件F。如果在第8周需要50件A，试确定其所需要各种物料的计划任务量和下达任务的时间。

11. 谈谈对你对信息管理系统的认识。

第6章 先进制造系统的物流技术

教学目标

★ 了解物流领域的相关术语及发展；

★ 了解物流技术与装备在物流系统中的地位和作用，掌握制造系统与物流的关系；

★ 掌握现代物流在企业内部物料管理中的应用；

★ 掌握先进制造系统的物流技术含义、现状及发展趋势，理解物流技术在现代企业生产中的作用和意义；

★ 掌握装配工艺自动化基本概念以及实现装配自动化的技术途径；

★ 了解人机协同物流系统的任务和要求；

★ 了解自动检测及在线技术控制系统的设计开发特点及功能；

★ 了解企业生产中物流发展的必然趋势。

教学要求

知识要点	能力要求	相关知识
物流领域中的相关术语，先进制造业物流系统的组成、特征	掌握制造系统与物流的关系，以及现代物流系统的技术发展趋势	物流技术与装备在物流系统中的地位和作用，柔性物流系统
现代物流在企业内部物料管理中的应用、内部物料管理解决方案	了解现代物流在企业中的地位与运用	物料管理相关知识
先进制造系统的物流技术含义、现状和发展趋势，以及企业生产中物流发展的必然趋势	掌握制造系统的物流技术的特点及应用	一体化物流与供应链管理
装配工艺自动化基本概念，实现装配自动化的技术途径	掌握产品的可装配自动化设计的内容，掌握装配自动化及柔性装配系统基本内容	装配加工设备自动化意义、方法与分类，机械加工自动化生产线，柔性制造系统，FMS自动线的辅助设备
人机协同物流系统的任务、要求及相关内容	掌握人机协同物流系统的总体设计思路	人机协同物流系统及FMS物流系统功能模型
自动检测及在线技术控制系统的设计开发特点及功能	掌握典型检测过程、在线质量控制	自动控制理论及检测装置、范围、方法

导入案例

高效物流系统是海尔集团的生命线，其物流系统的高效性体现在如下几个方面。

1) 高效

作为世界著名的家电企业，海尔的产品每天要通过全球5.8万个营销网点，销往世界160多个国家和地区，每月采购26万种物料、制造1万多种产品，每月接到6万个销售订单。对于海尔集团来说，高效率的现代物流系统就是企业内部运作的生命线，为此海尔开始了与SAP的合作。

2)“一流三网”

实施和完善后的海尔物流管理系统，可以用“一流三网”来概括。“一流”是指以订单信息流为中心；“三网”分别是全球供应链资源网络、全球用户资源网络、计算机信息网络。“一流三网”的同步模式实现了以下四个目标。

(1) 为订单而采购。

(2) 消灭库存。

(3) 通过整合内部资源，优化外部资源。

(4) 有力地保障了海尔产品的质量和交货期。

(5) 实现了三个即时(JIT)，即JIT采购、JIT配送和JIT分拨物流的同步流程。

(6) 实现了与用户的零距离。

3) 以市场链为纽带重构业务流程

海尔探索出一套市场链管理模式——把外部市场效益内部化。员工之间实施SST，即索赔、索酬、跳闸：如果你的产品和服务好，下道工序给你报酬，否则会向你索赔或者“亮红牌”。结合市场链模式，海尔集团对组织机构和业务流程进行了调整，把原来各事业部的财务、采购、销售业务全部分离出来，整合成商流推进本部、物流推进本部、资金流推进本部，实行全集团统一营销、采购、结算。把原来的职能管理资源整合成创新订单支持流程3R(研发、人力资源、客户管理)和基础支持流程3T(全面预算、全面设备管理、全面质量管理)，3R和3T流程相应成立独立经营的服务公司。整合后，海尔集团商流本部和海外推进本部负责搭建全球的营销网络。

4) 快速响应客户需求(ERP+CRM)

“前台一张网，后台一条链”，前台的一张网是海尔客户关系管理网站(haiercrm.com)，后台的一条链是海尔的市场链，形成了以订单信息流为核心的各子系统之间无缝连接的系统集成。

(1) 前台的CRM网站作为与客户快速沟通的桥梁，将客户的需求快速收集、反馈，实现与客户的零距离。

(2) 后台的ERP系统可以将客户需求快速触发到供应链系统、物流配送系统、财务结算系统、客户服务系统等流程系统，实现对客户需求的协同服务，大大缩短对客户需求的响应时间。

5) 零距离、零库存、零运营资本

海尔认为，企业之间的竞争已经从过去直接的市场竞争转向客户的竞争。海尔CRM联网系统就是要实现端对端的零距离销售。海尔已经实施的ERP系统和正在实施的 CRM 系统，都是要拆除影响信息同步沟通和准确传递的阻隔。ERP 用于拆除企业内部各部门的“墙”，CRM 用于拆除企业与客户之间的“墙”，从而实现快速获取客户订单，快速满足用户需求。海尔用及时配送的时间来满足用户的要求，最终消灭库存的空间。运营资本，国内把它叫做流动资产，国外叫做运营资本。流动资产减去流动负债等于零，这就是零营运资本。简单地说，就是应该做到现款现货。要做到现款现货就必须按订单生产。

加入 WTO 以后，中国企业面临更加激烈的竞争。海尔将保持 CRM 精神，优化 SCM 效果，推广 ERP 应用，支持海尔的第三方商流和第三方物流的发展要求，成为第三方的信息应用平台，使海尔融入“全球一体化”经济的大潮。

6.1 概　　述

6.1.1 物流领域的相关术语及发展

物流(logistics) 供应链活动的一部分，是为了满足客户需要而对商品、服务，以及相关信息从产地到消费地的高效、低成本流动和储存进行的规划、实施与控制的过程。物流随商品生产的出现而出现，随商品生产的发展而发展，所以物流是一种古老的、传统的经济活动。然而在生产制造迅速发展的初期，人们并没有足够重视物流，结果是，生产制造过程越自动化、柔性化，生产规模越大，物流落后的矛盾就越突出。生产制造系统的高效率与物流系统的低效率越来越不适应。

物流管理(Logistics Management)是指在社会生产过程中，根据物质资料实体流动的规律，应用管理的基本原理和科学方法，对物流活动进行计划、组织、指挥、协调、控制和监督，使各项物流活动实现最佳的协调与配合，以降低物流成本，提高物流效率和经济效益。现代物流管理是建立在系统论、信息论和控制论的基础上的。

物流技术及其装备是构成物流系统的重要组成要素，担负着物流作业的各项任务，影响着物流活动的每一环节，在物流活动中处于十分重要的地位。离开物流技术及其装备，物流系统就无法运行或服务水平及运行效率就可能极其低下。

美国是世界上现代化物流发展比较早的国家，早在 1980 年的全美物资讨论会上，研究者们就指出，在产品生产的整个过程中，仅仅有 5%的时间用于加工和制造，剩余 95%的时间都用于储存、装卸、等待加工和输送。在美国，直接劳动成本所占比例不足总成本的 10%，并且这一比例还在不断下降。而储存、运输所支付的费用却占总成本的 40%。现代化生产以系统化、集成化为特征，而将分散、相互独立的设备联成一体的物流系统(Material Handling System ，MHS)，就成为影响制造业快速响应能力和整体效益的主要因素。有人把物流比作利润的第三源泉，即在降低生产成本、销售成本的同时，也要着眼于降低物流成本。

我国于 20 世纪 80 年代末 90 年代初开始重视、引进和消化吸收国外先进物流系统技术，并在 1994 年和 1997 年先后召开了两届物流技术与装备国际会议，1999 年 10 月再次召开了物流技术与装备国际会议。与西方发达国家相比，我国物流技术的研究和应用，理论和实践方面均存在较大的差距。在理论研究上，我国系统地引进物流理论的时间并不长，多借鉴于日本。为了适应市场经济各种条件下对物流业发展的要求，物流技术研究无论是广度、深度，还是系统性、针对性，都有待加强。物流技术的变革已从简单的物料搬运发展成集机械设计、计算机科学、管理学和自动化控制技术于一身的综合技术。随着计算机科学和自动化技术的发展，物流管理系统也从简单管理方式迅速向自动化管理演变，其主要标志是自动物流设备(如自动导引车、自动存储立体仓库、堆垛机等)及物流计算机管理与控制系统的出现。现代物流系统是典型的现代机电液气一体化系统，它由半自动化、自动化及具有一定智能的物流设备和计算机物流管理和控制系统组成。计算机网络和数据库技术的采用使整个物流系统得以正常运转，仿真技术的应用使物流系统设计处于更高的水平。当前物流技术已经成为先进制造技术的重要组成部分。

6.1.2 制造系统与物流的关系

制造系统的目的是将材料加工并装配成最终产品。所以，制造系统的一切活动都与物流有关。物料供应者供应物料，再经过储存、搬运；物料在工作场地经过加工成为零部件；零部件经过储存、搬运和装配成为成品；成品在仓库储存，经过流通领域成为商品来到消费者手中。从中我们可以看出，物流系统由3个子系统组成：一是从物料供应商处采购原材料和部分成品、半成品的物料供应系统；二是发生在制造企业内部的物料搬运系统；三是将成品送往消费者手中的成品运送系统。其中前两个子系统属于企业物流(小物流)，而第三个子系统属于社会宏观物流(或称大物流)。社会宏观物流贯穿生产领域、流通领域和消费领域，包含了由原材料到成品，由产品到商品，再经过流通环节，送到消费者手中的整个过程，即物资运输、储存、搬运、包装、顾客服务、订单处理、信息沟通等过程，如图6.1所示。

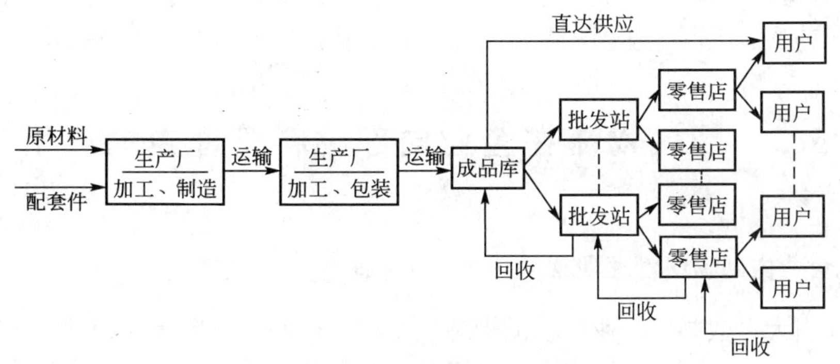

图6.1 社会宏观物流的物流过程

企业物流则是企业内部各工序间、各车间内、仓库内、厂内及它们之间的物流过程。它主要由供应物流、生产物流、销售物流和回收物流组成，如图6.2所示。

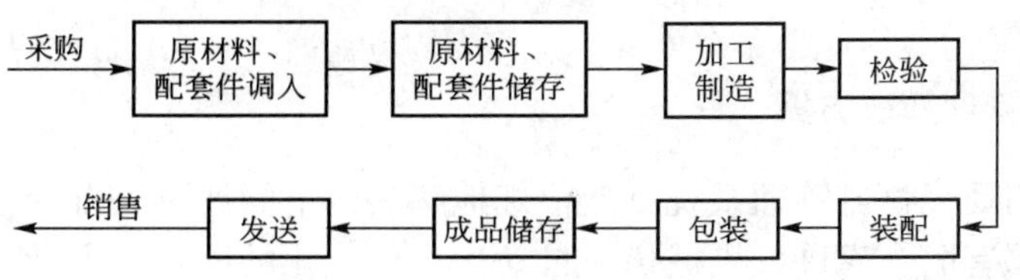

图6.2 企业物流的物流过程

6.1.3 物流技术与装备在物流系统中的地位和作用

物流技术及其装备涉及物流活动的每一环节，在整个物流过程中伴随着包装、运输、装卸、储存等功能作业环节及其他辅助作业，这些作业的高效完成需要不同的物流技术及其装备。

例如，从企业物流来看，首先，为保证本身生产的顺利进行，需要组织原材料、零部件、燃料、辅助材料的供应，在供应过程中就涉及运用物流技术及其装备把生产所需材料按时、按质、按量运送到仓库或使用场所；其次，生产所需材料从仓库或使用场所开始，进入车间或流水线，再进一步随生产加工过程一个一个环节地"流"，在"流"的过程中，本身被加工，同时产生一些废料、余料，直到生产加工终结，再"流"至成品仓库，而要实现"流"，必须应用不同的物流技术及其装备；最后，企业为保证本身的经营效益，需要把成品销售出去，于是，便通过包装、送货、配送等一系列物流活动实现销售，在其中肯定离不开物流技术及其装备。如果用人力去完成这些工作，势必耗时、耗力，甚至不可能完成这些工作。

物流技术及其装备是物流系统水平高低的主要标志。一个完善的物流系统离不开现代物流技术的应用。随着科学技术的进步，物流活动的诸环节在各自的领域中不断提高技术水平。物流技术是推进科技进步，加快物流现代化的重要环节，也是内涵式提高物流效率的根本途径。近年来，国际范围内物流技术获得快速发展，其特点是将各个环节的物流技术进行综合、复合化而形成最优系统技术。

例如，卫星定位系统(GPS)、无线移动通信系统(GSM)、地理信息系统(GIS)、计算机网络等多项高新技术结合起来的物流车辆运营管理技术，计算机和通信网络为中心的情报处理技术与运输、保管、配送、制造资源计划技术(MRP Ⅱ)、企业资源计划技术(ERP)所形成的物流生产—仓储—配送技术，以及物流硬技术和物流软技术结合应用等。

6.2 现代物流在企业内部物料管理中的应用

6.2.1 制造企业内部物料管理现状

目前，国内大多数制造企业的物流管理仍使用传统的大仓库存储模式，不但要占用大量土地、资金、人力，而且还不能适应市场对多品种、小批量的产品需求。大仓库存储的机械化、信息化程度也较低，因而不能有效地对物料实现实时的动态管理，信息不畅又将导致生产的盲目性，常会出现一些市场不需要的产品日积月累成为死库存，而市场上真正需要的产品却经常缺货而失去订单。而且出现库存占用大量资金的现象也一直是困扰企业的问题。

6.2.2 内部物料管理解决方案

在企业中使用现代物流管理系统就能很好地解决以上问题。当前企业内部的物流管理现代化主要是对原有旧仓库进行机械化、自动化、信息化的配送中心改造，使用自动化立体仓库、自动化仓储搬运设备及自动化仓库管理系统。

自动化立体仓库是在存储中采用立体化和高空化来尽量充分发挥土地的效用，提高土地利用率的同时可以对仓库实施机械化操作和信息化管理。例如，西安杨森制药公司在内部物流中使用了自动化立体仓库，在库房面积只有 2600m^2 的情况下，提供了 18 排 8 层 7000 多个 1m×1.2m×1.2m 的货位，存储生产所需的 30 多种产品的上千种原料、辅料、包装材料及产成品，大大提高了土地利用率。

自动化仓储搬运设备主要有堆垛机、高位叉车、电动车等，在内部物料管理中主要承担原材料、半成品、成品的搬运，仓储搬运设备的自动化程度的提高给企业的生产经营带来了巨大的效益。

在自动化立体仓库中使用自动化仓库管理系统是以提高物流部门自身效率为目的而由出入货配送、库存管理等信息系统构成的。它提供的动态数据能使得企业对库存情况进行实时动态的管理，对企业有效管理存货、减少库存资金积压、降低生产成本、促进企业弹性生产起到积极的作用，能在企业制订生产计划、物料需求计划的过程中，及时掌握资讯，做出最佳决策。在企业生产制造与供应商和客户之间架起一座桥梁。

先进制造技术(AMT)是以先进制造工艺技术、信息技术、计算机技术、设计方法、物流技术及相应的管理工程集成的现代制造工程，它通过技术和管理的优化组合，实现优质、高效、低耗、清洁、灵活生产。实施先进制造技术是企业提高对动态多变的产品市场的适应能力和提升企业竞争优势的重要途径。制造过程通常伴随着物料的流动过程，即物料的采购、存储、生产、装配、运输和销售等一系列活动，所以物流系统是先进制造系统的重要功能构成部分。

6.3 先进制造系统的物流技术

6.3.1 现代物流系统技术研究现状

1. 多维仿真进入物流系统的设计与布局规划

实现对设备和物流工艺更加有效地布局规划，目前一个重要的工具是仿真。仿真软件将凭借经验的猜测从物流系统设计中去除，对设计一个复杂的工艺流程特别有效。在屏幕上，操作者可以观察到不同的场景，通过不同的生产能力对各种物流方案进行评价，并可以假设一些条件，比如一个子系统暂时停止工作后，观察其可能发生的情况，这样设计出的物流系统会更加符合实际需要。

2. 库存量和库存时间大大减少

现代制造业的一些新概念，像 JIT、连续物流和跨码头直接发运(Cross Docking)等的应用，使得库存量和库存时间都大大减少，存储越来越被认为是一个物流的过程而不只是一种静态的存储技术。通过应用缓冲站、积累区及一些相关操作，仓储也不只是一个短暂的物料停留过程。全面的库存控制是高效的仓库管理的关键，新的仓库管理是软件(Warehouse Management Software，WMS)是一个基于小型机、PC 和服务器的软件，对仓储、分配和制造等操作提供实时的库存管理，并将它们集成在一个软件包内。美国的集成化物流系统 IMHS 软件是当前物流行业中最完整的一体化解决方案，目前国内大长江摩托车集团和玉溪(红塔)烟草集团已经引进了该系统。

3. 物流设备的设计重点考虑人机工程学

在物流系统中，很多运输设备包括叉车、自动导引车（AGV)及传送带都起到重要作用。在这类设备的设计方面，人机工程学仍然是重点。人机工程学设计的好处包括：减少对操作人员健康和身体的损害，提高生产率及降低岗位缺班和换班的频率。使操作人员更舒服包括控制界面友好、前视和后视范围大，腿、脚的空间大等，如使控制器的轮廓更符合人手的轮廓、增加多功能装置以及采用高度可调节的面板、座椅上的减振装置等。

4. 制造执行系统的应用成为趋势

制造执行系统(Manufacturing Execution System，MES)可以作为生产计划、调度和车间物流之间的桥梁。虽然生产计划和调度仍然是物料需求计划(MRP Ⅱ)和制造资源计划（MRPII)管理的范畴，但现在的 MES 将计划和调度信息作为实时管理车间物流与工艺，并进行补偿的基础信息。简单地说，MES 就是来管理包括物料、工作站和物料搬运装置及人力等车间资源，使其有效利用的。

5. 高效的信息流

从到货到发运整个过程中起粘合作用的是高效的信息流。自动数据收集(ADC)能起到在需要时自动采集信息的作用。在这一领域有一明显的倾向，那就是将尽可能多的数据源相互连接，然后使信息的发送和传输标准化，以便提供给尽可能多的需要该信息的人。一般是将自动数据收集连接到既服务于客户又服务于供应商的中央数据库。典型的途径是通过条码扫描或射频标签识别，并将得到的信息输入仓库管理系统(WMS)或制造执行系统(MES)，当订单完成后，订单的状态被送到信息系统的最高层—企业资源计划(ERP)，ERP 又将这一信息发布给供应链软件和电子数据交换(EDI)，以便向客户发货。目前通过因特网进行 EDI 已成为现实。

6.3.2 先进制造业物流系统的组成

制造系统将原材料加工并装配成最终产品，在制造过程中存在物流、信息流、能量流、成本流和误差流。制造系统从外部环境取得原材料、毛坯件和配套供应的零件、组件、部件，经过制造活动把其转换为成品或废弃物(如废品、切屑等)，再送回外部环境中。制造系统与外部环境的物质交换活动和物料在系统内的运动与制造变换形成企业物流。物流系统主要包括三个方面：原材料、半成品、成品所构成的工件流；刀具、夹具所构成的工具流；托盘、辅助材料、备件等所构成的配套流。物流系统主要完成两种工作：一是零件毛坯、原材料、工具等由外界搬运进系统，以及将加工好的成品从系统中搬走；二是零件毛坯、原材料、工具在系统内的搬运。通常情况下，前者需要人工干预，后者可以自动完成。在物流系统中，物料在企业内部的流动，即物料搬运处理系统最为重要。在系统中会发生三种库存，即加工前的库存、加工过程中的库存和加工后的库存。伴随着三种库存的是：毛坯制备、零件加工、零件在线检测和成品检验、产品装配和产品检验等物流过程。

6.3.3 先进制造业物流技术的特征

物流技术是企业进行竞争的决定性因素。在先进生产中，物流技术应用于工位本身的技术、工件之间的连接技术和自动化起吊系统，直到整套的后勤中心等许多功能领域。先进制造业物流技术具有以下特征。

(1) 强调清洁化生产过程。要求制造过程消耗尽可能少的自然资源(包括能源)，并尽量少产生或者不产生有害污染。

(2) 强调柔性化生产过程。为了适应多面，即：一是企业内所拥有的资源的数量与质量；二是企业对外部资源的定向整合使用能力，企业内部一定数量与质量的资源的生产能力总是极有限的，其在公开市场上获取有效的资源就成为了不二选择。企业一般在下述情况下可以考虑自己生产。

① 与资源供应企业合作或协调不方便；

② 企业所需物资量大，自己生产成本低于购买价格；

③ 资源供应企业不能满足本企业的某些要求，或者是没有可靠的供应企业；

④ 对原材料的供应需要加强控制。

这里有两种情况：一是企业原材料需要量全部由自己投资建厂生产，实行纵向一体化，从而使企业得到可靠的原材料供应；二是企业自己只生产一部分，为的是在外部供货商供应中断时起缓冲作用。但是，如果有可靠的供应企业的话，一般情况下，应尽可能利用外界的力量，尽可能不要建成万事不求人的“小而全”、“大而全”的企业，这样可以减轻企业管理负担，使主要领导把注意力集中在重要的经营机会上，使企业在经营上比较灵活有效。所以，如果部门A可以从部门B获得最优化资源，部门A将会不用依靠外部资源实施本次计划，然而这样的成功率很小。因为市场上有部门C、部门D……这些部门是无限的，也就是说，外部资源相对于本企业资源来说是无穷的，有时依靠外部企业资源更易实现本企业资源的最优化配置。成功企业往往有一个经营诀窍：所要采购的每一种商品，原则上都要有两个以上供货厂商，这样可以引起供货厂商之间在价格和服务上的竞争，并分散因供应厂商发生事故所造成的风险。

6.3.4 现代物流系统技术发展趋势

近年来，随着市场竞争的加剧，国际分工协作进一步完善，以及计算机网络技术的不断发展，现代物流系统技术的研究和开发出现了以下几个新趋势。

1. 集成化物流系统技术的开发与应用加速

在国内，随着立体仓库数量的增加和立体仓库技术的普及，很多企业已经开始考虑如何使自动存储系统与整个企业的生产系统集成在一起，形成企业完整的合理化物流体系。国外这种集成的趋势表现在将企业内部的物流系统向前与供应商的物流系统连接，向后与销售体系的物流集成在一起，使社会物流(宏观物流)与企业物流（微观物流)融合在一起。

2. 物流系统更加柔性化

随着市场变化的加快，产品寿命周期正在逐步缩短，小批量多品种的生产已经成为企业生存的关键。目前，国外许多适用于大批量制造的刚性生产线正在逐步改造为小批量多品种的柔性生产线，这样的生产线具有如下特点。

(1) 工装夹具设计的柔性化。

(2) 托盘与包装箱设计的统一和标准化。

(3) 生产线节拍的无级变化，输送系统调度的灵活性。

(4) 柔性托盘管理。

3. 物流系统软件的开发与研究成为新的热点

从前面对制造执行系统的分析可以看出，企业对储运系统与生产系统集成的要求越来越高，由于两个系统的集成主要取决于软件系统的完善与发展，因此目前物流系统的软件开发与研究有以下几个趋势。

(1) 集成化物流系统软件向深度和广度发展。

(2) 物流仿真系统软件已经成为虚拟制造系统的重要组成部分。

(3) 制造执行系统软件与物流系统软件合二为一，并与 ERP 系统集成。

4. 虚拟物流系统走向应用

随着全球卫星定位系统(GPS)的应用，社会物流系统的动态调度、动态储存和动态运输将逐渐代替企业的静态固定仓库。由于物流系统的优化目的是减少库存直到零库存，这种动态仓储运输体系借助于全球卫星定位系统，充分体现了未来宏观物流系统的发展趋势；随着虚拟企业、虚拟制造技术不断深入，虚拟物流系统已经成为企业内部虚拟制造系统一个重要的组成部分。英国一家公司采用三维仿真系统对拟建的一条汽车装配线及其相关的仓储输送系统进行了虚拟仿真，经过不断完善和修改，最终的系统降低了成本，提高了效率。

5. 绿色物流

随着环境资源恶化程度的加深及其对人类生存和发展威胁的加大，人们对资源的利用和环境的保护越来越重视，物流系统中的托盘、包装箱、货架等资源消耗大的环节出现了以下几个方面的趋势。

(1) 包装箱材料采用可降解材料。

(2) 托盘的标准化使得可重用性提高。

(3) 供应链管理的不断完善大大地降低了托盘和包装箱的使用。

中国的物流技术发展要考虑技术的先进性，更要考虑经济的合理性。同时，中国物流管理相对落后，所以我们要积极采用现代管理方法和手段，以便在现有设备条件下获得较好的社会效益和经济效益，也就是说，在发展物流硬技术的同时，也要注意发展物流软技术。利用计算机物流信息，进行物流的预测和规划。运用系统工程理论和方法对局部物流和整体物流进行计划、组织、协调和控制，以谋求物流的整体效益。

通过研究各种物料或货物在流动过程中如何合理、经济、有效地流动，以及各种物流载体的适用性、实用性和经济性，应用物流系统分析的方法，在系统中集成、应用各种高新技术和设备，实现物流的自动化、智能化、快捷化、网络化、信息化，实现适应我国国情的现代物流技术与装备的跨越式发展。

现代物流技术已经是一个包括机械学、计算机科学、管理工程学和自动控制技术等的多学科综合性科学，具有全球化、信息化、数字化、网络化、智能化、柔性化、敏捷化、集约化等特征。目前，在降低制造成本的同时人们对降低物流成本更加重视，物流技术的研究和发展在国内正处于蓬勃发展的阶段，而国际上现代物流技术更加走向集成化、虚拟化、绿色化、柔性化和标准化。

6.4 装配工艺自动化

6.4.1 概述

完全互换性装配、分组互换性装配和配作装配是零件装配的主要方式。在装配过程中，任意拿来两个零件，即可顺利装配并保证装配后的性能满足要求，这样的装配称为完全互换性装配，这种装配方式适用于零件批量较大的情况；分组互换性装配是指在装配操作之前，按零件的精度将零件分为若干组，在装配时，只能在各组内部实现互换性装配，而跨组的互换性装配是不可能的，这种装配方式虽然很灵活，但会给以后的维修带来困难；配作装配是指根据已有零件的精度，按配合要求生产相配合的零件，这种方式无任何互换性，效率也低，只有在维修工作中或对精密零件的装配时采用。

由于装配所占的总工时和总成本都很高，所以应尽量提高装配工作的自动化程度。由于目前加工的自动化程度已相当高，所以应将研究的重点放到装配自动化方面来。装配自动化的实现不仅可以提高装配工作效率，降低装配成本，还可以改善工作的劳动条件，提高产品的质量稳定性。对于汽车、家电等大批量生产的产品，常采用自动装配线的作业方式，这种系统的“刚性”太大，一旦产品更换，则系统要做很大的改变。随着消费方式的改变，多品种、小批量生产方式正在逐步占统治地位，因此应大力发展适应中、小批量生产装配自动化的柔性装配系统。实现装配自动化的前提条件是产品的装配工艺性应符合自动装配的要求。

6.4.2 产品的可装配自动化设计

为使产品适合于自动装配系统的作业，在设计时应遵循下面的规则：零部件的结构简单，形状规则；零件的尺寸能够互换；零件的形状应是对称的；零件的组装方向尽可能一致；减少零件的数量，以及在零件上增加易于定位的结构。例如，在轴孔的插入端设计大倒角，便于轴孔的插入装配。如表6-1所示，为几种改善自动装配工艺性的例子。

表6-1 改善自动装配工艺性事例

改善内容	改善前	改善后
简化自动定向及装配，使零件对称	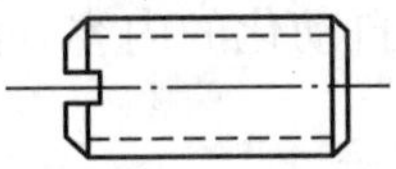	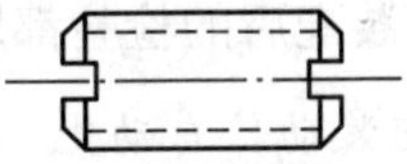
增加定向辅助面，便于自动定向	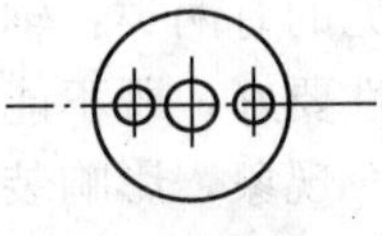	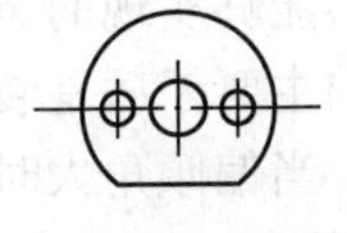
改变外形或尺寸差异，防止运送时嵌住	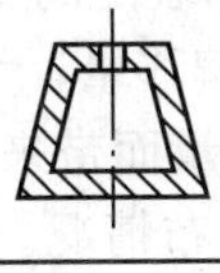	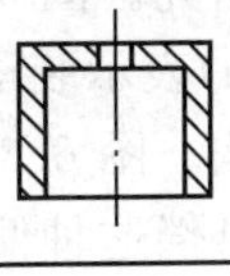

（续）

改善内容	改善前	改善后
减少装配的零件，简化自动装配工序	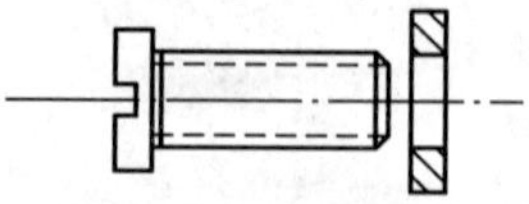	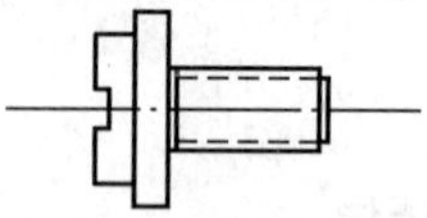
统一装配方向减少工件的翻转	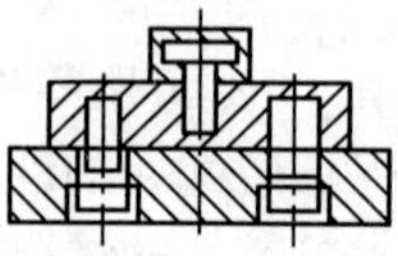	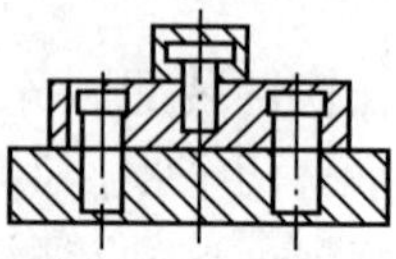

6.4.3 装配自动化及柔性装配系统

1. 装配自动化的类型

装配自动化一般可分为3种类型：专用性的高度自动化装配、通用性强的柔性自动化装配、人机结合的半自动化装配。

专用性的高度自动化装配一般采用装配自动线的形式，特别适用于大批量生产的情况；通用性强的柔性自动化装配一般采用计算机控制的装配机器人来实现，当装配情况发生变化时，通过改变控制程序来适应，适用于中、小批量生产的情况，也是最值得研究的一种装配系统；人机结合的半自动化装配，由人完成比较复杂的、机器难于实现的工作，机器完成比较简单的、易于自动化的部分。在一定条件下，这种人机结合的半自动化系统具有最大的优势，但应找到人机结合的最佳点。

2. 装配自动化的内容

装配自动化包括的内容是指送料自动化、零件定位、定向自动化、组装动作自动化、装配前零件精度的检验和分类自动化、装配后的检验自动化。

在上述内容中，送料自动化技术目前比较成熟，可以采用自动化加工中的各种技术；零件的定向和定位自动化实现的难度比较大，除在设计中采用易于定向定位的结构(插入倒角、定向平面、槽等)外，在装配系统中还应设置相应的柔性机构，以补偿被装配零件错位带来的“干涉”现象。有时，系统还应配备视觉传感器、触觉传感器和力传感器，用来实现零件之间的正确定位。组装动作自动化将在后面专门介绍；装配前零件精度的检验和分类、装配后的检验都属于检验及检测自动化的内容，此处不予介绍。

3. 组装动作自动化

在机器能够实现的装配作业中，最常见的有两类：轴孔装配和螺钉螺孔装配。轴孔类零件装配的主要矛盾是装配时轴孔的对中性要好，既不能有较大的偏移量，又不能有较大的偏倾角。当偏倾角大时，会产生“卡住”现象，影响装配的顺利实现。这种现已有很多学者进行过研究。图 6.3 表示轴孔偏歪对自动装配的影响。

图 6.3(a)表示装配时零件有较大的中心偏移量，为了保证轴能顺利地插入孔中，采用了大倒角结构。图 6.3 (b)表示由于中心偏移量而带来轴相对于孔的偏斜(装配机械手具有柔性机构来补偿这种偏斜)，以及各个力的分布情况。图 6.3 (c)表示“卡住”时的情况。

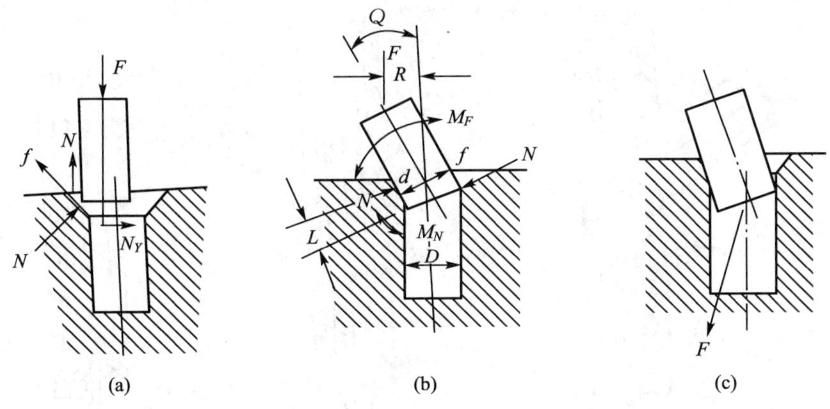

图 6.3 轴孔偏歪对自动装配的影响

很容易导出能顺利装配的条件为

$$\frac{L}{2R}>f$$

式中，f 为摩擦系数；L 和 R 如图中所示。可见，为保证顺利装配，可以减小摩擦系数，但除了使用润滑剂外，轴孔的表面粗糙度由功能所决定，减小表面粗糙度会带来制造成本的大幅度提高；也可以采用更大的倒角，但会减少配合面，结构上往往不允许；最好的办法是减少轴孔的偏移量。可以采用如下几种办法。

(1) 提高装配机械系统的精度，特别是定位精度。

(2) 采用视觉和触觉检测反馈校正系统，这种系统在工作时，首先使两个工件接近或接触，通过视觉检测或触觉检测，求出位置偏差量，然后进行反馈校正，使轴孔处于可以顺利装配的位置。这种方法又叫做主动逼近法。

(3) 采用柔性机构，即在系统中增加弹性环节，当轴产生偏斜时，系统产生弹性变形，使轴孔中心处于平行状态，这种方法又叫做被动逼近法。

(4) 采用导向装置，即采用导向装置保持轴孔相对位置，常用于大批量生产。

在装配作业中，螺纹连接件的装配占的比例很大，而且劳动强度也大。因此，实现螺纹连接件装配的自动化具有重要的意义。螺纹连接件装配的特点是：螺钉、螺母和垫圈均属小件，易于实现上料自动化(如振动式送料和弹仓上料装置)。与轴孔装配相同的是，螺纹连接中的装配也存在着零件间的自动找正问题。所以，前面轴孔装配中有关自动找正的各种方法都适用于螺纹连接件的装配。另外，螺纹连接件的装配还需要一个拧紧螺钉的回转运动，这种回转运动可用专门的装置来完成。常见的自动拧紧装置有电动拧紧装置、气动拧紧装置和液动拧紧装置。这 3 种自动拧紧装置各有优缺点，共同的特点是转速不能太高，并应具有扭矩控制功能。典型的自动拧紧螺钉装置及动作过程如图 6.4 所示，这是个供料和拧紧一体化的结构，动作循环为：送料—改锥进给—改锥旋转拧紧—改锥退出—送料。

4. 装配机器人及柔性装配系统

制造系统主要发展方向是多品种、小批量的自动化生产。因此，面向多品种、小批量的装配自动化系统就成为制造自动化的主要研究方向。面向中、小批量生产的装配自动化系统应能够适应产品的频繁更换，由于批量小，不适合采用流水作业的装配工艺。因此，

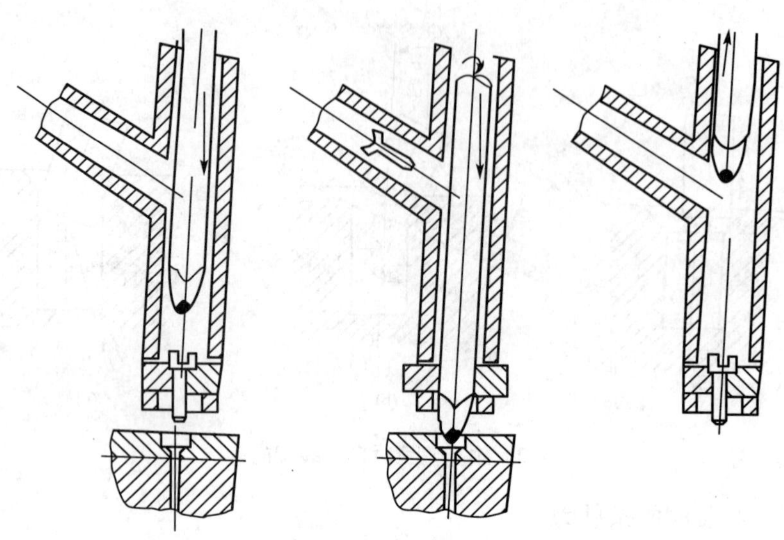

图 6.4　螺钉拧紧装置及其动作过程

这种系统应具有足够大的柔性，常称为柔性装配系统。这种系统的主要特点是装备有由计算机控制的，可以方便修改装配动作的装配机器人。

装配机器人事实上是用计算机控制的机械手臂，手臂可以灵活地在空间做各种运动。装配机器人除要求手臂动作灵活，具有一定活动空间外，机械手要具有一定的负荷重量。另外，机械手要具有较高的定位精度。为了提高定位精度，有的装配机器人还配置有检测装置，具有反馈控制功能。如图 6.5 所示，为一装配机器人工作情况，这个装配机器人有两个机械手，可以完成轴孔类零件的装配工作，为了保证轴孔装配的顺利进行，主机械手配有触觉传感器。

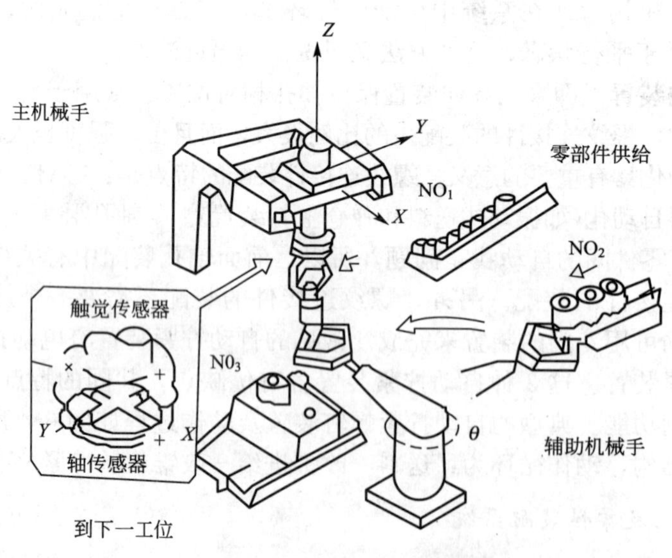

图 6.5　装配机器人工作情况

柔性自动装配系统一般是由装配机器人构成的自动化系统。除装配机器人外，它还包括总控部分、工具库、夹具及辅具、自动供料系统和成品输送系统等。由于采用了装配机器人，可以通过改变控制程序方便地变更机械手的动作，因此系统具有很大的适应性，可以满足多品种、小批量自动装配的要求。

柔性自动装配系统的发展方向是研制“智能型”装配系统，这种系统具有自学功能，可以采用示教的方式方便地更改机械手的动作顺序和动作范围。这种系统具有视觉和触觉功能，根据视觉和触觉功能，再加上判断和决策能力，机械手的动作可以跟视觉系统协调起来，由视觉指挥动作。

6.5 人机协同物流系统

6.5.1 人机协同物流系统的概念及其基本结构

人机协同属于自然科学范畴。由于涉及“人”的因素，它的理论体系大大超越了传统的机械科学的理论体系，涵盖了机械科学、数学科学、计算机科学、信息科学、生命与行为科学和社会科学等。其支撑技术涉及机械学、机械制造技术、控制理论与技术、传感技术、自动化技术、信息技术、人工智能技术、计算机应用技术(如虚拟现实技术等)、人机工程学技术、超介质处理技术和人机耦合技术等。其科学体系如图6.6所示。

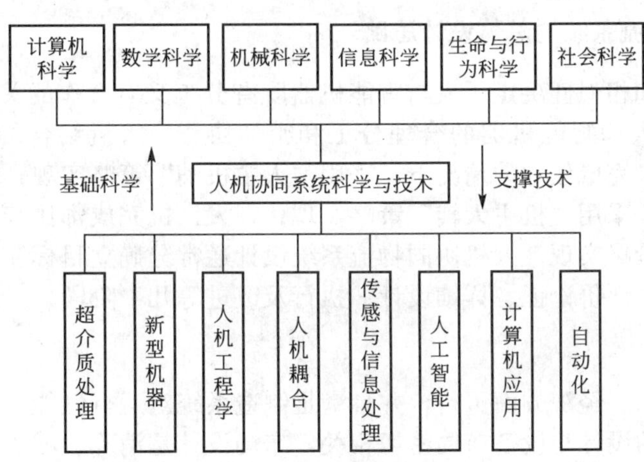

图6.6 人机协同系统科学与技术体系

传统的FMS物流系统强调自动化、无人化及自动引导车的应用，使物流系统自动化达到相当高的程度。但是，体现FMS柔性的物流系统在物理实体和控制上却是刚性的，系统的柔性范围在系统设计时就已预先确定，超出设定范围，系统便无能为力，这在很大程度上限制了生产物流的发展。实际上，在现代激烈的市场竞争中，对产品的要求是：品种不断增多、批量逐渐减小和准时制，这就要求生产线具有硬件可重组的功能，从适应市场，实现真正意义上的柔性。人机协同的FMS物流系统突破现有系统将人排除在外的旧格局，强调人在系统中的重要作用，人机最佳协同合作，使系统经济高效、安全可靠地运行，实现真正的柔性。

人机协同的物流系统是指由人、智能机器和环境在先进制造环境中组成的统一、和谐的系统，该系统是在传统的FMS物流系统中融入人的智慧，人与传统物流系统相结合，实现人与机器平等合作，在实际物流系统的设计、运行中发挥人和机器各自的优势，两者共同感知、共同决策、取长补短、协同工作，使FMS物流系统实现高柔性、高可靠性、高效率和低成本，达到最佳运行状态，以取得最大效益。其中，人指物流系统中所有与机器直接相互作用的人员，包括设计人员、系统管理员和各类操作人员。在人机协同的物流系统中，人的作用不仅体现在对物料的准备和对信息流的监视和控制上，而且还要更多地参与物流过程。这就提高了对人的要求，需要具有一定技术水平和决策能力的人。人机协同物流系统的概念模式如图6.7所示。

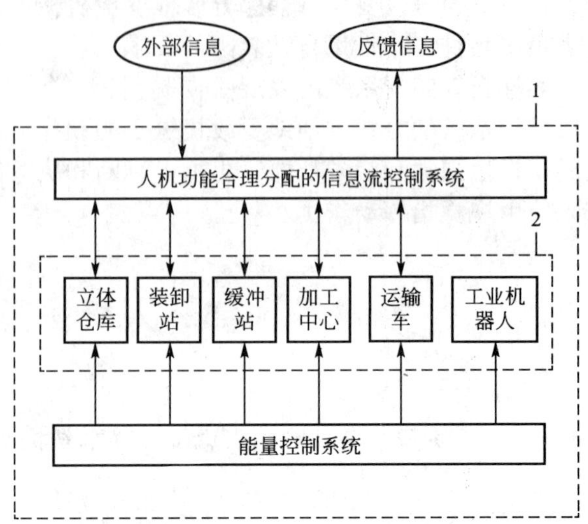

图6.7 人机协同物流系统概念模式

1—人机协同的FMS物流系统；2—人机功能合理分配的物料流支持系统

6.5.2 人机协同物流系统的总体设计思路

人机的差异性和相似性决定了人与智能机器既有分工又有合作的关系。而人机系统实现的关键恰恰在于人和智能机器的合理分工和密切协作。人机结合的方式主要有三种，即：在比较适合于人完成任务的情况下，采用“人主机辅”策略实现；在比较适合于机器完成任务的情况下，采用“机主人辅”策略实现；在人、机完成都比较困难的情况下，采用“人机一体化”策略实现。人机协同物流系统设计通常分确立目标、明确问题、收集分析数据、制订方案、评价论证、详细设计、执行及改进等几个阶段。

1. 设计要求

系统必须在技术、经济方面可行，并且满足制造系统对运行性能、维护性、可扩展性方面的要求。系统的设计与设备布局密切相关，布局设计是消除、减少、改进物料搬运的最有效的方法，而布局又离不开工艺流程安排。因此，物流系统的设计应与布局设计及流程安排综合考虑。系统选择时应主要考虑输送对象的数量、重量、形状尺寸等物理几何特性，传输速度、频率、位置路径，输送设备的类型、数量、定位精度、相互衔接，以及系统的可靠性、安全性、维护性、柔性等因素。

2. 设计过程遵循的基本原则

(1) 宜人原则：符合人机工程学的要求。

事先规划原则：必须对所有搬运活动进行规划，明确搬运对象、运动、位置、数量等。

(2) 系统原则：从提高系统效率的角度来研究和改善各个搬运环节和设备，追求全系统的协调和整体作业的均衡。

(3) 效率原则：尽量提高搬运效率，如采用单元输送、水平直线搬运，减少空载，及时更新过时的设备与方法，物流流向合理等。

(4) 集成原则：物料搬运、加工、存储应尽可能信息集成，以提高自动化程度及获得整体控制。

(5) 经济原则：尽量降低成本，包括初始投资、运营费用等，如减少设备延迟；充分利用空间；利用重力输送；简化、减少、合并或消除不必要的运动和设备，采用标准的设备、器具和设施；在物料流动时，将一些辅助的作业如检测、包装、清洗、分选等组合在一起。

(6) 柔性原则：物料搬运系统应满足制造系统物料输送要求，并能随工艺流程的调整而比较方便快捷地改变和扩充。

(7) 工作环境原则：应确保人和搬运物件的安全，降低劳动强度，减少浮尘、有害气体、噪音等污染。

3. 人机协同物流系统的总体构成

人机协同 FMS 物流系统由物料运输单元、仓储单元、刀具准备与管理单元、信息集成与控制管理单元组成，如图 6.8 所示。

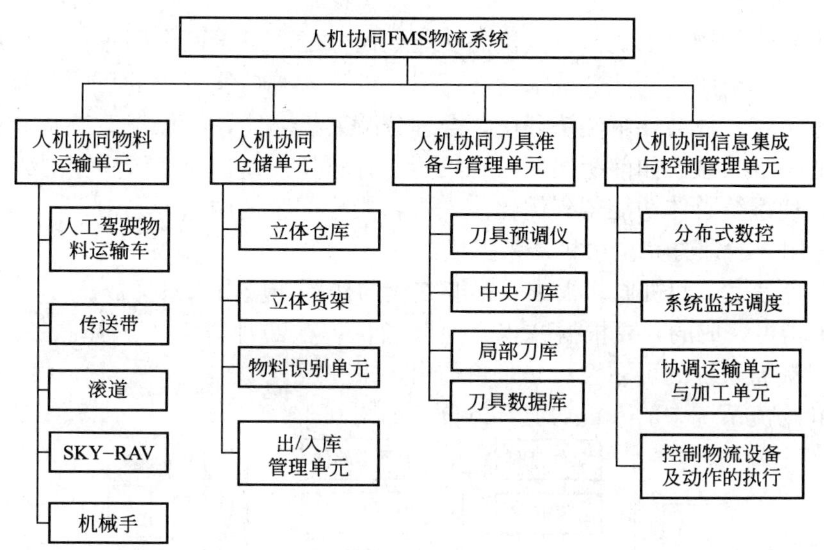

图 6.8 人机协同物流系统总体框图

6.5.3 人机协同物流系统的功能分析

为了对人机协同物流系统进行功能分析，首先要建立系统的功能模型。

运用建立系统功能模型的工具 IDEF0，针对人与物流设备的协同工作问题，研究如何建立人机协同物流系统的功能模型。功能模型重点表达人机协同物流系统两大方面的功能：一是系统中的信息流管理功能，它包括系统中有人参与的各种数据的采集、加工与处理、存储与传输及信息的利用等；二是人机协同物流系统中物料流的管理功能，即物料的加工、传输、存储等，它体现为人机协同物流系统中各种传输设备、检测监控设备等的运行，明确哪些工作由人来完成，哪些工作由机器来完成。完整的人机协同物流系统的功能模型应是信息流与物料流管理功能的有机结合。从结构上看，人机协同 FMS 物流系统主要由物料运输单元、刀具准备与管理单元、仓储单元、信息集成和控制管理单元组成。为更好地理解各功能单元在系统中的作用，根据建立 IDEF0 系统功能图的原理，我们给出了人机协同 FMS 物流系统的功能模型，明确了各单元间的相互关系，如图 6.9 所示。

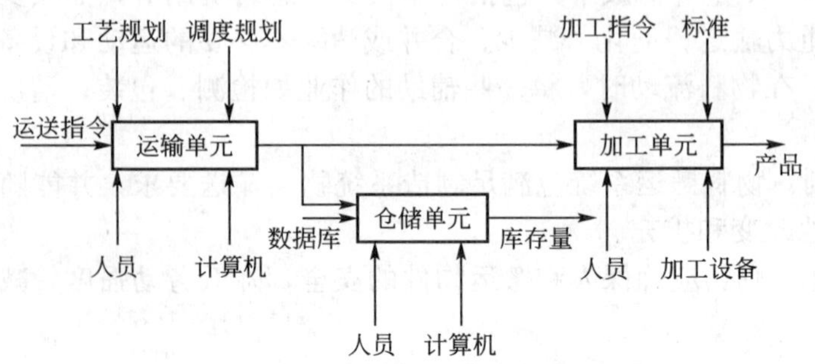

图 6.9 人机协同 FMS 物流系统功能模型

6.5.4 人机协同物流系统的人机功能分配

对于一个具体的物流系统，其人机的功能如何分配取决于两个因素：一是系统本身的功能特征，二是系统所处的社会技术经济环境。进行人机功能分配的目的，就是根据系统的功能需求和特定的社会技术经济环境，合理分配人机功能，以保证系统具有最优的人机界面和最佳的综合效益。如前所述，人和机器各有所长，在物流系统中要对人和机器加以分工和匹配，使系统总体功能得到优化。人机功能分配应遵循以下原则。

(1) 不宜用人的地方完全由机器来完成。

(2) 人很容易完成而机器却很难或不能完成的任务，应由人来完成。

(3) 人机均可完成的，要根据技术、经济条件，在两种方案中选择：一是以机为主，人作后备，以提高系统的可靠性；二是单纯由人来完成。

人机协同物流系统中的人机功能具体分配如图 6.10 所示。

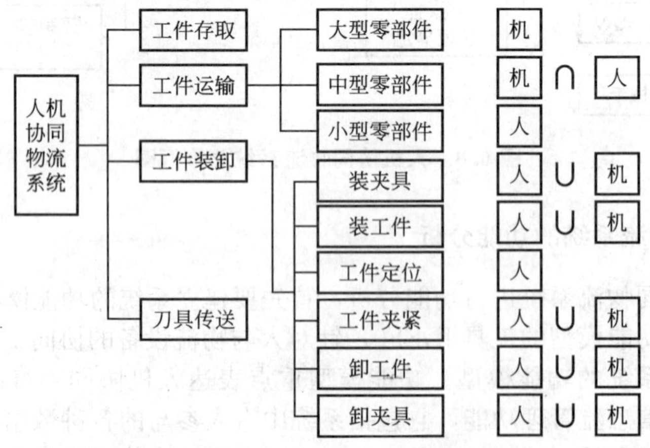

图 6.10 人机功能分配物理模型

注：∩—与；∪—或

6.6 自动检测及在线技术控制

6.6.1 概述

在现代制造系统中，常常采用自动检测技术。采用自动检测技术的目的主要有两个：一是进行质量控制；一是对加工状态和设备的运行状况进行监控。以质量控制为目的的自动检测分为两种情况：在线检测和离线检测。在线自动检测是在加工及装配过程中，对工件的尺寸、形位公差和外形等进行连续或间断的检测，输出信息供调节补偿、减小误差或作显示、报警之用。离线自动检测是在加工或装配完成后，对零件或产品进行自动测量，确定零件是否合格，产品是否符合规范。有些情况下，在加工或装配尚未结束时，将半成品从机床上卸下进行测量，仍属于在线检测的范畴。对原材料和毛坯进行自动检测也是以质量控制为目的的，但这里不予介绍。以监控为目的的自动检测主要包括对工位状况的检测(材料或坯件是否到达工位，在加工前工件是否已准确定位和夹紧，工作台、刀具、夹具、辅助系统、装配工具等是否都处于正常位置等，检测的内容可能有位置、夹紧力、力矩等)、设备工作状态的检测(电动机的输出功率，主轴的扭矩，刀具的破损和过度磨损，齿轮和轴承的润滑，零件的过热和冷却，机架的断裂应力，工件、夹具或工件台的变形等)、工艺过程的检测(运动件是否碰撞，加工参数是否合理，振动、噪声、排屑、冷却润滑液等)和材料、零件传送过程的检测(自动搬运小车的导向检测、自动仓库堆垛机的工位检测、立体仓库和刀库的状态监测、刀具认址的检测等)。一个完整的自动检测系统如图6.11所示。

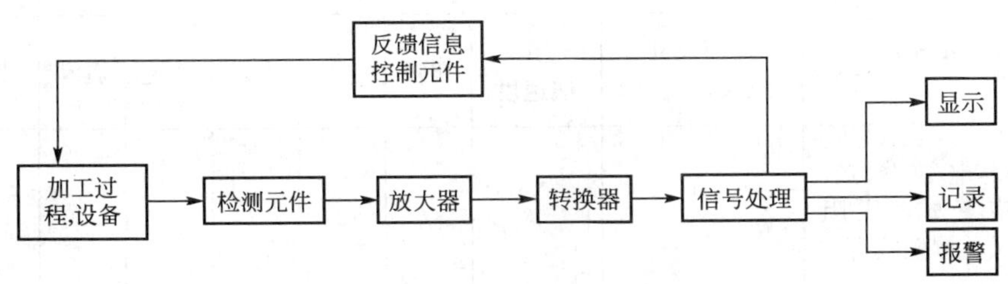

图6.11 自动检测系统的组成

6.6.2 检测参数和检测元件

1. 检测参数

制造过程中需要检测的量包括以下6个方面。

1) 热工量

热工量方面包括温度、流量、热量、真空度、比热度。检测温度的目的是为了确定刀具是否磨钝(磨钝的刀具会产生大量的切削热，严重影响加工质量)、设备运转是否正常(主轴轴承润滑不足会产生大量的热，引起热变形，加剧磨损，严重时会发生“抱轴”现象)、冷却液是否足够、环境调温设备是否运转正常等。流量测量的目的则是确定是否有足够的润滑油和冷却液。

2）电工量

电工量方面包括电压、电流、功率、电荷、频率、电阻、磁场强度等，可以通过电工量的测量确保电气设备的运行。机械设备的工作状态和加工过程的状况也可通过对电工量的检测来判断。

3. 机械量

机械量方面包括位移、速度、加速度、应力、力矩、重量、振动、噪声、平衡、计数等。通过测量位移确定零件的尺寸精度，通过测量速度来确定零件的加工精度(表面粗糙度、螺距准确性)，通过测定加速度来确定机床的振动状况，通过测量噪声(或声发射)来确定设备的运行状况、刀具的状况等。

4）成分量

成分量方面包括气体、液体的各种化学成分含量、浓度、密度、比重等。

5）几何量

几何量方面包括几何尺寸及误差、几何形状及误差、表面粗糙度等。

6. 其他

其他方面包括零件的重心、表面的硬度、表面的纹理形态等。

2. 检测元件

检测元件常称为传感器。检测元件的种类很多，原理各异，无法一一介绍，表 6 - 2 列出了几种机械量检测中常用的传感器供参考。

表 6 - 2　机械量检测中常用的传感器

工作原理	常用传感器的类型	使用举例								
		几何尺寸（位移，角度）	速度、加速度	扭矩	力	重量	转速	震动	计数	探伤
电阻式	电位器式，应变式，压阻式，湿敏式等	√		√	√	√	√	√		
电容式	可调极距式，变换介质式等	√			√			√		
电感式	自感式，差动变压器式等	√	√		√			√		
电磁式	感应同步器式，涡流式等	√	√				√	√	√	√
光电式	光电管式，光电倍增管式，光敏电阻式等	√	√	√			√	√	√	

（续）

工作原理	常用传感器的类型	使用举例								
		几何尺寸（位移，角度）	速度加速度	扭矩	力	重量	转速	震动	计数	探伤
压电式	压电石英式，压电陶瓷式等		√		√	√		√		
半导体式	PN结式，磁敏式，力敏式，霍尔变换式等	√	√		√	√	√	√		
射线式	χ，α，β，γ等	√								√

对传感器常用性能要求有：灵敏度、线性度、滞后性和动态特性等。

灵敏度为传感器在稳态下输出与输入的比值。一般情况下，希望灵敏度高一些，但有时过高的灵敏度反而会引起超前动作或不必要的频繁动作。传感器输出量和输入量的关系曲线与理想直线的偏离程度称为线性度。一般情况下，希望传感器有良好的线性度，必要时(非线性情况比较严重时)，可采取“线性化”措施，使传感器在测量范围内有较好的线性度，当输入增加或减小时，传感器的上升曲线和下降曲线不重合，即特性不一致而形成滞后特性，其滞环包围的面积代表传感器中的能量损失。一般希望上升曲线与下降曲线的不重合度越小越好。要求传感器对输入的响应快、失真小、稳定度大，滞后小、重复性好、死区小等。

6.6.3 典型检测过程

自动检测包含的内容极多，这里我们只选讲几种典型的检测过程。

1. 直径检测

如图6.12所示，为用于外圆磨床的单线圈气隙式电感传感器原理图。

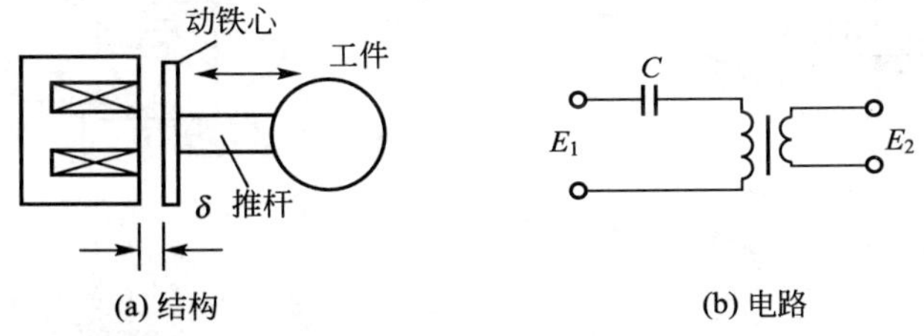

(a) 结构　　(b) 电路

图6.12　单线圈气隙式电感传感器

变压器的原边为LC串联谐振电路，当工件加工尺寸发生微小变化时，通过推杆使铁心移动发生变化，使输出电压 E_2 发生变化。在加工中，当工件送到测量位置时，传感器测量其外径，若工件磨削余量过大，则不送“粗磨”信号，以避免砂轮与工件相撞；若磨削余量在规定值内，则发粗磨信号，启动机床磨削。加工达到预定尺寸时，传感器发“精磨”信号，使机床进给量变小，进行精磨。到达光磨尺寸时，则发出“光磨”信号。当工件的尺寸达到最终要求时，发出结束信号，控制机床磨头退回，并自动将工件卸下。这个系统不仅包括检测部分，同时包括数据(或信号)处理及反馈控制部分。

2. 长度尺寸测量

长度尺寸测量是位移测量的一种。位移测量可以采用各种位移传感器，如变阻器式、差动变压器、电容式、同步机、计量光栅、激光比长仪等。这些传感器均可进行连续的位移测量和长度尺寸的测量。现代数控机床上一般配备专用的测量头，可以进行直径和长度的检测。

加工过程中，首先完成半精加工，然后用测量所得到的尺寸与最终尺寸的差值，修正刀具的位置进行精加工。一般可以得到比较高的加工精度。

3. 形位公差测量

形位公差的测量一般采用“离线”的方式，在柔性制造系统中则在专用的检测位置上进行。形位公差一般不能在加工过程中进行控制，但有些形位公差项目(如回转表面的不圆度、不柱度、位置度等)则可进行加工中的连续检测及补偿。这种测量多属于非接触式动态测量，对于不圆度测量，一般需要知道误差的大小，还应该知道误差的方位，有些机床上还装有调整机构进行误差的补偿。对于圆柱度测量，则还要知道被测部位的轴向位置。一般情况下，圆柱度在轴向方向的误差比较容易测量和补偿。

4. 切削力检测

切削力是加工过程中最基本的物理现象之一，研究切削力对揭示切削过程的物理实质、改善加工质量、提高生产率都有着极为重要的作用。根据切削力的检测结果，还可进行恒切削力自适应控制。如图 6.13 所示，为利用测力顶尖进行磨削力测量的例子。应变片贴在顶尖削扁部分，导线可通过中心孔引出，密封套可防止冷却液浸入。外圆纵磨时，磨削分力 F_y 的作用点一直在变化，因此每个顶尖受力是变化的，但是两个顶尖受力之和必然等于 F_y 力。如果采用两个测力顶尖并把它们的应变片串

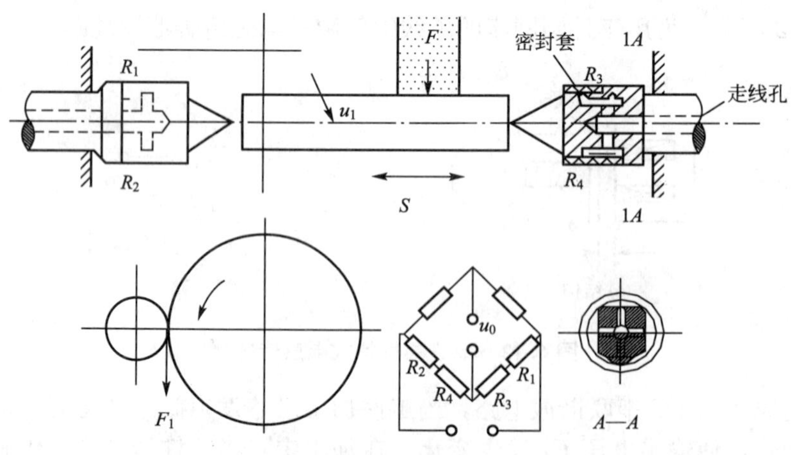

图 6.13　外圆磨削室的测力方法

接起来组成电桥，就不会受磨削力作用点位置变化的影响了。同理可测得切向分力 F。

5. 刀具损坏的检测

在加工过程中，常需对刀具的状况进行检测。刀具检测有两项内容：一是检测刀具的过度磨损；一是检测刀具的破损。刀具的过度磨损可以通过对切削功率、切削力、切削热、工件的形状误差和噪声的检测来确定。对刀具损坏的检测常采用测量刀尖位置的方式来进行。对车刀破损的检测可利用NC机床上的测头来完成。下面介绍几种钻头损坏的检测装置。探针式检测装置是指通过检测已加工孔深的办法间接检查刀具的折断。电磁感应式检测装置如图6.14所示，电磁感应头2与隔磁材料板3粘结后，固定在钻模板4上。当机床处于原始位置时，钻头1如图所示处于电磁感应头2内。若钻头已折断，电磁感应头的电感量发生明显变化，发出报警信号，并停机换刀。光电式检测装置如图6.15所示，当钻头退回原位压下行程开关XK后，接通光源。若钻头完好，则小孔遮住，光线射不过去；若钻头断掉，光线经过小孔照射到光导管GD上，使之导通，继电器动作，切断机床电路并报警。

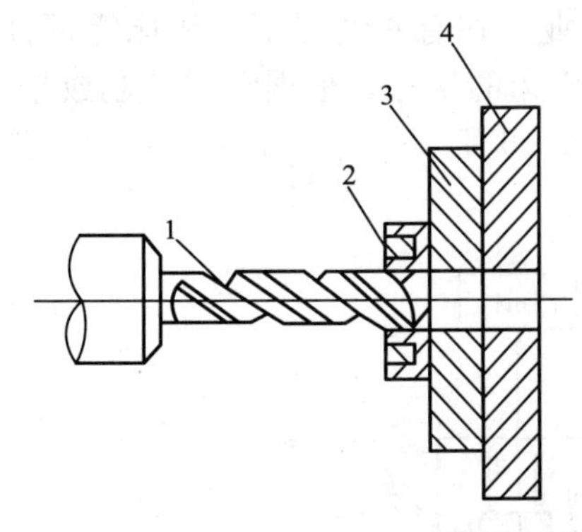

图6.14 电磁感应式检测装置

1—钻头；2—电磁感应头；
3—隔磁板；4—钻模板

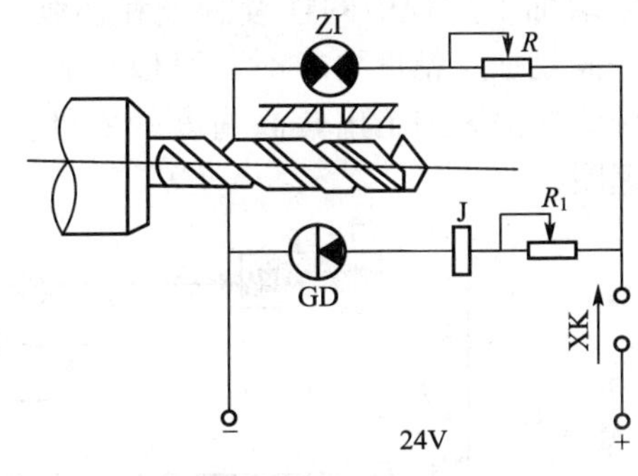

图6.15 光电式检测装置

6.6.4 在线质量控制

在线质量控制是指在生产加工过程中控制零件的质量。大批量生产中的质量控制策略与单件小批量生产中的质量控制不同，但都需要对在制品进行检测，根据检测结果采取相应的措施。在大批量生产中采用的是抽样检测法，再对检测结果进行相应的处理，然后进行过程的调整。在小批量生产中，需要对过程进行实时检测，一般不需要进行复杂的信号分析，可以直接将检测结果与目标值进行比较，根据差值进行控制。

1. 工序诊断与调整

在生产现场，每隔一定时间对工序进行抽样检验(即诊断)，如果判断生产工序处于正常状态，便继续进行生产；如果判断生产工序处于异常状态，便要停止生产，寻找原因，进行调整作业，使工序恢复正常，再重新开始生产；如果判断故障正在形成，则对工序进行调节，做预防处理。工序诊断和调整的关键是确定最佳抽样时间间隔，判断工序的运行状态和调节方法的选择。

2. 预测与校正

预测与校正是质量控制的一种反馈控制方法。对某种需要控制的量，每隔一定时间间隔进行抽样检测，根据测量结果预测下一检测点之前产品质量特性的平均值。如果预测平均值与目标值之间发生偏差，则表明误差正在形成，需要改变校正用的信号因素的水平，进行使偏差消除或衰减的校正作业。此处的关键仍是最佳抽样间隔的确定、测量结果的分析和预测、反馈校正作业的方式。

3. 加工尺寸的自动补偿

提高加工精度的最有效办法是采用自动补偿技术。在机械加工中，由于刀具的磨损直接影响到被加工工件的尺寸精度，特别是对于精度要求较高、长度较长的零件的加工，更要注意刀具的自动补偿问题。对于较短的零件，是在一次走刀完成后，测量实得尺寸与目标值的差异，然后进行刀具位置补偿。对于较长的零件或直径较大的端面的加工，可以采取加工过程中的连续测量和连续补偿作业。在有些情况下，机床零部件的几何精度无法满足加工精度要求时，可以预先测量出机床的误差，根据误差值制成校正尺，利用精度较低的机床加工出较高精度的零件。如图 6.16 所示，为加工尺寸自动补偿系统的工作原理图。

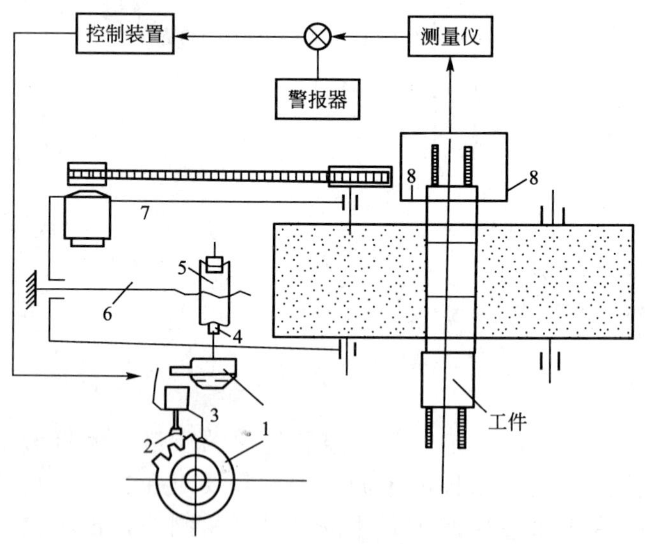

图 6.16 加工尺寸自动补偿原理

1—工件；2—电磁感应头；3—放大装置；4—控制线路；
5—机床；6—输送摆杆；7—回转机构；8—传感装置

工件 1 在机床 5 上加工之后，及时送到测量装置上进行检验，当由于刀具磨损而使工件尺寸变大到一定值时，测量装置发出信号，经放大装置 3 及控制线路 4 操纵机床上的自动补偿装置，使刀具向工件移动，补偿由于磨损造成的刀尖位置的变化。这种方式是利用前面已加工的零件的结果，控制后面零件的质量，属于“滞后”控制。

6.6.5 物流系统的自动化

制造过程的集成往往离不开物流系统的自动化，物流系统的自动化是计算机集成制造系统(CIMS)的重要组成部分，它是实现待加工零件的自动运输、需使用的刀具自动配置和调度的关键设备和硬环境。物流系统主要完成两种不同的工作：一是零件毛坯、原材料、工具等由外界搬运进系统，以及将加工好的成品从系统中搬走；二是零件毛坯、原材料、工具在系统内部的搬运。在一般情况下前者是需要人工干预的，而后者则可以自动完成。

如果物料是杆状或其他型材，通常是将物料运至装卸站后，在人工干预的情况下，装进中央仓库或机床，或是直接将杆料和型材送到机床的自动进料装置。若是锻铸毛坯，则必须把毛坯装进夹具中，毛坯往夹具中的第一次安装也多是人工完成的。对于重型零件，还应采用起重机或机器人搬运，但在装卸站也需要人工调整、操纵这些机器人和起重机。

物流系统中执行搬运的机构目前比较实用的主要有3种：传送带、运输小车(有轨和无轨)和搬运机器人。

传输带主要是从古典的机械式自动线发展而来的。运输小车的结构变化发展很快，形式也是多式多样的，大体上可以分为无轨和有轨两大类。有轨小车有的采用地轨，像火车的轨道一样，也有的采用天轨，或称高架轨道，即把运输小车吊在两条高架轨道上移动。无轨小车，又因为它的导向方法的不同而分为有线导向、磁性导向、激光导向和无线电遥控等多种形式。自动物流系统的发展初期，多采用有轨小车，随着控制技术的成熟，采用自动导向的无轨小车越来越多。由于搬运机器人具有工作灵活性强、有视觉和触觉能力、工作精度高等一系列优点，近年来在自动物流系统中的应用越来越广。

在生产中的物料搬运(Material Handling)是指有关物品位置及堆放位置变化(移动和储存)的技术。自动物料搬运包含着在生产工序之间的自动搬运和自动装卸两个方面。储存意味着物品在仓库中保管和生产过程中在制品的临时性停放。利用自动仓库的主要目的是对场地的立体使用，实现进出库作业的省力化、自动化和迅速处理库存信息等，解决地皮不足、人手缺乏、库存管理复杂等难题。自动仓库的最终目标是实现一种无人系统。它是一种在作业和管理两方面均由计算机控制的仓库。在该系统中，升降装置根据计算机的控制指令动作，主计算机与各物料搬运装置计算机联机，并由中型计算机进行数据处理。

自动物料搬运设备是指在装卸物品的设备和在机床之间或仓库与机床之间或装配工序之间搬运零件或工具的设备。自动物料搬运设备的选择与生产系统的布局和运行直接相关，且要与生产流程和生产设备类型相适应，对生产系统的生产效率、复杂程度、投资大小和经济效益都有较大的影响。

自动物料搬运设备的分类如图6.17所示。其中，堆垛起重机多用于设有立体仓库的系统。在刚性自动生产线中自重输送和传送机比较多，而在柔性自动生产线中以运输小车和机器人作为自动物料设备则比较普遍。

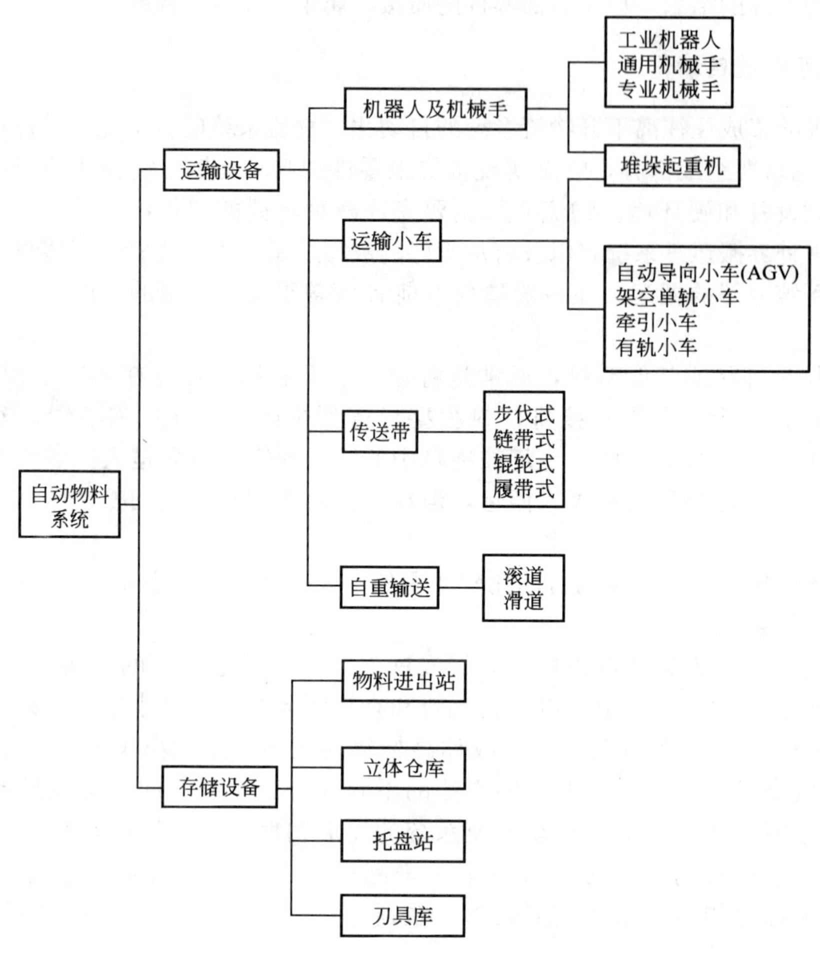

图 6.17　自动物料搬运设备的分类

6.7　企业生产中物流发展的必然趋势

6.7.1　现代物流在制造企业供应链中的发展趋势

在计划经济体制下，企业只负责按上级下达的计划组织生产，原材料的供应和产品的销售由国家计划管理、企业根本不用考虑供应链的因素。进入市场经济，企业与其外部供应商和客户之间相互信息沟通较少，导致沟通不协调，出现物流不畅。另外，在制造企业中，物流系统的社会化程度较低，很多制造企业依靠使用自身资源来完成产品的运输、存储等工作。这种物流模式不仅运行成本高，而且当遇到短期内需求增长或货物需求较小的情况时，这种物流模式显示出的系统柔弱性差，运行成本高的缺陷就更加突出。据统计，我国一般工业产品从出厂经过装卸、存储、运输等各个物流环节到达消费者的流通费用，目前一般占商品流通成本的50%～60%。另外，企业还必须投入一定的资金、人力、物力以保证物流系统的正常运行，从而减少了对于生产及新品开发的投入。

6.7.2 供应链中物流解决方案

现代物流除了包括内部物料管理之外，还依赖先进的信息技术和发达的运输设施与外部的供应商、分销商之间的联系，确保在最佳的时间、地点、条件下，以最佳的价格和服务为用户提供最佳的产品，最终创造出最佳的效益。

1. 利用第三方物流

第三方物流也称为合同物流，它由专业的物流经营提供专业化、系统化的服务，通过契约的形式规范服务的内容和质量，能根据不同消费者提供针对性强的个性化服务和增强服务，服务的专业化还可以保证服务质量，而且第三方物流的信息服务能力强。

现代制造企业为适应市场对产品的需求，产品的生产批量和运输都是根据市场做出反应。在与原料供应商和产品分销商之间的供应链中，不管产品批量的大小，运输距离的远近，由第三方物流公司承担货物的运输、配送工作，就具有了很大的柔性，不会出现运量太少时运输成本高和运量太大时运力不足的情况，而且也不会出现遗忘车辆回程，增加产品运输成本的问题。使用社会化的物流使得企业在社会专业化分工的基础上提高了劳动生产率，减少了管理成本在内的固定运行成本，降低了生产总成本，是企业提高产品附加值，获取新的利润源的重要手段。

2. 信息技术的应用

现代物流不仅是作为企业的货物仓储、运输的单纯环节，而且是企业提高客户服务水平、连接市场体系、体系差异化经营的战略重点。现代物流强调了信息的因素，即利用现代高科技信息技术，强调企业与供应商、客户之间的信息沟通，强调企业利用外部社会资源的意识。现代物流中提出的战略物流信息系统是以由交货期回答 Lead Time 的缩短、交付保证、信息处理时间缩短、货物追踪等信息为基础，以确保企业产品动向、物流状态、销售、生产状况、供应商、制造商、物流专业公司等相关信息的整体信息系统。利用基于信息技术的时代物流创造销售奇迹的美国戴尔计算机有限公司，全球销售超过 IIP 等公司达到全球第一，领先于市场，而戴尔的做法就是让计算机用户在戴尔的网站上根据自己的需求选择配件，配置出所需的计算机，通过 Internet 将信息反馈给戴尔公司，戴尔公司通过现代通信工具实时向计算机元件供应商公布元件的类型、数量等的需求情况，供应商在第一时间得到信息作出快速反应，戴尔公司生产出计算机再通过快递公司将产品送至各地客户手中，这种直接模式允许戴尔公司能以富有竞争性的价位，为每一位消费者定制并促进具有财富配置的强大系统。通过平均四天一次的库存更新，戴尔公司能够把最新相关技术带给消费者，而且远远快于那些运转缓慢，采取分销模式的公司。这样在产品更新换代快的计算机行业中实现了零库存，取得了极好的经济效益。现代信息技术将制造企业与供应商和客户在原材料供应、产品生产、运输、销售的过程中形成虚拟组织(Virtual Enterprise)，以达到在产品制造过程中的准时生产，以及产品对市场的快速反应。

习　题

1. 物流活动具有哪些功能？
2. 谈谈制造系统与物流技术的关系。
3. 简述人机协同物流系统的总体构成。
4. 企业如何实现集成化的供应链管理？
5. 什么是第三方物流？第三方物流具有哪些基本特征？
6. 什么是准时化采购？企业是否可以完全消灭库存？
7. 库存管理有哪些基本策略？分别适用于哪种库存情况？
8. 试分析装配工艺自动化中体现的物流技术。
9. 一家玩具制造厂每年使用 50000 个橡胶轮子制造自动装卸卡车系列玩具，这家工厂自己制造轮子，以每天 800 个的速度生产，玩具卡车一律都是全年生产。每个轮子的持有成本是 1 年 1 美元，每一次生产运作的备货成本是 45 美元，工厂每年运营 240 天，试确定：

(1) 轮子的最优生产规模；

(2) 轮子的最大库存水平；

(3) 最优的生产间隔期是多少？

10. 已知对某种物流的日需求量为 $R=100$ 件/天，若全年按照 360 天计算，年需求量 $D=36000$ 件/年，订货费用 $A=50$ 元/次，库存管理费用率 $H=0.4$ 元/件·年，订货间隔 $L=7$ 天，保险库存量为 $S=300$ 件，求：

(1) 经济订货间隔期与库存控制系统的最大库存量；

11. 结合实际分析该企业物流系统的自动化现况。

参 考 文 献

[1] M. A. E. Okure, N. Mukasa, Björn Otto Elvenes. Modelling the development of advanced manufacturing technologies (amt) in developing countries [J]. Proceedings from the International Conference on Advances in Engineering and Technology, 2006: 488 - 494

[2] H. C. Kazanas, Lowell P. Lerwick. Manufacturing Processes Technologies [M]. 3rd ed. Encyclopedia of Physical Science and Technology. United States: Academic Press, 2003.

[3] James J. Licari. Manufacturing Technology Coating Materials for Electronic Applications [M]. William Andrew, United States, 2003.

[4] Mikell P Groover. Fundamentals of Modern Manufacturing [M]. JOHN WILEY & SONS, INC, United States, 2002.

[5] 杨叔子，李斌，吴波. 先进制造技术发展与展望 [J]. 机械制造与自动化，2004，33(1)：1 - 6.

[6] 孙林告，汪建. 先进制造模式：理论与实践 [M]. 西安：西安交通大学出版社，2003.

[7] 周形平，休岗. 机械制造自动化技术 [M]. 北京：机械工业出版社，2001.

[8] 孙大涌，杨贤明，张松滨. 先进制造技术 [M]. 北京：机械工业出版社，2000.

[9] 朱焕池. 机械制造工艺学 [M]. 北京：机械工业出版社，2004.

[10] 周志斌，肖沙里，周宴，等. 现代超精密加工技术的概况及应用 [J]. 现代制造工程，2005(1).

[11] 赵文宏，袁巨龙. 智能型纳米级抛光机的控制系统 [J]. 制造技术与机床，2003(8)：18 - 20.

[12] 张宏韬，等. 高速机床的关键和发展趋势 [J]. 机械制造，2006(3)：12 - 14.

[13] 王先逵. 机械加工工艺手册 [M]. 北京：机械工业出版社，2008.

[14] 杨建东，田春林. 高速研磨技术 [M]. 北京：国防工业出版社，2003.

[15] 王秀峰，罗宏杰. 快速原型制造技术 [M]. 北京：中国轻工业出版社，2001.

[16] 武良臣. 先进制造技术 [M]. 徐州：中国矿业大学出版社，2001.

[17] YUAN J L, LOU F Y. Research on ultra - precision process of STAVAX ESR [J] . Advances in Materials Manufacturing Science and Technology, 2004 (472): 63 - 66.

[18] YUAN J L, LOU F Y. Research on ultra - precision machining technology for KTP [J] . Advances in Materials Manufacturing Science and Technology, 2004 (471): 473 - 476.

[19] YUAN J L, ZHAO P. Lapping and polishing process for obtaining super - smooth surfaces of quartz crystal [J]. Journal of Materials Processing Technology, 2003 (138): 116 - 119.

[19] 赵文宏，黄文君，袁巨龙，等. 修正环型纳米级超精密抛光机智能控制系统的实现 [J] . 机电工程，2003，20 (3)：38 - 41.

[20] 张世昌. 先进制造技术 [M]. 天津：天津大学出版社，2004.

北京大学出版社教材书目

✧ 欢迎访问教学服务网站www.pup6.com，免费查阅已出版教材的电子书(PDF版)、电子课件和相关教学资源。

✧ 欢迎征订投稿。联系方式：010-62750667，童编辑，13426433315@163.com，pup_6@163.com, 欢迎联系。

序号	书　名	标准书号	主　编	定价	出版日期
1	机械设计	978-7-5038-4448-5	郑　江，许　瑛	33	2007.8
2	机械设计	978-7-301-15699-5	吕　宏	32	2009.9
3	机械设计	978-7-301-17599-6	门艳忠	40	2010.8
4	机械设计	978-7-301-21139-7	王贤民，霍仕武	49	2012.8
5	机械设计	978-7-301-21742-9	师素娟，张秀花	48	2012.12
6	机械原理	978-7-301-11488-9	常治斌，张京辉	29	2008.6
7	机械原理	978-7-301-15425-0	王跃进	26	2010.7
8	机械原理	978-7-301-19088-3	郭宏亮，孙志宏	36	2011.6
9	机械原理	978-7-301-19429-4	杨松华	34	2011.8
10	机械设计基础	978-7-5038-4444-2	曲玉峰，关晓平	27	2008.1
11	机械设计基础	978-7-301-22011-5	苗淑杰，刘喜平	49	2012.12
12	机械设计课程设计	978-7-301-12357-7	许　瑛	35	2012.7
13	机械设计课程设计	978-7-301-18894-1	王　慧，吕　宏	30	2011.5
14	机电一体化课程设计指导书	978-7-301-19736-3	王金娥　罗生梅	35	2012.1
15	机械工程专业毕业设计指导书	978-7-301-18805-7	张黎骅，吕小荣	22	2012.5
16	机械创新设计	978-7-301-12403-1	丛晓霞	32	2010.7
17	机械系统设计	978-7-301-20847-2	孙月华	32	2012.7
18	机械设计基础实验及机构创新设计	978-7-301-20653-9	邹旻	28	2012.6
19	TRIZ 理论机械创新设计工程训练教程	978-7-301-18945-0	蒯苏苏，马履中	45	2011.6
20	TRIZ 理论及应用	978-7-301-19390-7	刘训涛，曹　贺等	35	2011.8
21	创新的方法——TRIZ 理论概述	978-7-301-19453-9	沈萌红	28	2011.9
22	机械工程基础	978-7-301-21853-2	潘玉良，周建军	34	2013.2
23	机械 CAD 基础	978-7-301-20023-0	徐云杰	34	2012.2
24	AutoCAD 工程制图	978-7-5038-4446-9	杨巧绒，张克义	20	2011.4
25	AutoCAD 工程制图	978-7-301-21419-0	刘善淑，胡爱萍	38	2013.4
26	工程制图	978-7-5038-4442-6	戴立玲，杨世平	27	2012.2
27	工程制图	978-7-301-19428-7	孙晓娟，徐丽娟	30	2012.5
28	工程制图习题集	978-7-5038-4443-4	杨世平，戴立玲	20	2008.1
29	机械制图(机类)	978-7-301-12171-9	张绍群，孙晓娟	32	2009.1
30	机械制图习题集(机类)	978-7-301-12172-6	张绍群，王慧敏	29	2007.8
31	机械制图(第 2 版)	978-7-301-19332-7	孙晓娟，王慧敏	38	2011.8
32	机械制图	978-7-301-21480-0	李凤云，张　凯等	36	2013.1
33	机械制图习题集(第 2 版)	978-7-301-19370-7	孙晓娟，王慧敏	22	2011.8
34	机械制图	978-7-301-21138-0	张　艳，杨晨升	37	2012.8
35	机械制图习题集	978-7-301-21339-1	张　艳，杨晨升	24	2012.10
36	机械制图与 AutoCAD 基础教程	978-7-301-13122-0	张爱梅	35	2011.7
37	机械制图与 AutoCAD 基础教程习题集	978-7-301-13120-6	鲁　杰，张爱梅	22	2010.9
38	AutoCAD 2008 工程绘图	978-7-301-14478-7	赵润平，宗荣珍	35	2009.1
39	AutoCAD 实例绘图教程	978-7-301-20764-2	李庆华，刘晓杰	32	2012.6
40	工程制图案例教程	978-7-301-15369-7	宗荣珍	28	2009.6
41	工程制图案例教程习题集	978-7-301-15285-0	宗荣珍	24	2009.6
42	理论力学	978-7-301-12170-2	盛冬发，闫小青	29	2012.5
43	材料力学	978-7-301-14462-6	陈忠安，王　静	30	2011.1
44	工程力学(上册)	978-7-301-11487-2	毕勤胜，李纪刚	29	2008.6
45	工程力学(下册)	978-7-301-11565-7	毕勤胜，李纪刚	28	2008.6
46	液压传动	978-7-5038-4441-8	王守城，容一鸣	27	2009.4

47	液压与气压传动	978-7-301-13179-4	王守城，容一鸣	32	2012.10
48	液压与液力传动	978-7-301-17579-8	周长城等	34	2010.8
49	液压传动与控制实用技术	978-7-301-15647-6	刘　忠	36	2009.8
50	金工实习指导教程	978-7-301-21885-3	周哲波	30	2013.1
51	金工实习(第 2 版)	978-7-301-16558-4	郭永环，姜银方	30	2013.2
52	机械制造基础实习教程	978-7-301-15848-7	邱　兵，杨明金	34	2010.2
53	公差与测量技术	978-7-301-15455-7	孔晓玲	25	2011.8
54	互换性与测量技术基础(第 2 版)	978-7-301-17567-5	王长春	28	2010.8
55	互换性与技术测量	978-7-301-20848-9	周哲波	35	2012.6
56	机械制造技术基础	978-7-301-14474-9	张　鹏，孙有亮	28	2011.6
57	机械制造技术基础	978-7-301-16284-2	侯书林　张建国	32	2012.8
58	机械制造技术基础	978-7-301-22010-8	李菊丽，何绍华	42	2013.1
59	先进制造技术基础	978-7-301-15499-1	冯宪章	30	2011.11
60	先进制造技术	978-7-301-22283-6	朱　林，杨春杰	30	2013.4
61	先进制造技术	978-7-301-20914-1	刘　璇，冯　凭	28	2012.8
62	机械精度设计与测量技术	978-7-301-13580-8	于　峰	25	2008.8
63	机械制造工艺学	978-7-301-13758-1	郭艳玲，李彦蓉	30	2008.8
64	机械制造工艺学	978-7-301-17403-6	陈红霞	38	2010.7
65	机械制造工艺学	978-7-301-19903-9	周哲波，姜志明	49	2012.1
66	机械制造基础(上)——工程材料及热加工工艺基础(第 2 版)	978-7-301-18474-5	侯书林，朱　海	40	2013.2
67	机械制造基础(下)——机械加工工艺基础(第 2 版)	978-7-301-18638-1	侯书林，朱　海	32	2012.5
68	金属材料及工艺	978-7-301-19522-2	于文强	44	2013.2
69	金属工艺学	978-7-301-21082-6	侯书林，于文强	32	2012.8
70	工程材料及其成形技术基础	978-7-301-13916-5	申荣华，丁　旭	45	2010.7
71	工程材料及其成形技术基础学习指导与习题详解	978-7-301-14972-0	申荣华	20	2009.3
72	机械工程材料及成形基础	978-7-301-15433-5	侯俊英，王兴源	30	2012.5
73	机械工程材料	978-7-5038-4452-3	戈晓岚，洪　琢	29	2011.6
74	机械工程材料	978-7-301-18522-3	张铁军	36	2012.5
75	工程材料与机械制造基础	978-7-301-15899-9	苏子林	32	2009.9
76	控制工程基础	978-7-301-12169-6	杨振中，韩致信	29	2007.8
77	机械工程控制基础	978-7-301-12354-6	韩致信	25	2008.1
78	机电工程专业英语(第 2 版)	978-7-301-16518-8	朱　林	24	2012.10
79	机械制造专业英语	978-7-301-21319-3	王中任	28	2012.10
80	机床电气控制技术	978-7-5038-4433-7	张万奎	26	2007.9
81	机床数控技术(第 2 版)	978-7-301-16519-5	杜国臣，王士军	35	2011.6
82	自动化制造系统	978-7-301-21026-0	辛宗生，魏国丰	37	2012.8
83	数控机床与编程	978-7-301-15900-2	张洪江，侯书林	25	2012.10
84	数控铣床编程与操作	978-7-301-21347-6	王志斌	35	2012.10
85	数控技术	978-7-301-21144-1	吴瑞明	28	2012.9
86	数控技术	978-7-301-22073-3	唐友亮　佘　勃	45	2013.2
87	数控加工技术	978-7-5038-4450-7	王　彪，张　兰	29	2011.7
88	数控加工与编程技术	978-7-301-18475-2	李体仁	34	2012.5
89	数控编程与加工实习教程	978-7-301-17387-9	张春雨，于　雷	37	2011.9
90	数控加工技术及实训	978-7-301-19508-6	姜永成，夏广岚	33	2011.9
91	数控编程与操作	978-7-301-20903-5	李英平	26	2012.8
92	现代数控机床调试及维护	978-7-301-18033-4	邓三鹏等	32	2010.11
93	金属切削原理与刀具	978-7-5038-4447-7	陈锡渠，彭晓南	29	2012.5
94	金属切削机床	978-7-301-13180-0	夏广岚，冯　凭	28	2012.7
95	典型零件工艺设计	978-7-301-21013-0	白海清	34	2012.8
96	工程机械检测与维修	978-7-301-21185-4	卢彦群	45	2012.9
97	特种加工	978-7-301-21447-3	刘志东	50	2013.1
98	精密与特种加工技术	978-7-301-12167-2	袁根福，祝锡晶	29	2011.12

99	逆向建模技术与产品创新设计	978-7-301-15670-4	张学昌	28	2009.9
100	CAD/CAM 技术基础	978-7-301-17742-6	刘　军	28	2012.5
101	CAD/CAM 技术案例教程	978-7-301-17732-7	汤修映	42	2010.9
102	Pro/ENGINEER Wildfire 2.0 实用教程	978-7-5038-4437-X	黄卫东，任国栋	32	2007.7
103	Pro/ENGINEER Wildfire 3.0 实例教程	978-7-301-12359-1	张选民	45	2008.2
104	Pro/ENGINEER Wildfire 3.0 曲面设计实例教程	978-7-301-13182-4	张选民	45	2008.2
105	Pro/ENGINEER Wildfire 5.0 实用教程	978-7-301-16841-7	黄卫东，郝用兴	43	2011.10
106	Pro/ENGINEER Wildfire 5.0 实例教程	978-7-301-20133-6	张选民，徐超辉	52	2012.2
107	SolidWorks 三维建模及实例教程	978-7-301-15149-5	上官林建	30	2009.5
108	UG NX6.0 计算机辅助设计与制造实用教程	978-7-301-14449-7	张黎骅，吕小荣	26	2011.11
109	Cimatron E9.0 产品设计与数控自动编程技术	978-7-301-17802-7	孙树峰	36	2010.9
110	Mastercam 数控加工案例教程	978-7-301-19315-0	刘　文，姜永梅	45	2011.8
111	应用创造学	978-7-301-17533-0	王成军，沈豫浙	26	2012.5
112	机电产品学	978-7-301-15579-0	张亮峰等	24	2009.8
113	品质工程学基础	978-7-301-16745-8	丁　燕	30	2011.5
114	设计心理学	978-7-301-11567-1	张成忠	48	2011.6
115	计算机辅助设计与制造	978-7-5038-4439-6	仲梁维，张国全	29	2007.9
116	产品造型计算机辅助设计	978-7-5038-4474-4	张慧姝，刘永翔	27	2006.8
117	产品设计原理	978-7-301-12355-3	刘美华	30	2008.2
118	产品设计表现技法	978-7-301-15434-2	张慧姝	42	2012.5
119	CorelDRAW X5 经典案例教程解析	978-7-301-21950-8	杜秋磊	40	2013.1
120	产品创意设计	978-7-301-17977-2	虞世鸣	38	2012.5
121	工业产品造型设计	978-7-301-18313-7	袁涛	39	2011.1
122	化工工艺学	978-7-301-15283-6	邓建强	42	2009.6
123	构成设计	978-7-301-21466-4	袁涛	58	2013.1
124	过程装备机械基础	978-7-301-15651-3	于新奇	38	2009.8
125	过程装备测试技术	978-7-301-17290-2	王毅	45	2010.6
126	过程控制装置及系统设计	978-7-301-17635-1	张早校	30	2010.8
127	质量管理与工程	978-7-301-15643-8	陈宝江	34	2009.8
128	质量管理统计技术	978-7-301-16465-5	周友苏，杨　飒	30	2010.1
129	人因工程	978-7-301-19291-7	马如宏	39	2011.8
130	工程系统概论——系统论在工程技术中的应用	978-7-301-17142-4	黄志坚	32	2010.6
131	测试技术基础(第 2 版)	978-7-301-16530-0	江征风	30	2010.1
132	测试技术实验教程	978-7-301-13489-4	封士彩	22	2008.8
133	测试技术学习指导与习题详解	978-7-301-14457-2	封士彩	34	2009.3
134	可编程控制器原理与应用(第 2 版)	978-7-301-16922-3	赵　燕，周新建	33	2010.3
135	工程光学	978-7-301-15629-2	王红敏	28	2012.5
136	精密机械设计	978-7-301-16947-6	田　明，冯进良等	38	2011.9
137	传感器原理及应用	978-7-301-16503-4	赵　燕	35	2010.2
138	测控技术与仪器专业导论	978-7-301-17200-1	陈毅静	29	2012.5
139	现代测试技术	978-7-301-19316-7	陈科山，王燕	43	2011.8
140	风力发电原理	978-7-301-19631-1	吴双群，赵丹平	33	2011.10
141	风力机空气动力学	978-7-301-19555-0	吴双群	32	2011.10
142	风力机设计理论及方法	978-7-301-20006-3	赵丹平	32	2012.1